全国司法职业教育"十三五"规划教材

刑事诉讼法原理与实务

全国司法职业教育教学指导委员会　审定

主　编◎刘　昂
副主编◎施秀艳　宁　博
撰稿人◎（按姓氏笔画排列）
　　　　王大荣　王晓昕　王　敬
　　　　宁　博　石慧芬　刘　昂
　　　　吴　畅　张小海　张　晶
　　　　孟德平　施秀艳　陡明韬

中国政法大学出版社

2020·北京

声 明　1. 版权所有，侵权必究。

　　　　　2. 如有缺页、倒装问题，由出版社负责退换。

图书在版编目（CIP）数据

刑事诉讼法原理与实务/ 刘昂主编.—北京：中国政法大学出版社，2020.5（2025.1重印）
ISBN 978-7-5620-4941-8

Ⅰ.①刑…　Ⅱ.①刘…　Ⅲ.①刑事诉讼法－研究－中国　Ⅳ.D925.204

中国版本图书馆CIP数据核字(2020)第076257号

书　　名	刑事诉讼法原理与实务 XINGSHI SUSONG FA YUANLI YU SHIWU
出 版 者	中国政法大学出版社
地　　址	北京市海淀区西土城路25号
邮　　箱	fadapress@163.com
网　　址	http://www.cuplpress.com（网络实名：中国政法大学出版社）
电　　话	010-58908435(第一编辑部) 58908334(邮购部)
承　　印	保定市中画美凯印刷有限公司
开　　本	720mm×960mm　1/16
印　　张	23.5
字　　数	435千字
版　　次	2020年5月第1版
印　　次	2025年1月第5次印刷
印　　数	26001～30000册
定　　价	59.00元

出版说明

为贯彻落实党的十九大精神和习近平总书记关于教育的系列重要讲话要求，充分发挥教材建设在提高人才培养质量中的基础性作用，促进现代司法职业教育改革与发展，全面提高司法职业教育教学质量，全国司法职业教育教学指导委员会于 2017 年 11 月正式启动了司法职业教育"十三五"规划教材的编写工作。

本次规划教材编写以习近平新时代中国特色社会主义思想为指导，以司法类专业教学标准为基本依据，以更深入地实施司教融合、校局联盟、校监所（企）合作、德技双修、工学结合为根本途径，强化需求导向和问题导向。在坚持实战、实用、实效原则的基础上，继续完善实行行业指导、双主体团队开发、多方人员参与、院校支持、主编负责、行指委统筹审定、分批次出版的编写工作机制，适时更新教材内容和结构，大力开发大类（专业群）专业基础课程、专业核心课程教材，倡导编写典型案例化、任务项目化教材，并运用现代信息技术创新教材呈现形式，着力加强实训教材和数字化教学资源建设，逐步建立符合我国国情、具有时代特征和行业特色的现代司法职业教育教材体系。本规划教材包括已有规划教材的全新修订、新增专业课程教材和司法类国控专业更新课程教材的编写。在编写内容上，必须顺应新时代、新要求，回应全面深化依法治国，尤其是深入推进司法体制改革的新需求、新期盼，力争符合司法类专业人才培养目标达成需要和相关课程标准要求，与司法职业一线岗位任职标准（岗位技能要求）相衔接，体现"原理与实务相结合"的特点，注重培养学生应用理论、规则解决实际问题的能力。

经过全体编写人员的共同努力和出版社编辑们的辛勤付出，现在首批教材已陆续出版,欢迎大家选用,并敬请各使用单位和广大师生在选用过程中提出意见和建议,行指委将及时根据教材评价和使用情况,丰富教材内容,优化教材结构,促进教材质量不断提高。

全国司法职业教育教学指导委员会
2019 年 6 月

编写说明

如何为高职高专法科学生编写合适的教材，多年来一直是许多有志之士在探索的问题。本教材编写组成员都是来自高职高专刑事诉讼法教学一线的教师，他们通过跟踪毕业生工作实践情况，反思总结刑事诉讼法教学之经验与问题，梳理总结各种版本的刑事诉讼法教材之长处与不足，在此基础上，形成了本教材的编写思路和编写体例。

本教材编写组立足于培养实用型法律专业人才的教学目标，旨在帮助学生筑牢刑事诉讼法基本知识体系，理解应用刑事诉讼法所需要的基本能力，强化对程序意识、证据意识的培养；以简洁明了、形象生动的文字叙述，以贴近法律实践的案例材料和法律问题设疑，进而促进学生自主学习的积极性、增强学生学习的趣味性，也是本教材编写组在编写中追求的一个目标。

本教材适合高职高专法律专业的学生使用，也适合其他法律初学者学习刑事诉讼法使用。本教材的编写分工如下：

刘昂：北京政法职业学院教授，法学博士，博士后，撰写第十八章，合作撰写第八章、第十二章

施秀艳：黑龙江司法警官职业学院教授，法学硕士，撰写第十一章

宁博：吉林司法警官职业学院副教授，法学硕士，撰写第八章

王晓昕：江西司法警官职业学院副教授，法学硕士，撰写第一章、第二章

王敬：河北司法警官职业学院讲师，法学硕士，撰写第六章、第七章

王大荣：山西警官职业学院讲师，法学硕士，撰写第十六章、第十七章

石慧芬：江苏司法警官高等职业学校副教授，法学硕士，撰写第二十二章、第二十三章、第二十四章

吴畅：湖南司法警官职业学院副教授，法学硕士，撰写第五章、第九章、第十章

张小海：北京政法职业学院副教授，法学博士，撰写第十四章、第十五章

张晶：安徽警官职业学院讲师，法学硕士，撰写第三章、第四章

孟德平：山东司法警官职业学院副教授，法学硕士，撰写第十九章、第二十章、第二十一章

陡明韬：宁夏警官职业学院副教授，法学硕士，撰写第十二章、第十三章

全书由刘昂教授负责统稿和审校工作。

因为是新探索，本教材的编写一定存在诸多不足，希望教材使用者用其所长，补其所短。同时，恳请您不吝赐教，向我们反馈您的宝贵意见及建议，以使我们的教材不断完善。

编　者

2020 年 3 月 12 日

图书总码

目录 CONTENTS

第一单元 刑事诉讼原理与制度

第一章 刑事诉讼法概述 ▶ 3
  第一节 刑事诉讼与刑事诉讼法 / 4
  第二节 刑事诉讼法的任务 / 9

第二章 刑事诉讼的主体 ▶ 15
  第一节 刑事诉讼中的专门机关 / 16
  第二节 刑事诉讼中的当事人 / 19
  第三节 其他诉讼参与人 / 21

第三章 刑事诉讼基本原则 ▶ 25
  第一节 刑事诉讼基本原则概述 / 26
  第二节 专门机关依法行使职权原则 / 27
  第三节 分工负责、互相配合、互相制约原则 / 30
  第四节 人民检察院依法对刑事诉讼实行法律
      监督原则 / 32
  第五节 犯罪嫌疑人、被告人有权获得辩护原则 / 34
  第六节 未经人民法院依法判决不得确定
      有罪原则 / 35
  第七节 认罪认罚从宽原则 / 37
  第八节 依法不追究刑事责任原则 / 40

第四章 管辖制度 ▶ 44
  第一节 管辖概述 / 45

第二节 立案管辖 / 45
第三节 审判管辖 / 50

第五章 回避制度 58
第一节 回避概述 / 58
第二节 回避的种类、理由和适用对象 / 59
第三节 回避的程序 / 62

第六章 辩护与代理制度 ▶ 66
第一节 刑事辩护概述 / 67
第二节 辩护人 / 71
第三节 刑事诉讼代理 / 79

第七章 证据制度 ▶ 84
第一节 刑事证据概述 / 85
第二节 刑事证明概述 / 96
第三节 证据的收集和审查判断 / 104

第八章 强制措施制度 ▶ 113
第一节 强制措施概述 / 114
第二节 拘 传 / 118
第三节 取保候审 / 120
第四节 监视居住 / 125
第五节 刑事拘留 / 129
第六节 逮 捕 / 132

第九章 刑事附带民事诉讼制度 ▶ 140
第一节 刑事附带民事诉讼概述 / 140
第二节 刑事附带民事诉讼的提起 / 142
第三节 刑事附带民事诉讼的审判 / 146

第十章 期间、送达制度 ▶ 148
第一节 期 间 / 148
第二节 送 达 / 152

第二单元　追诉程序

第十一章　**立案程序** ▶ 157
　　第一节　立案概述　/ 158
　　第二节　立案的条件　/ 160
　　第三节　立案的程序　/ 163

第十二章　**侦查程序** ▶ 168
　　第一节　侦查概述　/ 169
　　第二节　侦查行为　/ 174
　　第三节　侦查终结　/ 193
　　第四节　补充侦查　/ 195
　　第五节　侦查监督　/ 197
　　第六节　人民检察院对直接受理案件的侦查　/ 199

第十三章　**起诉程序** ▶ 202
　　第一节　刑事起诉概述　/ 203
　　第二节　审查起诉　/ 204
　　第三节　提起公诉　/ 209
　　第四节　不起诉　/ 211
　　第五节　提起自诉　/ 214

第三单元　审判程序

第十四章　**审判概述** ▶ 221
　　第一节　审判任务　/ 222
　　第二节　审判组织　/ 223
　　第三节　审判程序　/ 228
　　第四节　审判原则　/ 230
　　第五节　判决、裁定和决定　/ 233

第十五章　**第一审程序** ▶ 236
　　第一节　第一审程序概述　/ 237

第二节　对公诉案件的审查　／238
第三节　开庭审判前的准备　／240
第四节　法庭审判　／242
第五节　简易程序　／258
第六节　速裁程序　／261
第七节　自诉案件的第一审程序　／262

第十六章　第二审程序　▶ 266
第一节　第二审程序概述　／267
第二节　第二审程序的提起　／269
第三节　第二审程序的审判　／272

第十七章　死刑复核程序　▶ 279
第一节　死刑复核程序概述　／280
第二节　死刑复核程序的具体规定　／281

第十八章　审判监督程序　▶ 285
第一节　审判监督程序概述　／286
第二节　审判监督程序的提起　／288
第三节　依照审判监督程序对案件的重新审判　／293

第四单元　执行程序

第十九章　执行程序概述　▶ 299
第一节　执　行　／300
第二节　执行程序　／302

第二十章　各种判决、裁定的执行程序　▶ 306
第一节　死刑立即执行裁判的执行程序　／307
第二节　死刑缓期二年执行、无期徒刑、有期徒刑和拘役裁判的执行程序　／309
第三节　管制、缓刑、剥夺政治权利裁判的执行程序　／311
第四节　其他裁判的执行程序　／313

第二十一章　执行的变更与其他处理　▶ 317
　　第一节　死刑执行的变更　／ 318
　　第二节　暂予监外执行　／ 319
　　第三节　减刑、假释程序与其他情况的处理　／ 322
　　第四节　人民检察院对执行的监督　／ 325

第五单元　特别程序

第二十二章　未成年人刑事案件诉讼程序　▶ 329
　　第一节　未成年人刑事案件诉讼程序概述　／ 330
　　第二节　未成年人刑事案件诉讼程序的原则　／ 332
　　第三节　未成年人刑事案件诉讼程序的特别规定　／ 335

第二十三章　当事人和解的公诉案件诉讼程序　▶ 340
　　第一节　当事人和解程序概述　／ 341
　　第二节　当事人和解程序的适用条件及程序规则　／ 343

第二十四章　其他特别程序　▶ 349
　　第一节　缺席审判程序　／ 350
　　第二节　犯罪嫌疑人、被告人逃匿、死亡案件违法所得没收程序　／ 352
　　第三节　依法不负刑事责任的精神病人的强制医疗程序　／ 356

参考文献　▶ 361

第一单元　刑事诉讼原理与制度

第一章 刑事诉讼法概述

学习目标

　　了解诉讼的概念和特点，掌握刑事诉讼的概念、特点，能够区分刑事诉讼、民事诉讼、行政诉讼，明确刑事诉讼法的概念、特点、渊源，弄清刑事诉讼法的任务，建立程序正义的观念。

重点提示

　　诉讼；刑事诉讼；刑事诉讼法；刑事诉讼法与刑法的关系；刑事诉讼法的任务

【知识框架】

刑事诉讼法概述
- 刑事诉讼与刑事诉讼法
  - 诉讼
  - 刑事诉讼
  - 刑事诉讼法
- 刑事诉讼法的任务
  - 刑事诉讼法的立法根据和宗旨
  - 刑事诉讼法的任务

【本章引例】

　　2016年4月，于某和母亲苏某因债务纠纷遭受了11名催债人长达1小时的侮辱，不忍母亲受辱的于某情急之下用水果刀刺伤了其中4名催债人。被刺中的杜某坚持自行驾车就医，后因失血过多休克死亡。该案由山东省聊城市公安机关立案侦查，侦查终结后认定于某涉嫌故意伤害致人死亡，移送聊城市人民检察院审查起诉。2017年2月，山东省聊城市中级人民法院一审开庭审理了此案并以故意伤害罪判处于某无期徒刑。宣判后，被告人于某不服一审判决，向山东省高级人民法院提出了上诉。2017年5月，山东省高级人民法院进行二审审理后认定于某刺死杜某的行为系防卫过当，根据《刑法》的规定，应当减轻或免除处罚，并对其一审量刑进行了改判，由无期徒刑改为有期徒刑5年。该案已交付执行。

　　请思考：结合本章引例，试阐述刑事诉讼法的立法宗旨是什么？

第一节 刑事诉讼与刑事诉讼法

一、诉讼

要了解刑事诉讼，应当从"诉讼"说起。诉讼，俗称"打官司"，现代意义上的诉讼是国家司法机关在当事人及其他诉讼参与人的参加之下，依法解决具体讼争的专门活动。通过诉讼活动，处理各种案件，解决当事人之间的争议和纠纷。

诉讼活动有以下特点：①诉讼的主体具有特殊性。诉讼的参与主体包括国家专门机关和当事人及其他诉讼参与人。其中，国家专门机关在诉讼中不仅是参与者，更是诉讼各阶段的主持者和案件的裁决者。在诉讼中，当事人是不可或缺的诉讼主体，没有当事人，也不存在诉讼。因此，诉讼结构必须是由原告、被告和裁决者三方组合而成。②诉讼活动的目的是解决纠纷，其本质是国家解决社会冲突的公力救济方式。③诉讼必须依法进行。诉讼是处理案件与纠纷的活动过程或程序，由诸多的环节和步骤组成，如事实调查、提起诉讼、法院审理和判决、上诉或抗诉等，这些过程必须规范化、程序化。因此，诉讼是严格依照法律规定的方式、方法和步骤所进行的活动。

根据案件性质不同，诉讼的内容和形式也不相同，因此，诉讼有刑事诉讼、民事诉讼和行政诉讼之分。

二、刑事诉讼

(一) 刑事诉讼的概念

刑事诉讼是三大诉讼之一，是极为重要的诉讼活动。刑事诉讼是指国家司法机关在当事人和其他诉讼参与人的参加下，依法揭露犯罪、证实犯罪和惩罚犯罪的活动。通俗地说，刑事诉讼是专门处理刑事案件的活动，这就意味着在社会生活的各个领域，只要有刑事犯罪发生，就只能也必须通过刑事诉讼进行追究。因此，刑事诉讼是国家与犯罪作斗争的唯一方式。

【参考案例1-1】

某省领导甲某在任职期间，违反组织人事纪律，擅自改变组织决定；利用职务上的便利，在干部选拔任用、企业经营等方面为他人谋取利益，收受巨额贿赂；滥用职权，造成国有资产重大损失。

参考案例1-1中甲某的行为已构成严重违纪违法，其中受贿、滥用职权行为已涉嫌犯罪。因此，对于甲某，除了应给予开除党籍、开除公职等党纪处分和行政处分外，其涉嫌刑事犯罪行为、有关犯罪线索及所涉款物均应移送司法机关,由司法机关依照刑事诉讼程序解决被追诉者的刑事责任问题。

刑事诉讼是一种较为复杂的活动,分阶段、有步骤地组成了一个动态活动过程。对公诉案件而言,刑事诉讼各诉讼阶段包括立案、侦查、起诉、审判和执行;自诉案件则是由立案、审判、执行三个诉讼阶段构成。

本章引例是一起故意伤害案件。整个案件的诉讼过程凸显了刑事公诉案件的诉讼特点。此案历经了刑事诉讼的各主要阶段:首先,案件由当地聊城市公安机关予以立案并实施侦查;侦查终结后,由该市人民检察院向该市中级人民法院提起了公诉,要求依法审判;聊城市中级人民法院一审公开开庭审理了此案并作出了一审判决;被告人不服一审判决,依法行使了上诉权。山东省高级人民法院进行了二审开庭审理,撤销了一审判决并依法予以改判;两审终审后交付执行机关予以执行。整个诉讼过程就像一道道严格的工序,各阶段相对独立又相互衔接,构成了追究犯罪的严谨理性的程序体系。

(二) 刑事诉讼的特点

刑事诉讼是国家司法活动的重要内容,是国家行使刑罚权的诉讼行为。其主要有以下特点:

1. 刑事诉讼必须由法定的专门机关负责主持进行。例如,侦查必须由特定的侦查机关主持,提起公诉由人民检察院负责,审判权则由人民法院专门行使,除法律另有规定的以外,其他任何机关、团体和个人无权行使上述权力。

2. 刑事诉讼必须有当事人和其他诉讼参与人的参加。刑事诉讼是诉讼主体遵循诉讼规则的相互作用过程,因此,刑事诉讼不是司法机关单方面的行为,必须要有当事人和其他诉讼参与人的参与。

3. 刑事诉讼活动的中心内容是解决犯罪嫌疑人或被告人是否构成犯罪、应否追究刑事责任及应否受刑罚处罚的问题。

4. 刑事诉讼活动必须严格依法进行。只有符合刑事诉讼法要求的诉讼行为才具有法律效力。因此,它既要求司法机关必须严格依照法定职权和程序实施诉讼行为,也要求当事人和其他诉讼参与人必须根据法律规定的权利和义务、采用法律规定的方式、遵照法律规定的程序进行诉讼活动。

(三) 刑事诉讼与民事诉讼、行政诉讼的区别

刑事诉讼与民事诉讼、行政诉讼是三种不同类型的诉讼,有着各自的特点。

民事诉讼是国家司法机关处理民事案件,依法解决民事权利、义务纠纷的活动;行政诉讼是国家司法机关处理行政案件,依法对行政机关的具体行政行为的合法性进行审查,解决特定范围内行政争议的活动。

刑事诉讼与民事诉讼、行政诉讼的区别主要体现在如下方面:

1. 刑事诉讼与民事诉讼、行政诉讼所处理的案件性质和所依据的实体法不

同。刑事诉讼专门处理刑事案件,解决的是犯罪、刑事责任和刑罚的问题,民事诉讼与行政诉讼则不涉及这类问题。刑事诉讼所依据的实体法是规定犯罪和刑罚的法律,而这类法律对民事诉讼与行政诉讼则不适用。

2. 刑事诉讼与民事诉讼、行政诉讼所依据的程序不同,三者依次分别适用刑事诉讼法、民事诉讼法和行政诉讼法。因此,三大诉讼对案件处理的方式、方法和程序也不尽相同。例如,刑事诉讼有公诉和自诉之分,民事诉讼和行政诉讼则没有;刑事公诉案件,如杀人、抢劫、强奸、盗窃等案件,在法院审判之前,必须要经过侦查、提起公诉两大诉讼阶段,而这两大诉讼阶段在民事诉讼和行政诉讼中则不存在;又如刑事诉讼过程中,司法机关在法定条件和情形之下,可以采取逮捕、搜查、通缉等措施,民事诉讼和行政诉讼中则不允许。

3. 三大诉讼的参与主体也不相同。一方面,刑事案件中的专门机关除人民法院、人民检察院外,还包括公安机关、国家安全机关、监狱、军队保卫部门等;另一方面,刑事案件的当事人包括犯罪嫌疑人、被害人、自诉人等,均不同于民事诉讼和行政诉讼。

【拓展阅读1-1】

【参考案例1-2】

某地农场职工陈某奇开摩托车送两个女儿上学,其弟陈某勇驾驶一辆小轿车从后面将陈某奇等3人撞倒,随后陈某勇下车持刀将其兄及两个年仅12岁、8岁的侄女砍死。经侦查查明:陈氏俩兄弟因父母遗产继承问题发生矛盾,陈弟认为其兄多占遗产,遂反目成仇,继而酿成惨案。

参考案例1-2中,陈氏兄弟之间发生的遗产继承纠纷属于民事纠纷,可以通过民事诉讼,依照民事诉讼法和民事实体法加以解决。也就是说,陈弟作为原告可直接向有管辖权的人民法院起诉,将其兄列为被告,法院受案后通过审判活动即可明确遗产归属;而陈弟虽心怀不满却不诉诸法院,终因矛盾激化杀害其兄等三人,已构成犯罪,对其刑事责任的追究则必须通过刑事诉讼,依照刑事诉讼法和刑法加以解决。在刑事诉讼中,陈弟为犯罪嫌疑人、被告人,被杀害的陈兄及其两个女儿则为本案的被害人。此外,作为公诉案件,公安机关、人民检察院、人民法院、监狱等专门机关均要履行相应职权,案件要历经立案、侦查、提起公诉、审判、执行等诸多诉讼环节。

三、刑事诉讼法

（一）刑事诉讼法的概念

刑事诉讼法是国家制定或认可的调整刑事诉讼活动的法律规范的总称。它调整的对象既包括公安机关、检察机关和自诉人为揭露、证实犯罪而实施的追诉活动，也包括被追诉者实施的辩护与防御活动和法院对案件的审理、裁判活动，以及其他诉讼参与人参加刑事诉讼的诸多活动。[1]

刑事诉讼法的内容由刑事诉讼基本原则与制度，国家专门机关的职权、地位和相互关系，当事人及其他诉讼参与人的诉讼权利和义务以及刑事诉讼的具体程序等构成。

无论是国家专门机关，还是当事人及其他诉讼参与人，进行刑事诉讼时均应严格遵守刑事诉讼法的规定。

刑事诉讼法的性质是刑事程序法，是规定刑事案件应当如何处理、刑事诉讼应当如何进行的法律。刑事诉讼法规定的诉讼程序能保障诉讼参与人的人格尊严和诉讼权利，能有效地分配和制约国家专门机关的职权，使诉讼活动不仅表现为一种有理性、有次序的活动，而且能体现民主、公平、正义的价值理念。

刑事诉讼法有狭义和广义之分。狭义的刑事诉讼法，单指刑事诉讼法典。在我国，是指《中华人民共和国刑事诉讼法》（以下简称《刑事诉讼法》），这部法律于1979年7月1日经第五届全国人民代表大会第二次会议通过；根据1996年3月17日第八届全国人民代表大会第四次会议《关于修改〈中华人民共和国刑事诉讼法〉的决定》第一次修正；根据2012年3月14日第十一届全国人民代表大会第五次会议《关于修改〈中华人民共和国刑事诉讼法〉的决定》第二次修正；根据2018年10月26日第十三届全国人民代表大会常务委员会第六次会议《关于修改〈中华人民共和国刑事诉讼法〉的决定》第三次修正。广义的刑事诉讼法包括国家有关机关制定的一切法律、法规、条例、规定和司法解释中有关刑事诉讼程序的规范。通常从广义上理解刑事诉讼法的概念。

【课堂讨论1-1】

请思考并讨论："正义不仅应得到实现，而且要以人们看得见的方式加以实现"这一法律格言的含义。

---

[1] 陈卫东主编：《刑事诉讼法》，中国人民大学出版社2015年版，第5页。

【拓展阅读1-2】

(二) 刑事诉讼法的渊源

刑事诉讼法的渊源是指刑事诉讼法律规范的存在形式。我国刑事诉讼法的渊源包括：

1. 宪法。宪法规定了我国的社会制度、经济制度、政治制度、国家机构及其活动原则、公民的基本权利和义务等重要内容，是国家的根本大法，具有最高的法律效力，也是制定一切法律的根据。刑事诉讼法是根据宪法制定的。宪法规定了许多与刑事诉讼直接相关的原则和制度，这些规定是刑事诉讼法的重要渊源。

2. 刑事诉讼法典。在我国，是指现行有效的《刑事诉讼法》，它是我国刑事诉讼法的主要法律渊源。

3. 其他有关法律。这是指除《刑事诉讼法》以外，全国人民代表大会及其常务委员会制定的有关刑事诉讼的法律规定。主要有：《中华人民共和国刑法》（以下简称《刑法》）、《中华人民共和国人民法院组织法》、《中华人民共和国人民检察院组织法》、《中华人民共和国人民陪审员法》、《中华人民共和国国家安全法》、《中华人民共和国监狱法》、《中华人民共和国律师法》、《中华人民共和国未成年人保护法》等。

4. 全国人大常委会制定的条例、决定等。如《全国人民代表大会常务委员会关于司法鉴定管理问题的决定》等。

5. 有关法律解释。这是指全国人大常委会及其授权单位所做的有关刑事诉讼法的解释。如《最高人民法院、最高人民检察院、公安部、国家安全部、司法部、全国人大常委会法制工作委员会关于实施刑事诉讼法若干问题的规定》（以下简称《六机关规定》），《最高人民法院关于适用〈中华人民共和国刑事诉讼法〉的解释》（以下简称《高法解释》），最高人民检察院发布的《人民检察院刑事诉讼规则》（以下简称《高检规则》），最高人民法院、最高人民检察院、公安部、国家安全部、司法部联合发布的《关于办理死刑案件审查判断证据若干问题的规定》（以下简称《死刑案件证据规定》）和《关于办理刑事案件排除非法证据若干问题的规定》（以下简称《排除非法证据规定》）等。

6. 有关行政法规、规定。这是指国务院及其主管部门制定的行政法规、决定、规章中有关刑事诉讼程序的规定。如公安部发布的《公安机关办理刑事案件程序规定》。

7. 有关国际公约、条约。我国缔结或加入的国际条约，经全国人大常委会批准后，其中与刑事诉讼有关的内容，也是刑事诉讼法的渊源。如《禁止酷刑和其他残忍、不人道或有辱人格的待遇或处罚公约》《联合国打击跨国有组织犯罪公约》《联合国反腐败公约》等。

（三）刑事诉讼法与其他法律的关系

1. 刑事诉讼法与宪法的关系。宪法是根本法，是制定其他法律的依据，是公民权利的保证书。刑事诉讼法的制定和修改，也必须以宪法为根据。宪法中有关公民政治权利、人身权利和财产权利的内容，在刑事诉讼中均会涉及。通过制定和实施刑事诉讼法，可将宪法中有关刑事诉讼的抽象规定变为可操作的、具体的刑事诉讼程序。可以说，刑事诉讼法是与公民的宪法基本权利关系最密切的一部法律。在现代法治国家，刑事诉讼法甚至被称作"宪法的适用法""国家基本法之测震器"，从而把刑事诉讼中的人权保障提升到宪法的高度。

2. 刑事诉讼法与刑法的关系。刑事诉讼法与刑法的关系就是刑事程序法与刑事实体法的关系。刑事诉讼法解决的是如何查明犯罪、认定犯罪和惩罚犯罪等一系列程序性问题；刑法则是关于犯罪、刑事责任和刑罚的法律，解决的是行为人的行为是否构成犯罪、是否应承担刑事责任和是否应予以刑罚处罚等实体问题。两者相互独立又关系密切。刑事诉讼是围绕犯罪嫌疑人、被告人的刑事责任等实体问题而展开的，因此，整个刑事诉讼过程既是适用刑事诉讼法的过程，也是适用刑法的过程。

本章引例中，于某所涉犯罪行为的追究程序依据的是刑事诉讼法，而于某的行为是否属于正当防卫、是否应负刑事责任、是否应减轻处罚等，就要根据刑法之规定进行审查判断。此案二审法院审理后认定于某刺死杜某的行为属于防卫过当并决定减轻处罚，从无期徒刑改判为有期徒刑5年，就是刑法得以准确适用的结果。因此，对追究刑事犯罪而言，刑事诉讼法和刑法必须相辅相成，缺一不可。

第二节 刑事诉讼法的任务

一、刑事诉讼法的立法根据和宗旨

我国《刑事诉讼法》第1条规定："为了保证刑法的正确实施，惩罚犯罪，保护人民，保障国家安全和社会公共安全，维护社会主义社会秩序，根据宪法，制定本法。"这条规定不仅明确了刑事诉讼法的立法根据，也确立了刑事诉讼法的立法宗旨。

刑事诉讼法的立法宗旨是指国家制定和实施刑事诉讼法的出发点和追求的结果，即国家建立刑事诉讼制度、规范刑事诉讼程序以及进行刑事诉讼活动所要达到的目标。我国刑事诉讼法的立法宗旨包括以下内容：

（一）保证刑法的正确实施

刑法的正确实施需要刑事诉讼法的保证，这也是由实体法和程序法之间的相互关系决定的，只有通过刑事诉讼活动，依靠刑事诉讼程序的运作，刑法的目的才能得以实现，任务才能得到完成。

（二）惩罚犯罪、保护人民

刑事诉讼法是规范对犯罪追究所适用的程序的法律，因此，惩罚犯罪是刑事诉讼法的直接目的。在惩罚犯罪的同时，刑事诉讼法还强调保护人民，保障人权，即通过打击刑事犯罪以保护人民的合法权益不受犯罪侵害，同时保障诉讼参与人在刑事诉讼中所享有的各项诉讼权利。

本章引例中于某在激愤之下刺伤侮辱其母亲的讨债者，被山东省聊城市中级人民法院一审以故意伤害罪判处了无期徒刑。被告人于某不服一审判决，依法行使了上诉权。山东省高级人民法院进行二审审理后认定于某刺死杜某的行为系防卫过当，根据《刑法》第20条第2款之规定"正当防卫明显超过必要限度造成重大损害的，应当负刑事责任，但是应当减轻或者免除处罚"，山东省高级人民法院据此对其一审量刑进行了改判，由原判的无期徒刑改为有期徒刑5年。该案山东省两级法院均认定于某的行为构成犯罪，并主张给予刑罚处罚，体现了刑事诉讼法惩罚犯罪的宗旨；而另一方面，通过依法行使上诉权，于某的正当防卫行为最终得到了二审法院的认定，体现了刑事诉讼法保障人权的宗旨。

（三）保障国家安全和社会公共安全，维护社会主义社会秩序

各种犯罪行为都会对国家和社会构成一定的危害，有的直接危害国家安全，如背叛国家、分裂国家等；有的直接危害公共安全，如放火、爆炸、投毒等；有的则直接侵犯公民人身权利、民主权利和财产权利，如杀人、抢劫、强奸等；还有的破坏社会主义社会秩序，如生产销售伪劣商品、走私、伪造货币、金融诈骗等。因此，刑事诉讼法保障刑法的正确实施，有效地惩罚犯罪和遏制犯罪，从而保障国家安全和社会公共安全，维护社会主义社会秩序，保持社会稳定，并为国家的经济建设提供良好的外部环境。[1]

---

〔1〕 陈光中主编：《刑事诉讼法》，北京大学出版社、高等教育出版社2012年版，第18页。

二、刑事诉讼法的任务

《刑事诉讼法》第 2 条规定："中华人民共和国刑事诉讼法的任务，是保证准确、及时地查明犯罪事实，正确应用法律，惩罚犯罪分子，保障无罪的人不受刑事追究，教育公民自觉遵守法律，积极同犯罪行为作斗争，维护社会主义法制，尊重和保障人权，保护公民的人身权利、财产权利、民主权利和其他权利，保障社会主义建设事业的顺利进行。"据此，我国刑事诉讼法的任务具体表现为以下几个方面：

（一）保证准确、及时地查明犯罪事实，正确应用法律

准确、及时地查明犯罪事实，是要求司法机关必须在法定的办案期限内尽快调查案情、收集并核实相关犯罪证据，及时发现、抓获犯罪嫌疑人并依法追究、惩罚犯罪；正确应用法律是要求司法机关对案件的追究过程和结果要符合程序法和实体法的规范，严格依法进行，做到案件定性准确、量刑适当、程序合法。准确、及时地查明案情关系到诉讼的公正与效率，也是正确应用法律的前提和保障。

【参考案例 1-3】

2016 年 9 月，云南省曲靖市某村发生一起特大刑事案件，致 19 人死亡。当地公安机关立即成立了专案组。经曲靖市公安机关立案侦查后查明：犯罪嫌疑人杨某因向父母要钱时遭拒，与父母发生争执后将父母杀害，因害怕罪行败露，又将村里 17 人杀死。案发后第二天，公安民警即在昆明抓获潜逃的杨某，杨某对自己的罪行供认不讳。2017 年 7 月，云南省曲靖市中级人民法院对杨某故意杀人一案进行一审宣判：被告人杨某故意杀害 19 人，情节特别恶劣，手段特别残忍，后果特别严重，决定判处被告人杨某死刑，剥夺政治权利终身。

参考案例 1-3 中，因被害人众多，该案在当地居民中引起不小的恐慌，媒体报道称案发当晚当地村民因恐惧而聚集在一起，不敢单独行动；凶手外逃，也给公共安全带来极大隐患。当地公安机关准确及时地破获了案件，迅速抓获犯罪嫌疑人并最终通过法院的审判使其受到了应有的惩罚，不仅伸张了正义，也很快地平息了案件带来的诸多不良社会影响。

（二）惩罚犯罪分子，保障无罪的人不受刑事追究

惩罚犯罪和保障无罪的人不受刑事追究是刑事诉讼法任务中不可分割的两个方面，也是正确应用法律的结果。只有惩罚了真正的犯罪分子，才能保障无罪者不枉受刑责。

【参考案例 1-4】

1986 年 10 月，辽宁某厂职工李某某报案称自己的妻子被人杀害于家中，经当地公安部门拉网式排查，一直没有找到可疑的人，作为丈夫的李某某于是

"顺理成章"地成了公安机关的重点怀疑对象。在案发52天后,李某某被一副手铐带到公安局,"李某某杀妻"顿时成了这个小县城里最大的新闻。办案人员对拒不认罪的李某某实施了刑讯逼供,还对其进行诱供,最终形成了李某某"怀疑妻子婚前与他人有越轨行为,嫉恨在心,并因生活琐事而杀死妻子"的"犯罪事实"。侦查人员又根据口供胁迫多位证人改变证言,还伪造了多项物证。最终,李某某以"故意杀人罪"被法院判处死刑,缓期二年执行,剥夺政治权利终身。14年后,一个叫江某的31岁男子在鞍山实施抢劫杀人被抓获后,意外供出了他当年因强奸未成杀死李某某妻子的全过程。2002年6月25日,营口市中级人民法院正式下达了对李某某的无罪判决书。[1]

参考案例1-4中,当年办案机关破案心切,凭空进行想象、推测,在未掌握任何证据的情况下,"想当然"地将李某某认定为杀妻的犯罪嫌疑人,而放纵了该案的真凶。这起冤案不仅没有及时地追究、惩罚真正的犯罪分子,还导致无辜者为此蒙冤14载。进行刑事诉讼的确是以犯罪存在为前提的,但绝不能以牺牲无辜者的人权为代价去追求和强化揭露犯罪、惩罚犯罪的效果。由此,不使无罪的人受到刑事责任追究,才能使惩罚犯罪的矛头准确无误地指向犯罪分子,这也是对公民的一种积极保护。

(三)教育公民自觉遵守法律,积极同犯罪行为作斗争

刑事诉讼法所确立的对刑事犯罪的追究程序,包括立案、侦查、起诉、审判、执行等,也是对公民进行法制宣传和教育的过程。例如,公开审判的案件,允许公民旁听和媒体报道,既有利于对案件的审判监督,也让公众认识到法律保护什么、惩罚什么及公民依法享有的权利和承担的义务,并且懂得运用法律手段维护合法权益。通过刑事诉讼活动对犯罪进行惩罚和打击,有助于树立公民与犯罪作斗争的信心,增强其与犯罪做斗争的积极性。

【课堂讨论1-2】

英国哲学家培根说:"一次不公正的裁判,其恶果甚至超过十次犯罪。因为犯罪虽是无视法律——好比污染了水流,而不公正的审判则毁坏法律——好比污染了水源。"请思考并讨论这句话的含义。

---

[1] 靳婷婷:"妻子遇害丈夫被疑为凶手含冤入狱14年",载新浪新闻中心网,http://news.sina.com.cn/s/2005-04-16/04505663768s.shtml,最后访问时间:2018年12月10日。

（四）维护社会主义法制，尊重和保障人权

维护社会主义法制，就是要做到有法必依、执法必严、违法必究。刑事诉讼法正是通过对犯罪的追究、确保刑法的正确实施，使法制的尊严得到维护。尊重和保障人权，是贯穿刑事诉讼法始终的一条主线，也是进行刑事诉讼活动必须遵守的一项基本原则。它强调司法机关在刑事诉讼中要依法行使职权，要保障当事人及其他诉讼参与人在刑事诉讼中所享有的各项诉讼权利。

在刑事诉讼中，通过正确及时地惩罚犯罪，保护被害人及其他公民的人身权利、财产权利、民主权利和其他权利，保障社会主义建设事业的顺利进行，这是刑事诉讼法的根本任务。

【本章小结】

刑事诉讼是国家司法机关在当事人和其他诉讼参与人的参加下，依法揭露犯罪、证实犯罪和惩罚犯罪的活动。刑事诉讼与民事诉讼、行政诉讼是三种不同类型的诉讼，有着各自的特点。《刑事诉讼法》是国家的基本法之一，是规定刑事诉讼程序的法律，其内容主要包括刑事诉讼基本原则与制度，国家专门机关的职权、地位和相互关系，当事人及其他诉讼参与人的诉讼权利和义务以及刑事诉讼的具体程序等。刑事诉讼法的任务是保证准确、及时地查明犯罪事实，正确应用法律；惩罚犯罪分子，保障无罪的人不受刑事追究；教育公民自觉遵守法律，积极同犯罪行为作斗争；维护社会主义法制，尊重和保障人权。

【课后思考】

陆某是位慢粒白血病患者，在国内高药价的逼迫下，走上了海外代购国外仿制药的道路，并通过网购的信用卡为很多病友代购了这种药物。2013年11月23日上午，陆某被警方刑事拘留，后被检察院批准逮捕。4个月后，检察院以涉嫌妨害信用卡管理罪和涉嫌销售假药罪对陆某提起公诉。众多的白血病患者联名写信，请求司法机关对陆某免予刑事处罚，因为与印度200元一盒的仿制药相比，疗效相近的国产药却要上千元，而且没有纳入医保，这些慢粒白血病患者往往因病致贫，而陆某恰恰给他们带来了生存的希望，使更多的患者获得了自救的途径。2015年1月27日，检察院向法院撤回起诉。同年2月26日，检察院经审查认为：陆某购买和帮助他人购买未经批准进口的抗癌药品的行为，违反了《药品管理法》的相关规定，但陆某的行为不是销售行为，不符合《刑法》第141条的规定，不构成销售假药罪；陆某通过淘宝网购买了3张以他人身份信息开设的借记卡，并使用了其中1张，违反了金融管理法规，但情节显著轻微，危害不大，从而决定依据《刑事诉讼法》的相关规定对陆某不予起诉。检察官在决定不起诉的释法说理书中解释道："如果认定陆某的行为构成犯罪，将背离刑事司法应有的价值观。"

请结合刑事诉讼法的任务对此案进行评析。

第二章 刑事诉讼的主体

学习目标

了解刑事诉讼中的专门机关的性质、设置、地位及其具体职权,掌握刑事诉讼中的当事人和其他诉讼参与人的范围、地位,并明确其依法享有的诉讼权利。

重点提示

刑事诉讼主体;专门机关;当事人;其他诉讼参与人

【知识框架】

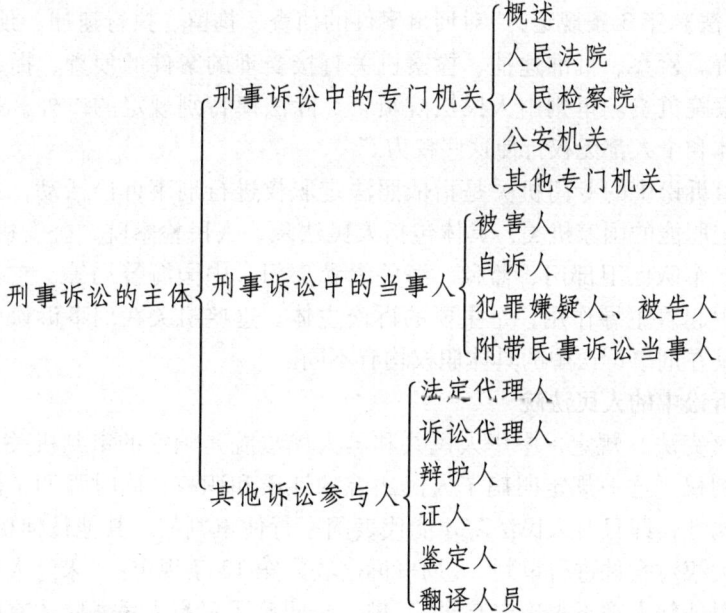

【本章引例】

2014年4月,某市一贸易公司负责人李某在家中被两名歹徒袭击身亡。经该市公安局立案侦查查明:犯罪嫌疑人陈某是被害人李某的中学同学,因两人工作后收入悬殊较大,陈某遂与工友刘某密谋抢劫李某。两人来到李某家,刘某藏凶器于腰间,由陈某叫开门后,两人先后进入客厅,陈某佯装与李某叙旧,刘某则趁其不备，拿出铁锤，猛击李某的头部，李某倒地后，陈某又持铁锤猛击李某的头部多次，致李某当场死亡。两人在李某家搜得现金及手机、珠宝等物，价值共计人民币十万余元。事后两人分头逃匿。案件侦破之后，犯罪嫌疑人陈某、刘某被该市公安机关刑事拘留，同年5月，又被该市人民检察院批准逮捕并由该市公安机关执行了逮捕。2014年8月，该市中级人民法院公开开庭审理了这起由该市人民检察院提起公诉的抢劫杀人案，公诉人出席了法庭支持公诉，两名被告人分别委托了律师进行辩护，被害人的父母也委托了诉讼代理人并向法院提起了附带民事诉讼，请求法庭判决被告人赔偿多项经济损失共计二十余万元。

请思考：本案涉及哪些刑事诉讼中的专门机关和诉讼参与人？

第一节 刑事诉讼中的专门机关

一、刑事诉讼中的专门机关概述

《刑事诉讼法》第3条规定："对刑事案件的侦查、拘留、执行逮捕、预审，由公安机关负责。检察、批准逮捕、检察机关直接受理的案件的侦查、提起公诉，由人民检察院负责。审判由人民法院负责。除法律特别规定的以外，其他任何机关、团体和个人都无权行使这些权力。"

因此，刑事诉讼中的专门机关是指依照法定职权进行刑事诉讼活动，并在诉讼中承担一定职能的国家机关，具体包括人民法院、人民检察院、公安机关、国家安全机关、军队保卫部门、监狱、海关缉私部门、中国海警局等，它们在刑事诉讼活动中起着主导作用，是主要的诉讼主体。这些机关在刑事诉讼中的性质、地位及其在刑事诉讼中的具体职权均有不同。

二、刑事诉讼中的人民法院

根据我国《宪法》规定，中华人民共和国人民法院是国家的审判机关，代表国家行使审判权。这一规定明确了人民法院的性质和职权，同时强调了法院对审判权的专属性，即只有人民法院才能代表国家行使审判权，其他任何机关、团体和个人都无权对案件进行审判。《刑事诉讼法》第12条规定："未经人民法院依法判决，对任何人都不得确定有罪。"进一步明确了只有人民法院才有确定被告人有罪和犯有何罪的权力。可见，法院的诉讼地位极其重要，由法院主持的刑事审判是刑事诉讼的中心环节和最重要的诉讼阶段。

根据《人民法院组织法》的规定，我国人民法院的组织体系由最高人民法院、地方各级人民法院和专门人民法院组成。其中，地方各级人民法院又分为基层人民法院、中级人民法院、高级人民法院；专门人民法院包括军事法院、海事法院、知识产权法院、金融法院等。

最高人民法院对全国人民代表大会及其常务委员会负责并报告工作；地方各级人民法院对本级人民代表大会及其常务委员会负责并报告工作。

最高人民法院监督地方各级人民法院和专门人民法院的审判工作；上级人民法院监督下级人民法院的审判工作。

人民法院依法独立行使审判权，对公诉案件和自诉案件进行审判。此外，为了保障审判权的实施和审判的社会效果，人民法院还享有一些其他职权，主要包括：①有权对被告人决定逮捕和采取拘传、取保候审、监视居住等强制措施；②在法庭审理过程中，有权对证据进行调查核实，必要时可以进行勘验、检查、扣押、鉴定和查询、冻结；③对违反法庭秩序的诉讼参与人和旁听人员有权采取警告制止、强行带出法庭以及罚款、拘留等必要的处罚；④有权收缴和处理赃款赃物及其孳息；⑤对死刑立即执行、罚金、没收财产的判决、裁定，有权直接执行；⑥向有关单位提出司法建议。

三、刑事诉讼中的人民检察院

根据我国《宪法》规定，中华人民共和国人民检察院是国家的法律监督机关，代表国家行使检察权。

人民检察院与人民法院均属司法机关。根据《人民检察院组织法》的规定，我国的人民检察院组织体系由最高人民检察院、地方各级人民检察院和军事检察院等专门人民检察院组成。其中，地方各级人民检察院包括省级人民检察院、设区的市级人民检察院、基层检察院；专门人民检察院有军事检察院等。

最高人民检察院对全国人民代表大会及其常务委员会负责并报告工作；地方各级人民检察院对本级人民代表大会及其常务委员会负责并报告工作。

最高人民检察院领导地方各级人民检察院和专门人民检察院的工作；上级人民检察院领导下级人民检察院的工作。

人民检察院在刑事诉讼中的具体职权包括：①立案侦查权。依法对其直接受理的刑事案件进行立案侦查，并有权适用各种强制措施；②批准逮捕权。对于犯罪嫌疑人的逮捕，由人民检察院审查批准；③有权决定补充侦查；④凡需要提起公诉的案件均由人民检察院审查决定；⑤对公安机关的立案、侦查活动以及人民法院的审判活动进行监督；⑥对已生效刑事裁判的执行活动进行监督。

【拓展阅读 2-1】

四、刑事诉讼中的公安机关

公安机关是国家的行政机关,是各级人民政府的组成部分,主要承担社会治安、保卫工作。《刑事诉讼法》第19条第1款规定:"刑事案件的侦查由公安机关进行,法律另有规定的除外。"因此,在刑事诉讼中,公安机关是主要的侦查机关,负责对刑事案件的立案侦查工作。

作为各级人民政府的职能部门,公安机关均设置在各级人民政府之中。公安机关上下级之间是领导与被领导的关系,上级公安机关可以直接指挥和参与下级公安机关的侦查活动。

公安机关在刑事诉讼中的具体职权包括:①立案侦查权。在侦查中,公安机关有权询问证人、被害人,讯问犯罪嫌疑人,进行勘验、检查、搜查,有权查封、扣押物证、书证,组织鉴定、辨认和侦查实验,必要的情况下,可以采取技术侦查措施,实行通缉等;②有权采取拘传、取保候审、监视居住、刑事拘留等强制措施,查询、冻结涉案的存款、汇款及债券、股票等有价证券;③执行逮捕权;④预审权;⑤对部分生效裁判的执行权。

五、刑事诉讼中的其他专门机关

根据我国《刑事诉讼法》和《海关法》等相关法律的规定,除了人民法院、人民检察院和公安机关外,国家安全机关、军队保卫部门、监狱、海关缉私部门、中国海警局等机关均有权参加刑事诉讼。

国家安全机关是国家安全的保卫机关,是各级人民政府的组成部分。在刑事诉讼中,其专门负责对危害国家安全的犯罪进行立案侦查。

军队保卫部门是军队的政治安全保卫机关,其主要职能之一是对部队内部发生的刑事案件立案侦查,并行使法律赋予的侦查、拘留、预审和执行逮捕的职权。

监狱是刑罚的主要执行机关,有权对罪犯在监狱内犯罪的案件进行侦查。

海关缉私部门负责查缉涉税走私案件,依法行使侦查、拘留、执行逮捕和预审的职权。

中国海警局履行海上执法职责,对海上发生的刑事案件行使侦查权。

综上所述,公安机关是主要的侦查机关,绝大多数刑事案件均由公安机关进行侦查。同时,法律还赋予了国家安全机关、军队保卫部门、监狱、海关缉私部门、中国海警局等机关在上述专门领域分别行使侦查权。

本章引例是一起入室抢劫杀人案件,这个案件的追诉过程涉及各专门机关及其职权的行使。该案由当地公安机关立案侦查,并对犯罪嫌疑人陈某、刘某先后采取了刑事拘留、执行逮捕的强制措施;人民检察院负责对该案提起公诉,依法行使了批准逮捕权及公诉权;人民法院负责审理案件并依法作出了判决。上述各专门机关各司其职又相互配合,共同完成了犯罪的追究工作。

第二节 刑事诉讼中的当事人

刑事诉讼中的当事人是指在刑事诉讼中处于追诉或被追诉的地位，行使控诉或辩护职能，并与案件事实和诉讼结果有直接利害关系的诉讼参与人。根据《刑事诉讼法》第108条第2项的规定，当事人是指被害人、自诉人、犯罪嫌疑人、被告人、附带民事诉讼的原告人和被告人。

当事人是主要的诉讼主体，没有当事人就没有诉讼。在刑事公诉案件中，当事人包括被害人和犯罪嫌疑人、被告人；在自诉案件中，当事人包括自诉人和被告人；在附带民事诉讼案件中，当事人则包括附带民事诉讼的原告人和被告人。各当事人的诉讼地位、作用存在差异，所享有的诉讼权利和承担的诉讼义务也不尽相同。

本章引例是一起公诉案件，当事人一方是被害人李某，另一方是犯罪嫌疑人、被告人陈某、刘某；由于被害人李某已经死亡，根据法律规定，其近亲属即李某的父母有权提起附带民事诉讼，要求被告人陈某、刘某进行民事赔偿。因此李某的父母就成为附带民事诉讼的原告人，陈某、刘某则为附带民事诉讼的被告人。

一、被害人

被害人是遭受犯罪行为侵害的人，包括自然人和单位。被害人可以不同的身份参加刑事诉讼，如公诉案件的被害人、自诉案件的自诉人、附带民事诉讼的原告人。不同的诉讼身份对应不同的诉讼地位，从而享有不同的诉讼权利，承担不同的诉讼义务。本书所称"被害人"专指公诉案件的被害人。

公诉案件的被害人在诉讼中处于控诉地位，与公诉机关一并行使控诉职能。其诉讼权利主要包括：①报案、控告权；②对不立案决定进行申诉的权利；③对不起诉决定进行申诉、起诉的权利；④回避申请权；⑤获知鉴定意见的权利；⑥委托诉讼代理人的权利；⑦参加法庭调查、辩论的权利；⑧提起附带民事诉讼的权利；⑨请求人民检察院对第一审判决提出抗诉的权利；⑩申请再审的权利。

被害人的诉讼义务主要包括：如实提供证据、进行陈述的义务；接受司法机关传唤，按时出席法庭并遵守法庭纪律的义务；司法机关为确定被害人某些特征、伤害情况或者生理状态而对其进行人身检查、提取指纹信息、采集血迹、尿液等生物样本时，予以配合的义务等。

【课堂讨论 2-1】

请思考并讨论：甲故意伤害乙，致乙重伤，后检察院向法院提起了公诉，如果被害人乙对案件一审审判结果不服，能否提起上诉？

二、自诉人

自诉人是指在自诉案件中，以自己的名义向人民法院提起诉讼，要求依法追究被告人刑事责任的人。自诉人通常是自诉案件的被害人，但在被害人死亡的情况下，其法定代理人、近亲属可以提起自诉，成为自诉人。

自诉人是自诉案件的当事人一方，处于控诉地位，独立承担控诉职能。其诉讼权利主要包括：①有权向人民法院直接起诉；②有权提起附带民事诉讼；③有权委托诉讼代理人；④有权申请回避；⑤有权参加法庭调查、辩论；⑥有权撤诉或同被告人自行和解；⑦有权请求法院调解；⑧有权对一审裁判提出上诉；⑨有权对已生效裁判提出申诉。

自诉人的诉讼义务主要包括：提出证据证明自己的诉讼主张；不得诬告陷害或者伪造证据；接受司法机关传唤，按时出席法庭并遵守法庭纪律等。

三、犯罪嫌疑人、被告人

"犯罪嫌疑人""被告人"是对公诉案件被追诉方在不同诉讼阶段的区别称谓。公诉案件中，被追诉一方在被人民检察院提起公诉之前，被称为犯罪嫌疑人；被提起公诉之后，则被称为被告人。

犯罪嫌疑人、被告人是辩护职能的基本承担者。在刑事诉讼中，犯罪嫌疑人、被告人享有较为广泛的诉讼权利，包括：①获得法律帮助权；②自行辩护和委托辩护权；③申请回避权；④使用本民族语言文字进行诉讼的权利；⑤申请取保候审权；⑥对与本案无关的问题的讯问，有拒绝回答的权利；⑦要求解除强制措施权；⑧对人民检察院作出的不起诉决定的申诉权；⑨申请新的证人出庭、调取新的证据的权利；⑩申请重新鉴定、勘验权；⑪核对笔录和得到诉讼文书的权利；⑫申请法院排除非法证据的权利；⑬参加法庭调查和法庭辩论权；⑭上诉权；⑮对侵权行为的控告权。

犯罪嫌疑人、被告人的诉讼义务主要包括：配合公安司法机关依法采取的各种强制措施；对侦查人员的讯问应当如实回答，与案件无关的除外；对于侦查人员的讯问笔录经核对无误应当签名或盖章；遵守法庭秩序；不得毁灭、伪造证据或串供；执行人民法院已生效的各种裁判等。

四、附带民事诉讼当事人

附带民事诉讼当事人包括附带民事诉讼原告人与被告人。

附带民事诉讼原告人是指以自己的名义向司法机关提起附带民事诉讼赔偿请求的人。附带民事诉讼原告人通常就是被害人（公民、法人或其他组织），但有时也可以是其他人。例如，在被害人死亡的情况下，其近亲属可以提起附带民事诉讼，成为原告人；被害人如果是无民事行为能力人或限制行为能力人，其法定代理人可以代为提起附带民事诉讼。

附带民事诉讼被告人是指对犯罪行为造成的物质损失依法负有赔偿责任并被司法机关通知应诉的人（公民、法人或其他组织）。附带民事诉讼被告人通常是刑事诉讼的被告人，但在特殊情况下，也可以是其他人。例如，未成年刑事被告人的监护人、未被追究刑事责任的其他共同致害人等。

附带民事诉讼当事人享有的诉讼权利主要包括：①申请回避的权利；②委托诉讼代理人的权利；③申请财产保全的权利；④有权对附带民事诉讼部分的裁判提出上诉等。另外，附带民事诉讼原告人还有权提出赔偿请求和撤销请求，有权要求调解和达成和解。

附带民事诉讼当事人的诉讼义务主要包括：如实陈述案情；接受调查和审判；执行附带民事裁判。此外，附带民事诉讼原告人还有义务对赔偿请求提供证据。

本章引例中，李某是被害人，陈某、刘某是犯罪嫌疑人、被告人；在被害人死亡的情况下，其父母作为近亲属有权提起附带民事诉讼，成为附带民事诉讼的原告人，陈某、刘某从而又成为附带民事诉讼的被告人，既要承担刑事责任，还要承担民事赔偿责任。

第三节 其他诉讼参与人

其他诉讼参与人是指除当事人以外的诉讼参与人，具体包括法定代理人、诉讼代理人、辩护人、证人、鉴定人和翻译人员。

其他诉讼参与人与诉讼结果无直接利害关系，不独立承担诉讼职能，因此，其诉讼地位不同于当事人。但作为诉讼参与人的一部分，他们当然享有应有的诉讼权利且承担一定的诉讼义务。例如，诉讼参与人对于审判人员、检察人员和侦查人员侵犯公民诉讼权利和人身侮辱的行为，有权提出控告等。

一、法定代理人

法定代理人是指依照法律规定对被代理人负有专门保护义务并代其进行诉

讼的人。根据《刑事诉讼法》第108条第3项的规定，法定代理人可以是被代理人的父母、养父母、监护人和负有保护责任的机关、团体的代表。

法定代理人参与刑事诉讼的职责是依法保护未成年人、无行为能力人或者限制行为能力人的人身权利、财产权利、诉讼权利以及其他一切合法权利。同时，法定代理人有责任监督被代理人的行为。法定代理人依法享有独立的诉讼权利，如犯罪嫌疑人、被告人、自诉人的法定代理人有申请回避权和上诉权，被害人的法定代理人不服地方各级人民法院第一审判决的，在法定期限内有权请求人民检察院提出抗诉等。

二、诉讼代理人

诉讼代理人是指受公诉案件的被害人及其法定代理人或者近亲属、自诉案件的自诉人及其法定代理人委托代为参加诉讼的人以及受附带民事诉讼的当事人及其法定代理人委托代为参加诉讼的人。诉讼代理人只能以被代理人的名义并在其授权范围内进行诉讼活动。诉讼代理可分为三类：公诉案件被害人的代理、刑事自诉案件的代理以及附带民事诉讼案件的代理。

本章引例中，被害人李某的父母作为死者的近亲属提起了附带民事诉讼，其委托了诉讼代理人进行诉讼活动，属于附带民事诉讼案件的代理。

【拓展阅读2-2】

三、辩护人

辩护人是指受犯罪嫌疑人、被告人委托或法律援助机构的指派，帮助犯罪嫌疑人、被告人行使辩护权并依法维护其合法权益的诉讼参与人。

辩护人依法享有广泛的诉讼权利，如可以了解案情，收集证据，同在押的犯罪嫌疑人、被告人会见和通信等。

辩护人具有独立的诉讼地位，以自己的意志开展辩护活动，依据事实和法律维护犯罪嫌疑人、被告人的合法权益。

本章引例中，被告人陈某、刘某分别委托了律师为其辩护，辩护人能更好地帮助被告人行使辩护权，充分维护其合法权益。在诉讼中，辩护人与公诉方的主张是相对立的，自然形成了分庭抗礼、据理力争的态势，体现了诉讼的民主性，有利于审判方的"兼听则明"，从而有利于实现诉讼的公平和正义。

四、证人

证人是指除当事人以外的了解案件情况并向司法机关提供证言的诉讼参与

人。证人参加刑事诉讼是由案件事实本身决定的，因此，证人具有人身不可替代性。凡是知道案件情况的人，都有作证的义务，但生理上、精神上有缺陷或者年幼，不能辨别是非、不能正确表达的人，不能作为证人。

证人只能是自然人。证人必须就自己所了解的案件情况向专门机关提供证言；证人要根据法律规定履行出庭作证的义务，并在法庭上接受公诉人、被害人及被告人、辩护人双方的询问、质证；证人如果有意做伪证或者隐匿罪证的，必须承担相应的法律责任。法人不具备以上条件，所以证人不能是法人。

证人享有的诉讼权利主要包括查阅询问笔录，要求对笔录中记载有遗漏或差错的部分加以补充、改正，要求补偿因作证而受到的经济损失，证人及其近亲属的安全受司法机关的保护等。

【参考案例2-1】

2014年3月24日，某县林场发生森林失火案件。大火吞没43亩林地。大火扑灭之后，当地森林警方发现是人为原因引起的火灾。经过调查，了解到聋哑人黄某是这场火灾的唯一目击者。警方随后从聋哑学校请来老师作手语翻译。经过反复确定，警方最终还原了案发现场。随后，黄某又到现场指认起火点，详细"叙述"其目击犯罪嫌疑人高某点火和引发火灾的经过。得知黄某已向警方作证，高某迫于压力，主动承认自己因违规燃烧田埂引发森林火灾的犯罪事实。

参考案例2-1中，黄某虽为聋哑人，存在着生理上的缺陷，但是他能够辨别是非，能用哑语与人进行沟通，表达自己所了解的案情，因此具有证人资格。

五、鉴定人

鉴定人是指接受司法机关的指派或聘请，能够运用自己的专门知识和技能对案件中的专门性问题进行分析判断并提出书面鉴定意见的诉讼参与人。

鉴定人所享有的诉讼权利包括：①了解与鉴定有关的案件情况；②有权要求指派或者聘请的机关提供足够的鉴定材料，在提供的鉴定材料不充分、不具备作出鉴定意见的条件时，有权要求有关机关补充材料，否则有权拒绝鉴定；③要求为鉴定提供必要的条件；④收取鉴定费用。此外，因在诉讼中作证，鉴定人及其近亲属的人身安全依法受到保护。

六、翻译人员

翻译人员是指接受司法机关的指派或聘请，在刑事诉讼中进行语言、文字（包括盲文）、手势翻译工作的诉讼参与人。

翻译人员所享有的诉讼权利包括：有权了解有关的案件情况；有权获得相应的报酬和补偿；有权查阅记载其翻译内容的笔录，如果认为笔录同翻译内容不符，有权要求修正和补充。

参考案例 2-1 中，案件的目击者黄某是一位聋哑人，侦查机关专门聘请了聋哑学校的老师作手语翻译，进行有效沟通，最终获悉了黄某所目击的案情，为该案的侦破提供了重要线索。

【本章小结】

刑事诉讼的主体包括国家专门机关、当事人及其他诉讼参与人。刑事诉讼中的专门机关由公安机关、人民检察院、人民法院以及国家安全机关、军队保卫部门、监狱等组成。刑事诉讼中的当事人是指在刑事诉讼中处于追诉或被追诉的地位，行使控诉或辩护职能，并与案件事实和诉讼结果有直接利害关系的诉讼参与人，包括被害人、自诉人、犯罪嫌疑人、被告人、附带民事诉讼的原告人和被告人。刑事诉讼中的其他诉讼参与人是指除当事人以外的诉讼参与人，包括法定代理人、诉讼代理人、辩护人、证人、鉴定人和翻译人员。其他诉讼参与人与诉讼结果无直接利害关系，不独立承担诉讼职能，其诉讼地位不同于当事人。

【课后思考】

2013年4月，某人民法院开庭审理一起故意伤害案。被害人李某及其诉讼代理人参加了庭审。在公诉人向被告人发问后，被害人要求向被告人提问，审判长拒绝了被害人的发问请求，说："公诉人已经帮你发问了，你就不要再问了。"李某的诉讼代理人坚持要向被告人提问，审判长也拒绝了诉讼代理人的请求，说："公诉人是代表你方利益的，公诉人已经问清楚了，你们就不要发问了，节省点时间！"

请回答：

（1）审判长的做法是否正确？为什么？

（2）在刑事诉讼中，被害人依法享有哪些诉讼权利？

第三章 刑事诉讼基本原则

学习目标

掌握刑事诉讼基本原则的概念、特点和体系构成，明确刑事诉讼特有的基本原则，领会刑事诉讼基本原则的精神实质并能够运用基本原则分析解决司法实践中的问题。

重点提示

刑事诉讼基本原则；无罪推定；疑罪从无；程序正义；实体正义

【知识框架】

刑事诉讼基本原则
- 刑事诉讼基本原则概述
  - 刑事诉讼基本原则的概念和特点
  - 刑事诉讼基本原则的意义
  - 刑事诉讼基本原则的体系
- 专门机关依法行使职权原则
  - 专门机关依法行使职权原则的法律依据
  - 专门机关依法行使职权原则的基本内容
- 分工负责、互相配合、互相制约原则
  - 分工负责、互相配合、互相制约原则的法律依据
  - 分工负责、互相配合、互相制约原则的基本内容
  - 分工负责、互相配合、互相制约三者之间的关系
- 人民检察院依法对刑事诉讼实行法律监督原则
  - 人民检察院依法对刑事诉讼实行法律监督原则的法律依据
  - 人民检察院依法对刑事诉讼实行法律监督原则的基本内容
- 犯罪嫌疑人、被告人有权获得辩护原则
  - 犯罪嫌疑人、被告人有权获得辩护原则的法律依据
  - 犯罪嫌疑人、被告人有权获得辩护原则的基本内容
- 未经人民法院依法判决不得确定有罪原则
  - 未经人民法院依法判决不得确定有罪原则的法律依据
  - 未经人民法院依法判决不得确定有罪原则的基本内容
- 认罪认罚从宽原则
  - 认罪认罚从宽原则的法律依据
  - 认罪认罚从宽原则的基本内容
- 依法不追究刑事责任原则
  - 依法不追究刑事责任原则的法律依据
  - 依法不追究刑事责任原则的情形及处理

刑事诉讼法原理与实务

【本章引例】

2016年5月，某市80后市民王某因为出售2只绿颊锥尾鹦鹉被公安机关刑事拘留，公安机关侦查后移送检察院审查起诉，检察院向法院提起公诉，起诉的罪名是"非法收购、出售珍贵濒危野生动物罪"，除了指控王某出售6只鹦鹉外，还指控王某非法收购其中的2只鹦鹉。法院审理后，以"指控出售的鹦鹉系收购而来的证据不足"为由，对于非法收购的事实未予认定，对于检方指控王某出售了6只鹦鹉的事实也只认定了2只。后法院以"非法出售珍贵、濒危野生动物罪"判处王某有期徒刑2年。

请思考：本案体现了哪些刑事诉讼基本原则？

第一节 刑事诉讼基本原则概述

一、刑事诉讼基本原则的概念和特点

刑事诉讼基本原则是指贯穿于刑事诉讼的整个过程或主要诉讼阶段，公安机关、人民检察院、人民法院和诉讼参与人进行刑事诉讼活动时所必须遵循的基本行为准则。

刑事诉讼基本原则具有如下三个特点：

1. 刑事诉讼基本原则是由《刑事诉讼法》规定的，具有法定性。这些规定对于刑事诉讼活动的开展，对于国家专门机关和诉讼参与人具有法律拘束力。

2. 刑事诉讼基本原则一般贯穿于刑事诉讼的全过程，是对整个刑事诉讼过程进行规范和指导的原则，具有普遍适用性。当然，也有个别原则仅适用于某些诉讼阶段，如审判公开原则就仅仅适用于审判阶段。

3. 刑事诉讼基本原则调整所有参加诉讼的诉讼主体的行为，具有普遍约束力。无论是国家专门机关及其工作人员，还是诉讼参与人都必须遵守刑事诉讼基本原则。

二、刑事诉讼基本原则的意义

1. 有助于领会刑事诉讼法各项具体制度和程序的精神实质。刑事诉讼法各项制度和程序的规定都是刑事诉讼基本原则的具体体现，因此，领会了刑事诉讼基本原则的精神，便于理解法律规定的立法原意，便于掌握刑事诉讼具体制度和程序。

2. 有助于解决司法实践中出现的新问题。刑事诉讼司法实践中，可能会遇到一些无法适用具体条文解决的新问题，这时，遵循刑事诉讼基本原则所规定的精神，可能使问题得到有效解决，从而保障刑事诉讼的顺利进行。

三、刑事诉讼基本原则的体系

我国刑事诉讼基本原则是由《宪法》《刑事诉讼法》《人民法院组织法》《人民检察院组织法》等规定的。宪法和法律规定的基本原则主要来源于两个方面：一是在总结我国刑事诉讼实践经验的基础上产生的，这部分原则突出反映了我国刑事诉讼的特点，具有鲜明的中国特色。如依靠群众原则，公、检、法三机关分工负责、互相配合、互相制约原则。二是在对国外优秀法律制度和实践经验的吸收与借鉴的基础上产生的，如独立行使审判权、检察权原则，未经法院判决不得确定任何人有罪原则等。

《刑事诉讼法》对基本原则的规定主要体现在第2条至第18条。这些基本原则中，有些是适用于所有诉讼的基本原则，如《刑事诉讼法》第6条规定的"依靠群众"原则，"以事实为根据、以法律为准绳"原则，"对一切公民在适用法律上一律平等"原则；《刑事诉讼法》第9条规定的"用本民族语言文字进行诉讼"原则；《刑事诉讼法》第11条和第14条规定的"审判公开"原则；《刑事诉讼法》第14条规定的"保障诉讼参与人的诉讼权利"原则等。而另有一些基本原则是刑事诉讼特有的基本原则，如《刑事诉讼法》第3条规定的"专门机关依法行使职权"原则；《刑事诉讼法》第7条规定的"分工负责、互相配合、互相制约"原则；《刑事诉讼法》第8条规定的"人民检察院依法对刑事诉讼实行法律监督"原则；《刑事诉讼法》第11条和第14条规定的"犯罪嫌疑人、被告人有权获得辩护"原则；《刑事诉讼法》第12条规定的"未经人民法院依法判决不得确定有罪"原则；《刑事诉讼法》第15条规定的"认罪认罚从宽原则"；《刑事诉讼法》第16条规定的"依法不追究刑事责任"原则等。本书重点介绍刑事诉讼特有的基本原则。

第二节 专门机关依法行使职权原则

一、专门机关依法行使职权原则的法律依据

《刑事诉讼法》第3条对专门机关依法行使职权原则作了具体规定："对刑事案件的侦查、拘留、执行逮捕、预审，由公安机关负责。检察、批准逮捕、检察机关直接受理的案件的侦查、提起公诉，由人民检察院负责。审判由人民法院负责。除法律特别规定的以外，其他任何机关、团体和个人都无权行使这些权力。人民法院、人民检察院和公安机关进行刑事诉讼，必须严格遵守本法和其他法律的有关规定。"2018年出台的《中华人民共和国监察法》（以下简称《监察法》）第11条规定，监察委员会依法履行监督、调查、处置职责，对涉嫌

贪污贿赂、滥用职权、玩忽职守、权力寻租、利益输送、徇私舞弊以及浪费国家资财等职务违法和职务犯罪进行调查。《监察法》将各级监察委员会定位为行使国家监察职能的专责机关。本书中的专门机关，特指《刑事诉讼法》规定的公安机关、人民检察院、人民法院等机关。

二、专门机关依法行使职权原则的基本内容

专门机关依法行使职权原则，又称作侦查权、检察权、审判权由专门机关依法行使的原则，即侦查权、检察权、审判权分别由公安机关、人民检察院、人民法院等机关依法行使，其他任何机关、团体和个人都无权行使这些权力。侦查权、检察权、审判权由专门机关依法行使的原则，是我国刑事诉讼科学化、民主化的重要表现之一。正确适用该原则，不仅有利于提高工作效率，更好地惩罚犯罪，而且能够有效防止滥用职权和冤假错案的发生。根据上述规定，对专门机关依法行使职权原则应从以下几个方面进行理解：

（一）侦查权、检察权、审判权分别由公安机关、人民检察院和人民法院行使

1. 侦查权由公安机关等侦查机关负责行使。侦查权是指侦查机关享有的依照法律规定收集证据、查明案情和采取有关强制性措施的权力。侦查权主要体现在查明案情、收集证据、预审、刑事拘留、执行逮捕等方面。《刑事诉讼法》第3条、第4条和第308条明确规定了公安机关、人民检察院、国家安全机关、军队保卫部门、中国海警局和监狱是我国的侦查机关。

【参考案例3-1】

李某是某县的一个包工头。2018年10月31日，他打算用卡里的钱发放一笔工钱时，却意外发现卡里空空如也。经向银行调取流水后发现这张卡曾有7次ATM机上的取款记录，总额5万元，而取款地多为该县所辖乡镇的ATM机。李某赶紧向当地派出所报案。派出所接到报案后，通过调取相关监控等侦查手段迅速查明取款人是22岁的钱某，后又对钱某进行排查，挖出了隐藏在其背后的克隆银行卡的犯罪团伙。

参考案例3-1中，派出所采取调取监控等侦查手段查明犯罪嫌疑人钱某并对其进行排查，挖出了隐藏在其背后的犯罪团伙，这是公安机关行使侦查权的表现。

2. 检察权由人民检察院负责行使。人民检察院是国家法律监督机关，行使国家检察权。根据《刑事诉讼法》的相关规定，检察权主要包括：对直接受理的刑事案件的侦查权、批准或决定逮捕权、公诉权、对刑事诉讼的法律监督权等。《监察法》对监察委员会的职权作了规定，原来属于人民检察院的部分侦查的权力划归到监察委员会行使，具体内容本书第四章立案管辖部分有详细介绍。

【参考案例3-2】

被告人张某、林某等50余人近3年先后在多个国家参加了针对中国居民进行电信诈骗的犯罪集团,利用电信网络技术手段骗取200余名被害人钱款3000余万元。某市公安机关正式将该案件移送到某市人民检察院审查起诉,检察院依托金融检察、网络与电信犯罪检察专业化办案团队,成立了专门的公诉组,迅速审查公安局移送的全案卷宗近500册,言词证据1000多份以及所有的电子证据、勘验检查笔录,制定详细的补充侦查提纲并先后两次将案件退回公安机关补充侦查,为案件的审查和提起公诉奠定了坚实基础。

参考案例3-2中,检察院成立专门的公诉组,对公安机关移送的案卷材料以及证据进行审查,制定补充侦查提纲并将案件退回公安机关补充侦查是检察院行使公诉权的体现。

3. 审判权由人民法院负责行使。审判权是国家权力的重要组成部分,在刑事诉讼中,具化为刑事审判权,指的是人民法院依法审理及裁决刑事案件的权力。依据法律规定,刑事审判权只能由人民法院行使,人民法院负责对公诉案件和自诉案件进行审理并依法作出裁判。

公安机关、人民检察院和人民法院在刑事诉讼活动中,必须严格按照法律规定,各负其责,各尽其职,不能职责不清,互相推诿或包办代替。

本章引例中,王某因涉嫌"非法出售珍贵、濒危野生动物罪"被公安机关刑事拘留,然后由检察院提起公诉,最终由法院对该案作出判决,体现了侦查权、检察权、审判权分别由专门机关行使的原则。

(二) 其他任何机关、团体和个人都无权行使侦查权、检察权、审判权

由于侦查权、检察权、审判权的专属性,导致其权力主体的排他性,即除法律特别规定以外,其他任何机关、团体和个人都无权行使这些权力。

侦查权、检察权和审判权是国家权力的重要组成部分,由专门机关行使,这既是法律赋予这些机关的权力,同时也是法律要求他们应尽的职责和义务。专门机关进行刑事诉讼追究犯罪,不仅关系到国家刑罚权的实现,更关系到国家稳定以及公民个人的合法权益不受侵犯等重大问题,是一项极其严肃和重要的工作。因此,法律对于国家司法权的行使主体作了明确规定,除了公安机关(包括其他侦查机关,如国家安全机关、军队保卫部门、中国海警局、海关缉私部门以及监狱)、人民检察院和人民法院之外,其他的任何机关、团体和个人都不得行使,不得擅自限制或剥夺他人的人身自由,否则就可能造成司法的混乱,最终侵害公民的合法权益。

【参考案例3-3】

李某长期吸毒达20年,强制戒毒多次,均未成功。后因用针筒注射毒品,

染上了艾滋病。为了吸毒，李某长期偷家里的钱财物品，还对家人大打出手。李某的父亲忍无可忍，将事先准备的安眠药混进凉茶内，端给儿子饮用，并趁李某昏睡，用绳将其捆绑在床上。后李某醒来，李某父亲遂手持扳手敲打李某头面部，致李某当场死亡。在李某父亲被羁押期间，李某所在的居委会为"大义灭亲"的老父亲求情，认为其为人老实厚道，是不得已才杀死不孝子，请求法院对其从宽处罚。法院对该起案件进行审理并宣判：李某父亲犯故意杀人罪，判处有期徒刑3年，缓刑4年。

请思考：李某父亲的行为合法吗？为什么？

参考案例3-3中李某父亲"大义灭亲"的行为是违法的。由于侦查权、检察权、审判权的专属性，除法律特别规定的以外，其他任何机关、团体和个人都无权行使这些权力，即使李某再不孝，其偷盗以及打人等行为，如果触犯刑法，只能由相应的国家机关经过特定的程序对其进行惩处，其父无权将他杀死。

（三）公安机关、人民检察院、人民法院进行刑事诉讼，必须严格遵守有关法律规定

《刑事诉讼法》第3条第2款规定："人民法院、人民检察院和公安机关进行刑事诉讼，必须严格遵守本法和其他法律的有关规定。"这要求公安机关、人民检察院、人民法院在刑事诉讼全过程中都必须依法行使职权，不得违反法律规定的程序及规则，更不得侵害当事人和其他诉讼参与人的合法权益。人民法院、人民检察院和公安机关在诉讼活动中违反法定程序和规则的，应当依法承担相应的法律后果。比如《刑事诉讼法》第238条规定，第二审人民法院发现第一审人民法院审理的案件有违反公开审判、回避制度、剥夺或者限制当事人的法定诉讼权利可能影响公正审判、审判组织的组成不合法等法定的诉讼程序的情形的，应当裁定撤销原判，发回重审。

第三节　分工负责、互相配合、互相制约原则

一、分工负责、互相配合、互相制约原则的法律依据

《宪法》第140条规定："人民法院、人民检察院和公安机关办理刑事案件，应当分工负责，互相配合，互相制约，以保证准确有效地执行法律。"《刑事诉讼法》第7条规定："人民法院、人民检察院和公安机关进行刑事诉讼，应当分工负责，互相配合，互相制约，以保证准确有效地执行法律。"

《监察法》第4条第2款规定："监察机关办理职务违法和职务犯罪案件，应当与审判机关、检察机关、执法部门互相配合，互相制约。"

二、分工负责、互相配合、互相制约原则的基本内容

《刑事诉讼法》第 3 条对公安机关、人民检察院、人民法院（以下简称公、检、法）的职权作了明确的分工，即由公安机关依法行使侦查权，人民检察院依法行使检察权，人民法院依法行使审判权。

分工负责是指公、检、法在刑事诉讼中，分别按照法律规定的职权，各负其责，各尽其职，不允许互相取代或互相推诿。

互相配合是指公、检、法在刑事诉讼中，应当在分工负责的基础上，互相合作，互相支持，共同完成刑事诉讼的任务。公、检、法的配合主要是指做好在办案流程上的衔接关系，比如处理好从侦查阶段到起诉阶段再到审判阶段三者的协作关系，当然，这种配合不是无原则的配合，是建立在分工负责基础上的配合，三机关必须各司其职，不能包办替代。比如，公安机关侦查终结后，将案件移送人民检察院审查起诉；人民检察院对相关的证据材料要认真审查并作出相应决定，认为依法应当追究刑事责任的，应当制作起诉书，向人民法院提起公诉；人民法院对人民检察院提起公诉的案件进行审查后，对于起诉书中有明确的指控犯罪事实的，应当决定开庭审判等。

互相制约是指公、检、法三机关应依照法律规定的职权和程序，互相制衡，互相约束，防止和纠正其他机关在办案中的错误。例如，《刑事诉讼法》第 175 条规定："人民检察院审查案件，可以要求公安机关提供法庭审判所必需的证据材料；认为可能存在本法第 56 条规定的以非法方法收集证据情形的，可以要求其对证据收集的合法性作出说明。人民检察院审查案件，对于需要补充侦查的，可以退回公安机关补充侦查，也可以自行侦查。对于补充侦查的案件，应当在 1 个月以内补充侦查完毕。补充侦查以 2 次为限……对于二次补充侦查的案件，人民检察院仍然认为证据不足，不符合起诉条件的，应当作出不起诉的决定。"《刑事诉讼法》第 200 条第 3 项规定："证据不足，不能认定被告人有罪的，应当作出证据不足、指控的犯罪不能成立的无罪判决。"

本章引例中，法院审理后，对于检方指控的部分事实以证据不足为由未作出认定，比如对出售的鹦鹉系收购而来的指控因证据不足未作认定，对出售了 6 只鹦鹉的事实也只认定了 2 只，体现了检察院、法院分工负责、互相配合、互相制约的原则。

三、分工负责、互相配合、互相制约三者之间的关系

分工负责、互相配合、互相制约三个方面，密切联系，缺一不可。好比一个工厂的三个车间，三道工序，每道工序必须严格遵守一定的操作规程。这三道工序配合和制约得愈好，产品就愈合乎规格，效率就愈高。只有做到分工负责，由三个机关来分别履行职责，才能防止权力由一个机关行使造成的职权滥用；

只有做到互相配合，才能做好办案流程的衔接，防止互相推诿；只有做到互相制约，才可以在权力之间形成制衡，避免或纠正错误或偏差。因此，分工负责、互相配合、互相制约三者之间是辩证统一的，任何一个方面都不可偏废，只有全面贯彻这一原则，才能保证案件的正确处理和法律的准确高效执行，从而顺利完成刑事诉讼的任务。

【课堂讨论3-1】

讲到公安机关、人民检察院、人民法院三者之间的关系，人们常调侃："公安机关是做饭的，检察院是端饭的，法院是吃饭的。"

请思考并讨论：如何理解这段话？

第四节　人民检察院依法对刑事诉讼实行法律监督原则

一、人民检察院依法对刑事诉讼实行法律监督原则的法律依据

《宪法》第134条规定："中华人民共和国人民检察院是国家的法律监督机关。"《刑事诉讼法》第8条规定："人民检察院依法对刑事诉讼实行法律监督。"

二、人民检察院依法对刑事诉讼实行法律监督原则的基本内容

法律监督原则，即人民检察院依照法定程序对公安机关、人民法院等机关进行刑事诉讼是否严格遵守有关法律，是否严格依法办事实施监督。它强调人民检察院对整个刑事诉讼活动实行法律监督。该项原则的确立有利于防止或减少刑事诉讼中出现的违法行为，有利于正确地适用法律保障无罪的人不受刑事追究，有利于保护诉讼当事人的诉讼权利，对于保障司法公正具有重要意义。

人民检察院对刑事诉讼实行法律监督贯穿于刑事诉讼的整个过程，主要体现在以下六个方面：

（一）立案活动的监督

刑事立案监督是指人民检察院对公安机关应当立案的案件没有依法立案，不应当立案的案件而立案的，以及刑事立案活动是否合法所进行的监督。《刑事诉讼法》第113条对应当立案而没有立案案件的监督作了规定："人民检察院认为公安机关对应当立案侦查的案件而不立案侦查的，或者被害人认为公安机关

对应当立案侦查的案件而不立案侦查,向人民检察院提出的,人民检察院应当要求公安机关说明不立案的理由。人民检察院认为公安机关不立案理由不能成立的,应当通知公安机关立案,公安机关接到通知后应当立案。"而对于公安机关不应当立案而立案情况的监督,《刑事诉讼法》尚无具体明确规定,只有《高检规则》,《最高人民检察院、公安部关于刑事立案监督有关问题的规定(试行)》对公安机关不应立案而立案案件的监督作了相应规定。

【参考案例3-4】

江某因不满被告人黄某与其前女友谈恋爱,便向黄某约架。后江某纠集陈某、刘某等11人,黄某纠集赵某、张某等7人,于20时30分许,在某学院门口聚众斗殴,造成双方多人受伤。事发后学院教师报警,警方到达现场后,经过调查,认为情节显著轻微,最终没有立案。

请思考:如果某区人民检察院认为公安机关不予立案的决定是错误的,按照《刑事诉讼法》的规定,应该怎么监督?

参考案例3-4中,如果某区人民检察院认为公安机关不予立案的决定是错误的,应当首先要求公安机关说明不立案的理由,如果认为公安机关不立案理由不能成立的,应当通知公安机关立案,公安机关接到通知后应当立案。

(二) 侦查活动的监督

1. 对公安机关侦查活动的监督。人民检察院对于公安机关移送审查的案件有监督的职责。目前我国人民检察院对公安机关实行侦查监督,主要是围绕审查逮捕和审查起诉工作进行,对公安机关侦查监督的主要内容包括:公安机关在侦查活动中法律手续是否完备,有无违法行为;公安机关收集的案件证据是否确实充分等。

2. 对检察院自身侦查活动的监督。人民检察院对其直接受理的案件的侦查行为也存在监督的必要性。目前我国人民检察院对自身侦查活动实行侦查监督,主要围绕审查逮捕和审查起诉工作进行。比如侦查监督部门在审查逮捕时可以要求侦查部门移送相关证据材料,在案件存在犯罪事实不清、证据不足或者遗漏罪行、遗漏同案犯罪嫌疑人等情形需要补充侦查时,还应当向侦查部门提出补充侦查的书面意见等。

(三) 监察委员会调查活动的监督

《监察法》第47条第3款规定:"人民检察院经审查,认为需要补充核实的,应当退回监察机关补充调查,必要时可以自行补充侦查。对于补充调查的案件,应当在1个月内补充调查完毕。补充调查以2次为限。"

《刑事诉讼法》第170条规定:"人民检察院对于监察机关移送起诉的案件,依照本法和监察法的有关规定进行审查。人民检察院经审查,认为需要补充核实的,应当退回监察机关补充调查,必要时可以自行补充侦查。对于监察机关移送起诉的已采取留置措施的案件,人民检察院应当对犯罪嫌疑人先行拘留,留置措施自动解除。人民检察院应当在拘留后的10日以内作出是否逮捕、取保候审或者监视居住的决定。在特殊情况下,决定的时间可以延长1日至4日。人民检察院决定采取强制措施的期间不计入审查起诉期限。"

由此可见,人民检察院对监察委员会调查活动的监督主要表现在审查逮捕和审查起诉两个方面。

（四）审判活动的监督

人民检察院对人民法院的审判活动依法实行监督,这种监督是同级机关之间的监督纠错,是一种建议权的行使,法院仍掌握案件处置的决定权。人民检察院对人民法院审判活动的监督,主要包括对审判过程的监督和对审判结果的监督两个方面。抗诉、纠正意见、检察建议等是人民检察院对人民法院审判活动实行法律监督的重要形式。

（五）刑罚执行的监督

人民检察院依法对刑罚执行实施监督。人民检察院对刑罚执行的监督主要包括对刑罚执行活动的监督和对刑罚变更活动的监督,具体包括社区矫正判决的执行监督、死刑判决的执行监督、暂予监外执行决定的监督、减刑和假释裁定的监督,以及其他各种生效裁判执行的监督等。

（六）其他方面的监督

《刑事诉讼法》第307条规定:"人民检察院对强制医疗的决定和执行实行监督。"

第五节　犯罪嫌疑人、被告人有权获得辩护原则

一、犯罪嫌疑人、被告人有权获得辩护原则的法律依据

《宪法》第130条规定:"人民法院审理案件,除法律规定的特别情况外,一律公开进行。被告人有权获得辩护。"《刑事诉讼法》第11条规定:"人民法院审判案件,除本法另有规定的以外,一律公开进行。被告人有权获得辩护,人民法院有义务保证被告人获得辩护。"《刑事诉讼法》第14条第1款规定:"人民法院、人民检察院和公安机关应当保障犯罪嫌疑人、被告人和其他诉讼参与人依法享有的辩护权和其他诉讼权利。"

二、犯罪嫌疑人、被告人有权获得辩护原则的基本内容

（一）获得辩护的权利是犯罪嫌疑人和被告人的基本权利

辩护是指在刑事诉讼过程中,犯罪嫌疑人、被告人及其辩护人,依据事实

和法律，提出有利于犯罪嫌疑人、被告人的证据材料和意见，主张和论证犯罪嫌疑人、被告人无罪、罪轻或者应当减轻、免除处罚，维护犯罪嫌疑人、被告人的诉讼权利和其他合法权益的刑事诉讼活动。

获得辩护的权利是刑事诉讼法规定的犯罪嫌疑人和被告人享有的一项基本的诉讼权利。对于犯罪嫌疑人、被告人来说，如果他最终被认定有罪，那么为其辩护的作用是保证他的程序权利，并使他获得与其犯罪行为相适应的惩罚；如果他最终被认定无罪，辩护的作用则为保护他不受到错误的指控。

（二）公安机关、人民检察院和人民法院应当保障犯罪嫌疑人、被告人获得辩护的权利

公安机关、人民检察院和人民法院在侦查和审查起诉阶段以及审判阶段应当保证犯罪嫌疑人、被告人享有获得辩护的权利。《刑事诉讼法》第34条第2款规定："侦查机关在第一次讯问犯罪嫌疑人或者对犯罪嫌疑人采取强制措施的时候，应当告知犯罪嫌疑人有权委托辩护人。人民检察院自收到移送审查起诉的案件材料之日起3日以内，应当告知犯罪嫌疑人有权委托辩护人。人民法院自受理案件之日起3日以内，应当告知被告人有权委托辩护人。犯罪嫌疑人、被告人在押期间要求委托辩护人的，人民法院、人民检察院和公安机关应当及时转达其要求。"《刑事诉讼法》第35条还对人民法院、人民检察院和公安机关通知法律援助机构指派律师为符合法定条件的犯罪嫌疑人、被告人提供辩护作出了具体规定。

【拓展阅读3-1】

第六节　未经人民法院依法判决不得确定有罪原则

一、未经人民法院依法判决不得确定有罪原则的法律依据

《刑事诉讼法》第12条规定："未经人民法院依法判决，对任何人都不得确定有罪。"第51条规定："公诉案件中被告人有罪的举证责任由人民检察院承担，自诉案件中被告人有罪的举证责任由自诉人承担。"第175条第4款规定："对于二次补充侦查的案件，人民检察院仍然认为证据不足，不符合起诉条件

的，应当作出不起诉的决定。"第 200 条第 3 项规定："证据不足，不能认定被告人有罪的，应当作出证据不足、指控的犯罪不能成立的无罪判决。"《刑事诉讼法》的这些规定是"未经人民法院依法判决不得确定有罪"原则的具体体现，它吸收了无罪推定原则的精神，是刑事诉讼立法的进步，对于保障犯罪嫌疑人、被告人的合法权益起到了重要作用。

二、未经人民法院依法判决不得确定有罪原则的基本内容

（一）定罪权只能由人民法院行使

我国《宪法》和《刑事诉讼法》均规定，审判的职能只能由人民法院行使，而作为刑事审判权核心的定罪权，也是人民法院的专属权力，其他任何机关、团体或个人都没有这种权力。人民法院代表国家统一行使定罪权，对已构成犯罪应当判处刑罚的案件以及已构成犯罪但是应当或者可以免除刑罚处罚的案件依法进行审理。

（二）未经人民法院依法判决，不得将任何人视为罪犯或作为有罪的人对待

《刑事诉讼法》对诉讼中被追究刑事责任人的称呼，作了专门规定，将被追诉人在侦查、审查起诉阶段称为"犯罪嫌疑人"，在检察机关正式向法院提起公诉以后，则称之为"被告人"。确立未经人民法院依法判决不得确定有罪的原则，实际上是确立了侦查中的犯罪嫌疑人和提起公诉后的被告人的非罪犯地位，他们的法定权利不能被任意剥夺，他们可以行使法律赋予的所有的诉讼权利，是刑事诉讼的当事人。

（三）举证责任由控方承担

公诉案件中证明犯罪嫌疑人、被告人有罪的责任由人民检察院负责承担，犯罪嫌疑人、被告人没有证明自己无罪的义务，不能因犯罪嫌疑人、被告人不能证明自己无罪就推定其有罪。不过，犯罪嫌疑人对侦查人员的提问应如实回答，但有权拒绝回答与本案无关的问题。这一点与美国的米兰达警告不同。

【拓展阅读 3-2】

（四）疑罪从无

疑罪从无在《刑事诉讼法》第 175 条第 4 款、第 200 条第 3 款中有具体规定，即如果公诉人不能提出确实充分的证据证实被告人的罪行，人民法院经过庭审和补充性调查也不能查明被告人有罪的事实，那么就只能判定被告人无罪，

而不能"疑罪从轻"或者"疑罪从挂"。

【参考案例3-5】

2001年9月25日清晨6时许,东莞市一杂货店老板娘方某花正按顾客的要求取货,突然被人从背后袭击,失去知觉。随后歹徒进入卧室,用铁锤猛击熟睡中的店主方某崇和他两个分别为7个月、3岁的女儿,造成1死3重伤,其中2人九级伤残、1人六级伤残的惨剧。歹徒取走店主装有500元现金的钱包后逃离现场。2010年4月23日,8年多过后,陈某钧被缉拿归案。2011年12月19日,东莞市中级人民法院一审以抢劫罪判处陈某钧死刑,剥夺政治权利终身,并处没收个人全部财产,赔偿被害人经济损失52万余元。2015年8月17日上午,鉴于案件证据上的种种疑点,尤其是客观证据的缺乏,比如没有对现场提取到的铁锤、衬衫等物证进行血迹、毛发等痕迹物质提取、鉴定,随后最有力物证——铁锤、衬衫又被遗失,从而难以确认作案人与案发现场之间具有直接联系。除此之外,还有证人证言矛盾、被害人指控前后不一、有罪供述与其他证据不符等证据上的疑点。本着"疑罪从无"的精神,广东省高级人民法院最终认定,对陈某钧犯抢劫杀人罪的指控证据不足,陈某钧无罪。

参考案例3-5中,东莞市中级人民法院一审判处被告人死刑,有一定的证据支持;但广东省高级人民法院之所以改判,是因为现有的证据达不到确实、充分并且排除合理怀疑的程度,无法证实陈某钧是本案真凶。这是一个典型的疑罪。广东省高级人民法院在案件审理中,遵循"疑罪从无"的原则,严格依据证据裁判规则,作出了无罪的终审判决,这不是放纵犯罪,而是刑事法治进步的一种体现。

【拓展阅读3-3】

第七节 认罪认罚从宽原则

一、认罪认罚从宽原则的法律依据

2018年修改《刑事诉讼法》时增加了认罪认罚从宽原则。《刑事诉讼法》第15条规定:"犯罪嫌疑人、被告人自愿如实供述自己的罪行,承认指控的犯罪事实，愿意接受处罚的，可以依法从宽处理。"该条规定确立了认罪认罚从宽原则，使认罪认罚从宽成为贯穿于整个刑事诉讼程序的重要制度。认罪认罚从宽原则的确立对于依法及时惩治犯罪、强化人权保障、优化司法资源配置、推动繁简分流、提升诉讼质量效率、完善多层次刑事诉讼程序体系等具有重要意义。

二、认罪认罚从宽原则的基本内容

（一）认罪认罚从宽原则的适用条件和范围

从《刑事诉讼法》第15条的规定可以看出，犯罪嫌疑人、被告人只要符合自愿如实供述自己的罪行，承认指控的犯罪事实并愿意接受处罚这两个条件就可以适用认罪认罚从宽原则，至于犯罪嫌疑人、被告人适用的罪名和可能判处的刑罚，法律没有作出具体限定。

（二）认罪认罚的案件在实体上可以依法从宽处罚

《刑事诉讼法》第176条第2款规定："犯罪嫌疑人认罪认罚的，人民检察院应当就主刑、附加刑、是否适用缓刑等提出量刑建议，并随案移送认罪认罚具结书等材料。"《刑事诉讼法》第201条第1款规定："对于认罪认罚案件，人民法院依法作出判决时，一般应当采纳人民检察院指控的罪名和量刑建议，但有下列情形的除外：①被告人的行为不构成犯罪或者不应当追究其刑事责任的；②被告人违背意愿认罪认罚的；③被告人否认指控的犯罪事实的；④起诉指控的罪名与审理认定的罪名不一致的；⑤其他可能影响公正审判的情形。"从上述规定可以看出，对于犯罪嫌疑人认罪认罚的案件，人民检察院提出从宽的量刑建议时，人民法院一般应当采纳人民检察院指控的罪名和量刑建议，但符合法律规定的特殊情形除外。

【参考案例3-6】

2018年10月中旬，叶某通过微信添加被害人刘某为好友后，二人多次相约见面、吃饭、逛街，后叶某发现刘某有男友，感觉被欺骗，遂想盗窃刘某的钱用于弥补之前的开销。未经刘某同意，叶某用刘某的手机分3次使用微信给自己转账，共盗窃1.7万元。经公安机关传唤归案后，叶某积极赔偿被害人全部损失，并如实供述自己的罪行，并于2019年1月8日签署《认罪认罚具结书》。公诉机关认为，叶某的行为触犯了《刑法》，应以盗窃罪追究其刑事责任，但其在案发后主动退赔被害人损失，且认罪认罚，可以从宽处理，提出对叶某处以1年以下有期徒刑并适用缓刑，并处罚金1万元的量刑建议。法院认为叶某犯罪事实清楚，证据确实、充分，指控罪名正确，考虑到被告人能如实交代自己的犯罪事实并签署了《认罪认罚具结书》，故而采纳了公诉机关的量刑意见，判处被告人有期徒刑6个月，缓刑1年，并处罚金人民币1万元。

参考案例3-6中，被告人归案后，积极赔偿被害人损失，如实供述自己的罪行，自愿签署《认罪认罚具结书》，检察院提出从宽处罚的量刑建议，法院采纳了检察院指控的罪名和量刑意见，在法定的范围内对叶某从轻处罚，体现了认罪认罚从宽原则的适用。

（三）认罪认罚的案件在程序上可以从简处理

审判程序的简化是认罪认罚案件在程序上的显著特点。2018年《刑事诉讼法》修改时，专门增加了速裁程序。《刑事诉讼法》第222条第1款规定："基层人民法院管辖的可能判处3年有期徒刑以下刑罚的案件，案件事实清楚，证据确实、充分，被告人认罪认罚并同意适用速裁程序的，可以适用速裁程序，由审判员一人独任审判。"可见，速裁程序并非适用于所有的认罪认罚案件，只有基层人民法院管辖的可能判处3年有期徒刑以下刑罚的案件，才可以适用，对于其他案件可以适用普通程序或简易程序审理。关于速裁程序的具体内容，本书在一审程序的相关章节有具体阐述。

（四）刑事诉讼全程保障认罪认罚的自愿性

《刑事诉讼法》第120条第2款规定："侦查人员在讯问犯罪嫌疑人的时候，应当告知犯罪嫌疑人享有的诉讼权利，如实供述自己罪行可以从宽处理和认罪认罚的法律规定。"第173条第2款规定："犯罪嫌疑人认罪认罚的，人民检察院应当告知其享有的诉讼权利和认罪认罚的法律规定，听取犯罪嫌疑人、辩护人或者值班律师、被害人及其诉讼代理人对下列事项的意见，并记录在案……"第174条第1款规定："犯罪嫌疑人自愿认罪，同意量刑建议和程序适用的，应当在辩护人或者值班律师在场的情况下签署认罪认罚具结书。"第190条第2款规定："被告人认罪认罚的，审判长应当告知被告人享有的诉讼权利和认罪认罚的法律规定，审查认罪认罚的自愿性和认罪认罚具结书内容的真实性、合法性。"以上法条旨在从刑事诉讼的全过程来规范和保障犯罪嫌疑人、被告人认罪认罚的自愿性，具体表现在：

1. 侦查机关有告知犯罪嫌疑人认罪认罚的法律规定和法律后果的义务。
2. 审查起诉机关有告知犯罪嫌疑人认罪认罚的法律规定和法律后果的义务。
3. 法院在审判的时候要审查被告人认罪认罚的自愿性。
4. 犯罪嫌疑人必须在辩护人或者值班律师在场的情况下签署《认罪认罚具结书》。

【拓展阅读3-4】

第八节 依法不追究刑事责任原则

一、依法不追究刑事责任原则的法律依据

《刑事诉讼法》第16条规定了依照法定情形不予追究刑事责任的原则。该条规定:"有下列情形之一的,不追究刑事责任,已经追究的,应当撤销案件,或者不起诉,或者终止审理,或者宣告无罪:①情节显著轻微、危害不大,不认为是犯罪的;②犯罪已过追诉时效期限的;③经特赦令免除刑罚的;④依照刑法告诉才处理的犯罪,没有告诉或者撤回告诉的;⑤犯罪嫌疑人、被告人死亡的;⑥其他法律规定免予追究刑事责任的。"该原则是指具有《刑事诉讼法》第16条规定的6种情形时,不论行为人的行为是否构成犯罪,都不应对其追究刑事责任。

二、依法不追究刑事责任原则的情形及处理

（一）依法不追究刑事责任原则的法定情形

1. 情节显著轻微、危害不大,不认为是犯罪的。有些行为虽然违法,但情节显著轻微,没有造成或仅仅造成轻微的危害结果,根据刑法不构成犯罪的,就不应追究刑事责任。但是,不追究刑事责任,并不等于不给予其他处罚,如果行为违反了其他法律,比如《中华人民共和国行政法》（以下简称《行政法》）《中华人民共和国治安管理处罚法》（以下简称《治安管理处罚法》）,要依据相应的法律给予处罚。

【参考案例3-7】

胡某与陈某因小事发生口角,胡某怀恨在心。几日后,胡某拿着事先准备好的锄头来到陈某商店打砸,商店的柜台以及部分商品被砸毁,造成损失共计1000元左右,陈某遂到公安机关报案。

请思考:胡某的行为应如何处理？

参考案例3-7中,胡某打砸陈某的商店造成损失共计1000元左右。根据《最高人民检察院、公安部关于公安机关管辖的刑事案件立案追诉标准的规定（一）》第33条的规定,故意毁坏公私财物,造成公私财物损失5000元以上的,应予立案追诉。本案商店柜台损失未达到法定的数额,属于情节显著轻微、危害不大,不认为是犯罪的情形,但胡某的行为违反了《治安管理处罚法》,应给予其相应的行政处罚。

2. 犯罪已过追诉时效期限的。被告人的行为构成犯罪,应追究刑事责任但由于过了法定的追诉时效期限,不再追究刑事责任。《刑法》第87条、88条对追诉时效期限作了具体规定,第87条规定:"犯罪经过下列期限不再追诉:

①法定最高刑为不满5年有期徒刑的，经过5年；②法定最高刑为5年以上不满10年有期徒刑的，经过10年；③法定最高刑为10年以上有期徒刑的，经过15年；④法定最高刑为无期徒刑、死刑的，经过20年。如果20年以后认为必须追诉的，须报请最高人民检察院核准。"第88条规定："在人民检察院、公安机关、国家安全机关立案侦查或者在人民法院受理案件以后，逃避侦查或者审判的，不受追诉期限的限制。被害人在追诉期限内提出控告，人民法院、人民检察院、公安机关应当立案而不予立案的，不受追诉期限的限制。"

【参考案例3-8】

2002年8月5日，甲县公安局接到许某报案称，其妻子杨某是出租车司机，在出车后一直未归，人和车失踪，多方寻找均未果。2016年12月，甲县公安局获得群众举报，辖区乙村的刘某在一次酒后吹嘘：曾在多年前杀死了一个女出租车司机，把尸体扔在山沟，然后以5万元的价格将出租车卖掉。2018年元旦，甲县公安局成立专案组昼夜开展侦查工作，将犯罪嫌疑人刘某、陈某抓获，经公安机关调查查明，刘某在十多年前与人合伙做生意赔了钱，欠下10万多元债务，就萌生了抢出租车卖掉还债的念头，于是和亲戚陈某合谋，抢劫杀害了一名女出租车司机。

请思考：本案犯罪嫌疑人在案发后14年被抓获，是否属于犯罪已过追诉时效期限不予追究刑事责任的情形？

参考案例3-8中，刘某等涉嫌抢劫致人死亡。根据《刑法》263条第5项的规定，抢劫致人重伤、死亡的法定最高刑为死刑，所以本案刘某等的最高刑罚可判处死刑。而《刑法》第87条又规定法定最高刑为无期徒刑、死刑的，经过20年，犯罪不再追究。本案从案发到犯罪嫌疑人被抓获经过了14年，不属于《刑事诉讼法》第16条第2款规定的因犯罪已过追诉时效期限不予追究刑事责任的情形。

3. 经特赦令免除刑罚的。这种情形指的是虽确有犯罪事实，但由于国家已颁布特赦令免除刑罚，所以才不予追究刑事责任。特赦只是免除了刑罚的执行，不消除犯罪记录。《宪法》第67条规定了全国人民代表大会常务委员会有决定特赦的权力。经特赦令免除刑罚的罪犯，不论是已经执行了部分刑罚还是完全没有执行，都等同于刑罚已执行完毕，公安机关、人民检察院、人民法院等都不能再追究其刑事责任。

4. 依照刑法告诉才处理的犯罪，没有告诉或者撤回告诉的。根据《刑法》第246、257、260、270条的规定，侮辱罪、诽谤罪、暴力干涉婚姻自由罪、虐待罪和侵占罪，告诉的才处理。对以上这几类犯罪提起诉讼的权利属于被害人本人，如果被害人没有提起诉讼，或者被害人虽已提起诉讼，但在法院宣告判决之前又撤回起诉的，公安、司法机关等无权追究犯罪分子的刑事责任。但如果被害人没有能力起诉，或因受强制、威吓无法起诉的，人民检察院和被害人的近亲属也可以提起诉讼。

【参考案例3-9】

贺某违规行车与小区保安发生争吵，并辱骂保安，随后保安心脏病发作，气绝身亡。案发后，涉事人与死者家属协商民事赔偿数额，并取得死者家属的谅解，死者家属决定不向法院提出控告。

参考案例3-9中，双方因发生争执导致一方出现病发甚至死亡。从民事角度看，对方需要进行一定民事赔偿。从刑事角度看，贺某的言论具有侮辱性质，造成保安死亡情节严重，可以构成侮辱罪。侮辱罪属于告诉才处理的自诉案件，本案被害人已经死亡，被害人的近亲属可以代为提起刑事自诉，如果近亲属没有提出控告，则法院就不应立案审理。

5. 犯罪嫌疑人、被告人死亡的。我国刑法实行"罪责自负原则"，即只有实施犯罪行为的人，才承担相应的法律责任，不得连累无辜。如果犯罪嫌疑人、被告人死亡，刑事责任承担者已不存在，再继续追究刑事责任已无实际意义，所以不应该追究。

【参考案例3-10】

某公园附近一辆小轿车燃起熊熊大火，车上两名成年人被烧死。经警方侦查查明，该起案件系情感纠纷引发矛盾导致的刑事案件。死者刘某与李某生前系男女朋友关系，后因感情不和分手，但李某一直纠缠刘某要求和好，遭到刘某拒绝，李某遂产生了同归于尽的恶念。某日，李某驾驶汽车在一路口附近采取撞击的手段逼停刘某驾驶的汽车，强行将下车查看的刘某推上了自己的汽车，后点燃淋在自己身上的汽油自焚，导致两人被烧身亡。

请思考：本案犯罪嫌疑人已经死亡，应如何处理？

参考案例3-10中，犯罪嫌疑人已经死亡，依据《刑事诉讼法》第16条第5项的规定，犯罪嫌疑人、被告人死亡的，不予追究刑事责任。当然，如果犯罪嫌疑人有遗产，被害人的亲属可以代为提起民事诉讼，要求犯罪嫌疑人家属给予相应的赔偿。

6. 其他法律规定免予追究刑事责任的。如果一个人的行为，按照刑法规定应当追究刑事责任，但由于某些特殊情况，其他生效的法律规定免予追究刑事责任的，也不应当追究其刑事责任。

(二) 依法不追究刑事责任情形的处理

根据《刑事诉讼法》第16条的规定，具有上述法定情形的，应当作不予立案、撤销案件、不起诉、终止审理或宣告无罪处理。具体表现为：在立案阶段，应作出不立案的决定；在侦查阶段，应作出撤销案件的决定；在审查起诉阶段，应作出不起诉决定；在审判阶段，应判决宣告无罪或终止审理。

贯彻依法不追究刑事责任原则，有利于保障国家的追诉权得到统一正确地行使，防止扩大刑事诉讼追诉范围，从而保障依法不应当受到刑事追究的人不被追诉。

【本章小结】

刑事诉讼基本原则是指贯穿于刑事诉讼的整个过程或主要诉讼阶段，公安机关、人民检察院、人民法院和诉讼参与人进行刑事诉讼活动时所必须遵循的基本行为准则，具有法定性、普遍适用性和普遍约束力。刑事诉讼基本原则既包括适用于所有诉讼的基本原则，也包括刑事诉讼特有的基本原则。本章重点介绍了刑事诉讼七大特有的基本原则，分别是：专门机关依法行使职权原则，分工负责、互相配合、互相制约原则，人民检察院依法对刑事诉讼实行法律监督原则，犯罪嫌疑人、被告人有权获得辩护原则，未经人民法院依法判决不得确定有罪原则，认罪认罚从宽原则，依法不追究刑事责任原则。

【课后思考】

材料一：日本律政剧《Legal High》第一季第一集里，经过男主角古美门律师的竭力辩护，一起一审被判死刑的故意杀人案，二审成功改判无罪，被告被无罪释放，在电视剧最后，古美门律师和女主角有一段对话。古美门：他杀没杀人都和我无关，检察厅证据不足，所以他被无罪释放了，这就是法。黛真之子：那事实的真相呢？古美门：别太自恋，我们是人不是神，我们不可能知道事实真相的。

材料二：在律师竭尽全力的辩护下，被告人终于被宣布无罪释放。在法院门口，律师问被告人："你已经获得释放，我们即将分手了。现在请你最后向我说实话，你是否真的犯了罪？"被告人回答："律师先生，当我在法庭上听到你为我作精彩的辩护时，我刚刚明白，我原来是清白的。"

材料三："当时发生了什么？我们认为当时发生了什么？证据证明当时发生了什么？这是不同的三件事，法律只承认最后一件。"

请回答：材料一、材料二、材料三体现了哪一条刑事诉讼基本原则？如何理解该原则与正义实现之间的关系？

第四章 管辖制度

学习目标

了解管辖与立案的关系，掌握立案管辖、审判管辖的概念和分类，明确地域管辖的原则，能够根据法律规定判断具体案件的立案管辖机关及审判管辖机关。

重点提示

管辖；立案管辖；审判管辖；级别管辖；地域管辖；专门管辖

【知识框架】

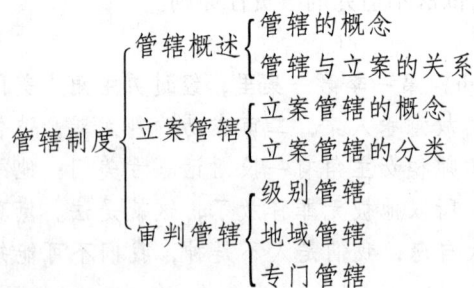

【本章引例】

2015年3月31日，养母李某因施某的学习问题使用抓痒耙、跳绳抽打受害儿童施某身体，造成施某体表大面积挫伤，经鉴定，挫伤面积超过体表面积的10%，属于轻伤一级。李某因涉嫌故意伤害罪被南京市公安局高新分局依法刑事拘留，公安机关以李某涉嫌故意伤害罪向南京市浦口区人民检察院提请批准逮捕，检察院对犯罪嫌疑人李某依法作出不批准逮捕的决定。李某一审被判处有期徒刑6个月，李某不服提起上诉，同年11月，该案二审宣判，裁定驳回上诉，维持原判。

请思考：

（1）对这起"虐童案"，南京公安机关能否进行立案管辖？

（2）被害人及其生父母在侦查阶段强烈要求不追究李某的刑事责任，而公安局不予撤销案件，如何评价公安机关的行为？本案法院能否进行立案管辖？

第一节 管辖概述

一、管辖的概念

刑事诉讼中的管辖是指公安机关、人民检察院和人民法院在直接受理刑事案件范围上的权限划分以及人民法院系统内审判第一审刑事案件权限范围上的分工。管辖要解决两个方面的问题：一是确定哪些刑事案件由公安机关或者人民检察院直接立案侦查，哪些刑事案件由人民法院直接立案审理；二是确定人民法院系统内部各级法院之间，普通法院和专门法院之间，专门法院之间在审理第一审案件上的权限划分。因此，管辖又可分为立案管辖和审判管辖。

二、管辖与立案的关系

立案是刑事诉讼的一个开始程序，它是指公安机关、人民检察院和人民法院发现犯罪事实或犯罪嫌疑人，或者对报案、控告、自首材料，或者对自诉人的自诉材料进行审查后，判明有无犯罪事实以及应否追究刑事责任并决定是否作为刑事案件进行侦查或审理的诉讼活动。在作出立案决定前，公安机关、人民检察院和人民法院首先要审查该案件是否属于自己管辖，公安机关、人民检察院和人民法院只对属于自己管辖的案件决定是否立案。因此，管辖是立案的前提，管辖是进行刑事诉讼首先需要解决的问题。

第二节 立案管辖

一、立案管辖的概念

立案管辖又称职能管辖或者部门管辖，是指公安机关、人民检察院、人民法院等国家专门机关在直接受理刑事案件上的权限划分。根据法律规定，我国除了公安机关、人民检察院、人民法院具有刑事立案权之外，国家安全机关、军队保卫部门、中国海警局、监狱以及海关缉私部门都在一定范围享有刑事案件的立案侦查权。

二、立案管辖的分类

（一）公安机关立案侦查的案件

《刑事诉讼法》第19条第1款规定："刑事案件的侦查由公安机关进行，法律另有规定的除外。"这一规定说明，除法律另有规定的，所有刑事案件的侦查都由公安机关负责。

法律的除外规定主要包括以下几种情况：

1. 由人民检察院立案侦查的刑事案件；
2. 由人民法院直接受理的刑事案件；
3. 由国家安全机关立案侦查的危害国家安全的刑事案件；
4. 由军队保卫部门立案侦查的军队内部发生的刑事案件；
5. 由监狱立案侦查的罪犯在监狱内犯罪的刑事案件；
6. 由海关缉私部门立案侦查的涉税走私案件；
7. 由中国海警局立案侦查的在海上发生的刑事案件。

本章引例所涉案件为故意伤害（轻伤）犯罪案件，属于公安机关可以立案管辖的案件。

【参考案例4-1】

2017年6月，耿某与儿媳刘某因琐事发生矛盾，在某小区的楼房过道处，将其3岁的孙女从窗户向外扔出，致使幼儿死亡。经鉴定，耿某在实施犯罪时受精神障碍影响，辨认和控制能力有所削弱，被评定为限制行为能力。

请思考：本案是否应由公安机关立案管辖？

参考案例4-1中，耿某经鉴定为限制行为能力人，根据《刑法》第18条第3款的规定："尚未完全丧失辨认或者控制自己行为能力的精神病人犯罪的，应当负刑事责任，但是可以从轻或者减轻处罚。"本案属于该款规定的情形，耿某的行为构成故意杀人罪，应当负刑事责任。根据《刑事诉讼法》的规定，本案属于公安机关立案管辖的案件。

（二）人民检察院立案侦查的案件

《刑事诉讼法》第19条第2款规定："人民检察院在对诉讼活动实行法律监督中发现的司法工作人员利用职权实施的非法拘禁、刑讯逼供、非法搜查等侵犯公民权利、损害司法公正的犯罪，可以由人民检察院立案侦查。对于公安机关管辖的国家机关工作人员利用职权实施的重大犯罪案件，需要由人民检察院直接受理的时候，经省级以上人民检察院决定，可以由人民检察院立案侦查。"

可见，人民检察院可以立案侦查的案件包括如下两类：

1. 司法工作人员利用职权实施的侵犯公民权利、损害司法公正的犯罪案件，包括非法拘禁案、刑讯逼供案、非法搜查案等。

2. 国家机关工作人员利用职权实施的其他重大犯罪案件。此类案件本应当由公安机关管辖，只有当需要由人民检察院直接受理的时候，经过省级以上人民检察院决定，才可以由人民检察院立案侦查。法律这样规定的目的是赋予人民检察院对立案活动实施个案监督的权力，解决司法实践中存在的有案不立、有罪不究、以罚代刑等问题,从而充分发挥人民检察院的法律监督职能。

【参考案例 4-2】

2016年9月8日晚8时许,某镇居民李某酒后到花园小区盗窃电动车,被该小区物业人员发现后当场抓获。物业保安人员报警后,李某被带回派出所。在审问犯罪嫌疑人李某的过程中,李某拒不交代盗窃事实,并辱骂办案人员,之后该派出所民警张某、刘某对李某进行殴打以逼取口供,致李某胸部闭合性损伤,左侧多根肋骨骨折,左肺损伤,左侧胸腔积液,胸背部软组织损伤,经省级医院鉴定,李某的损伤程度为轻伤一级。

请思考:本案应当由哪个机关立案管辖?

参考案例4-2中,民警张某、刘某的行为涉嫌刑讯逼供罪,依据《刑事诉讼法》第19条第2款的规定,刑讯逼供的案件应由人民检察院立案侦查。因此,本案的管辖机关应为人民检察院。

(三)人民法院直接受理的刑事案件

《刑事诉讼法》第19条第3款规定:"自诉案件,由人民法院直接受理。"

自诉案件是指被害人及其法定代理人、近亲属,为了追究被告人的刑事责任,而直接向人民法院提起诉讼的案件。根据《刑事诉讼法》第210条和相关司法解释的规定,自诉案件包括以下三类案件:

1. 告诉才处理的案件。告诉才处理的案件,是指只有被害人及其法定代理人提出控告和起诉,人民法院才予以受理的案件,被害人及其法定代理人没有告诉或者告诉后又撤回的,人民法院不予追究。《刑法》第98条规定:"本法所称告诉才处理,是指被害人告诉才处理。如果被害人因受强制、威吓无法告诉的,人民检察院和被害人的近亲属也可以告诉。"

根据我国《刑法》的相关规定,告诉才处理的案件包括以下几种:

(1)侮辱、诽谤案(《刑法》第246条第1款规定,但是严重危害社会秩序和国家利益的除外);

(2)暴力干涉婚姻自由案(《刑法》第257条第1款规定,但是致人死亡的除外);

(3)虐待案(《刑法》第260条第1款规定,但是致人重伤或死亡的除外);

(4)侵占案(《刑法》第270条规定)。

告诉才处理的案件,通常案情比较简单,无需专门机关进行侦查就能查明事实,适合由人民法院直接受理。

【参考案例 4-3】

2016年9月10日晚12时许,被告人王某驾驶出租车,从A市火车站送乘客钱某至某娱乐城。钱某下车时,将随身携带的背包遗忘在出租车内,包内有现金人民币1万元及其他物品。王某发现钱某遗忘的背包后,将其带回家,见包内装有现金,遂心生贪念,将此包藏于家中电视机柜内。公安人员接到钱某报案后找到王某时,王某矢口否认拾到背包。当公安人员依法搜查其住所并当场发现钱某的背包后,王某才在人赃并获的局面下被迫交代了隐匿该背包的全部过程。破案后,现金和其他财物全部退还钱某。

请思考:本案应当由那个机关立案管辖?

参考案例4-3中王某的行为应认定为侵占罪,侵占案属于告诉才处理的案件,对于告诉才处理的案件应由人民法院直接受理。因此,本案应当由人民法院立案管辖。

2. 被害人有证据证明的轻微刑事案件。根据法律规定,被害人有证据证明的轻微刑事案件必须符合三个条件:一是诉讼主体必须是被害人;二是必须是轻微刑事案件;三是被害人自身必须有相应的证据证明被告人有罪。

《高法解释》第1条第2项以列举的方式对这类案件作了规定,人民检察院没有提起公诉,被害人有证据证明的轻微刑事案件包括故意伤害案(《刑法》第234条第1款规定);非法侵入住宅案(《刑法》第245条规定);侵犯通信自由案(《刑法》第252条规定);重婚案(《刑法》第258条规定);遗弃案(《刑法》第261条规定);生产、销售伪劣商品案(《刑法》分则第三章第一节规定,但严重危害社会秩序和国家利益的除外);侵犯知识产权案(《刑法》分则第三章第七节规定,但严重危害社会秩序和国家利益的除外);《刑法》分则第四章、第五章规定,对被告人可能判处3年有期徒刑以下刑罚的案件。

《高法解释》第1条第2项规定:"……本项规定的案件,被害人直接向人民法院起诉的,人民法院应当依法受理。对其中证据不足、可以由公安机关受理的,或者认为对被告人可能判处3年有期徒刑以上刑罚的,应当告知被害人向公安机关报案,或者移送公安机关立案侦查。"

本章引例中,养母李某因学习问题使用抓痒耙、跳绳抽打受害儿童施某身体,造成施某体表挫伤,其行为构成故意伤害(轻伤)。根据《关于依法办理家庭暴力犯罪案件的意见》第8条的规定:"尊重被害人的程序选择权。对于被害人有证据证明的轻微家庭暴力犯罪案件,在立案审查时,应当尊重被害人选择公诉或者自诉的权利。被害人要求公安机关处理的,公安机关应当依法立案、侦查。在侦查过程中,被害人不再要求公安机关处理或者要求转为自诉案件的,应当告知被害人向公安机关提交书面申请。经审查确系被害人自愿提出的,公安机关应当依法撤销案件。被害人就这类案件向人民法院提起自诉的,人民法院应当依法受理。"根据该司法解释第9条的规定,被害人为无行为能力人、限制行为能力人,其法定代理人、近亲属可以告诉或者代为告诉。李某的行为即属于上述司法解释中的轻微家庭暴力犯罪,依据该解释,公安机关可以管辖,但是如果被害人向法院递交了书面申请并且该书面申请是被害人自愿提出的,公安机关就应当依法撤销案件或转为自诉案件,如果转为自诉案件,法院可以立案管辖。因此,本案被害人及其生父母在侦查阶段如果强烈要求不追究李某的刑事责任并且提出了书面申请,公安机关应当依法撤销案件。本案被害人是未成年人,如果其生父母代为告诉,人民法院可以立案管辖。

3. 被害人有证据证明对被告人侵犯自己人身权利、财产权利的行为应当依法追究刑事责任,而公安机关或者人民检察院不予追究被告人刑事责任的案件。

这类案件简称"公诉转自诉的案件"。根据《高法解释》第1条第3项的规定,以下案件人民法院也可以直接受理:"被害人有证据证明对被告人侵犯自己人身、财产权利的行为应当依法追究刑事责任,且有证据证明曾经提出控告,而公安机关或者人民检察院不予追究被告人刑事责任的案件。"可见,此类案件如果由法院直接受理必须符合以下四个条件:①由被害人自己提出;②被害人有证据证明被告人的犯罪行为;③该行为侵犯被害人的人身、财产权利,依法应追究刑事责任;④被害人有证据证明曾经提出控告,而公安机关或者人民检察院不追究被告人的刑事责任。这里的证据通常是指公安机关的《不予立案决定书》或人民检察院的《不予起诉决定书》。

【参考案例4-4】

余某与陈某为同一公司职工,两家是邻居,常为琐事发生口角。余某文质彬彬、孩子幼小,陈某身强力壮,经常欺负余家,形成多年积怨。随着时间的推移,余家的两个男孩逐渐成年,欲寻机报复。一天晚上下班,陈某把余某的摩托车撞倒,余家的次子小余向陈某索赔,陈某不肯,于是,小余把他哥哥叫上,次日,在过道把上班的陈某拦住并向其索赔,陈某推卸责任,兄弟二人合力对陈某进行殴打,致陈某重伤变成植物人。陈某的妻子张某向公安机关报案,公安机关认为这是公司内部的斗殴事件,案件事实比较清楚,无需采用侦查手段,于是书面通知张某不予立案,张某遂直接向法院提起诉讼。

请思考:本案公安机关作出的不立案决定是否正确?公安机关不立案后,被害人妻子直接向人民法院提起诉讼,人民法院能否进行立案管辖?

参考案例4-4中,小余及哥哥将陈某打成重伤,事实清楚,触犯了刑法,需要追究刑事责任,公安机关应当立案,其作出不予立案的决定是错误的。该案属于公诉转自诉的案件,符合上述人民法院受理案件的4个条件,因此,陈某妻子可依据公安机关的《不予立案决定书》向法院提起诉讼,人民法院有权进行立案管辖。公安机关的《不予立案决定书》就是条件四中的证据。

【拓展阅读4-1】

第三节 审判管辖

审判管辖是指人民法院内部各级法院之间、同级法院之间以及普通法院与专门法院之间、各专门法院之间在审理第一审刑事案件上的权限分工。根据《刑事诉讼法》的规定，刑事审判管辖可以分为普通管辖和专门管辖，而普通管辖又分为级别管辖、地域管辖。

一、级别管辖

级别管辖是指上下级法院之间即最高人民法院和地方各级人民法院之间在审判第一审刑事案件上的权限分工。

（一）基层人民法院管辖的第一审刑事案件

《刑事诉讼法》第20条规定："基层人民法院管辖第一审普通刑事案件，但是依照本法由上级人民法院管辖的除外。"从此条规定可以看出，普通刑事案件的一审原则上由基层人民法院管辖。法律将绝大多数第一审案件划归基层人民法院管辖，这是因为基层人民法院数量最多，最接近诉讼案件发生地，便于案件的调查和证据的核实。

（二）中级人民法院管辖的第一审刑事案件

《刑事诉讼法》第21条和第299条对中级人民法院管辖的第一审刑事案件做出了规定。第21条规定："中级人民法院管辖下列第一审刑事案件：①危害国家安全、恐怖活动案件；②可能判处无期徒刑、死刑的案件。"可见，中级人民法院管辖的第一审刑事案件包括两类：①危害国家安全、恐怖活动案件；②可能判处无期徒刑、死刑的案件。法律这样规定，并不是说这两类案件必须由中级人民法院进行一审，而是说这两类案件的一审最低应该由中级人民法院进行，并不排除高级人民法院、最高人民法院对这些案件进行一审的可能性。这些案情重大或处刑较重的案件，由中级人民法院进行一审有利于保证办案的质量。由于中级人民法院还担负着对基层人民法院管辖的第一审刑事案件进行上诉审的任务，因此由它管辖的案件不宜像基层法院那么多。

需要注意的是，还有两类案件也属于中级人民法院管辖，分别在《刑事诉讼法》第291条和《刑事诉讼法》第299条作了规定。《刑事诉讼法》第291条规定："对于贪污贿赂犯罪案件，以及需要及时进行审判，经最高人民检察院核准的严重危害国家安全犯罪、恐怖活动犯罪案件，犯罪嫌疑人、被告人在境外，监察机关、公安机关移送起诉，人民检察院认为犯罪事实已经查清，证据确实、充分，依法应当追究刑事责任的，可以向人民法院提起公诉。人民法院进行审查后，对于起诉书中有明确的指控犯罪事实，符合缺席审判程序适用条件的，应当决定开庭审判。前款案件，由犯罪地、被告人离境前居住地或者最高人民法院指定的中级人民法院组成合议庭进行审理。"《刑事诉讼法》第299条规定："没收违法所得的申请，由犯罪地或者犯罪嫌疑人、被告人居住地的中级人民法院组成合议庭进行审理。"可见，对在境外的被告人的缺席审判案件、违法所得的没收案件的管辖法院也为中级人民法院。

（三）高级人民法院管辖的第一审刑事案件

《刑事诉讼法》第22条规定："高级人民法院管辖的第一审刑事案件，是全省（自治区、直辖市）性的重大刑事案件。"由此可见，高级人民法院管辖的一审刑事案件，应当符合两个条件：一是全省（自治区、直辖市）性的案件；二是重大刑事案件。对于全省（自治区、直辖市）性重大刑事案件的标准，立法上没有具体规定，由高级人民法院自行认定和把握。依据法律规定，高级人民法院不仅要负责对中级人民法院第一审判决提出上诉、抗诉的案件的二审审理，按照审判监督程序提起的再审案件的审理，死刑缓期二年执行案件的核准，而且还要负责死刑立即执行案件的复核以及对下级人民法院的审判工作的监督和业务指导等工作，所以实践中，由高级人民法院审理的第一审刑事案件数量很少。

（四）最高人民法院管辖的第一审刑事案件

《刑事诉讼法》第23条规定："最高人民法院管辖的第一审刑事案件，是全国性的重大刑事案件。"可见，必须是全国性的重大刑事案件，才能由最高人民法院负责一审。所谓全国性的重大刑事案件，是指在全国范围内涉及面广、影响巨大的重大刑事案件。最高人民法院审判一审案件，所作出的判决、裁定是终审的判决、裁定，不可能因为上诉或者抗诉而引起第二审程序。由于最高人民法院是国家的最高审判机关，它既要对地方各级人民法院和专门人民法院的审判工作进行监督和指导，对审判过程中的法律应用问题作出司法解释，发布指导性案例，又要对高级人民法院裁判的上诉、抗诉案件进行审理，对按照全国人民代表大会常务委员会的规定提起的上诉、抗诉案件以及按照审判监督程序提起的再审案件进行审理，还要对死刑案件进行核准等，所以实践中，由最高人民法院审判的第一审刑事案件十分少见。

（五）上下级人民法院之间管辖权的流转

管辖权的流转是指除《刑事诉讼法》关于级别管辖的一般规定外，在有些情况下，管辖权可以突破级别管辖的规定，在上下级法院之间发生流转。关于上下级人民法院之间管辖权流转的法律依据主要体现在《刑事诉讼法》第24条、《高法解释》第12、13、15条的规定中。

1. 上级人民法院可以审理下级人民法院管辖的一审案件。

（1）《刑事诉讼法》第24条规定："上级人民法院在必要的时候，可以审判下级人民法院管辖的第一审刑事案件；下级人民法院认为案情重大、复杂需要由上级人民法院审判的第一审刑事案件，可以请求移送上一级人民法院审判。"

（2）《高法解释》第12条规定："人民检察院认为可能判处无期徒刑、死刑，向中级人民法院提起公诉的案件，中级人民法院受理后，认为不需要判处无期徒刑、死刑的，应当依法审判，不再交基层人民法院审判。"

【参考案例4-5】

被告人李某某在担任A市市委书记期间，利用职务便利以及职权和地位形成的便利条件，为他人在银行贷款、房地产开发、催收工程款、消防项目的审批及职务晋升等事项上提供帮助，直接或通过家人先后多次收受他人财物，共计人民币四千余万元。A市人民检察院认为被告人李某某可能被判处无期徒刑或死刑，故向A市中级人民法院提起公诉，A市中级人民法院认为，被告人李某某的行为构成受贿罪，数额特别巨大，应依法惩处。鉴于李某某有自首立功等情节，依法可从轻处罚，对被告人李某某以受贿罪判处有期徒刑14年。

请思考：本案李某某未被判处无期徒刑或死刑，A市中级人民法院是否有权管辖？

参考案例4-5中，A市中级人民法院有权管辖李某某受贿案。根据《高法解释》第12条的规定，人民检察院认为可能判处无期徒刑、死刑，向中级人民法院提起公诉的案件，中级人民法院受理后，认为不需要判处无期徒刑、死刑的，应当依法审判，不再交基层人民法院审判。本案中，李某虽然没有被判处无期徒刑或死刑，还是应当继续由中级人民法院审理。

2. 下级人民法院移送上级人民法院审理的案件。

（1）下级人民法院应当移送上级人民法院审理的案件。《高法解释》第15条第1款规定："基层人民法院对可能判处无期徒刑、死刑的第一审刑事案件，应当移送中级人民法院审判。"

（2）下级人民法院可以移送上级人民法院审理的案件。《高法解释》第15条第2款规定："基层人民法院对下列第一审刑事案件，可以请求移送中级人民法院审判：①重大、复杂案件；②新类型的疑难案件；③在法律适用上具有普遍指导意义的案件。"

3. 需要并案审理案件的管辖。《高法解释》第 13 条规定:"一人犯数罪、共同犯罪和其他需要并案审理的案件,其中一人或者一罪属于上级人民法院管辖的,全案由上级人民法院管辖。"

二、地域管辖

地域管辖是指同级人民法院之间在审判第一审刑事案件权限上的划分。级别管辖只解决了案件归哪一级人民法院管辖的问题,而同级各人民法院之间对案件是否有管辖权仍不明确,所以,只有规定了地域管辖,才能使各人民法院审判第一审刑事案件的权限得到最终确定。

(一) 一般地域管辖的确定原则

《刑事诉讼法》第 25 条规定:"刑事案件由犯罪地的人民法院管辖。如果由被告人居住地的人民法院审判更为适宜的,可以由被告人居住地的人民法院管辖。"

1. 犯罪地人民法院管辖为主、被告人居住地人民法院管辖为辅的原则。

(1) 犯罪地的确定。《刑事诉讼法》第 25 条规定,刑事案件由犯罪地的人民法院管辖。此处的"犯罪地"包括犯罪的行为发生地和结果发生地。

确定地域管辖时,要求以"犯罪地法院管辖"为主,是因为犯罪地是犯罪证据最多的地方,案件由犯罪地人民法院管辖,便于人民法院就地调查、核实证据,正确、及时地处理案件;犯罪地往往是被害人、证人等诉讼参与人的所在地,由犯罪地人民法院审理,便于他们参与诉讼活动,有利于审判工作的顺利进行;犯罪地群众最关心本地发生的案件的处理,由犯罪地人民法院审判,便于当地群众旁听,也更能有效地结合案件进行法制宣传教育。

(2) 被告人居住地的确定。《刑事诉讼法》第 25 条规定,如果由被告人居住地的人民法院审判更为适宜的,可以由被告人居住地的人民法院管辖。也就是说,虽然以犯罪地人民法院管辖为主,但是如果由被告人居住地的人民法院管辖更为合适,也可由被告人居住地人民法院管辖。《高法解释》第 3 条规定:"被告人的户籍地为其居住地。经常居住地与户籍地不一致的,经常居住地为其居住地。经常居住地为被告人被追诉前已连续居住 1 年以上的地方,但住院就医的除外。被告单位登记的住所地为其居住地。主要营业地或者主要办事机构所在地与登记的住所地不一致的,主要营业地或者主要办事机构所在地为其居住地。"

2. 最初受理的人民法院审判为主、主要犯罪地人民法院审判为辅的原则。《刑事诉讼法》第 26 条规定:"几个同级人民法院都有权管辖的案件,由最初受理的人民法院审判。在必要的时候,可以移送主要犯罪地的人民法院审判。"本条是对地域管辖的补充规定。之所以做如此规定,是因为如果一个犯罪涉及几个地点或者一个人在不同地方犯数罪，按照犯罪地管辖原则，不止一个人民法院享有管辖权，案件的管辖权还是不能确定；而适用被告人居住地管辖为主的原则，也可能遇到几个法院都享有管辖权的情形。为了避免有管辖权的几个同级人民法院对同一刑事案件争办或者互相推诿，影响案件及时处理，浪费大量财力、人力，造成审判工作重复的情况，出现上述情形时，原则上由最初受理的人民法院审判，必要的时候，最初受理的人民法院可以把案件移送至主要犯罪地人民法院审判。所谓"必要的时候"，是指对全面查清犯罪事实、正确及时处理案件更为有利时，由最初受理案件的人民法院将案件移送至主要犯罪地的人民法院审理。所谓主要犯罪地，包括一人在不同地点犯同一罪，对该犯罪的成立起主要作用的行为地；一人犯数罪时，主要犯罪行为的实行地；共同犯罪的案件中，主犯犯罪行为实施地。

【参考案例 4-6】

赵某于 2012 年 7 月 10 日在其居住地甲县抢劫孙某钱财共计 6000 元，后又逃窜到邻县乙县抢劫作案，共计抢劫钱财 2000 元。孙某于 2012 年 7 月 15 日到甲县公安机关报案，甲县人民法院于 2012 年 12 月 1 日开庭审理此案，后乙县人民法院于 2012 年 12 月 3 日受理了乙县人民检察院提起公诉的赵某抢劫一案。

请思考：本案应该由哪个法院管辖？

参考案例 4-6 中，甲县和乙县都是犯罪地，按照犯罪地人民法院管辖为主、被告人居住地人民法院管辖为辅的一般地域管辖原则，甲县和乙县人民法院都享有管辖权。根据《刑事诉讼法》第 26 条的规定，几个同级人民法院都有权管辖的案件，由最初受理的人民法院审判。由于本案最初由甲县人民法院受理，所以应该由甲县人民法院管辖。

（二）指定管辖

指定管辖是指上级人民法院以指定的方式确定案件管辖权的情况。《刑事诉讼法》第 27 条规定："上级人民法院可以指定下级人民法院审判管辖不明的案件，也可以指定下级人民法院将案件移送其他人民法院审判。"由此可见，我国的指定管辖分两种情况：

1. 上级人民法院以指定的方式确定管辖不明案件的管辖权。《高法解释》第 17 条第 2 款规定："管辖权发生争议的，应当在审理期限内协商解决；协商不成的，由争议的人民法院分别层报共同的上级人民法院指定管辖。"

2. 上级人民法院以指定的方式确定管辖不宜案件的管辖权。《高法解释》第 16 条规定："有管辖权的人民法院因案件涉及本院院长需要回避等原因，不宜行使管辖权的，可以请求移送上一级人民法院管辖。上一级人民法院可以管辖，也可以指定与提出请求的人民法院同级的其他人民法院管辖。"

【拓展阅读 4-2】

（三）特殊地域管辖

刑事案件错综复杂，有些案件不能完全适用上述管辖的相关规定，《高法解释》第 4~11 条对此作了特别规定，详见下表：

表 4-1　特殊地域管辖一览表

法条	情形	管辖法院
《高法解释》第 4 条	中华人民共和国领域外的中国船舶内的犯罪	船舶最初停泊的中国口岸所在地人民法院
《高法解释》第 5 条	中华人民共和国领域外的中国航空器内的犯罪	航空器在中国最初降落地人民法院
《高法解释》第 6 条	国际列车上的犯罪	按协定；无协定的，列车最初停靠的中国车站所在地或者目的地的铁路运输法院
《高法解释》第 7 条	中国驻外使、领馆内的犯罪	主管单位所在地或者原户籍地人民法院
《高法解释》第 8 条	中国公民在中华人民共和国领域外的犯罪	入境地或者离境前居住地人民法院；被害人是中国公民的，也可由被害人离境前居住地人民法院管辖
《高法解释》第 9 条	外国人在中华人民共和国领域外对中华人民共和国国家或者公民犯罪，根据我国《刑法》应当受处罚的	外国人入境地、入境后居住地或者被害中国公民离境前居住地人民法院
《高法解释》第 10 条	中华人民共和国缔结或者参加的国际条约所规定的罪行，我国在所承担条约义务范围内行使刑事管辖权的	被告人被抓获地人民法院

续表

法条	情形	管辖法院
《高法解释》第11条	正在服刑的罪犯在判决宣告前还有其他罪没有判决	原审地；由罪犯服刑地或者犯罪地的人民法院审判更为适宜的，可以由罪犯服刑地或者犯罪地人民法院管辖
	罪犯在服刑期间又犯罪	服刑地人民法院
	罪犯在脱逃期间犯罪	服刑地人民法院
	罪犯脱逃，在犯罪地抓获罪犯并发现其在脱逃期间的犯罪	犯罪地人民法院

三、专门管辖

专门管辖是指专门人民法院之间、专门人民法院与普通人民法院之间在第一审刑事案件受理范围上的分工。实践中，有些涉及专门业务的案件，如果也由普通人民法院审理，就会有诸多的困难或不便，不利于正确、及时地处理案件，而专门管辖要解决的就是哪些案件由哪种专门人民法院审判的问题。我国目前已经建立的具有刑事管辖权的专门法院有军事法院和铁路运输法院。

（一）军事法院管辖的案件

军事法院管辖的案件包括违反军人职责案件以及现役军人、军内在编职工、普通公民危害与破坏国防军事的犯罪案件。对于实践中涉及军事法院和地方法院互涉案件的管辖权，参照最高人民法院、最高人民检察院、公安部、国家安全部、司法部、解放军总政治部印发的《办理军队和地方互涉刑事案件规定》的相关规定。

（二）铁路运输法院管辖的案件

铁路运输法院管辖的案件是由铁路系统公安机关负责侦破的刑事案件，主要包括：危害和破坏铁路运输和生产的案件、破坏铁路交通设施的案件、火车上发生的犯罪案件以及违反铁路运输法规、制度，造成重大事故或严重后果的案件。铁路运输法院与地方人民法院因管辖不明而发生争议的，一般由地方人民法院管辖。

【本章小结】

刑事诉讼中的管辖是指公安机关、人民检察院和人民法院在直接受理刑事案件范围上的权限划分以及人民法院系统内审判第一审刑事案件权限范围上的分工。管辖分立案管辖和审判管辖。按照各个机关受理案件权限的划分，法律将立案管辖分为公安机关受理的案件、人民检察院受理的案件、人民法院受理的案件等；审判管辖解决的是法院系统内部在审判权限上的划分，审判管辖分为普通管辖和专门管辖，普通管辖又分为级别管辖和地域管辖。级别管辖解决的是各级法院之间在审理第一审刑事案件上的权限划分，地域管辖解决的是同级人民法院之间审理第一审刑事案件上的权限划分。专门管辖解决的是专门人民法院之间、专门人民法院与普通人民法院之间在第一审刑事案件上的权限划分。我国目前已经建立的具有刑事管辖权的专门法院有军事法院和铁路运输法院。

【课后思考】

李某系某县下岗待业人员。某天晚上，李某在回家途中与朱某发生争执。争执过程中，李某将朱某的头打破，朱某当场倒地。李某误以为朱某已死，遂向县法院投案。县法院认为该案不属于法院管辖范围，遂将案件移送公安局。朱某醒过来后立即向公安局电话报警，县公安局答复，只有抓到犯罪嫌疑人才可以立案。朱某只好向县检察院提出对李某的控告，检察院接到控告后建议县公安局立案，县公安局对此置之不理。后经相关机构鉴定，朱某构成轻伤。

请回答：如果被害人朱某有足够的证据证明李某的犯罪行为，该案应该由哪个机关管辖？

第五章 回避制度

学习目标

了解回避的概念,掌握回避的种类、理由、适用对象和程序,能够准确判断回避事项。

重点提示

回避;回避的种类;回避的理由;回避的适用对象;回避的程序

【知识框架】

```
          ┌ 回避概述 ┬ 回避的概念
          │         └ 回避的意义
          │                              ┌ 回避的种类
回避制度 ─┼ 回避的种类、理由和适用对象 ┼ 回避的理由
          │                              └ 回避的适用对象
          │         ┌ 回避的启动
          └ 回避的程序 ┼ 回避的审查决定
                    └ 对驳回申请的复议
```

【本章引例】

京剧《赤桑镇》讲述了包拯审判其亲侄子包勉的故事。包拯年幼失去父母,由嫂子吴妙贞抚养成人。侄子包勉任萧山县令,贪赃枉法,包拯秉公审判,将其铡死。吴妙贞赶到赤桑镇,哭闹不休,指责包拯忘恩负义。包拯婉言相劝,晓以大义,吴妙贞感悟,叔嫂和睦如初。

请思考:在现代法律制度中,包拯可以审判自己的亲侄子包勉吗?此案中,包拯是否需要回避呢?

第一节 回避概述

一、回避的概念

刑事诉讼中的回避是指侦查人员、检察人员、审判人员及其他人员,因与

案件或者案件当事人有利害关系或其他关系，可能影响案件的公正处理，而不得参加该案诉讼活动的一项诉讼制度。

【参考案例 5-1】

某银行出纳甲，利用职务之便，采取伪造单据等手段，贪污公款 30 万元。该案由县人民法院审理，审判长乙主动提出回避此案，因为甲是其外甥女。经院长决定，同意乙回避。

参考案例 5-1 即体现了回避的有效运用。回避制度是现代世界各国刑事诉讼普遍确立的一项诉讼制度，其目的在于保证侦查人员、检察人员、审判人员等办案人员在诉讼过程中能够保持中立无偏的地位，使当事人得到公正对待，案件得到客观公正处理。

二、回避的意义

作为一项当今世界普遍采用的诉讼制度，回避对刑事诉讼具有重要意义。

1. 有利于刑事案件的公正处理。实行回避制度，可以有效避免办案人员因与本案有利害关系或者其他关系而可能产生的偏袒一方、徇私舞弊等不公正现象，从而使案件得到客观公正的处理。

2. 有利于当事人接受案件处理结果。实行回避制度，有利于排除当事人的顾虑，增强当事人对司法机关及其工作人员的信任，有利于当事人接受案件处理结果，也便于案件裁判的执行。

3. 有利于维护司法机关的权威。实行回避制度，使得司法机关及其工作人员在刑事诉讼中处于公正无私的中立地位，当事人和公众对其更加信赖，因而有利于维护司法机关的权威形象和地位。

第二节 回避的种类、理由和适用对象

一、回避的种类

根据《刑事诉讼法》及相关司法解释的规定，按照实施方式的不同，回避可以分为自行回避、申请回避和指令回避。

自行回避是指侦查人员、检察人员、审判人员以及其他人员在刑事诉讼过程中，遇有法律规定的应当回避的情形，认为自己不应当参与案件处理时，主动提出回避。

申请回避是指当事人及其法定代理人、辩护人、诉讼代理人认为处理案件的侦查人员、检察人员、审判人员以及其他人员具有法律规定的应当回避的情形时，有权向公安、司法机关提出申请，要求相关人员回避。

指令回避是指侦查人员、检察人员、审判人员以及其他人员具有法定应当回避的情形而没有自行回避，当事人及其法定代理人、辩护人、诉讼代理人也没有申请其回避，有权决定的机关负责人或组织作出决定，指令有关人员回避。指令回避是对自行回避和申请回避的必要补充。

【参考案例5-2】

某高中学生胡某和化某因琐事打架，胡某将化某打成重伤。本案相关人员情况如下：被告人胡某，男，17周岁；被害人化某，女，19周岁；刘某是被告人胡某的辩护律师；张某是被害人化某的诉讼代理人。胡某和化某的母亲、刘某、张某等四人准备各自申请审判人员回避。

请思考：本案中哪些人有权申请回避？

有权申请回避的人员包括当事人及其法定代理人、辩护人、诉讼代理人。在参考案例5-2中，因胡某未成年而化某已成年，胡某的母亲是其法定代理人，化某的母亲是其近亲属，刘某是辩护人，张某是诉讼代理人。所以，本案中有权申请回避的人员包括胡某的母亲、刘某和张某。

二、回避的理由

回避的理由是指法律规定的应当回避的具体情形。根据《刑事诉讼法》第29、30条及有关司法解释的规定，回避的理由主要包括以下几种：

（一）是本案的当事人或者是当事人的近亲属的

如果侦查人员、检察人员、审判人员等办案人员是本案的当事人，就意味着他们与本案的处理结果有利害关系，很有可能从自身利益出发来进行诉讼活动，从而影响案件的公正处理。同样，如果办案人员是当事人的近亲属，也很有可能偏袒该当事人，影响案件公正处理。

【课堂讨论5-1】

请思考并讨论：本章引例中包拯跟侄子包勉是否属于刑事诉讼回避制度中的"近亲属"的范围？刑事诉讼回避制度中的"近亲属"与民法中"近亲属"的范围有无差别？

（二）本人或者他的近亲属和本案有利害关系的

办案人员或者其近亲属与本案有利害关系，意味着案件处理结果会直接涉及他们及其近亲属的利益，这种情形下办案人员不应当参与本案的处理。

（三）担任过本案的证人、鉴定人、辩护人、诉讼代理人的

证人、鉴定人、辩护人、诉讼代理人已经以一定的诉讼身份参与了本案的诉讼活动，因其诉讼地位和职能，对本案已经形成了一定的看法和认识。如果再担任审判人员、检察人员、侦查人员等人员，可能"先入为主"，思想认识上产生主观片面性，影响其诉讼职能的正常履行和对案件的公正处理。

（四）与本案当事人有其他关系，可能影响公正处理案件的

这里所说的其他关系，是指上述三种情形之外的各种关系，例如邻居、同学、同事、师生关系等，或者有个人恩怨，等等。办案人员与当事人有这些关系，并且可能影响公正处理案件的，应当回避。

【拓展阅读5-1】

（五）与本案的诉讼代理人、辩护人有夫妻、父母、子女或者兄弟姐妹关系的

如果办案人员与诉讼代理人、辩护人有上述亲属关系，诉讼代理人、辩护人可能利用这一关系为当事人向办案人员请托，该亲属关系本身也可能影响办案人员客观公正处理案件，所以应当回避。

（六）违反规定会见当事人及其委托的人或者接受其请客送礼的

这是对办案人员的公正无私和廉洁性的要求。办案人员不能与当事人有不正当关系，影响案件公正处理，甚至徇私枉法。违反规定的，应当依法追究其法律责任，当事人及其法定代理人、辩护人、诉讼代理人有权申请其回避。

（七）其他构成回避理由的情形

这里的其他情形是指《刑事诉讼法》和司法解释中规定的其他不宜参与案件处理的情形。

【参考案例5-3】

检察员刘某刚刚办理完毕一件抢劫案件的审查起诉工作，马上就被调入同级人民法院工作，恰好其处理过的那件抢劫案被移送至该法院审判。刘某所在刑庭的庭长认为刘某熟悉此案，想让其参与审理此案。

请思考：刘某能参与此案的审理吗？

参考案例5-3中，刘某因为参与过此案的审查起诉工作，不宜再审理此案。《高法解释》第25条第1款规定："参与过本案侦查、审查起诉工作的侦

查、检察人员,调至人民法院工作的,不得担任本案的审判人员。"同样,《高检规则》第35条规定:"参加过同一案件侦查的人员,不得承办该案的审查逮捕、审查起诉、出庭支持公诉和诉讼监督工作……"参加过同一案件侦查、起诉、审判的公安、司法人员不得再参与案件处理,这样有助于防止认识上的先入为主和事实上的职能不分。

另外,在一个审判程序中参与过本案审判工作的审判人员,不得再参与本案其他程序的审判。对于二审发回重审的案件以及按照审判监督程序重审的案件,原审法院必须另行组成合议庭进行审理。但是,发回重新审判的案件,在第一审人民法院作出裁判后又进入第二审程序或者死刑复核程序的,原第二审程序或者死刑复核程序中的合议庭组成人员不受上述规定限制。

三、回避的适用对象

回避的适用对象是指在法定情形下应当回避的人员范围。回避的适用对象有六类:审判人员、检察人员、侦查人员、书记员、翻译人员和鉴定人。书记员、翻译人员和鉴定人包括在侦查、起诉和审判三个阶段担任记录工作、翻译工作和作出鉴定意见的人员。

【参考案例5-4】

某县人民法院在审理一起刑讯逼供案件时,被害人宁某向法院申请以下人员回避:审判委员会委员王某、刑庭庭长蔡某、参与本案合议庭审理工作的人民陪审员陈某以及辩护方提出传唤的证人所某。这四人都与宁某存在利害关系。

请思考:这四人应当回避吗?

参考案例5-4的考查焦点是回避的适用对象。审判委员会委员王某、刑庭庭长蔡某和人民陪审员陈某都属于回避的适用对象,而证人具有不可替代性,不属于回避的适用对象。回避适用对象中的审判人员应作广义理解,不仅包括直接审理本案的审判员、助理审判员、人民陪审员,还包括参加本案讨论、审查和作出处理决定的法院院长、副院长、庭长、副庭长以及审判委员会委员。同样,检察人员和侦查人员也应作广义解释,除承办人员外还包括机关负责人和部门负责人等。

第三节 回避的程序

一、回避的启动

根据提起回避的主体的不同,回避的启动分为回避的提出和回避的申请。

(一)回避的提出

回避的提出是指侦查人员、检察人员、审判人员等办案人员自己提出回避,从而启动回避程序。这种情况只发生在自行回避中。回避可以口头或者书面提出，并说明理由；口头提出的，应当记录在案。

（二）回避的申请

回避的申请是指当事人及其法定代理人、辩护人、诉讼代理人提出申请，要求相关人员回避，从而启动回避程序。如果属于回避适用对象的办案人员具有法律规定的应当回避的情形，当事人及其法定代理人、辩护人、诉讼代理人有权申请他们回避。申请可以口头或者书面提出，并说明理由；口头提出的，应当记录在案。

二、回避的审查决定

回避启动以后，无论是自行回避还是申请回避，都要由法律规定的人员或者组织依法进行审查，并作出是否回避的决定。侦查人员、检察人员、审判人员的回避，分别由县级以上公安机关负责人、检察院检察长和法院院长决定；法院院长的回避，由本院审判委员会决定；检察长和县级以上公安机关负责人的回避，由同级人民检察院检察委员会决定。审判委员会、检察委员会讨论决定院长、检察长的回避问题，由副院长、副检察长主持讨论，院长、检察长不得参加。书记员、翻译人员、鉴定人的回避，根据其所处诉讼阶段分别由法院院长、检察院检察长、县级以上公安机关负责人决定。例如，审判阶段的书记员、翻译人员和鉴定人的回避由法院院长决定。

【参考案例 5-5】

庞某是某市中级人民法院的书记员，在一起贩卖毒品案件审判中担任法庭书记员。该案开庭时，由于庞某是被告人刘某的表姐，遂自行向法庭请求回避。审判长严某当庭批准了庞某的请求。

请思考：审判长严某当庭批准庞某的请求是否正确？

参考案例 5-5 主要考核回避的决定权人。注意，审判长没有回避决定权，法庭书记员的回避由院长决定。院长同意或者驳回回避申请的决定及复议决定，由审判长宣布，并说明理由。必要时，也可以由院长到庭宣布。

公安、司法人员具有应当回避的情形，如果本人没有自行回避，当事人及其法定代理人、辩护人、诉讼代理人也没有申请其回避的，法院院长、检察长、县级以上公安机关负责人或者审判委员会、检察委员会应当指令其回避。

有权决定回避的人员和组织对自行提出的回避和申请回避，经过全面审查，认为符合回避情形的，应当作出回避决定，不符合回避情形的，应当驳回申请。回避决定一经作出，即发生法律效力，需要回避的人员应当立即退出刑事诉讼活动。一般来讲，在回避决定作出前，相关人员就应当暂停参与本案。鉴于侦查工作的紧迫性和特殊性，在作出回避决定前，申请或者被申请回避的公安机关负责人、侦查人员不得停止对案件的侦查。

三、对驳回申请的复议

为了保障当事人申请回避的合法权利，同时也防止当事人滥用这一权利妨碍诉讼的及时进行，《刑事诉讼法》第31条第3款规定："对驳回申请回避的决定，当事人及其法定代理人可以申请复议一次。"《高法解释》第34条也赋予了辩护人、诉讼代理人申请复议的权利。此外，根据《高法解释》第30条第2款的规定，不属于刑事诉讼法规定情形的回避申请，由法庭当庭驳回，并不得申请复议。

【本章小结】

刑事诉讼中的回避是指侦查人员、检察人员、审判人员及其他人员，因与案件或者案件当事人有利害关系或其他关系，可能影响案件的公正处理，而不得参加该案诉讼活动的一项诉讼制度。按照实施方式的不同，回避可以分为自行回避、申请回避和指令回避。回避的理由是指法律规定的应当回避的具体情形，《刑事诉讼法》及司法解释主要规定了七种回避情形。回避的适用对象是指在法定情形下应当回避的人员范围，包括审判人员、检察人员、侦查人员、书记员、翻译人员和鉴定人。根据提起回避的主体的不同，回避的启动分为回避的提出和回避的申请。回避启动以后，无论是自行回避还是申请回避，都要由法律规定的人员或者组织依法进行审查，并作出是否回避的决定。对于驳回申请回避的决定，当事人及其法定代理人、辩护人、诉讼代理人可以申请复议一次。

【课后思考】

1. 2013年11月的一天下午，驾车超速行驶的张某在超车时将被害人小丽撞倒并拖出几十米远，致其当场死亡，张某逃逸离开现场。某县公安局立即派侦查员甲、乙、丙等组成侦破小组，开展对此案的侦查。

请回答：

（1）侦查员甲与被害人小丽同住一个村庄，是关系不错的邻居。请你判断这个情况属不属于应当回避的情形？辩护人是否有权申请甲回避？

（2）侦查员乙每次提审张某时，总是一脸凶相，说话也恶狠狠的。张某想申请侦查员乙回避，请你判断这种情况属不属于应当回避的情形？如果张某已经申请乙回避，请你判断公安机关应当如何处理？

（3）侦查员丙是张某的哥哥，丙未自行回避，被害人小丽的法定代理人也未申请丙回避，丙是否可以参与该案的侦查？

2. 在一起共同盗窃案件侦查中，以公安局长为首组成侦破小组，查获犯罪嫌疑人赵某、钱某、孙某。孙某聘请的律师李某未与孙某商量，独立提出本案的侦查员张某与被害人是表兄弟，申请其回避。张某为了避免别人的质疑立即退出了侦查活动。侦查科长经审查认为不属于法定回避的理由，驳回了回避申请。之后，钱某申请公安局长回避，理由是公安局长与犯罪嫌疑人的父亲是老战友，关系密切。上级公安机关作出了回避决定。

请回答：本案回避程序有哪些违法之处？并说明理由。

第六章 辩护与代理制度

学习目标

掌握辩护和代理的概念和种类,明确辩护人的范围,了解辩护人和诉讼代理人的权利和义务。

重点提示

辩护;辩护的种类;辩护权;辩护人;代理;诉讼代理人

【知识框架】

【本章引例】

2006 年 7 月 27 日晚,福建省平潭县澳前镇澳前村一居民家发生中毒事件。陈姓母女与租住陈家房屋经营食杂店的丁某某及其 3 个孩子,在共进晚餐后出现明显中毒症状。丁某某的长子、女儿经抢救无效死亡。公安机关怀疑丁某某的邻居念某在其饭菜中投放氟乙酸盐(一种剧毒鼠药)。在侦查过程中念某没有通过测谎测试,遂作出了有罪供述,承认其为了报复丁某某,遂在丁家厨房烧水铝壶中投毒。但是在一审开庭中,念某当庭喊冤,称自己没有投毒,自己在预审中的口供是被警方刑讯逼供所致。福州市中级人民法院以投放危险物质罪,判处念某死刑,剥夺政治权利终身。念某不服判决提出上诉。

2008 年初,张某生律师接受念某二审委托后,进行了法庭辩护、证据收集、邀请专家论证等工作,后来众多律师加入该案,30 多名国内知名的律师组成了"念某投毒案辩护律师团"支持辩护。他们共同完成了一份 31 495 字的《念某投毒案律师辩护意见》,30 多位律师悉数签名。他们写道:"念某案走到今天,是一个既没有'亡者归来'也没有'真凶落网'的案件。但从证据上来看，是一个完全不能够成立的案件。"

在二审开庭中，辩护律师申请中国最顶尖的毒物专家出庭作证，并在法庭上提交了一份专家论证意见书，证明公安机关的调查结果与专家意见存在明显矛盾之处。之后，在律师的努力下，8位专家共同出具了一份《北京、香港两地专家关于念某投毒案理化检验报告的意见》，认定本案件并没有任何证据支持氟乙酸盐曾被使用过。这个结论，决定了案件的最终走向。念某在历时8年10次开庭审判，4次被判处死刑立即执行之后，终于在2014年8月22日经福建省高级人民法院终审判决无罪，当庭释放。[1]

请思考：律师在念某案中的作用和意义是如何体现的？

第一节 刑事辩护概述

一、刑事辩护的概念和意义

（一）刑事辩护的概念

刑事辩护是指在刑事诉讼过程中，犯罪嫌疑人、被告人及其辩护人，依据事实和法律，提出有利于犯罪嫌疑人、被告人的证据材料和意见，主张和论证犯罪嫌疑人、被告人无罪、罪轻或者应当减轻、免除处罚，维护犯罪嫌疑人、被告人的诉讼权利和其他合法权益的刑事诉讼活动。

（二）刑事辩护的意义

刑事辩护具有非常重要的意义，主要体现在如下几个方面：

1. 有利于保障犯罪嫌疑人、被告人辩护权的实现。辩护权是犯罪嫌疑人、被告人最重要的权利，也是国际公约公认的人权之一。在刑事诉讼中，犯罪嫌疑人、被告人是被追究刑事责任的人，处于"防御"的地位。如果没有辩护，其诉讼权益就很难得到保障。

2. 有利于促进控辩双方诉讼地位的实质平等。在刑事诉讼中，国家的司法权力是强大的，处于支配的地位，而犯罪嫌疑人、被告人则处于弱势地位。为了防止控辩双方地位的不平等过分加剧，影响诉讼公平与公正，现代国家都意识到辩护的重要性，纷纷强化辩护职能，以促进控辩双方诉讼地位的实质平等。

3. 有利于加强犯罪嫌疑人和被告人的诉讼主体地位。现代辩护制度尤其是律师辩护制度的确立，大大加强了犯罪嫌疑人、被告人对诉讼程序的影响力。

---

[1] 韩德利：《刑事诉讼原理与实务》，法律出版社2016年版，第78~82页。

辩护逐步成为其对抗控诉主张、说服审判方，影响甚至决定某些诉讼程序和诉讼结果的关键因素，使得其诉讼主体地位得以强化。

4. 有利于促进刑事诉讼目的的顺利实现。追究犯罪嫌疑人、被告人的刑事责任、实现刑罚权的同时，以人道方式对待犯罪嫌疑人、被告人，保护其基本人权，赋予其相应的辩护权是刑事诉讼的双重目的。通过犯罪嫌疑人、被告人及其辩护人的充分辩护，公安、司法机关可以做到兼听则明，对案件进行公平公正的处理。

二、刑事辩护的种类

我国刑事诉讼中的辩护有三种：自行辩护、委托辩护和指定辩护。

（一）自行辩护

自行辩护是指犯罪嫌疑人、被告人针对指控进行辩解和反驳，自己为自己所作的辩护。自行辩护贯穿刑事诉讼活动的始终，是宪法和刑事诉讼法授予犯罪嫌疑人、被告人的权利。

自行辩护是犯罪嫌疑人、被告人行使辩护权的最主要的形式。犯罪嫌疑人、被告人通过自行辩护，可以保证自己的合法权益不被侵犯，而且能在一定程度上监督司法机关的司法行为，有利于维护司法正义。但是，自行辩护也有明显的缺陷。大多数犯罪嫌疑人、被告人不熟悉法律，难以从法律上提出自己无罪、罪轻或者免除刑事责任的申辩意见，被采取强制措施后也失去了收集证据的条件；加之犯罪嫌疑人、被告人作为当事人，与案件的结果有直接利害关系，往往会产生异常的心理状态，对辩护产生不利影响。

（二）委托辩护

委托辩护是指犯罪嫌疑人、被告人或其法定代理人、监护人、近亲属依法委托律师或者其他公民担任辩护人，协助犯罪嫌疑人、被告人行使辩护权。委托辩护是保障犯罪嫌疑人、被告人辩护权的一项重要内容，可以有效地弥补自行辩护的缺陷。根据《刑事诉讼法》第33、34条的规定，委托辩护主要包括以下内容：

1. 委托主体。犯罪嫌疑人、被告人可以委托辩护人为自己辩护。在司法实践中，大多数犯罪嫌疑人、被告人处于被羁押状态，不能直接委托辩护人，可以由其监护人、近亲属代为委托辩护人。

2. 委托的时间。犯罪嫌疑人自被侦查机关第一次讯问或者采取强制措施之日起，有权委托辩护人；被告人有权随时委托辩护人。

3. 委托辩护人的范围和数量。犯罪嫌疑人、被告人可以委托1~2人作为辩护人。在侦查阶段只能委托律师作为辩护人；在审查起诉和审判阶段，下列人可以被委托为辩护人：①律师；②人民团体或者犯罪嫌疑人、被告人所在单位推荐的人；③犯罪嫌疑人、被告人的监护人、亲友。

4. 公安、司法机关的义务。公安、司法机关在委托辩护方面对犯罪嫌疑人、被告人承担告知和提供便利的义务。公、检、法机关在不同的诉讼阶段，均有告知犯罪嫌疑人、被告人享有委托辩护权的义务。对于在押的犯罪嫌疑人、被告人提出的委托辩护人的要求，公、检、法机关应当及时转达，为委托辩护提供便利。

【参考案例 6-1】

一起抢劫杀人死刑复核案中，被告人家属委托律师担任辩护人，律师到看守所会见被告人时，被告人因经济紧张怕花钱，无论如何不愿意委托律师，认为自己的案情已经在两次庭审和笔录中说得很清楚，自己完全可以向最高人民法院说清楚自己的意见和理由。律师将其不愿意委托律师的意见和理由写成笔录，被告人也拒绝在上面签字。会见后，律师向被告人家属说明了情况，并告知家属可以解除委托。

请思考：本案中律师的做法正确吗？

在参考案例 6-1 中，被告人的近亲属可以为被告人委托辩护人。被告人被羁押的，由其亲友签署授权委托书后，律师应当在会见时征求其是否同意委托的意见，如果同意，则由其在授权委托书上签名捺指印确定，如果不同意，律师要制作笔录，写明不同意委托的意见和理由，由被告人签名捺指印。会见结束后，向家属展示，可告知家属有权解除委托。因此，本案律师的做法是正确的。

（三）指定辩护

指定辩护是指对于没有委托辩护人的犯罪嫌疑人、被告人，人民法院、人民检察院和公安机关在遇到法定情形时，通知法律援助机构为犯罪嫌疑人、被告人指派承担法律援助义务的律师担任其辩护人，协助其进行辩护。根据《刑事诉讼法》的相关规定，指定辩护主要包含以下内容：

1. 指定辩护的前提条件。指定辩护必须以犯罪嫌疑人、被告人没有委托辩护人为前提，如果其已经委托了辩护人，则在任何情形下，都不存在指定辩护的问题。

2. 指定辩护的时间。在侦查、审查起诉、审判阶段，公、检、法机关都有义务为犯罪嫌疑人、被告人指定辩护人，一般是在侦查机关第一次讯问或采取强制措施之日起，就可以由侦查机关通知法律援助机构为犯罪嫌疑人指派辩护人。

3. 指定辩护的对象。指定辩护的对象只能是依法承担法律援助义务的律师，其他人不得被指定担任辩护人。

4. 指定辩护的情形。

(1) 应当指定辩护的情形。①犯罪嫌疑人、被告人因经济困难或者其他原因没有委托辩护人的，本人及其近亲属可以向法律援助机构提出申请。对符合法律援助条件的，法律援助机构应当指派律师为其提供辩护。②犯罪嫌疑人、被告人是盲、聋、哑人或者尚未完全丧失辨认或者控制自己行为能力的精神病人，或者可能被判处无期徒刑、死刑，或者开庭审理时不满18周岁，没有委托辩护人的，人民法院、人民检察院和公安机关应当通知法律援助机构指派律师为其提供辩护。③高级人民法院复核死刑案件，被告人没有委托辩护人的，人民法院应当通知法律援助机构指派律师为其辩护。

(2) 可以指定辩护的情形。被告人有下列情形之一而没有委托辩护人的，人民法院可以通知法律援助机构指派律师为其提供辩护：①共同犯罪案件中，其他被告人已经委托辩护人的；②有重大社会影响的案件；③人民检察院抗诉的案件；④被告人的行为可能不构成犯罪的；⑤有必要指派律师提供辩护的其他情形。

5. 拒绝指定辩护的处理。如果犯罪嫌疑人、被告人拒绝法律援助机构指派的律师为其辩护，司法机关应当首先问明情况，根据不同情况作出相应的处理。如果对指定辩护理解有误，司法机关应解释清楚；如果想另行委托辩护人，应允许；如果在说明情况后仍拒绝，应允许其行使自行辩护权，司法机关须记录在案；属于应当提供法律援助的情形，须另行委托辩护人或者重新指定辩护人。

6. 法律援助机构和值班律师的义务。法律援助机构可以在人民法院、人民检察院、看守所派驻值班律师。犯罪嫌疑人、被告人没有委托辩护人，法律援助机构没有指派律师为其提供辩护的，由值班律师为犯罪嫌疑人、被告人提供法律咨询与程序选择建议，申请变更强制措施，对案件处理提出意见等法律帮助。人民法院、人民检察院、看守所应当告知犯罪嫌疑人、被告人有权约见值班律师，并为犯罪嫌疑人、被告人约见值班律师提供便利。

【参考案例6-2】

2008年7月1日，北京男子杨某闯入上海市闸北区政法办公大楼，持刀行凶，致6名民警死亡，3名民警和1名保安受伤。作案起因是杨某曾骑无证自行车遭受警察盘问。杨某父亲为其委托了2名北京律师，但杨某明确表示，只希望由母亲出面请律师。检察院将杨某的意见转达给北京律师，并出示了杨某对委托律师问题所作陈述的笔录。一审判决以"故意杀人罪"判处杨某死刑，剥夺政治权利终身，杨某不服提起上诉。由于杨某不接受父亲为其请的律师，一审又被判处死刑，所以上海市高级人民法院通过上海市法律援助中心为其指定了辩护律师翟某。二审法院裁定驳回上诉，维持原判，并上报最高人民法院核准，最终杨某被执行死刑。

请思考：上海市法律援助中心为杨某指定辩护律师的做法正确吗？

参考案例6-2中，杨父委托的2名北京律师如要为被告人辩护，须征得被告人本人的同意。本案中，杨某明确拒绝其父为他委托辩护人，因此，北京律师不能成为杨某的辩护人。在杨某上诉期间，杨某不接受父亲为其聘请的律师，一审又被判处死刑，符合应当指定辩护的情形，上海市高级人民法院通过上海市法律援助中心为其指定了辩护律师，程序上符合法律规定，是正确的。

第二节 辩护人

一、辩护人的范围

（一）辩护人的概念

辩护人是指在刑事诉讼中接受犯罪嫌疑人、被告人的委托或受法律援助机构的指派，协助犯罪嫌疑人、被告人行使辩护权，以维护其合法权益的人。

虽然犯罪嫌疑人、被告人有自行辩护的权利，但是尚不足以充分维护其合法权益，仍有必要通过辩护人来帮助其行使辩护权。犯罪嫌疑人、被告人最多可以委托2名辩护人。例如，在一起案情复杂、涉案人员较多的打架斗殴案件中，犯罪嫌疑人在本地委托了一名律师，又在审查起诉阶段聘请了一名北京律师。当地律师负责案件的跟踪及与检察院、法院的沟通，北京律师负责案件的证据审查工作，2名律师相互配合，这是符合法律规定的。需要注意的是，1名辩护人不得为2名以上的同案被告人，或者未作同案处理但犯罪事实存在关联的被告人辩护。

（二）能担任辩护人的人

我国《刑事诉讼法》第33条对辩护人的范围作出了明确规定，辩护人并不局限于律师，能够担任辩护人的有：

1. 律师。律师是具备法律职业资格，取得律师执业证书，为社会提供法律服务的执业人员。律师作为专门的法律工作者，具有丰富的法律知识，熟悉辩护业务，法律也赋予了律师较其他辩护人更多的权利，从而更好地维护犯罪嫌疑人、被告人的合法权益。

2. 人民团体或者犯罪嫌疑人、被告人所在单位推荐的人。人民团体是指工会、妇联、共青团、学联等团体，不包含协会、学会等民间团体。

3. 犯罪嫌疑人、被告人的监护人、亲友。

（三）不能担任辩护人的人

依照《刑事诉讼法》第33条和《高法解释》第35条的规定，下列人员不能担任辩护人：

1. 正在被执行刑罚的人。正在被执行刑罚的人是指被生效的法院判决、裁定为罪犯，正在接受刑事处罚的人。包括被剥夺政治权利的人，被暂予监外执行的人，处于缓刑、假释考验期间的人。

2. 被依法剥夺、限制人身自由的人。被依法剥夺、限制人身自由的人除了包含被判自由刑正在执行的人外，还包括被采取取保候审、监视居住、拘留、逮捕等强制措施的人，依法被行政拘留的人，被法院采取司法拘留的人。这些人由于自由受到限制，失去了提供辩护的客观条件。

3. 无行为能力或者限制行为能力的人。

4. 人民法院、人民检察院、公安机关、国家安全机关、监狱的现职人员。

5. 人民陪审员。

6. 与本案审理结果有利害关系的人。

7. 外国人或者无国籍人。

8. 被开除公职和被吊销律师、公证员执业证的人。

上述第4项至第8项规定的人员，如果是犯罪嫌疑人、被告人的监护人、近亲属，由犯罪嫌疑人、被告人委托担任辩护人的，可以准许。

【参考案例6-3】

李某涉嫌抢劫罪，在检察院审查起诉阶段，李某希望委托辩护人，请判断下列哪些人员可以被委托担任李某的辩护人？

（1）李某的爷爷甲，已加入美国国籍；

（2）李某的父亲乙，在本市法院任审判员；

（3）李某的儿子丙，16岁；

（4）李某的朋友丁，因犯交通肇事罪被法院判处有期徒刑3年，缓刑5年，正在缓刑考验期。

参考案例6-3中，能担任辩护人的是乙，乙虽然是人民法院的现职人员，但系犯罪嫌疑人的近亲属，按照法律规定，这种情况下由犯罪嫌疑人委托担任辩护人的，可以准许。甲是外国人，丙属于限制行为能力人，丁被宣告缓刑仍在考验期，属于正在被执行刑罚的人，依法均不能担任辩护人。

（四）限制条件

1. 对律师的限制。律师担任各级人民代表大会常务委员会组成人员的，任职期间不得从事诉讼代理或者辩护业务；曾经担任法官、检察官的律师，从人民法院、人民检察院离任后2年内，不得担任诉讼代理人或者辩护人。

2. 对审判人员的限制。审判人员和人民法院其他工作人员从人民法院离任后2年内，不得以律师身份担任辩护人。审判人员和人民法院其他工作人员从人民法院离任后，不得担任原任职法院所审理案件的辩护人，但作为被告人的监护人、近亲属进行辩护的除外。审判人员和人民法院其他工作人员的配偶、子女或者父母不得担任其任职法院所审理案件的辩护人，但作为被告人的监护人、近亲属进行辩护的除外。

另外，同一案件的证人、鉴定人、翻译人员不能同时担任本案的辩护人，以防止两种身份的诉讼地位、诉讼权利和义务产生冲突。

二、辩护人的诉讼地位和责任

（一）辩护人的诉讼地位

辩护人在刑事诉讼中的法律地位是独立的诉讼参与人，是犯罪嫌疑人、被告人合法权益的维护者。关于辩护人的诉讼地位，主要应从以下几方面理解：

1. 辩护人与犯罪嫌疑人、被告人的关系。两者是被委托与委托的关系。辩护人并不是委托人的"发言人"，而是依自己的意志、根据对事实的掌握和法律的理解，独立进行辩护，不受犯罪嫌疑人、被告人意思表示的约束。此外，辩护人维护的是犯罪嫌疑人、被告人的合法权益，并非所有权益，其行使的是辩护职能，而非控诉职能，一般不能检举、揭发犯罪嫌疑人、被告人已经实施的犯罪行为。

2. 辩护人与审判人员的关系。两者是配合与制约的关系。双方参与诉讼的目的是一致的，均希望案件能够得到公正处理。审判人员行使的是审判职能，辩护人行使的是辩护职能，在刑事诉讼中，审判人员主持诉讼，辩护人独立发表辩护意见，不受审判人员意志的左右。辩护人的辩护活动一方面可以提醒审判人员进行公正裁判，另一方面可以对审判人员侵犯被告人合法权益的行为依法予以制止。

3. 辩护人与公诉人的关系。两者是相互对抗和制约的关系。公诉人承担着控诉职能，其诉讼活动的目的是指控犯罪嫌疑人、被告人的犯罪行为，要求法院对其定罪量刑；辩护人行使辩护职能，其诉讼活动的目的是追求有利于犯罪嫌疑人、被告人的判决和裁定。辩护人和公诉人的关系具有对抗性，但双方均希望案件得到公正处理，双方的对抗都要在事实和法律的基础上进行。

（二）辩护人的责任

根据我国法律规定，辩护人的责任就是根据事实和法律，提出证明犯罪嫌疑人、被告人无罪、罪轻或者减轻、免除其刑事责任的材料和意见，维护犯罪嫌疑人、被告人包括诉讼权利在内的合法权益。具体可以从以下三个方面来理解：

1. 维护犯罪嫌疑人、被告人的合法权益。辩护人的辩护目的是维护犯罪嫌疑人、被告人的诉讼权利和其他合法权益，辩护人要围绕这个目的来进行辩护。

辩护人在诉讼活动中，应当提出有利于维护犯罪嫌疑人、被告人合法利益的材料和意见，反驳对犯罪嫌疑人、被告人不正确的指控；帮助犯罪嫌疑人、被告人依法正确行使自己的诉讼权利，并在其诉讼权利受到侵犯或剥夺时，向司法机关提出意见，要求予以制止、纠正或提出控告。

2. 提供其他法律帮助。辩护人应为犯罪嫌疑人、被告人提供法律帮助，解答其提出的相关法律问题。在侦查阶段，为犯罪嫌疑人提供法律帮助，通过代理申诉、控告和申请变更强制措施，向侦查机关了解犯罪嫌疑人涉嫌的罪名和案件有关情况并提出意见等。在案件宣判后，应当征求被告人对判决的意见以及了解其是否决定上诉等。

3. 依据事实和法律进行辩护。辩护人要依据事实和法律进行辩护，尊重查证属实的证据和已经查明的案件事实，当辩护人的辩护意见与委托人不一致时，可以根据自己对事实的认识和法律的理解，独立发表辩护意见。

本章引例中，念某的辩护律师通过不懈的努力最终实现了无罪判决的结果，该案的出现对于刑事司法活动尤其是刑事辩护有着标志性意义。通过律师进行有效辩护，实现了从二审判处死刑到再审改判无罪的定罪量刑上的重大跨越，在案件所收集的证据没有发生重大变更的情况下，律师在庭审上的质证以及进行的辩护就显得尤为重要。辩护律师充分举证、质证，对证据与事实发表辩护意见并被法庭充分考虑与采纳，这些是司法实践为我国刑事辩护制度的发展做出的贡献和努力。

三、辩护人的权利和义务

（一）辩护人的权利

1. 独立辩护权。辩护人在接受委托以后，在法律上享有独立的诉讼地位，根据对事实的掌握和对法律的理解，独立发表辩护意见，不受委托人的意志限制。

【参考案例6-4】

李某系某村支部书记，任职期间先后垫付20余万元的个人资金用于村债务。后村中的承包事项盈利25万元，李某将20万元交至村账户，余下5万元自己买了汽车。后李某因涉嫌挪用资金罪被逮捕。其辩护人认为李某的行为没有侵犯该村的资金安全，不符合挪用资金罪的构成要件；而李某则认为自己被调查是得罪了部分村民，当地有关部门都很重视这个案子，自己无罪是不可能的，如能判个缓刑就谢天谢地了。

请思考：李某与辩护人意见不一，辩护人应当如何辩护？

本案属于辩护人认为被告人无罪，而被告人却认为自己有罪的情况。针对这种情况，辩护人可以一方面让被告人在法庭上说明事实情况，实事求是地陈述案情，无需在案件定性上发表观点；另一方面依照"独立辩护"的原则，依法独立发表被告人无罪的辩护意见，请求法庭依法处理。

2. 通信、会见权。根据《刑事诉讼法》第39条的规定，辩护律师可以同在押的犯罪嫌疑人、被告人会见和通信。其他辩护人经人民法院、人民检察院许可，也可以同在押的犯罪嫌疑人、被告人会见和通信。辩护律师持律师执业证书、律师事务所证明和委托书或者法律援助公函要求会见在押的犯罪嫌疑人、被告人的，看守所应当及时安排会见，至迟不得超过48小时。危害国家安全犯罪、恐怖活动犯罪案件，在侦查期间辩护律师会见在押的犯罪嫌疑人，应当经侦查机关许可。辩护律师会见犯罪嫌疑人、被告人时不被监听。

3. 阅卷权。根据《刑事诉讼法》第40条的规定，辩护律师自人民检察院对案件审查起诉之日起，可以查阅、摘抄、复制本案的案卷材料。其他辩护人经人民法院、人民检察院许可，也可以查阅、摘抄、复制上述材料。在侦查阶段，辩护律师没有阅卷权，但可以向侦查机关了解犯罪嫌疑人涉嫌的罪名和案件有关情况。

4. 调查取证权。根据《刑事诉讼法》第43条的规定，辩护律师经证人或者其他有关单位和个人同意，可以向他们收集与本案有关的材料，也可以申请人民检察院、人民法院收集、调取证据，或者申请人民法院通知证人出庭作证。辩护律师经人民检察院或者人民法院许可，并且经被害人或者其近亲属、被害人提供的证人同意，也可以向他们收集与本案有关的材料。

可见，向证人调查取证有三种方式：①经证人或者其他有关单位和个人同意；②经人民检察院或人民法院许可，并经被害人或其近亲属、被害人提供的证人同意；③申请人民检察院、人民法院代为调查取证。

5. 申请、解除或变更期限届满的强制措施的权利。根据《刑事诉讼法》第97条、第99条的规定，辩护人有权申请变更强制措施。人民法院、人民检察院和公安机关收到申请后，应当在3日以内作出决定；不同意变更强制措施的，应当告知申请人，并说明不同意的理由。另外，辩护人对于人民法院、人民检察院或者公安机关采取强制措施期限届满的，有权要求解除或变更强制措施。

【参考案例6-5】

宋某驾驶汽车不慎将前方骑自行车的李某撞倒，造成李某重伤，宋某立即报警，并及时将李某送往医院抢救，后李某经抢救无效死亡。公安机关以宋某涉嫌交通肇事罪将其刑事拘留，其家属为宋某委托了辩护人王律师，王律师考虑到宋某认罪态度好，涉嫌的罪行较轻，可能被判处3年以下有期徒刑，并适用缓刑，而且宋某的家属积极赔偿李某家人50万元，并已经取得了被害方的谅解。基于这些因素，王律师为犯罪嫌疑人宋某申请了取保候审，向公安机关提交了取保候审的申请书,着重说明了上述理由。公安机关经过审查,对宋某作出了取保候审的决定。

参考案例 6-5 中,宋某的辩护律师依法行使了申请变更强制措施的权利,成功地维护了当事人的合法权益。

6. 提出辩护意见的权利。在侦查、审查逮捕、审查起诉、审判阶段以及最高人民法院复核死刑案件阶段,辩护律师都可以提出辩护意见,辩护律师提出的书面意见和证据材料,应当附卷。

【参考案例 6-6】

某宾馆员工甲被指控,在上班打扫卫生之际,顺手窃得被害人放在床头柜上的钻石戒指 1 枚,价值 1 万元。甲对指控予以否认。在审查起诉阶段,辩护律师先后提交了如下辩护意见:①甲唯一的有罪供述受民警和监友的影响,误以为认罪就能出去,其真实性存疑,不应采信;②甲的有罪供述中作案手法与监控录像存在矛盾之处,且无法排除合理怀疑;③甲的工作待遇及其存款情况良好,没有盗窃的动机;④缺乏必要的证据证明甲具有非法占有他人财物的故意。本案经过一次补充侦查再次移送检察院后,检察院经审查采纳了律师的意见,认为该案事实不清、证据不足,不能认定甲构成犯罪,对甲作出了不予起诉的决定。

参考案例 6-6 中,辩护律师在审查起诉阶段的辩护意见被检察机关采纳,取得了良好的辩护效果,正确充分地行使了提出辩护意见的权利。

7. 申请回避的权利。根据《刑事诉讼法》第 32 条的规定,辩护人、诉讼代理人可以依照《刑事诉讼法》关于回避的规定要求回避、申请复议。可见,辩护人、诉讼代理人同当事人及其法定代理人一样均是申请回避的主体。

8. 参加法庭调查和法庭辩论的权利。在法庭调查阶段,辩护人经审判长许可,可以向被告人、证人、鉴定人发问;辩护人有权向法庭出示物证,让当事人辨认;辩护人有权提出新的证据;未到庭的证人证言、鉴定人的鉴定意见、勘验笔录和其他作为证据的文书当庭宣读后,辩护人可以提出自己的意见,并有权进行质询;在法庭审理阶段,辩护人有权申请新的证人到庭、调取新的物证、重新勘验或鉴定;在法庭辩论阶段,辩护人可以对证据和案件情况发表意见,并可以同公诉方展开辩论。

9. 申诉、控告权。辩护人认为公安机关、人民检察院、人民法院及其工作人员阻碍其依法行使诉讼权利的,有权向同级或者上一级人民检察院申诉或者控告。人民检察院对申诉、控告应当及时进行审查,情况属实的,通知有关机关予以纠正。这是辩护人权利得以实现的重要保障。

10. 人身保障权。律师在依法执业时人身权利不受侵犯,律师因依法执业受到侮辱、诽谤、威胁、报复、人身伤害的，有关机关应当及时制止并依法处理，必要时对律师采取保护措施。辩护人涉嫌犯罪的，应当由办理辩护人所承办案件的侦查机关以外的侦查机关办理，侦查机关依法对在诉讼活动中涉嫌犯罪的律师采取强制措施后，应当在48小时以内通知其所在的律师事务所或者所属的律师协会。

11. 拒绝辩护权。辩护律师一般不能拒绝辩护，但在继续辩护违背辩护的准则、目的或辩护无法进行的情形下可以拒绝辩护。具体包含以下情形：一是委托事项违法；二是委托人利用律师提供的服务从事违法活动；三是委托人隐瞒与案件有关的重要事实。

【参考案例6-7】

在一起涉嫌恐怖活动犯罪案件中，犯罪嫌疑人家属委托律师王某担任辩护人，律师王某在向办案机关递交手续之前，通过电话联系到办案人员，要求会见。办案人员告知该案属于恐怖活动犯罪案件，目前不允许会见。律师将这一情况告知犯罪嫌疑人家属，家属当即拿出20万元作为"活动经费"，要求律师去"走关系"，安排家属与办案人员吃饭，并表示如果能办理取保候审，将给律师一大笔感谢费。被王某拒绝后，家属仍三番五次到王某的律所表达类似的意愿，导致王某无法正常工作。最终，王某决定拒绝提供辩护服务，与对方解除委托关系。

请思考：王某的做法符合法律规定吗？

参考案例6-7中，犯罪嫌疑人家属为了达到办理取保候审的目的，拿出活动经费要求律师王某去"走关系"，向办案人员行贿，请办案人员吃饭，遭到王某拒绝后仍多次到律所表达类似意愿，导致王某无法正常工作。犯罪嫌疑人家属的要求违背辩护的准则和目的，属于委托事项违法的情形，律师有权拒绝辩护。因此，王某的做法符合法律规定。

(二) 辩护人的义务

根据《刑事诉讼法》及相关法律解释的规定，辩护人应当履行下列义务：

1. 证据收集方面的义务。①根据《刑事诉讼法》第42条的规定，辩护人收集的有关犯罪嫌疑人不在犯罪现场、未达到刑事责任年龄、属于依法不负刑事责任的精神病人的证据，应当及时告知公安机关、人民检察院。②根据《刑事诉讼法》第44条第1款的规定，辩护人或者其他任何人，不得帮助犯罪嫌疑人、被告人隐匿、毁灭、伪造证据或者串供，不得威胁、引诱证人作伪证以及进行其他干扰司法机关诉讼活动的行为。

2. 辩护人参与诉讼后程序方面的义务。辩护人在接受委托后应及时告知办案机关，让办案机关及时获知辩护人参与诉讼情况，依法及时告知辩护人相关诉讼事项；辩护人有义务遵守诉讼纪律，如会见在押的犯罪嫌疑人、被告人时遵守看管场所的规定，按照出庭通知中告知的时间、地点准时出席法庭进行辩护等。

3. 保密的义务。根据《刑事诉讼法》第48条的规定，辩护律师有权对在执业活动中知悉的委托人的有关情况和信息，予以保密。但是，为了保护国家和社会利益，辩护律师在执业活动中知悉委托人或者其他人准备或者正在实施危害国家安全、公共安全以及严重危害他人人身安全的犯罪的，应当及时告知司法机关。

【实训项目6-1】

一、实训目的

提高学生对辩护人诉讼地位的认识和分辨能力。

二、实训素材

甲、乙、丙三人是无所事事、游手好闲的社会小青年，由于没有生活来源，三人共谋持刀抢劫从银行取出巨款的人，屡屡得手，共劫取现金近50万元。在一次抢劫过程中，三人遭到被害人的强烈反抗，气愤之下将被害人杀死，并将阻碍他们逃跑的围观路人丁杀死。后三人被公安机关抓获归案，并立案侦查。甲在公安机关第一次讯问时，就提出要委托在公安机关工作的弟弟为自己辩护，公安机关以影响案件公正处理为由拒绝；乙在审查起诉阶段委托王律师为自己辩护，王律师接受委托后要求与乙会见和通信，并查阅、摘抄、复制本案的诉讼文书、证据、案卷材料和技术性鉴定材料，检察院均未批准；丙没有委托辩护人，法院指定承担法律援助义务的赵律师为其辩护。丙认为自己死罪难免，拒绝接受，法院坚持为其指定辩护人。

三、实训任务

请评析实训素材中，公安、司法机关的做法是否正确？

四、实训方式

以小组为单位让学生进行讨论，每位同学都要发表意见，每组须在规定时间内提交讨论结果，由1名同学代表小组进行实训汇报。各组发言完毕，由教师进行总结评价。

五、考核标准

【拓展阅读 6-1】

第三节 刑事诉讼代理

一、刑事诉讼代理的概念和意义

（一）刑事诉讼代理的含义

刑事诉讼代理是指在刑事诉讼中，代理人接受公诉案件的被害人及其法定代理人或近亲属、自诉案件的自诉人及其法定代理人、附带民事诉讼的当事人及其法定代理人的委托，在授权范围内以被代理人的名义参加诉讼，由被代理人承担代理行为法律后果的诉讼活动。

刑事诉讼代理是基于被代理人授权而产生的，具有以下特征：①被代理人只能是公诉案件的被害人、自诉案件的自诉人、附带民事诉讼的当事人；②代理人必须以被代理人的名义进行诉讼，且必须根据被代理人的意志，维护其合法权益；③代理人只能在被代理人的授权范围内进行活动，超越授权范围进行的诉讼活动所产生的法律后果，被代理人不予承担，但得到被代理人追认的除外；④代理人进行代理活动产生的法律后果由被代理人承担。

（二）刑事诉讼代理的意义

刑事诉讼代理制度具有重要的意义，主要体现在以下方面：

1. 刑事诉讼代理人可以弥补被代理人自行参加刑事诉讼的诸多不足，如法律专业知识欠缺，诉讼技巧不够等，向被代理人提供法律帮助，从而能够更好地维护被代理人的合法权益。

2. 刑事诉讼代理人可以代替被代理人参加诉讼活动，解决因被代理人伤残、生病、出差等原因不能或不愿参加诉讼的问题，满足被代理人维护自身合法权益的需要。

3. 刑事诉讼代理人参加诉讼，可以从另外一个视角协助公安、司法机关查明案件事实，正确适用法律，监督公安、司法机关的司法行为，有利于促进案件办理的公平公正。

【参考案例6-8】

犯罪嫌疑人李某驾驶车辆逼挤行人张某，张某害怕不敢反抗，李某趁机夺走张某的拎包，公安机关对李某以抢夺罪立案侦查并移送审查起诉。张某认为李某的行为属于抢劫，遂聘请律师作为诉讼代理人，检察院经过审查认为诉讼代理律师以及张某的意见有事实和法律依据，在审查起诉阶段将案件定性改为抢劫罪，向法院提起了公诉。

在刑事诉讼中，被害方有权获得经济赔偿和补偿，也有权指控犯罪嫌疑人，要求司法机关从严惩处。被害方可以委托律师作为诉讼代理人，对犯罪嫌疑人的罪行进行揭露和控诉，诉讼代理人可以进行相应的调查取证，参加开庭，加强指控力度，维护被害方的合法权益。

二、刑事诉讼代理的种类

根据《刑事诉讼法》第46条的规定，刑事诉讼代理依据委托主体的不同分为三种情况：一是公诉案件中被害人的代理；二是自诉案件中自诉人的代理；三是刑事附带民事诉讼中当事人的代理。

（一）公诉案件中被害人的代理

公诉案件的被害人及其法定代理人或者近亲属自案件移送审查起诉之日起，有权委托诉讼代理人。人民检察院自收到移送审查起诉的案件材料之日起3日内，应当告知被害人及其法定代理人或近亲属有权委托诉讼代理人。

（二）自诉案件中自诉人的代理

自诉案件的自诉人及其法定代理人，有权随时委托诉讼代理人。注意，自诉案件中有权委托诉讼代理人的是自诉人及其法定代理人，不包含其近亲属。

（三）刑事附带民事诉讼中当事人的代理

附带民事诉讼中当事人的代理是指接受附带民事诉讼当事人及其法定代理人的委托，在受委托的权限范围内，以诉讼代理人的身份进行诉讼活动。附带民事诉讼的当事人（包括原告人和被告人）及其法定代理人，均有权委托诉讼代理人。

三、诉讼代理人的权利和义务

在刑事诉讼中，委托诉讼代理人的范围和数量与辩护人相同，诉讼代理人除了享有和承担与委托人达成委托代理协议时，双方协商一致确定的权利义务外，还有如下法定的权利与义务：

（一）诉讼代理人的法定权利

1. 阅卷权。律师担任诉讼代理人的，有权查阅、摘抄、复制与本案有关的材料，了解案情。其他诉讼代理人经人民法院准许，也有权查阅、摘抄、复制与本案有关的材料，了解案情。

2. 调查取证权。代理律师需要收集、调取与本案有关的材料的，可以向证人或者其他有关单位、个人收集或调取。因证人、有关单位和个人不同意，申请人民法院收集、调取，人民法院认为有必要的，应当同意。代理律师直接申请人民法院收集、调取证据，人民法院认为代理律师不宜或者不能向证人或者其他有关单位、个人收集、调取，并确有必要收集、调取证据的，应当同意。人民法院根据代理律师的申请收集、调取证据时，申请人可以在场。

3. 申诉、控告权。诉讼代理人有对阻碍其依法行使诉讼权利的行为进行申诉或控告的权利。诉讼代理人与辩护人的申诉、控告权的规定是一致的。

4. 拒绝代理权。诉讼代理人的拒绝代理权与辩护律师的拒绝辩护权规定相同，即律师接受委托后，如果发现委托事项违法或者委托人利用律师提供的服务从事违法活动或者委托人隐瞒事实真相的情形，有权拒绝代理。

5. 其他权利。在审查起诉阶段，被害人的诉讼代理人可以向人民检察院发表代理意见；诉讼代理人在法庭上经审判长许可，可以向被告人、证人、鉴定人发问；诉讼代理人有权申请通知新的证人到庭，调取新的物证，申请重新鉴定或者勘验；有权对证据和案件情况发表意见；有权参加法庭辩论等。

（二）诉讼代理人的法定义务

1. 诉讼代理人不得帮助隐匿、毁灭、伪造证据，不得威胁、引诱证人作伪证以及进行其他干扰司法机关诉讼活动的行为。

2. 诉讼代理人无正当理由不得拒绝代理。

3. 诉讼代理人应遵守法庭秩序。

4. 诉讼代理人应遵守《律师法》以及有关行政规章规定的诉讼义务。

【实训项目6-2】

一、实训目的

提高学生对刑事诉讼代理人的诉讼地位的认识和分辨能力。

二、实训素材

A公司的仓库被他人放火焚烧，直接经济损失二百多万元。事后经查明，放火者是竞争公司的经理。案件经公安机关侦查终结后，移送人民检察院审查起诉，A公司提出要委托诉讼代理人。检察院认为公诉案件的被害人指的是自然人，不包括单位，因此"被害人及其法定代理人或者近亲属有权委托诉讼代理人"不能适用于A公司，如果A公司确实要委托诉讼代理人，也只能提起附带民事诉讼，以附带民事诉讼原告人的身份委托诉讼代理人，并且要在人民法院受理案件之后才能委托诉讼代理人。无奈，A公司只好提起了附带民事诉讼的请求，并在案件起诉至人民法院后委托了公务员王某作为诉讼代理人。在法院审判过程中，王某申请向人民法院查阅、复制案件有关材料，了解案情，人民法院没有准许。王某一怒之下辞去诉讼代理人的职务。A 公司要求另行委托诉讼代理人，被人民法院告知：只能在法庭开庭审理之前委托诉讼代理人，现在已进入法庭审理阶段，因而 A 公司不能再委托诉讼代理人了。

三、实训任务

请评析实训素材中检察院和法院的做法是否正确？

四、实训方式

以小组为单位让学生进行讨论，每位同学都要发表意见，每组须在规定时间内提交讨论结果，由 1 名同学代表小组进行实训汇报。各组发言完毕，由教师进行总结评价。

五、考核标准

【拓展阅读 6-2】

【本章小结】

刑事辩护和代理制度的确立，是确保刑事诉讼基本职能发挥作用的关键，能够促使刑事诉讼目的的顺利实现。辩护制度在法律上为保障犯罪嫌疑人、被告人辩护权的实现提供了依据，保障了控诉、辩护、审判职能之间的平衡。

辩护分为自行辩护、委托辩护和指定辩护三种。自行辩护是犯罪嫌疑人、被告人天然而首要的权利，贯穿刑事诉讼各阶段的始终。委托辩护和指定辩护是为弥补自行辩护的不足与缺陷而产生的，能够更有力地保障犯罪嫌疑人、被告人的利益。为了更好地代表和保护犯罪嫌疑人、被告人的权益，在辩护过程中辩护人应享有相应的辩护权利，我国《刑事诉讼法》和《律师法》赋予了辩护人多项诉讼权利，体现了我国辩护制度的进步发展。

代理制度是保障刑事诉讼当事人权益的另一种重要措施，其目的是保障被害人和其他诉讼参与人的合法权益。刑事诉讼代理分为三种情况，一是公诉案件中被害人的代理，二是自诉案件中自诉人的代理，三是刑事附带民事诉讼中当事人的代理。其中公诉案件被害人的代理是刑事代理最主要的形式。诉讼代理人除了享有和承担与委托人协商一致确定的权利义务外，还有一定的法定权利与义务。

【课后思考】

某日，甲约乙、丙一起去抢劫，丙明确表示自己不参与。甲、乙二人在作案中，杀死被害人丁，抢得现金10万元，后被公安机关抓获归案，并立案侦查。请结合不同情形回答下列问题：

1. 甲要求委托李某、钱某、丙3人共同为自己辩护，因为3人都是甲的好朋友。李某，无固定职业，3年前因妨碍公务罪被判处有期徒刑3年，李某不服。经查，对李某的定罪量刑完全正确，但李某不思悔改，刑满释放后又到处告状，成了告状专业户。钱某，人称"钱铁嘴"，钱某能说会道，但心术不正，1年前因煽动群众拒不缴纳税款，构成妨碍公务罪，被判处管制2年，至今尚未执行完毕。请回答：是否应当允许这3人成为甲的辩护人？

2. 检察院提起公诉以后，人民法院指定承担法律援助义务的律师赵某为甲辩护。甲认为自己死罪已定，拒绝别人为自己辩护。人民法院认为此案影响很大，旁听群众很多，坚持为甲指定辩护人。请回答：人民法院的做法是否正确？

3. 律师赵某在被指定为甲的辩护人后径行向证人和被害人调查取证，证人和被害人不予合作，拒绝提供有关情况。请回答：赵某的做法是否正确？

第七章 证据制度

学习目标

掌握证据的概念、特征、种类和分类,掌握刑事证明的概念,弄清刑事证明对象的概念和范围,理解不同诉讼阶段证明标准的差异,理解举证责任的分配和证明责任的承担,了解审查判断证据的基本要求和方法,明确非法证据的范围、效力、非法证据排除的程序要求与法律后果,增强证据意识。

重点提示

证据;证据的种类;证据的分类;举证责任;证明标准;非法证据排除规则

【知识框架】

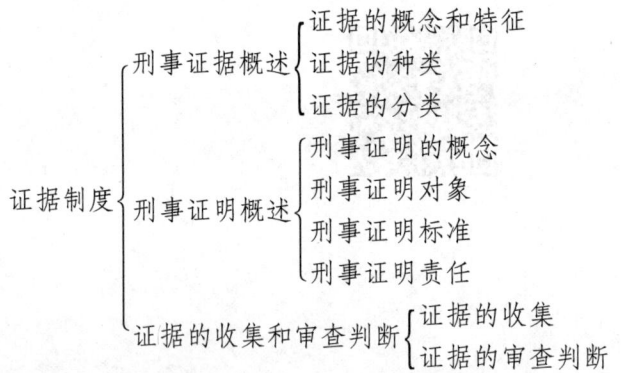

【本章引例】

2002年7月12日凌晨2时许,河北省唐山市公安局南堡盐场派出所接到报警电话:冀东监狱家属区8号楼307室有人被歹徒刺杀。民警赶到现场后,看到一男一女浑身是血倒在地上,随即将两名被害人送往医院抢救,并进行了现场勘查,提取了血迹、毛发、皮凉鞋、匕首、领带、尼龙绳等物证。经过询问得知,被害人是冀东监狱干部王某、宋某夫妇。专案组根据案发现场的勘验笔录和宋某的陈述推断,凶手应该是在该栋楼三层、四层楼梯拐角处的楼梯扶手上拴绳,攀着这条尼龙绳钻窗进入307室的内阳台,刚刚脱掉脚上的皮凉鞋准备进屋即被宋某发现，随即开始行凶，后翻下阳台逃离现场。

专案组根据被害人的怀疑和推测，抓捕了同为冀东监狱干警的李某。2002年7月16日，南堡分局以李某涉嫌非法持有、私藏枪支罪将其刑事拘留。6天后，专案组开始对他进行第一次讯问。在没有履行任何手续的情况下，将李某提讯到唐山市公安局刑警支队一大队的一间办公室里。李某在看守所里写下的《控告书》中陈述了自己遭受电刑、灌凉水、灌辣椒水、灌芥末油、用打火机烧、打耳光等肉体折磨，最后被迫承认犯罪的经过。在之后的几次提审中李某一直翻供，坚称自己没有杀人，直至他浑身多处肿胀甚至化脓糜烂，双手失去知觉地被送回看守所，李某都没有再做出任何有罪供述。2003年11月26日，唐山市中级人民法院一审判处李某死刑缓期二年执行，剥夺政治权利终身。

2004年7月8日，浙江省温州市中级人民法院依法对流窜大半个中国盗窃、抢劫、强奸、杀人的蔡某判处死刑立即执行。就在执行死刑的前夕，蔡某却道出了一个"惊天秘密"——2002年7月12日，他曾蹿入河北冀东监狱家属区8号楼307室盗窃并杀人后成功脱逃。一场冤案最终真相大白。涉嫌刑讯逼供的7名公安局民警受到了相应的刑事制裁。[1]

请思考：本案中证据的收集存在什么问题？

第一节 刑事证据概述

一、证据的概念和特征

（一）证据的概念

证据是刑事诉讼的前提和基础，是整个诉讼活动的基石。根据《刑事诉讼法》第50条的规定，证据必须是与案件事实有关的事实，具有证明案件事实的作用，并且具备法定的形式和来源。因此，刑事诉讼中的证据，是指以法律规定的形式表现出来的能够证明案件事实的材料。

（二）证据的特征

根据上述规定，刑事证据具有以下三个基本特征：

1. 客观性。证据的客观性，又称真实性、可信性，是指证据所表达的内容是客观存在的，不是主观臆想或捏造的，不以人的主观意志为转移。证据的客观性包括以下内容：

---

[1] 何家弘主编：《迟到的正义——影响中国司法的十大冤案》，中国法制出版社2014年版，第82~123页。

（1）证据本身即证据的表现形式是客观、真实存在的，而非虚假、伪造的，不能用主观想象、推测甚至怀疑来代替证据。

（2）证据所记录、反映的内容必须是真实可信、确凿无疑的，能够真实地反映案件事实。

【参考案例7-1】

清朝，西安知府邓廷桢擅长审案断狱。有一天，他接到了一桩上报案件：一个叫郑魁的士兵，因与另一士兵不和，用掺有砒霜的馒头将其毒死。证据有砒霜、验尸报告和三个证人证言。证人有卖砒霜者、卖馒头者以及前两人的邻居妇人。看罢卷宗，邓廷桢觉得有两处疑点：一是既然这两人平时不和，死者怎么会轻易食用郑魁给的馒头呢？二是卖馒头的和卖砒霜的又怎么能记住了郑魁？

邓廷桢将卷宗上的证人都叫到了大堂。问卖馒头的："你一天接待多少人，这些人都是些什么样子，你记得住吗？"卖馒头的答道："至少得有一百多人买馒头，不记得客人模样。""那你又是怎么记住了郑魁呢？"卖馒头的人一时答不出，最终他如实招了，县衙门为了破案要他这么说的。那作证的邻居妇人也是如此。再看验尸报告上面仅写道，死者嘴唇发青。再仔细解剖尸体，查明死者死于狂犬病，这病也会使死者嘴唇发青，症状与中毒相似。原来，死者的确和郑魁斗过嘴，不过，郑魁买砒霜是为了毒死小老鼠。至此，案件才得以真相大白。[1]

参考案例7-1中，卖馒头者和邻居妇人的证言纯属子虚乌有，是县衙门为了尽早破案伪造出来的证据，无论其存在形式，还是反映的内容，都是虚假捏造的，并不是对案件客观事实的真实反映，因此无法成为定案的证据。司法机关在办理刑事案件时，必须借助案件发生过程中留下的各种痕迹、物品、证人等，来认清案件的事实真相，任何猜测、虚构、梦境都不是客观事实，都不能作为刑事诉讼的证据。

2. 关联性。证据的关联性，又称相关性，是指证据必须与案件事实有客观联系，对案件的待证事实具有某种实际意义。如果某个证据对某一待证事实能够发挥或积极或消极的作用，就可以说该证据与此待证事实之间具有相关性。如某入室盗窃案，现场发现门把手、桌子上留有犯罪嫌疑人的指纹，这一证据能够证明犯罪嫌疑人曾到过犯罪现场，具有积极的相关性。反之，有监控录像显示犯罪嫌疑人在案发时间内一直在网吧上网，没有作案时间，这一证据就具有消极的相关性。具体而言，证据的关联性包括以下内容：

---

〔1〕 刘星：《古律寻义——中国法律文化漫笔》，中国法制出版社2015年版，第68~70页。

（1）证据与案件事实之间的关联是客观存在的，不会随着司法人员的主观想象和随意揣测而改变。

（2）关联性具有强弱之分。原则上，证据对案件事实有无证明力以及证明力的大小，取决于证据本身与案件事实有无联系以及联系的紧密、强弱程度。如上文提到的留在犯罪现场的指纹，这一证据仅仅能够证明犯罪嫌疑人曾经到过犯罪现场，难以证明盗窃是否是犯罪嫌疑人所为，因此，关联性和证明力相对来说要弱一些。

【参考案例7-2】

赵某涉嫌强奸罪一案中，公安机关在侦查过程中收集到了以下两种材料：一是赵某曾在几年前强奸邻村妇女，刑满释放未满1年，其犯罪手段与本案类似；二是赵某平时品德败坏，经常调戏女性，并且收集到他偷窥女浴室的证据材料。

请思考：这两种材料能否作为证据使用？

参考案例7-2中收集到的赵某几年前曾采用与本案类似的手段实施强奸行为的相关材料，与本案没有客观的联系，曾经采取过类似的犯罪手段，不能证明本案的犯罪行为就一定是赵某所为，不具备证据的相关性特征，因此不能作为证据使用；第二种材料属于品格证据。在我国刑事法律中，犯罪构成的必要条件不包括品格的好坏，"一贯表现"属于酌定量刑情节。因此，这些材料对认定赵某构成"强奸罪"不具备证据的相关性，不能作为证据使用。

3. 合法性。证据的合法性，又称法律性，是指用于证明案件事实的证据必须是法定主体按照法定程序加以收集和运用的，并具备法定的表现形式。具体包括以下内容：

（1）证据的形式应当合法。我国《刑事诉讼法》第50条规定了八种证据的种类：物证；书证；证人证言；被害人陈述；犯罪嫌疑人、被告人供述和辩解；鉴定意见；勘验、检查、辨认、侦查实验等笔录；视听资料、电子数据。同时，相关司法解释还对各种证据的形式作了明确的要求，比如据以定案的物证应当是原物，原物不便搬运、不易保存的，可以拍摄、制作足以反映原物外形和特征的照片、录像、复制品作为证据；证人证言应以书面形式加以固定，核对无误后，由证人签名盖章。

【参考案例7-3】

1998年4月，在云南省昆明市某街道上的一辆警车内发现一男一女两具尸体，二人受枪击身亡，身上的财物被洗劫一空。经过进一步的调查，警方发现二人有不正当的两性关系，并由此推断情杀的可能性非常大。因此，女死者的丈夫——杜某进入侦查机关的视线，警方怀疑其涉嫌杀害其妻以及妻子的情夫并将其确定为犯罪嫌疑人。庭审中，公诉机关向法庭提交了下列证据：①二被害人尸体所在的车的驾驶室离合器、油门踏板上遗留的泥土气味与被告人杜某所穿袜子气味经警犬气味鉴定均为同一，证明杜某曾驾驶过该车；②对杜某进行 CPS 多道心理测试鉴定（俗称"测谎"），鉴定结果显示杜某否认杀人的供述 90% 以上是谎言。

请思考：本案中，警犬的辨认与测谎结论是否可以作为证据使用？

参考案例 7-3 中，警犬的辨认与测谎结论不在法定的八类证据之列，不具有法定的证据形式，不能作为证据使用，只能作为一种破案的线索。最高人民检察院在《关于 CPS 多道心理测试鉴定结论能否作为诉讼证据使用问题的批复》中指出："人民检察院办理案件，可以使用 CPS 多道心理测试鉴定结论帮助审查、判断证据，但不能将 CPS 多道心理测试鉴定结论作为证据使用。"因测谎技术不成熟的学理背景，我国测谎实务缺乏统一规范和有效管理以及测谎人员资历和技能参差不齐，到目前为止，测谎结论的证据性质和法律效力仍未得到我国司法机关的正式认可。

（2）证据必须由法定主体按照法定程序收集。我国《刑事诉讼法》第 52 条明确规定："审判人员、检察人员、侦查人员必须依照法定程序，收集能够证实犯罪嫌疑人、被告人有罪或无罪、犯罪情节轻重的各种证据。"可见，证据必须由法定人员按照法定程序收集或提供，如勘验、检查、辨认、侦查实验等笔录必须由法定的侦查人员和其他法定人员依法制作，否则不得作为定案的根据。

（3）证据必须经法定程序出示和查证。根据《刑事诉讼法》的规定，物证必须当庭出示，让当事人辨认；证人证言必须在法庭上经过公诉人、被害人和被告人、辩护人双方询问、质证；未到庭的证人的证言笔录、鉴定意见、勘验检查笔录和其他作为证据的文书，应当当庭宣读，听取公诉人、当事人和辩护人、诉讼代理人的意见。未经法庭查证属实的材料，均不得作为定案的根据。

二、证据的种类

证据的种类是指法律上对不同证据的划分，是证据的法定形式。《刑事诉讼法》第 50 条第 2 款规定："证据包括：①物证；②书证；③证人证言；④被害人陈述；⑤犯罪嫌疑人、被告人供述和辩解；⑥鉴定意见；⑦勘验、检查、辨认、侦查实验等笔录；⑧视听资料、电子数据。"

（一）物证

1. 物证的概念。物证是以其外部特征、物质属性、存在状况等证明案件真实情况的一切物品或痕迹。物品是指与案件事实有联系的实物，主要有犯罪工具、犯罪行为侵害的具体物、犯罪现场留下的物品，比如凶器、尸体、赃款、毛发、烟头等；痕迹是指物体相互作用所产生的印痕和物体运动时所产生的轨迹，比如血迹、指纹、脚印、车胎痕迹等。

2. 物证的特征。

（1）客观性强，内容相对稳定。物证被称为"哑巴证据"，其本身是物品或痕迹，不依赖于人的主观意志而独立存在，一旦形成就具有较强的客观性，与言词证据相比较，不易发生改变，即使被毁损也会形成新的物证。

（2）证明范围相对狭窄。物证与案件事实的关联性往往不是特别明显，某个物证只能证明案件的某个环节或者部分事实，通常不能证明案件的主要或全部事实，必须与其他证明手段结合起来，才能证明案件事实。

（3）具有依赖性。物证的证明作用往往要借助一定的科学技术手段才能实现。一方面，许多物证的发现和提取都需要专门的科学技术手段，如潜在手印的显现技术和粉尘足迹的提取技术；另一方面，很多物证中储存的与案件事实有关的信息也需要一定的科学技术检验手段来解读，如血痕和精斑中遗传基因的检验。

【拓展阅读 7-1】

（二）书证

1. 书证的概念。书证是以其所表述的内容和思想来证明案件事实的书面文字或其他物品。书证的范围十分广泛，通常表现为书面文件，如信件、文件、日记等；有些实物诸如记有符号、文字、图画、图表的衣物、墙壁、金属物等也是书证的载体。它们均以其所记载的内容或者所表达的思想发挥证明作用。例如，被害人家属收到的勒索信、《水浒传》第 30 回中鸳鸯楼上写有"杀人者，打虎武松也"的墙壁等。

2. 书证的特征。

（1）书证必须是以文字、符号、图画等记载或表达一定思想的物品，而且其所记载或表达的思想内容能够被人们所认知和理解。

（2）书证能够直接证明案件事实的真实情况。比如犯罪人记录自己杀人详细过程的日记本。

3. 书证与物证的关系。书证与物证既有相似点又有显著区别。①区别。主要体现在二者发挥证明作用的方式不同。物证是以其外部特征、存在场所和物质属性证明案件事实的实物和痕迹，比如指纹、门窗上的撬痕、杀人的匕首等；

书证是以文字、符号、图画等记载的内容和表达的思想来证明案件事实的书面文件和其他物品。②联系。有些物品和文件既可以通过其内容来证明案件事实，同时其物理属性也可以发挥证明作用，此时，它既是物证，又是书证。

【参考案例 7-4】

在一个谋杀案的案件现场，侦查人员发现了一个日记本，日记本的内容显示，死者生前曾与情敌张某有过争执，张某扬言要给死者点颜色瞧瞧。同时，根据笔迹鉴定，推断出日记本的笔迹确实是死者所写。

请思考：本案中的日记本属于何种证据？

参考案例 7-4 中的日记本既是物证，又是书证。日记本所记载的内容与案件事实有关，属于书证；同时，笔迹鉴定使得笔记本以其外部特征对案件事实起到了证明作用，亦属于物证。

（三）证人证言

1. 证人证言的概念。证人证言是指当事人以外了解案件情况的人，就其所了解的案件情况向公安司法机关所作的陈述，不包含证人对案件情况的分析和判断。证人在法庭上所作的陈述是以口头的方式来证明案件事实的证据，证人书写的书面证言和侦查人员询问证人的谈话过程所作的记录，是以书面方式记录的证言，二者都属于证人证言。

2. 证人的资格。我国《刑事诉讼法》第 62 条规定："凡是知道案件情况的人，都有作证的义务。生理上、精神上有缺陷或者年幼，不能辨别是非、不能正确表达的人，不能作证人。"据此可知，具备证人资格需具备如下条件：①感知案件事实；②具有辨别是非的能力；③具有正确表达的能力。"生理上有缺陷"是指存在盲、聋、哑或其他生理方面的缺陷；"精神上有缺陷"是指精神上或智力上存在障碍；"年幼"一般是指 14 周岁以下。这三类人只有在不能辨别是非、不能正确表达的情况下才不得作为证人，如果他们能够辨别是非以及正确表达，是可以作证的。比如盲人可以作为证人讲述所听到的情况，聋哑人可以作为证人用手语描述所看到的情况。

【拓展阅读 7-2】

（四）被害人陈述

被害人陈述是指刑事被害人就其受害情况和其他与案件有关的情况向公安、

司法机关所作的陈述。自诉人和附带民事诉讼的原告人如果是被害人，则他们的陈述也是被害人陈述。被害人陈述通常包括被害人对案件事实的陈述、分析判断以及诉讼请求。被害人陈述往往能够证明案件的主要事实，能够直接揭露犯罪人，但受到客观环境、主观状态以及与案件的利害关系的影响，被害人陈述虚假的可能性很大。

（五）犯罪嫌疑人、被告人供述和辩解

犯罪嫌疑人、被告人供述和辩解是指犯罪嫌疑人、被告人就其被指控犯罪事实和其他有关情况，向公安、司法机关所作的陈述，又称"口供"，主要包括以下三种情况：一是供述。犯罪嫌疑人、被告人对被指控的犯罪事实表示承认，并且如实陈述其实施犯罪的全部事实和情节。二是辩解。犯罪嫌疑人、被告人就自己不构成犯罪所作的辩解，或者承认犯罪，但就从轻、减轻或免除情节所作的辩解。三是攀供。犯罪嫌疑人、被告人为揭发、检举同案其他犯罪嫌疑人的犯罪行为所作的陈述。

犯罪嫌疑人、被告人与诉讼结果有着直接的利害关系，故其供述和辩解虚假的可能性很大，其供述往往很不稳定，如有的犯罪嫌疑人在侦查和审查起诉阶段先后作出了有罪供述和无罪辩解，甚至有的被告人在法庭审理中推翻了原来的有罪供述，这就是我们通常所说的"翻供"。根据我国《刑事诉讼法》的规定，只有同案犯罪嫌疑人、被告人的供述没有其他证据的，不能定罪量刑。所以对待口供要采取特别谨慎的态度。

（六）鉴定意见

鉴定意见是指公安、司法机关或当事人聘请、指派或委托具有专门知识的人，对诉讼中所涉及的专门性问题进行鉴定后所形成的判断性意见。鉴定意见必须以规范的书面形式呈现，是一种"科学证据"。具体包括法医学鉴定、司法精神病学鉴定、物证技术鉴定、笔迹鉴定、司法化学鉴定、测谎鉴定、DNA 鉴定等。

参考案例 7-1 中的验尸报告，仅写明死者嘴唇发青，至于其他尸体表征、死因均没有写明，没有对案件中的专门问题作出判断，可以说是一份不能作为定案根据的鉴定意见。

（七）勘验、检查、辨认、侦查实验等笔录

1. 勘验、检查笔录。勘验、检查笔录是公安、司法人员对于同案件有关的场所、物品、尸体、人身进行勘验、检查时就所观察、测量的情况所做的书面记录。记载的方式包括文字记录、现场绘图以及现场照相、摄影等。勘验、检查笔录记录的是勘验和检查活动中之所见。其中勘验笔录是对与案件有关的场所、物品和尸体进行勘验形成的记载，主要有现场勘验笔录、尸体检验笔录、物证检验笔录；检查笔录针对的是活体的人身，是对被害人、犯罪嫌疑人等人身进行检查而形成的，对人身特征、伤害情况、生理状态的书面记录。

2. 辨认笔录。辨认是在侦查人员主持下，由犯罪嫌疑人或被告人、被害人、证人对于同案件有关的人员、物品、文件、场所等进行辨别、指认的一种侦查措施。辨认可以分为现场辨认、尸体辨认、照片辨认、嫌疑人辨认等形式，侦查人员将辨认过程及结果制作成专门的笔录，经由侦查人员、辨认人、见证人签名盖章后，形成辨认笔录。

3. 侦查实验笔录。侦查实验是侦查机关在侦查办案过程中，采用模拟和重演的方法，证实在某种条件下案件能否发生和怎样发生，以及发生何种结果的一项证据调查活动。侦查实验笔录是侦查机关对进行侦查实验的时间、地点、实验条件以及实验经过和结果等所作的客观记录，由进行实验的侦查人员、其他参加人员和见证人签名或盖章。

【拓展阅读 7-3】

（八）视听资料、电子数据

1. 视听资料。视听资料是指以录音、录像、电子计算机或其他高科技设备所存储的信息来证明案件真实情况的资料。一般以录音带、录像带、影视胶片等高科技材料的形式存在，其内容是与案件事实相关的声音、图像、影像等。例如，记录被告人勒索被害人的录音、交通肇事现场的监控视频等。

2. 电子数据。2012年修改《刑事诉讼法》时正式将"电子计算机所记录的资料"从视听资料分离出来并命名为电子数据，主要是指电子计算机、移动电话等电子设备所记载的数据资料，包括电子邮件、电子数据交换、网上聊天记录、网络博客、手机短信、电子签名、域名、电子资金划拨记录、网页等多种证据形式。

视听资料、电子数据是科学技术发展的产物，能够直观、动态地证明案件真实情况，这是其他种类的证据难以企及的。但是其存在形式需要借助特定的高科技载体，这就导致其容易被伪造、篡改。如录音带、录像带容易被消磁、剪辑，电子计算机的输出、输入数据容易被改变。视听资料、电子数据一旦被篡改、伪造，不借助科学技术手段往往难以甄别。因此，对于视听资料、电子数据的收集和审查判断，必须加大科技投入，提高技术水平，保障证据的客观性,从而更好地发现案件的真实情况。

【参考案例 7-5】

2008年10月,杨某强奸了一名8岁女孩。杨某出生于1993年11月,案发时已年满14周岁,依据《刑法》规定应当负刑事责任。在法院开庭审判时,杨某的父亲向法院提交了村委会证明、邻居证言等证据材料,证明杨某的户籍登记有误,其实际出生日期为1994年11月。为了查清杨某的真实年龄,在补充侦查过程中,公诉机关发现,县计生委和镇计生办均已使用计算机登记管理已婚育龄妇女信息,遂调取了该镇计生办相关电子数据。随后,委托专家对硬盘上删除的数据进行恢复,并运用解码技术对系统解密,分析对照所得数据,发现了杨某的出生日期于2008年11月被人为变更为1994年11月这一重要证据。开庭审理中,电子证据检验鉴定意见作为重要的定案依据被采纳,与其他证据形成证据链条,认定杨某在犯罪时已年满14周岁,应当承担刑事责任。[1]

本案的关键是查清杨某的真实年龄,计生办计算机中有关杨某年龄的电子数据成了关键证据。虽然电子数据的表面信息是"被告人于1994年11月出生",但专家鉴定意见却表明,在案发后的侦查过程中,相关电子数据被人为更改。电子数据及相关鉴定表明被告人出生于1993年11月,再结合户籍卡,完全可以认定被告人户籍卡记载年龄的真实性。本案反映出电子数据极易被更改,甄别电子数据的真实性离不开科学技术的应用。

三、证据的分类

证据的分类是证据在学理上的划分,根据证据的不同特点,按照不同的标准,可将证据划分为不同的类别,目的是研究证据的内在规律和特点,以便查明案件真实情况。证据的分类与证据种类不同,前者是对证据进行学理上的分类,从不同角度对证据种类所作的划分,不具有法律效力;而后者是由法律明确规定的,具有法定约束力,不具有法定形式的证据不得作为定案的根据。

(一)实物证据与言词证据

根据证据的表现形式不同,可以将证据划分为实物证据和言词证据。

实物证据是以客观存在的物体为内容和表现形式的证据,以物体的外部特征、性质、位置、记载的内容等来证明案情,它所记录的是案件事实的某一环节或片段。例如,犯罪人留在作案现场的血迹、脚印、指纹,在犯罪过程中形成的各种书面材料等都是实物证据。从证据种类看,具体包括物证,书证,勘验、检查笔录,视听资料、电子数据等。

言词证据是以言词为内容和表现形式的证据,具体包括被害人陈述、犯罪

---

[1] 陈光中主编:《证据法学》,法律出版社2015年版,第155~156页。

嫌疑人或被告人供述和辩解、证人证言、鉴定意见等。言词证据是当事人、证人、鉴定人等有关人员对案件客观事实的主观反映，虽然生动形象，但是其真实性受到提供者的身体状况、感知能力、记忆表达能力、心理状态等条件的影响。

【参考案例7-6】

孙某故意杀人案公开审理过程中，公诉人向法庭提交了如下证据：①被告人孙某的血衣；②犯罪现场留下的指纹；③侦查人员对犯罪现场的勘验笔录；④血型鉴定书；⑤一段记录孙某进入被害人小区的监控录像。

请思考：以上证据哪些属于实物证据，哪些属于言词证据？

以实物为表现形式的血衣、指纹均属于实物证据；侦查人员对犯罪现场的勘验笔录是侦查人员在勘验过程中对所见的客观情况的书面记录，不是侦查人员的陈述和见解，因此也属于实物证据；血型鉴定书是鉴定人对血痕等生物检材进行鉴定后所作出的书面意见，虽然是书面形式，但其实质是鉴定人就案件中某些专门性问题进行鉴定后所做出的判断，具有语言陈述的性质。在法庭审理过程中，当事人等均有权对鉴定人就鉴定意见发问，鉴定人有义务对其作出口头回答，来阐明或补充其鉴定意见。可见，鉴定意见属于言词证据；监控录像是通过视频监视器来观察和监视特定场所、对象获得的材料，它将案件发展的过程原形原貌地记录下来，其呈现的客观内容与案件事实有一定的联系，因此，属于实物证据。综上，参考案例7-6中，血衣、指纹、勘验笔录、监控录像属于实物证据，血型鉴定书属于言词证据。

（二）原始证据与传来证据

根据证据的来源不同，可以将证据分为原始证据与传来证据。

原始证据是指直接来源于案件事实，没有经过复制或转述的证据，又被称为"第一手证据"。例如，杀人凶器、遗留在现场的烟头均直接来源于案件事实，属于原始证据；而目击证人就其耳闻目睹的事实所提供的证言、犯罪嫌疑人或被告人对自己罪行的供述或辩解、被害人对自己受害经过事实的说明陈述均未经转述、复制，也属于原始证据。

传来证据是间接来源于案件事实，经过复制、复印、转述原始证据而派生出的证据，又被称为"第二手证据"。例如，尸体的照片、被害人手机短信的打印件、证人根据从他人处了解到的事实所提供的证言、勘验检查笔录的复印件等均是经过中间环节而形成的传来证据。

（三）直接证据与间接证据

根据证据是否能够独立证明案件的主要事实，可以将证据划分为直接证据和间接证据。案件主要事实是指犯罪事实是否存在以及该犯罪行为是否是犯罪嫌疑人或被告人所实施的。

直接证据是能独立、直接地证明案件主要事实的证据。直接证据能直接反映案件主要事实，经查证属实后，能对案件的主要事实做出肯定或否定的判断。例如，犯罪嫌疑人如实供述自己杀害仇人的经过，犯罪嫌疑人的日记中有关作案原因、作案手段和方法的详细记录，都属于直接证据，不需要经过推理，就可以直接证明犯罪行为是犯罪嫌疑人实施的。

间接证据是只能证明案件事实的某方面情况，不能独立证明案件主要事实的证据。间接证据不能单独定案，必须与其他证据相印证、相结合形成完整的证据链条。例如，故意杀人案件中现场收集到张某的指纹和脚印，这并不能说明张某就是凶手，只能说明其曾到过案发现场，属于间接证据。

（四）有罪证据与无罪证据

根据证据是否能够证明犯罪事实的存在或者犯罪行为是犯罪嫌疑人、被告人所实施，可以将证据划分为有罪证据和无罪证据。

凡是能够证明犯罪事实存在、犯罪行为是犯罪嫌疑人、被告人所实施的证据，是有罪证据；凡是能够否定犯罪事实存在，或者能够证明犯罪嫌疑人、被告人没有实施犯罪行为的证据，是无罪证据。

【参考案例7-7】

被害人在临死前向抢救他的医生王某讲述了遭受犯罪人侵害的事实，在诉讼过程中医生王某就该情况向司法机关作证。

请思考：根据刑事诉讼证据的分类理论，医生王某的证言属于什么类型的证据？

参考案例7-7中，医生王某的证言是通过言语形式表达的，属于言词证据；证言能够直接证明案件的主要事实是否存在，属于直接证据；这份证言是不利于被告人、能够证明其有罪的证据，属于有罪证据；王某的证言是转述被害人的话，属于传来证据。因此，医生王某的证言属于言词证据、传来证据、直接证据、有罪证据。

【实训项目7-1】

一、实训目的

提高学生对刑事诉讼证据的分类进行分析和判断的能力。

二、实训素材

电视剧《法证先锋》里有一起灭门惨案，警方怀疑犯罪人深夜潜入屋内盗窃名贵钻石，不巧被户主发现，恼羞成怒之下将户主谭甲、谭妻、谭女刺死，将儿子谭乙刺成重伤，地上散落着几颗钻石，其余大量钻石不翼而飞。警方首先怀疑谭女的男朋友陈某，因为在案发现场发现陈某的指纹，另外陈某在案发前与谭甲有过激烈争执,而且其谎称案发当晚自己与朋友在酒吧。经过调查了解到,陈某在案发前日曾经到谭家修下水管道时留下了指纹;之所以在案发当晚的行程上撒谎,是害怕那晚和朋友去偷车的事情东窗事发,朋友、车主的证言,以及被偷车辆上留下的痕迹,可以证明其没有作案时间。接下来,警方在另一个案件的证据照片中发现,在案发时间段内谭乙曾经到过犯罪现场,这与谭乙陈述自己回家时间不一致;并且在谭乙的鞋底发现踩过钻石的凹痕,衬衫袖子沾有鱼缸里的苔藓,根据这一线索,在鱼缸里发现了不翼而飞的大量钻石。经过讯问,谭乙交待:自己做生意失败想偷拿家里的钻石,不巧被父亲发现,父子在争执中钻石洒落一地,因害怕父亲报警,一气之下将父亲、母亲、妹妹全部杀死。后为了逃避刑事责任,先把钻石藏在了鱼缸里,之后将刀卡在书柜的缝隙中,垂直刺向自己的背部,伪装成遭到他人背后袭击的假象。

三、实训任务

判断实训素材中列举的证据的分类。

四、实训方式

以小组为单位让学生进行讨论,每位同学都要发表意见,每组须在规定时间内提交讨论结果,由1名同学代表小组进行实训汇报。各组发言完毕,由教师进行总结评价。

五、考核标准

第二节　刑事证明概述

一、刑事证明的概念

刑事证明通常是指公安、司法机关、诉讼当事人依照法律规定的程序和要求,收集、运用证据以认定案件事实的诉讼活动。从广义上讲,刑事证明不仅包含公安、司法机关运用证据认定案件事实的活动,还包括当事人及其辩护人、诉讼代理人收集、运用证据来论证其诉讼主张成立的活动。根据我国法律的有关规定,刑事证明的主体包括侦查人员、公诉人员、审判人员、当事人、辩护人等。

刑事诉讼证明贯穿于侦查、审查起诉、审判的各个阶段。比如，在审判阶段，公诉方将证据提交给审判机关，以支持自己的主张；而辩方要对公诉方提出的证据进行质疑，或提出证据加以反驳，来论证自己的诉讼主张；审判机关在证明过程中的地位非常重要，审判人员为了查明案件事实，在听取控辩双方质证、辩论的基础上对证据进行分析判断并作出裁决。

二、刑事证明对象

（一）刑事证明对象的概念

刑事证明对象，又称待证事实，主要是指证明主体在刑事诉讼中需要运用证据予以证明的事实情况。刑事诉讼主要是解决被告人的刑事责任问题，其证明对象的主要内容是被告人的定罪、量刑以及与程序相关的案件事实。比如检察院以故意杀人罪对被告人提起公诉，就必须证明被告人实施了杀人行为这一事实；欲提出对被告人从轻处罚的主张，就要证明被告人具备法定或酌定从轻量刑的情节。

（二）刑事证明对象的范围

根据《刑事诉讼法》第52条、《高法解释》第64条的规定，刑事证明对象的范围主要包括以下内容：

1. 实体法事实。实体法事实是指对解决案件实体问题有法律意义的事实，主要包括：

（1）犯罪构成的要件事实。不同的犯罪构成要件不同，证明对象所包含的要件事实内容也不同。主要包括：

第一，犯罪行为是否发生；实施犯罪行为的具体情况，包括时间、地点、手段、工具、过程等情节；犯罪行为是否属于正当防卫、紧急避险等排除违法性、可罚性的行为。

第二，犯罪实施者是谁；犯罪嫌疑人、被告人的基本情况（包含姓名、性别、出生年月日、住址、职业、前科等）；犯罪嫌疑人、被告人是否达到刑事责任年龄、有无刑事责任能力。

第三，犯罪嫌疑人、被告人的主观罪过情况；犯罪的目的、动机等。

第四，犯罪造成的危害后果，危害后果的程度大小与处刑的轻重成正比。尤其要证明犯罪行为与危害后果之间是否存在因果关系。

（2）量刑情节的事实。即是否具有法定或酌定从重、从轻、减轻、免除刑事处罚的事实，如犯罪嫌疑人、被告人犯罪后有无自首、立功等悔罪表现，对量刑轻重具有直接的影响。

2. 程序法事实。程序法事实是指对解决诉讼程序问题有法律意义的事实，主要包括：

(1) 对犯罪嫌疑人、被告人采取强制措施的事实。

(2) 关于回避的理由。

(3) 关于管辖争议的事实。

(4) 违反法定程序可能影响正确判决的事由。比如，一审人民法院没有公开审判某案件，二审人民法院准备撤销原判时，则要对一审人民法院违反公开审判原则的事实加以证明。

(5) 关于诉讼期间的事实。例如，当事人因家中发生了火灾导致耽误了诉讼期间，火灾这一事实就是证明对象。

(6) 影响执行的事实。例如，某女性被告人因盗窃罪被判 5 年有期徒刑，其称自己"正在怀孕"，法院就要请医生对其进行检查，如果查明确系怀孕，则根据《刑事诉讼法》第 265 条的规定，可以对其暂予监外执行。

(7) 收集证据程序是否合法的事实。《刑事诉讼法》规定了对非法证据应当予以排除，某一证据是否属于被排除的范围，就应当运用证据予以证明。

【实训项目 7-2】

一、实训目的

提高学生对刑事诉讼证明对象范围的分析和判断能力。

二、实训素材

某日，韩某做生意时与相邻摊位的陈某及其妻子发生争吵、厮打，面部被陈某抓伤，后经民警调解达成协议，商定互不追究法律责任、不纠缠报复。第二天，韩某的丈夫李某见妻子面部有伤，而陈某及妻子无伤且有说有笑，为泄愤报复，纠集其兄弟几人多次到陈某经营的店铺，令其关门。次日，李某等人又到陈某的店铺内将货柜掀翻，将货物扔到陈某夫妻二人身上，陈某对店铺被砸现场拍照时，遭到李某等人的阻止，后李某指挥兄弟们将陈某砍伤，伤情构成轻伤二级。本案证据如下：①被害人陈某关于事情经过的陈述；②证人王某关于李某三番五次到陈某店铺纠缠的证言；③法医鉴定：陈某的伤情构成轻伤二级；④现场照片和伤情照片；⑤李某曾经因盗窃罪被判处刑罚并服刑的情况；⑥案发后李某到派出所自首，如实供述自己罪行的证明材料；⑦案发后，被告方与被害方达成调解协议，取得了被害人的谅解；⑧案件在审查起诉过程中，曾退回补充侦查一次的相关证明材料。

三、实训任务

判断实训素材中哪些事实属于刑事诉讼证明对象的范围？

四、实训方式

以小组为单位让学生进行讨论，每位同学都要发表意见，每组须在规定时间内提交讨论结果，由 1 名同学代表小组进行实训汇报。各组发言完毕，由教师进行总结评价。

五、考核标准

3. 免证事实。免证事实是不需要证明的事实，即证明主体不需要运用证据就可以直接认定的事实。某些事实属于自然规律，其真实性显而易见；某些事实已经被法院生效裁判所确认，这些均属于免证事实。根据《高检规则》第401条的规定，下列事实属于免证事实：

（1）为一般人共同知晓的常识性事实；
（2）人民法院生效裁判所确认的并且未依审判监督程序重新审理的事实；
（3）法律、法规的内容以及适用等属于审判人员履行职务所应当知晓的事实；
（4）在法庭审理中不存在异议的程序事实；
（5）法律规定的推定事实；
（6）自然规律或者定律。

【实训项目7-3】

一、实训目的

提高学生对刑事诉讼证明对象范围的分析和判断能力。

二、实训素材

张某交通肇事致人死亡后，为了逃避责任将尸体藏入汽车后备厢，之后抛尸城郊的河流中。本案的审理涉及以下事实：①张某交通肇事致人死亡的经过；②张某将被害人抛尸河中的事实；③张某的精神状态；④抛尸的河流流经城郊的事实；⑤检察机关和张某都没有异议的案件基本事实；⑥《刑法》关于交通肇事罪的法律规定。

三、实训任务

判断实训素材中的哪些事实不必提出证据证明？

四、实训方式

以小组为单位让学生进行讨论，每位同学都要发表意见，每组须在规定时间内提交讨论结果，由1名同学代表小组进行实训汇报。各组发言完毕，由教师进行总结评价。

五、考核标准

三、刑事证明标准

刑事证明标准是指法律规定的检察机关和当事人运用证据对待证事实加以证明所要达到的要求或程序,又称证明要求、证明程度。证明标准是对证明活动的结果加以衡量和评价的尺度。在刑事诉讼的各个阶段,由于证明主体和证明对象的不同,证明的标准也有所不同。

(一) 立案的证明标准

立案是刑事诉讼的起始阶段,是侦查的启动环节。根据我国《刑事诉讼法》第112条的规定,人民法院、人民检察院或公安机关"认为有犯罪事实需要追究刑事责任的时候,应当立案;认为没有犯罪事实,或者犯罪事实显著轻微,不需要追究刑事责任的时候,不予立案"。可见,立案的证明标准是具有犯罪事实和需要追究刑事责任。

(二) 逮捕的证明标准

我国《刑事诉讼法》第81条第1款规定:"对有证据证明有犯罪事实,可能判处徒刑以上刑罚的犯罪嫌疑人、被告人,采取取保候审尚不足以防止发生下列社会危险性的,应当予以逮捕……"由此可知,侦查机关实施逮捕的,必须达到"有证据证明有犯罪事实"这一证明标准。

根据《公安机关办理刑事案件程序规定》《高检规则》的相关规定,"有证据证明有犯罪事实"需要具备下列情形:一是有证据证明发生了犯罪事实;二是有证据证明该犯罪事实是犯罪嫌疑人实施的;三是证明犯罪嫌疑人实施犯罪行为的证据已查证属实。可见,逮捕的证明标准高于立案,但并不需要达到"犯罪事实清楚,证据确实、充分"的程度。

(三) 侦查终结、提起公诉、作出有罪判决的证明标准

根据《刑事诉讼法》的相关规定,侦查终结、提起公诉、作出有罪判决的证明标准均是犯罪事实清楚,证据确实、充分。"犯罪事实清楚"是指认定事实的司法人员对定罪量刑的事实和情节已经查清楚;"证据确实、充分"是指证据在"质"上客观真实且具有客观的关联性,在"量"上充分,一切定罪量刑的事实都有证据加以证明。我国《刑事诉讼法》第55条第2款从以下三个方面对"证据确实、充分"做了解释:一是定罪量刑的事实都有证据证明;二是据以定

案的证据均经法定程序查证属实；三是综合全案证据，对所认定事实已排除合理怀疑。

"排除合理怀疑"是指排除符合常理的、有根据的怀疑，同时，排除合理怀疑也应当追求结论的确定性和唯一性，特别是在死刑案件中，对"犯罪事实是否发生""犯罪行为是否为被告人所为"等关键性问题，必须要求达到排除合理怀疑的程度，否则极易造成冤假错案的发生。

【参考案例 7-8】

张某系湖北某县农民。2003 年 12 月 12 日其去河南某县走亲戚，当晚被几个便衣警察敲开门后带至派出所。原来就在当天下午，该县某村的一名 12 岁小学女生被强奸，警察怀疑是张某所为，故将其带走。不久，检察院提起公诉，指控张某在 2003 年 12 月 12 日下午 5 时，到某村做药品生意，路过一片柏树林，遇到从此经过的小学生娟子等 4 名学生。张某上前谎称其妹妹在柏树林放羊时将腿摔伤，让娟子去帮忙治一下，将娟子骗到了树林深处后，将其双手用塑料绳拴住，摁倒在地实施了强奸……侦查机关提供的有罪证据中存在以下疑点：一是公诉人出示的侦查卷中，张某始终否认其曾经实施强奸行为，属于"零口供"。二是侦查机关对被害人身上采集的体液进行鉴定，与张某血液的 DNA 并不相符，鉴定意见为无法对比。三是根据被害人和目击证人的证言，强奸者作案时穿的是灰色上衣、红色毛衣，而张某当天穿的是黑色上衣，二者截然不同。四是在辨认过程中，辨认程序不符合法律规定，且有诱导辨认之嫌。然而，某县法院依然根据这些证据对这起罕见的"零口供"强奸案作了判决，幸运的是，在案件二审期间，强奸案的真凶终于落网，张某被关押了 480 天后，终于被还了清白。[1]

很显然，参考案例 7-8 中的法官在作出有罪判决的时候，并没有综合全案证据，对所认定事实排除合理怀疑。在司法证明过程中，案件事实是在法庭外已经发生的事实，法官对其没有任何直接感知，能将法官与案件事实联系起来的只有"证据"，这就要求司法人员在证明过程中严格遵守证明标准，通过大量证据，去伪存真，由表及里，才能准确认定事实，避免冤假错案的发生。

（四）疑案的处理

在司法实践中，受各种主客观条件的限制，某些案件不能根据现有证据达到水落石出的程度，这种疑案是不可避免的。我国现代立法在很长时间内没有确立疑罪从无的原则，在疑案的处理上，经常是疑罪从有、疑罪从轻、疑罪从

---

[1] 李奋飞等：《正义的救赎——影响中国法治进程的十大刑案》，人民出版社 2016 年版，第 133~159 页。

挂（久拖不决）。我国《刑事诉讼法》1996年修改时明确了"疑罪从无"，2012年、2018年两度修改《刑事诉讼法》时，均沿袭了"疑罪从无"的精神要求。公诉案件中被告人有罪的举证责任由人民检察院承担。在审判阶段，法院发现人民检察院提交的证据不足以证明犯罪事实成立时，不得以主观推测来定罪，对于定罪证据不足的案件，应当坚持疑罪从无原则，依法宣告被告人无罪，不能降格作出"留有余地"的判决。

【拓展阅读7-4】

四、刑事证明责任

证明责任是指在法院审理过程中，由控辩双方承担的提出证据证明自己主张的责任，如果不能提出证据或者虽提出证据但达不到法律规定的要求，将承担其主张不能成立的危险后果。

（一）公诉案件中公诉人负有证明责任

《刑事诉讼法》第51条规定："公诉案件中被告人有罪的举证责任由人民检察院承担……"由此可知，在公诉案件中，检察机关代表国家行使公诉权，处于控方的地位，检察机关（公诉人）负有向法庭提出证据证明被告人有罪的责任。需要注意的是，公诉案件中收集证据的责任主要由侦查机关承担。在法庭审判阶段，公诉人负有举证责任，应当向法庭提出证据，证明起诉书对被告人所控诉的犯罪事实。

（二）自诉案件中自诉人负有证明责任

《刑事诉讼法》第51条规定："……自诉案件中被告人有罪的举证责任由自诉人承担。"可见，自诉案件中要求由自诉人承担证明被告人有罪的举证责任，自诉人提起诉讼，法院首先要审查其是否已经达到起诉标准，对"缺乏罪证"的自诉案件，法院有权驳回自诉。这就意味着自诉人必须向法庭提供一定的证据，否则其起诉可能不会被法院受理；在法庭审判的时候，还必须提供"确实、充分"的证据证明被告人有罪，否则其诉讼请求会被法院驳回。如果被告人在自诉案件中提起反诉，被告人对反诉的部分承担举证责任。

（三）被告人除法律另有规定之外不承担举证责任

我国刑事诉讼中的被告人不承担举证责任，人民法院不能因为被告方没有提出证据证明自己无罪，而不顾控方的证据是否充足就对被告人作出有罪的判决。被告方主动提出证据，一般都是为了支持某一辩护理由，为了被告人自己的利益，这是被告人的辩护权利，而不是举证责任。

对于某些特定的程序事项，法院可以要求被告人负有一定的证明义务。例如，对被告人非法证据排除的申请，法院可以要求被告人举出"初步可信的证据"来证明警察存在刑讯逼供等非法取证事实。

特定案件中，被告人可能会承担提出证据的责任。例如，对于巨额财产来源不明罪，在公诉方提出证据证明被告人拥有与其合法收入不符的巨额财产，并无法查明其来源合法的情况下，被告人需提出证据证明财产差额部分的来源是合法的，否则差额部分以非法所得论。而在一般案件中，被告人有举证权利，但无举证责任。

【实训项目 7-4】

一、实训目的

提高学生对刑事证明责任的分析和判断能力。

二、实训素材

某市人民法院对殷某进行开庭审理时，检察机关指控，殷某受贿金额价值人民币 3 671 万余元，巨额财产来源不明人民币 812 万余元、美元 4 万余元。同时，殷某利用职务便利，为多家单位与个人在土地利用、拆迁许可等事项上，谋取利益。另外，殷某在审批旧区改造项目时，滥用职权，造成国家经济损失 4 657 万余元并且将其在部队服役时获取的军用子弹 52 发藏匿于家中。殷某被诉罪名有四项：受贿罪、巨额财产来源不明罪、滥用职权罪以及私藏弹药罪。

三、实训任务

判断公诉机关在本案中需要承担的证明责任包括哪些？

四、实训方式

以小组为单位让学生进行讨论，每位同学都要发表意见，每组须在规定时间内提交讨论结果，由 1 名同学代表小组进行实训汇报。各组发言完毕，由教师进行总结评价。

五、考核标准

【拓展阅读7-5】

第三节 证据的收集和审查判断

一、证据的收集

（一）收集证据

收集证据是指法定的机关和人员依照法律规定的权限和程序，发现、采集和提取与案件有关的各种证据材料的活动。在刑事诉讼中，有权收集证据的机关和人员主要有：

1. 侦查机关、检察机关。根据我国《刑事诉讼法》的规定，侦查人员必须依照法定程序，收集能够证实犯罪嫌疑人、被告人有罪或者无罪，犯罪情节轻重的各种证据。检察机关及其工作人员在审查起诉以及法院审判阶段也可以进行补充侦查，收集证据。

2. 人民法院。主要有两种情形：一是人民法院在审判案件过程中，主动进行的调查收集证据的活动；二是法院接受当事人及其辩护人和诉讼代理人的申请，调查收集证据。

3. 当事人。根据《刑事诉讼法》第51条的规定，自诉案件被告人有罪的举证责任由自诉人承担。因此，刑事自诉案件中自诉人应有收集证据的权利。

4. 律师。律师在刑事诉讼中担任辩护人或诉讼代理人的，有权调查、收集证据。

根据法律规定和司法实践经验，审判人员、检察人员、侦查人员在收集刑事证据时要坚持以下原则和要求：

1. 依照法定程序进行，反对非法取证。《刑事诉讼法》第52条明确规定："审判人员、检察人员、侦查人员必须依照法定程序，收集能够证实犯罪嫌疑人、被告人有罪或者无罪、犯罪情节轻重的各种证据。严禁刑讯逼供和以威胁、引诱、欺骗以及其他非法方法收集证据……"在本章引例中，李某遭受了刑讯逼供，在电刑、灌凉水、灌辣椒水、灌芥末油、用打火机烧、打耳光等肉体折磨之下，李某作出了有罪陈述，酿成了冤假错案，教训深刻。

2. 收集证据必须反对强迫自证其罪。在本章引例中,李某的"自证其罪"是被强迫的,这违背了刑事诉讼的取证原则和基本理念。

3. 收集证据必须目的明确、迅速及时,防止证据灭失。

4. 收集证据必须忠实于事实真相,全面客观、深入细致,防止主观臆造、隐匿或者毁灭证据和片面收集证据。

5. 收集证据要将依靠群众同利用科学技术手段相结合。

6. 收集证据要注意保密。对于涉及国家秘密的证据,应当保密。

(二)证据收集的一般方法

《刑事诉讼法》对收集证据的方法和步骤做了明确系统的规定,主要有以下方式:①讯问犯罪嫌疑人、被告人;②询问证人、被害人;③勘验、检查;④搜查、查封和扣押;⑤查询、冻结;⑥鉴定;⑦辨认;⑧技术侦查;⑨通缉。

二、证据的审查判断

(一)审查判断证据的概念

审查判断证据是指司法工作人员以及当事人、辩护人及其诉讼代理人对于已经收集到的各种证据材料,进行分析研究,审查判断,鉴别真伪,确定其有无证据能力和证明力以及证明力大小,并对整个案件事实得出合乎实际的结论。

审查判断证据要从证据的"三要素"入手,审查证据的来源、证据本身的内容、证据与事实的关系,重点要审查证据是否能达到"案件事实清楚、证据确实充分"的证明标准。因此,审查判断证据的内容主要围绕以下两个方面来进行:一是对每个证据逐一进行审查核实,通过对证据资格和证明力的审查,确定每个证据的客观性、合法性和关联性;二是在对每个证据审查判断的基础上,将全案证据进行综合判断、比较研究,找到证据与案件事实之间的联系,从而对案件事实得出结论。

(二)审查判断证据的基本要求

根据司法实践经验,司法人员审查判断证据,应着重从以下几个方面进行:

1. 审查判断证据的来源。审查判断证据的来源包括审查判断证据是如何形成的,在什么时间、从什么地方、用什么方法获取的,形成过程中是否因受到非正常因素的影响而丧失或降低其证明作用等情况,以判断其来源是否真实可靠。

2. 审查判断证据的内容。从证据的内容上审查判断,能够查明证据和案件事实有无联系,以及证据本身是否完整、真实,有无矛盾,是否合情合理。

3. 审查判断各种证据的关系。把各种证据联系起来,进行综合研究,加以对照审查,就能辨明真伪,得出正确的结论。通过审查判断在案各种证据的关系,可以查明用以定案的证据之间是否协调一致,有无矛盾,对所认定的事实能否排除合理怀疑。

4. 审查判断证据是否充分。根据案件事实的主要情节,审查其是否有相应的证据予以证明。从具体案件事实出发加以分析,能证明案件全部事实的证据才是充分的。

【参考案例7-9】

在某市的河道里,发现了一具女尸的部分躯干,之后在河道上下游打捞出死者的四肢和头颅,经过解剖认定死者系被人用外力扼住颈部导致窒息而亡,死后尸体被分解。经检验,死者没有被性侵的迹象,也没有服用镇静剂或其他药物。在尸体的肩部和头发上发现了黑色物质,类似染发剂,死者身上未戴任何首饰,但其生前有戴戒指和耳环的痕迹。

经过调查走访,确认死者为寒某,单身,经营一间小店铺。据寒某的哥嫂反映,寒某经常在接到BP机的传呼后避开哥嫂打电话,警方打开BP机,发现大部分信息都是张某一人所发。张某,男,已婚,平时经常到小卖部与寒某聊天,走动频繁。据邻居反映,寒某最后接触过的人是刘某,刘某与寒某很熟悉,经常到小卖部找她聊天。

通过调查,警方发现刘某没有作案时间;而张某平时要么与妻子住在建材店,要么就在父母家,缺乏作案地点。调查一度陷入困境。死者头上和身上的黑色物质成为专案组关注的焦点,经过用红外线检测仪和质谱仪检验,黑色物质是一种油漆类涂料。而在距抛尸中心地点约两公里的地方曾经住过一位油漆工,专案组立即对此处房屋进行了搜查,虽然房屋已经被清理得很干净,但还是在厕所的排水管上发现了一块黏黏的黑色物质,经检验,与死者身上发现的物质完全一样,此处就是案发的第一现场。而此处房屋的主人就是张某,油漆工在案发前就回家过年了,房屋一直空置。

张某再次成为重点嫌疑人,随着审问的深入,张某交代了杀人碎尸的经过。在寒某被杀的中午,张某约寒某晚上见面,但是张某看到寒某和刘某一起有说有笑,内心极其不痛快,因此与寒某吵了几句,张某非常恼火,抱怨自己花了好几万,帮寒某支撑小卖部,还给她买衣服和首饰,她却跟别人约会。两人随即扭打起来,最后张某掐住寒某的脖子,将其掐死。随后销毁罪证,分尸抛尸。[1]

参考案例7-9是一起典型的通过物证的发现、提取、固定、鉴别,从而查明案件事实真相的实例。从最初残缺不全的尸体与缺乏直接证据的抛尸现场到找到真正的杀人现场,再到查明事实真相,抓获杀人凶手,物证的收集、审查、

---

[1] 杨迎泽、孙锐主编:《刑事证据的收集、审查与运用》,中国检察出版社2013年版,第16~20页。

判断和应用贯穿始终。侦查人员在案发现场发现的主要证据为被害人被肢解的尸体，以及附着在尸体上的一些残留物质。通过尸体解剖，确定了被害人的死亡原因，同时获得案件侦破的一些关键性信息。尸体上发现了一些黏稠的黑色物质，或许与凶杀案无关，但侦查人员没有忽视这一细微之处，认真提取后将这些不明物质送检化验，为最终案情的认定提供了重要线索。最后，真正的凶手张某在面对自己装修掩饰过的杀人现场，以及提取的油漆等物证时，不得不承认自己杀人碎尸的事实。

（三）审查判断证据的方法

根据司法实践的经验，审查判断证据通常采用以下几种方法：

1. 甄别法。甄别法是对收集来的证据，逐一进行单个审查和鉴别，主要用于对单个证据的审查判断。这种方法可以对证据进行初次筛选，是审查判断证据最先使用的方法，也是最常用的方法。

2. 比较法。比较法是把具有可比性的相关证据联系起来进行对照和比较，从中发现它们之间的联系的方法。例如把证明对象相同的一些证据进行比较，看它们所反映的内容是否基本一致没有矛盾，进而对其进行或肯定或否定的判断。

3. 辨认法。辨认法在刑事侦查中最为常用，是指组织当事人、证人对与案件有关的物证、书证、场所或人身等进行识别和确认的方法。通过辨认，可以判明证据的真实性，正确认定案件事实。

4. 验证法。验证法是指模拟案发时的特定环境，使案件重演或再现，来判断某一现象在一定的时间或情况下能否发生的方法，在刑事诉讼中主要是指侦查实验。在拓展阅读7-3中，警方为了调查清楚枪击案的发生过程，用镭射光线和假人进行了案件重演。一般情况下，模拟实验验证不可能的事情，一般可以否定；但是验证可能的事情，未必就是真实的，需要结合其他证据进行深入分析。

5. 鉴定法。鉴定法是指对于案件中的专门性问题，由具有专门知识的人进行鉴别判断并作出结论性意见的方法。鉴定法是审查某些物证、书证和视听资料的必要手段。例如笔迹鉴定、物证技术鉴定、法医学鉴定、DNA鉴定等。

6. 质证法。质证法是指审判人员在法庭审理中组织双方当事人围绕证据的真实性、关联性、合法性，针对证据证明力的大小或有无，进行质疑、说明与辩驳的方法。这种方法广泛用于庭审过程中，根据《刑事诉讼法》的规定，未经质证的证据，不能作为认定案件事实的依据。

（四）对非法证据的审查判断

1. 非法证据的概念。非法证据是指在刑事诉讼过程中，司法机关采用不合法手段或者不合法程序而取得的证据材料。包括非法言词证据和非法实物证据。

根据《刑事诉讼法》第56条的规定，非法证据包括：①使用刑讯逼供等非法手段收集的犯罪嫌疑人、被告人供述；②使用暴力、威胁等非法方法收集的证人证言、被害人陈述；③收集程序违法致使可能严重影响司法公正且无法补正或做出合理解释的物证、书证。可见，非法证据既包含犯罪嫌疑人、被告人的供述和辩解、证人证言及被害人陈述等言词证据，又包括无法补正或作出合理解释且可能严重影响司法公正的物证、书证类的实物证据。

2. 非法证据的效力。非法言词证据和非法实物证据的效力不同。对于采用刑讯逼供等非法手段收集的犯罪嫌疑人、被告人供述和采用暴力、威胁等非法方法收集的证人证言等言词证据，应当予以排除；对于违反法定程序可能严重影响司法公正的物证、书证等实物证据，首先应予以补正或做出合理解释，如果不能补正或做出合理解释，才予以排除。可见，非法言词证据是绝对没有证据效力的，而非法实物证据的证据效力一般是待定的。

根据《刑事诉讼法》及《排除非法证据规定》等规定，非法证据排除的范围包括以下几种：

（1）采用刑讯逼供方法取得的供述，应当予以排除。即采取殴打、违法使用戒具等暴力方法或者变相肉刑的恶劣手段，使犯罪嫌疑人、被告人遭受难以忍受的痛苦而违背意愿作出的供述。

（2）采用威胁方法取得的供述，应当予以排除。即采用以暴力或者严重损害本人及其近亲属合法权益等进行威胁的方法，使犯罪嫌疑人、被告人遭受难以忍受的痛苦而违背意愿作出的供述。司法实践中，常见的威胁方式有对犯罪嫌疑人进行恐吓将对其使用暴力，揭露其个人隐私或者痛苦往事，对其近亲属采取强制措施，对其配偶、子女追究相应责任或者影响子女前途，对有病的犯罪嫌疑人进行恐吓将对其不予治疗等。

（3）采用非法限制人身自由方法取得的供述，应当予以排除。司法实践中，有的办案单位违反法定程序非法拘禁犯罪嫌疑人，或者在强制措施超过法定期限后仍非法羁押犯罪嫌疑人，应视为《刑事诉讼法》规定的"其他非法方法"。

3. 非法证据排除的程序。

（1）启动。可依当事人及其辩护人的申请而启动，也可由侦查机关、检察机关、审判机关依职权启动。

（2）审查方法。在侦查和审查逮捕、审查起诉阶段，采取书面审查和调查取证相结合的方法；在审判阶段，采取召开庭前会议、庭审调查、必要时庭外核实等方法。

（3）结果。经审查，凡被认定为必须排除的非法证据的，都应予以排除，在审前阶段，不得作为提请逮捕、移送审查起诉、审查逮捕、审查起诉的根据；在审判阶段，不得在法庭上宣读（出示）、质证。

4. 非法证据排除的法律后果。非法证据排除的法律后果在每个诉讼阶段各有不同：①在侦查阶段发现应排除的非法证据的，应当排除，并不得作为起诉意见的依据。②人民检察院接到报案、控告、举报或者发现侦查人员以非法方法收集证据的，应当进行调查核实。对于确有以非法方法收集证据情形的，应当提出纠正意见；构成犯罪的，依法追究刑事责任。同时，不得将该证据作为起诉决定的依据。③对于经过法庭审理，确认或者不能排除存在《刑事诉讼法》规定的以非法方法收集证据情形的，对有关证据应当予以排除，不得将其作为判决的依据。

【参考案例7-10】

某人民检察院以张某犯有故意伤害罪对其提起公诉。在庭审中，张某推翻了先前的有罪供诉，提出公安机关对其实施了刑讯逼供。张某向法庭提交了多张照片，显示其背部、腿部有多处电棍、皮带击打的伤痕。同时，该案的关键证人向法庭证明"公安机关威胁让其提供对张某不利的证言"。经法庭调查，查明公安机关的办案人员在经办张某一案的过程中确有刑讯逼供和威胁证人的行为。

参考案例7-10中，公安机关以刑讯逼供和威胁证人的方式获得的被告人的有罪供述以及证人证言，显然违反了我国刑事诉讼法的相关规定，属于非法证据。公安机关的非法取证行为侵犯了公民的人身权利和其他合法权益，对所取得的证据应当予以排除。如果这些证据构成了本案的关键证据，因不予采信导致张某的犯罪事实不能认定，那么，对张某故意伤害一案就应当以证据不足为由作出无罪判决。

（五）不同证据种类的审查判断

各类法定证据的审查判断，是刑事诉讼中非常重要的环节，也是判定案情的决定性步骤。对证据的审查判断除了遵循一般的规律和方法外，主要应围绕证据的真实性、关联性和合法性进行审查，另外，还应根据各类证据的不同特点采用不同的审查判断方法。为此，《高法解释》第69条至第94条、《死刑案件证据规定》第6条至第31条对各种证据的审查判断做了详细规定。

（六）全案证据的综合审查判断

1. 全案证据的综合审查。全案证据的综合审查，是指司法人员对全案所有经认定有资格的证据进行全面的认定。相对于单一证据的审查判断，全案证据的综合审查应当结合案件的具体情况，从各证据与待证事实的关联程度、各证据之间的联系等方面进行审查判断，应当达到以下要求：①各类证据应当没有矛盾或者虽有矛盾但能够得到合理解释；②用于定案的各个证据，都应当与案件事实有联系，证据与案件事实之间应协调一致、没有矛盾；③全案证据综合起来，应当能够证明全部待证事实；④各类证据应当构成一个有机整体，形成完整的证明体系。

2. 运用全案证据认定案件事实。全案证据既有直接证据，也有间接证据。运用直接证据定案的关键就是核实该直接证据的真实性；而间接证据是指只能证明案件的某个环节或某个方面的证据。因此，完全依据间接证据定案的关键就是判断间接证据能否形成完整、协调、闭合的证据锁链。

（1）运用直接证据认定案件事实。对直接证据的审查重点就是要审查该证据所反映的内容是否真实，只要能判断直接证据的真实性即可定案。基本的方法是要审查该直接证据有无其他证据予以印证以及这种印证是否足以证明该直接证据的真实性。具体而言，包括三方面的内容：一是对与直接证据存在矛盾的间接证据，应予以充分重视，分析产生矛盾的原因，不能轻易地将与直接证据相矛盾的间接证据排除；二是对有证据印证的直接证据，要分析此证据印证是否足以确保直接证据的真实性，也要注重印证的质量而不是数量；三是由于直接证据一般都是言词证据，其内容受取证方式影响的可能性较大，当存在与直接证据相矛盾的间接证据时，尤其要注意。

（2）运用间接证据认定案件事实。在被告人不认罪的案件中，如果又缺乏现场证人和被害人，就很可能无法取得直接证据，而只能依靠间接证据认定案件事实。要有足够数量的、充分的间接证据，使得案件的每一个环节都能有相应的证据证明，还要求这些环节能够环环相扣，形成一个完整、闭合、不具备其他可能性的证据链条。根据《高法解释》第105条的规定，没有直接证据，仅运用间接证据认定被告人有罪，须符合以下条件：一是证据已经查证属实；二是证据之间相互印证，不存在无法排除的矛盾和无法解释的疑问；三是全案证据已经形成完整的证明体系；四是根据证据认定案件事实足以排除合理怀疑，结论具有唯一性；五是运用证据进行的推理符合逻辑和经验。

【实训项目 7-5】

一、实训目的

提高学生运用全案证据认定案件事实的能力。

二、实训素材

某日19时许，马某酒后驾驶无号牌农用三轮车载一车木柴在国道上行驶，将同向行人介某、雷某撞倒，致介某当场死亡，雷某受伤。马某于事故发生后驾车逃逸。交警队将马某抓获，并认定其负该事故的全部责任。案发现场没有目击证人，被告人也不认罪，且前后供述不一致：马某先是不承认开三轮车出过门，后又供述开过三轮车拉木柴但没有肇事。

本案存在以下证据：

1. 被害人陈述。被害人雷某的陈述：自己和介某被一辆独灯三轮车撞倒昏迷，衣服被树枝刮烂，介某当场死亡。

2. 证人证言。①被害人雷某同村村民张某的证言：身上带伤的雷某到我家说介某被车撞了，我先后拨打"120"和"110"，到现场后发现一根干树枝。②检查站的工作人员的证言：案发当晚，在值班时曾对马某驾驶拉有木柴的农用三轮车进行检查十几分钟后放行，马某当时身上有酒气，当天无其他拉木柴车辆经过。③黄某证言：案发当日，我把一棵棠梨树和其他杂树根卖给马某，后来我们一起喝酒吃饭，马某喝了二两多，下午6点左右他从我家开车上了国道。案发后马某的妻子让我们都说马某没有开三轮车出去过。④祝某证言：案发夜间马某曾卖给我一车柴木，树种主要是梨树，还有其他的几种杂木。后来马某的妻子曾要求我做伪证说他没有来过。

3. 勘验检查笔录。现场勘查笔录记载：现场自东向西有人体拖痕一条，血迹一片，女尸一具。提取肇事车辆散落的树枝一根。车辆技术检验笔录载明：该车只有左侧自行安装的大灯正常，会发光。车身有多处碰撞痕迹。

4. 鉴定意见。介某尸检报告载明：其系重度颅脑损伤死亡；树种鉴定报告载明：黄某卖给马某的棠梨树根、事发现场遗留棠梨树枝和祝某收购的马某所卖的木柴提取树段，经鉴定系同一树种。

5. 受理交通事故案件登记表。证实案发当日19时58分交警队接到事故报警电话。

三、实训任务

请分析：如何仅凭借实训素材中的间接证据认定案件事实？

四、实训方式

以小组为单位让学生进行讨论，每位同学都要发表意见，每组须在规定时间内提交讨论结果，由1名同学代表小组进行实训汇报。各组发言完毕，由教师进行总结评价。

五、考核标准

【本章小结】

刑事诉讼中的证据是指以法律规定的形式表现出来的能够证明案件事实的材料，它具有客观性、关联性、合法性三个特征。《刑事诉讼法》规定的证据的法定形式有八种，同时，证据在学理上可以分为：实物证据和言词证据，原始证据和传来证据，直接证据和间接证据，有罪证据和无罪证据。

刑事证明是公安、司法机关、诉讼当事人依照法律规定的程序和要求，收集、运用证据以认定案件事实的诉讼活动，其贯穿于侦查、审查起诉、审判的各个阶段。衡量和评价刑事证明结果的尺度被称为证明标准，在刑事诉讼的各个阶段，由于证明主体和证明对象的不同，证明的标准也有所不同。证明责任是指在法院审理过程中，由控辩双方承担的提出证据证明自己主张的责任，如果不能提出证据或者虽提出证据但达不到法律规定的要求，将承担其主张不能成立的危险后果。公诉案件中被告人有罪的举证责任由人民检察院承担。

刑事证据的收集、审查与判断贯穿于整个刑事诉讼过程中，其目的在于去伪存真，查明案件的真相，从而为刑事诉讼活动提供根据。在审查与判断过程中，要根据不同种类证据的特点，以及各种证据之间的相互关系，对证据的证据能力和证明力进行综合的审查判断，使得证据能够相互印证，形成完整的证据链条，保障刑事诉讼法任务的实现。

【课后思考】

花园小区发生一起入室抢劫杀人案，犯罪现场破坏严重，未发现有价值的痕迹物证。经查，李某有重大犯罪嫌疑，其曾因抢劫被判有期徒刑12年，刚刚刑满释放，案发时小区保安见李某出入小区。李某被A市公安局立案侦查，审讯期间，在保安的指认下，李某不得不承认其在小区入室盗窃300元，后经查证属实。但李某拒不承认抢劫杀人行为。审讯人员将李某提到公安局办案基地对其实施了捆绑吊打、电击等行为，3天3夜不许其吃饭、睡觉，只给其少许水喝，并威胁不坦白交代抢劫杀人罪行、认罪态度不好法院会判死刑。最终，李某按审讯人员的意思交代了抢劫杀人的事实。在此期间，侦查人员还对李某的住处进行了搜查，提取并扣押了李某鞋子等物品，当场未出示搜查证。案件经A市人民检察院审查起诉后，向A市中级人民法院提起公诉。庭审中，应李某辩护人的申请，法庭启动了排除非法证据程序。

请回答：

（1）本案中哪些证据属于非法证据？哪些非法证据应当予以排除？

（2）本案中负有排除非法证据义务的机关有哪些？

第八章 强制措施制度

学习目标

掌握强制措施的概念、特点和体系，了解强制措施与其他相关概念的区别，掌握拘传的概念、特点和程序，掌握取保候审、监视居住的适用对象和程序，掌握拘留、逮捕的概念、适用条件和程序，理解适用强制措施的原则和应当考虑的因素。

重点提示

强制措施；拘传；取保候审；监视居住；拘留；逮捕

【知识框架】

强制措施制度
- 强制措施概述
  - 强制措施概念、意义和特点
  - 强制措施的体系
  - 强制措施与其他相关概念的区别
  - 适用强制措施的原则和应当考虑的因素
- 拘传
  - 拘传的概念和特点
  - 拘传和传唤的关系
  - 拘传的程序
- 取保候审
  - 取保候审的概念和种类
  - 取保候审的适用对象
  - 取保候审的适用条件
  - 取保候审的程序
- 监视居住
  - 监视居住的概念和意义
  - 监视居住的适用对象
  - 监视居住的执行场所
  - 被监视居住人应遵守的法律规定
  - 监视居住的程序
- 刑事拘留
  - 刑事拘留的概念和特点
  - 刑事拘留的适用条件
  - 刑事拘留的程序

强制措施制度 { 逮捕 { 逮捕的概念和特点 / 逮捕的适用条件 / 逮捕的程序 / 逮捕后的羁押与变更 }

【本章引例】

A县公安局接到刘某报案,其称被2名男子抢劫。经公安机关立案侦查,将犯罪嫌疑人陈某和吴某抓获。陈某称其与刘某系男女朋友关系,因刘某对两人的订婚反悔,又拒绝返还礼金,因此才把她的包抢过来补偿损失。吴某称他与陈某系朋友关系,当时只是陪在陈某身边,并没有参与抢劫。A县公安局对陈某、吴某刑事拘留,后将2人的拘留期限延长至30日,期满后,向A县人民检察院提请批准逮捕,人民检察院作出了《不予批准逮捕决定书》,并建议A县公安局补充侦查。次日,A县公安局对陈某、吴某取保候审。

请思考:本案中公安、司法机关适用的强制措施有哪些?

第一节 强制措施概述

一、强制措施的概念、意义和特点

(一) 强制措施的概念和意义

刑事诉讼强制措施是指公安机关、人民检察院和人民法院为了保证刑事诉讼的顺利进行,依法对犯罪嫌疑人、被告人的人身自由进行限制或者剥夺的各种强制性方法。

强制措施是一种重要的刑事诉讼制度,对于保证刑事诉讼的顺利进行具有重要的意义。具体来说,表现为以下几个方面:①可以防止犯罪嫌疑人、被告人逃避侦查、起诉和审判,防止犯罪嫌疑人、被告人等发生自杀、自残或其他意外事件;②可以有效防止犯罪嫌疑人、被告人继续进行犯罪活动和可能进行的妨害迅速查明案情的活动;③可以震慑犯罪分子,鼓励群众积极同犯罪行为作斗争,起到预防犯罪的作用。

(二) 强制措施的特点

我国刑事诉讼强制措施具有以下几个特点:

1. 适用目的具有预防性。强制措施的适用是为了保障刑事诉讼的顺利进行,防止犯罪嫌疑人、被告人逃避刑事诉讼活动,实施毁灭伪造证据、继续犯罪等妨害刑事诉讼的行为。

2. 适用主体具有专属性。有权适用强制措施的主体只能是公安机关(包括其他侦查机关)、人民检察院和人民法院。其他国家机关、团体或者个人都无权采取强制措施,否则即构成对公民人身权利的侵犯,严重的可构成犯罪。

3. 适用对象具有特定性。强制措施的适用对象只能是被追诉人,即只能对犯罪嫌疑人、被告人、现行犯或重大嫌疑分子采用,对其他任何诉讼参与人和案外人不能采用。

4. 内容上具有人身性。强制措施的内容是对犯罪嫌疑人、被告人人身自由的限制和剥夺,而不涉及对物的处分,也不涉及个人隐私权。

5. 适用程序具有法定性。因为强制措施带有人身约束和侵害性,《刑事诉讼法》对各种强制措施的适用机关、条件、对象、期限和程序等进行了严格规定,公安、司法机关在运用强制措施时必须严格依法进行。

6. 适用时间具有临时性。强制措施是一种临时性、时段性的控制方法,可能随着案件情况的变化而被变更或解除。

二、强制措施的体系

根据《刑事诉讼法》的规定,强制措施由拘传、取保候审、监视居住、拘留和逮捕构成。这是一个由轻到重、层次分明、结构合理、互相衔接的体系,形成了一个有机联系的整体,能够适应刑事诉讼的各种不同情况。

根据对人身自由限制剥夺程度的不同可以将强制措施分为限制类强制措施和剥夺类强制措施。限制类强制措施包括拘传、取保候审和监视居住;剥夺类强制措施包括拘留和逮捕。

对于我国刑事诉讼强制措施的体系,还有一个问题需要明确,即公民的扭送问题。扭送是指公民将具有法定情形的人立即送交公安机关、人民检察院、人民法院处理的行为。根据《刑事诉讼法》第84条的规定,任何公民对于有下列情形的人都可以立即扭送公安机关、人民检察院、人民法院处理:①正在实行犯罪或在犯罪后即时被发觉的;②通缉在案的;③越狱逃跑的;④正在被追捕的。

扭送是法律赋予公民在紧急情况下协助公安、司法机关同犯罪作斗争的一种权利。扭送本质上不属于强制措施,而只是配合公安、司法机关采取强制措施的一种辅助手段,对于被公民扭送的人是否应当采取强制措施以及采取何种强制措施,仍然要由公安、司法机关依照法定条件和法定程序决定和执行,对于不需要采取强制措施的,公安、司法机关应当将被扭送的人释放。

【参考案例8-1】

2018年5月10日晚,A市1路公交车正向岛外方向行驶,此时正值下班晚高峰,车厢内乘客众多。车内的监控录像显示,当晚7点左右,车内一位女乘客大叫"干什么,变态!"原来公交车上一名男子居然当众猥亵女乘客。乘客们愤愤不平，商量着要报警，并要求公交师傅先别开门。当男子准备逃跑时，几名乘客立马死死抓住男子衣服，公交车停下后，男子见后门打开，立马下车逃走。几名男乘客纷纷下车去抓该男子，在乘客们的配合下，猥亵男子被迅速抓回并扭送至派出所，后公安机关将该男子刑事拘留。

参考案例8-1中，几名乘客将当众猥亵女乘客的男子扭送到派出所，符合扭送的第一种情形，即"正在实行犯罪或在犯罪后即时被发觉的"，后公安机关依法对该男子采取强制措施，体现了扭送是配合公安、司法机关采取强制措施的一种辅助手段。

三、强制措施与其他相关概念的区别

（一）强制措施与强制性措施的区别

《刑事诉讼法》第108条第1项规定，"侦查"是指公安机关、人民检察院在办理案件过程中，依照法律进行的收集证据、查明案情的工作和有关的强制性措施。这里提到的"强制性措施"，虽然与强制措施仅一字之差，但法律含义并不相同，两者区别如下：

1. 适用目的不同。强制措施的目的是保证刑事诉讼的顺利进行；强制性措施是侦查机关为了及时、有效查明案件事实，收集犯罪证据，抓获犯罪嫌疑人，顺利完成侦查任务所采取的必要侦查手段和方法。

2. 适用诉讼阶段不同。强制措施适用于侦查、审查起诉或审判过程中；而强制性措施仅适用于侦查阶段。

3. 适用主体不同。强制措施的适用主体包括公安机关（包括其他侦查机关）、人民检察院和人民法院；而强制性措施的适用主体只包括公安机关（包括其他侦查机关）。

4. 种类不同。强制措施包括拘传、取保候审、监视居住、拘留、逮捕五种；而强制性措施是指除上述五种强制措施之外的其他强制性侦查方法，具体包括讯问、搜查、扣押、查封、勘验、检查、查询、冻结、辨认、通缉、技术侦查等多种侦查方法。

5. 强制内容和程度不同。强制措施涉及对人身自由的强制，人身自由的重要性仅次于生命权；而强制性措施主要涉及对物的强制和对个人隐私权的强制，它们虽然也是十分重要的权利，但重要程度不及生命权和人身自由。

（二）强制措施与刑罚的区别

刑罚是国家创制的、对犯罪分子适用的特殊制裁方法，是对犯罪分子某种利益的剥夺，并且表现出国家对犯罪分子及其行为的否定评价，可以起到改造罪犯、保护社会和警醒世人的作用。两者区别如下：

1. 法律性质和适用目的不同。强制措施是一种诉讼保障措施，为了保证刑

事诉讼的顺利进行；刑罚是行为人承担刑事责任的体现，目的是对罪犯进行处罚和改造。

2. 适用对象不同。强制措施的适用对象主要是犯罪嫌疑人、被告人；刑罚的适用对象主要是被法院确定有罪的罪犯。

3. 法律依据不同。强制措施是根据《刑事诉讼法》规定的条件和程序适用的；刑罚是根据《刑法》规定的犯罪构成和刑事责任适用的。

4. 适用机关不同。公安机关（包括其他侦查机关）、人民检察院、人民法院都可以适用强制措施；但只有人民法院才可以判处刑罚。

5. 适用时间不同。强制措施在刑事诉讼过程中适用；刑罚在法院判决生效后才能使用。

6. 稳定程度不同。强制措施是一种临时性措施，可能随着诉讼的进展而发生变化；刑罚一经法院终审判决即产生既判力，非经法定程序不得变更。

7. 法律后果不同。强制措施不是刑罚处罚，被采取强制措施的人如果被宣告无罪，不应视为有前科；刑罚产生犯罪前科的效力，并且在一定条件下成为今后犯罪从重处罚的法定情节，比如累犯。

（三）强制措施与行政处罚的区别

行政处罚是指行政主体依照法定职权和程序对违反行政法规范，尚未构成犯罪的相对人给予行政制裁的具体行政行为。两者区别在于：

1. 性质不同。强制措施是保障性措施，不能视为处罚；行政处罚是行政制裁。

2. 适用对象不同。强制措施的适用对象是犯罪嫌疑人、被告人，而且都是自然人；行政处罚的适用对象是行政违法人，既包括自然人，也包括法人和其他组织。

3. 法律依据不同。强制措施是根据《刑事诉讼法》采用的；行政处罚是根据《行政处罚法》或其他法律法规采用的。

4. 适用的机关不同。强制措施是公安、司法机关采用的；行政处罚是行政机关采用的。

5. 稳定性不同。强制措施可根据案件情况变更和撤销；行政处罚作为一种行政制裁手段则相对稳定。

四、适用强制措施的原则和应当考虑的因素

（一）强制措施的适用原则

由于强制措施的适用涉及宪法所保障的公民的人身自由权，因此必须慎重，以防止对公民合法权利造成侵犯。具体而言，强制措施的适用应遵循下列原则：

1. 合法性原则。即各种强制措施的适用，必须严格遵循法律规定的批准权限、适用对象、条件、程序和期限。

2. 必要性原则。即只有在为保证刑事诉讼的顺利进行而有必要时方能采取；若无必要，不得随意适用强制措施。

3. 相当性原则。又称比例原则，是指适用何种强制措施，应当与犯罪嫌疑人、被告人的人身危险性程度和涉嫌犯罪的轻重程度相适应。

4. 变更性原则。即随着诉讼的进展和案情的变化，要及时对强制措施进行变更或解除。

（二）适用强制措施应当考虑的因素

除遵循上述原则外，在具体案件中，公安机关、人民检察院和人民法院在决定是否采取强制措施和采取何种强制措施时，还要全面考虑一系列的因素：

1. 犯罪嫌疑人、被告人所实施的行为性质和社会危害性大小。

2. 犯罪嫌疑人、被告人是否有逃避侦查、起诉、审判的可能性及其可能性大小。

3. 公安、司法机关对案件事实的调查情况和对案件证据的掌握情况。

4. 犯罪嫌疑人、被告人的个人身体状况和其他情况。

第二节 拘 传

一、拘传的概念和特点

（一）拘传的概念

拘传是指公安机关、人民检察院和人民法院根据案情需要，对未被羁押的犯罪嫌疑人、被告人，依法强制其到案接受讯问的一种强制方法。拘传是我国刑事诉讼强制措施体系中最轻的一种。

（二）拘传的特点

1. 拘传的目的是强制犯罪嫌疑人、被告人到案接受讯问，而不是强制待侦、待诉、待审。拘传没有羁押的效力，讯问后，应当将被拘传人立即放回。

2. 拘传的适用对象是未被羁押的犯罪嫌疑人、被告人。对于已经被拘留、逮捕的犯罪嫌疑人，可以直接进行讯问，不需要经过拘传程序。对于其他诉讼参与人如被害人、证人等则不能适用拘传。

【参考案例8-2】

某村女子郑某失踪，1年后尸体才被发现。因为刘某与郑某有婚外情，警方怀疑刘某为摆脱郑某纠缠而杀人灭口，遂锁定刘某为犯罪嫌疑人并将其抓获，后将其拘留，刘某拒不认罪。警方为了进一步查明案情，对刘某妻子李某进行拘传。

请思考：公安机关拘传刘某妻子的做法是否正确？

参考案例8-2中，公安机关拘传李某的做法是错误的。拘传只能适用于未被羁押的犯罪嫌疑人、被告人，本案中李某为犯罪嫌疑人的妻子，如果李某为了解案情的证人，警方可以依法对其进行询问，但不可以随意适用拘传措施强制其到案接受讯问。

二、拘传和传唤的关系

传唤是指人民法院、人民检察院和公安机关以传票的形式通知犯罪嫌疑人、被告人等当事人在指定的时间自行到指定的地点接受讯问。

《刑事诉讼法》第119条第1款规定："对不需要逮捕、拘留的犯罪嫌疑人，可以传唤到犯罪嫌疑人所在市、县内的指定地点或者到他的住处进行讯问，但应当出示人民检察院或者公安机关的证明文件。对在现场发现的犯罪嫌疑人，经出示工作证件，可以口头传唤，但应当在讯问笔录中注明。"

拘传和传唤的目的是一致的，都是要求犯罪嫌疑人、被告人按指定的时间到指定地点接受讯问，但两者有很大的区别：

1. 强制力不同。传唤是自动到案，拘传是强制到案。拘传的强度比传唤大得多，因此，拘传是强制措施，传唤则不是；传唤不具有强制性，并不是拘传的必经程序。实践中，虽然拘传一般在传唤后，犯罪嫌疑人、被告人无正当理由拒不到案时才采用，但依据法律规定，也可以根据案件的具体情况，不经传唤直接拘传。因此，传唤并不是拘传的必要条件。

2. 适用对象不同。传唤适用于所有当事人，包括犯罪嫌疑人、被告人、自诉人、被害人、附带民事诉讼的原告人和被告人；拘传只适用于犯罪嫌疑人、被告人。

三、拘传的程序

根据《刑事诉讼法》第66条、第119条和相关司法解释的规定，拘传应按下列程序进行：

1. 由办案人填写《呈请拘传报告书》，经本部门负责人审核后，由公安局长、检察院检察长、法院院长批准，签发《拘传证》，法院通常称之为"拘传票"。

2. 拘传应当在被拘传人所在的市、县内进行。外地拘传应当通知当地的公安机关、人民检察院、人民法院，当地机关应当予以协助。实践中，如果犯罪嫌疑人的工作单位、户籍地和居住地不在同一市和县的，拘传要在犯罪嫌疑人的工作单位所在地的市、县进行。特殊情况下，也可以在犯罪嫌疑人户籍地或者居住地所在的市、县内进行。

3. 拘传时，执行拘传的公安、司法工作人员不得少于2人。在执行拘传时，应当向被拘传人出示《拘传证》，并责令其在《拘传证》上签名（盖章）、按指印。对抗拒拘传的可以使用警棍、警绳、手铐等戒具,强制犯罪嫌疑人到案。

4. 被拘传人到案后,应责令其在《拘传证》上填写到案时间,然后应当立即对其进行讯问,讯问结束后,应当由其在《拘传证》上填写讯问结束时间。被拘传人拒绝填写的,公安、司法人员应当在《拘传证》上注明。

5. 一次拘传的时间不得超过12小时,案情特别重大、复杂,需要采取拘留、逮捕措施的,拘传持续的时间不得超过24小时,不得以连续拘传的形式变相拘禁犯罪嫌疑人。拘传犯罪嫌疑人,应当保证犯罪嫌疑人的饮食和必要的休息时间。

6. 讯问结束后,如被拘传人符合其他强制措施条件,需要变更强制措施的,应当依法采取其他强制措施;如不需要变更强制措施的,应当将其放回,恢复其人身自由。

【参考案例8-3】

王某不满自己的妻子叶某生下一个女儿,经常对其打骂。叶某不堪忍受向区法院提起自诉,要求追究王某刑事责任,并判决双方离婚。区法院受理后,依法将起诉书副本送达王某,王某恼羞成怒、变本加厉,叶某无奈跑到法院寻求保护。负责该案的审判员谢某见状,决定立即拘传王某,对其批评教育,发出警告。为此,谢某签发《拘传证》,由法警将王某拘传至法院,关在法院的被告候审室内。第二天下午,谢某对王某进行了讯问、批评教育,在王某承认错误并保证不再殴打妻子后,将其释放。

请思考:审判员谢某对王某采取的拘传措施是否合法?为什么?

参考案例8-3中,审判员谢某对王某采取的拘传措施是不合法的。首先,审判员谢某作出的拘传决定,是为了对王某进行批评、教育,而不是为了使未被羁押的王某到案接受讯问,不符合拘传目的。其次,拘传要经人民法院院长批准,审判员谢某未经批准自行签发《拘传证》,违背了拘传的法定程序。最后,一般情况下,拘传被告人的时间最长不得超过12小时,被拘传人到案后应当立即对其进行讯问,讯问后应立即释放被拘传人,不能加以关押。在本案中,法警将王某拘传到法院后,将其关押在候审室内,次日才进行讯问,违背了法律规定。

第三节 取保候审

一、取保候审的概念和种类

（一）取保候审的概念

取保候审是指刑事诉讼过程中,公安机关、人民检察院、人民法院责令犯罪嫌疑人、被告人提出保证人或者交纳保证金，保证犯罪嫌疑人、被告人不逃避或者妨碍侦查、起诉和审判，并随传随到的一种强制措施。取保候审只是限制而不剥夺犯罪嫌疑人、被告人的人身自由，是仅次于拘传的一种比较轻的强制措施。

（二）取保候审的种类

《刑事诉讼法》第68条规定："人民法院、人民检察院和公安机关对犯罪嫌疑人、被告人取保候审，应当责令犯罪嫌疑人、被告人提出保证人或者交纳保证金。"由此可见，取保候审有保证人保证和保证金保证两种方式。

保证人保证又称人保，其特点是以保证人的信誉来保证，一方面可以通过保证人和犯罪嫌疑人、被告人之间的关系，对犯罪嫌疑人、被告人实行精神上和心理上的强制，使其不致逃避或妨碍侦查、起诉和审判；另一方面，可以利用保证人监督犯罪嫌疑人、被告人的活动，监督、教育犯罪嫌疑人、被告人遵纪守法，履行应当履行的诉讼义务。

保证金保证又称财产保，其特点是利用经济利益来督促犯罪嫌疑人、被告人遵守取保候审的规定，出资人不是犯罪嫌疑人、被告人本人的，可以促使出资人对被取保候审的犯罪嫌疑人、被告人实行有效的监督，从而保证被取保候审的犯罪嫌疑人、被告人自觉地履行自己在刑事诉讼中的义务。

对同一犯罪嫌疑人、被告人决定取保候审的，不能同时使用保证人保证和保证金保证。原则上讲，这两种保证方式是一种选择关系，但《高检规则》第89条第3款规定，对于下列三种情况一般适用人保：①无力交纳保证金的；②系未成年人或者已满75周岁的人；③其他不宜收取保证金的。

二、取保候审的适用对象

取保候审只是限制而不剥夺犯罪嫌疑人、被告人的人身自由，是一种强度较轻的强制措施，一般适用于犯罪较轻，可能判处的刑罚不重，或者虽然可能判处较重刑罚，但本人有特殊情况，采取取保候审不至于发生社会危险性的犯罪嫌疑人、被告人。根据《刑事诉讼法》第67条的规定，取保候审适用于以下情形：

1. 可能判处管制、拘役或者独立适用附加刑的。这是取保候审中最常见的情形，由于可能判处的刑罚较轻，犯罪嫌疑人、被告人逃避侦查和审判的可能性较小，因而没有必要采取拘留、逮捕的方法对其进行羁押。

2. 可能判处有期徒刑以上刑罚，采取取保候审不致发生社会危险性的。这种情况多适用于有可能判处缓刑以及初犯、过失犯、未成年人犯罪等案件的犯罪嫌疑人、被告人。

3. 应当逮捕，但患有严重疾病、生活不能自理，怀孕或者正在哺乳自己婴儿的妇女，采取取保候审不致发生社会危险性的。这种情况主要是基于人道主义的考虑，同时，在这种情况下，犯罪嫌疑人、被告人逃避侦查和审判的可能性也较小。

4. 羁押期限届满，案件尚未办结，需要采取取保候审的。这种情况主要是为了严格执行羁押期间制度，避免超期羁押。本章引例中，A县公安局对陈某、吴某取保候审即属于此种情形。

另外，根据相关司法解释的规定，对于累犯、犯罪集团的主犯，以自伤、自残办法逃避侦查的犯罪嫌疑人、被告人，严重暴力犯罪以及其他严重犯罪的犯罪嫌疑人、被告人不得取保候审，但具有上述第3、4种情形的除外。

三、取保候审的适用条件

根据《刑事诉讼法》第68、69、70、71条的规定，适用取保候审应符合以下条件：

（一）取保候审的前提性条件

犯罪嫌疑人、被告人应当在提出取保候审的同时提出保证人或者交纳保证金。

（二）取保候审的保障性条件

为了切实保障取保候审的贯彻实施，《刑事诉讼法》及相关司法解释对保证人的条件、应履行的义务以及保证金数额的确定均作出了明确规定。

1. 保证人的条件。根据《刑事诉讼法》第69条的规定，保证人应符合以下条件：

（1）与本案无牵连。保证人不能是本案的当事人，或者虽然不是当事人，但参与了本案的犯罪活动，因情节轻微没有被追究刑事责任，仍属于与本案有牵连的人。

（2）有能力履行保证义务。可以从保证人是否具有行为能力、保证人的身体是否健康、保证人的品行是否良好等方面综合衡量。

（3）享有政治权利，人身自由未受到限制。这个条件要求保证人的年龄必须在18周岁以上，享有宪法规定的各项政治权利；人身自由未受限制不仅包括没有被处以限制和剥夺人身自由的刑罚，还包括没有被施以刑事诉讼强制措施、民事诉讼强制措施、行政诉讼强制措施以及没有被行政拘留等。

（4）有固定的住处和收入。这是保证人履行保证义务的重要条件。

【参考案例8-4】

犯罪嫌疑人刘某，男，28岁，无业，因多次盗窃被公安机关依法拘留。拘留后公安机关发现其患有严重肺结核，并经医院检查认定需要对其进行隔离，公安机关遂作出取保候审决定，要求刘某提供保证人。刘某向公安机关提出由其弟担任保证人。公安机关调查发现，刘某之弟有一定资产，但常年在外地做生意，住处较多，行踪极不稳定，因此没有同意刘某之弟作保证人。

请思考：公安机关不同意刘某的弟弟担任保证人的做法是否正确？理由是什么？

参考案例8-4中，刘某的弟弟无固定的住处，不符合保证人的第4项条件，公安机关不同意其做保证人的做法是正确的。

2. 保证人的义务。根据《刑事诉讼法》第70条的规定，保证人应当履行以下义务：

（1）监督被保证人遵守《刑事诉讼法》第71条的规定；

（2）发现被保证人可能发生或者已经发生违反《刑事诉讼法》第71条规定的行为的，应当及时向执行机关报告。

被保证人有违反《刑事诉讼法》第71条规定的行为，保证人未履行保证义务的，对保证人处以罚款，构成犯罪的，依法追究刑事责任。

3. 保证金的确定。根据《刑事诉讼法》第72条第1款的规定，取保候审的决定机关应当综合考虑保证诉讼活动正常进行的需要，被取保候审人的社会危险性，案件的性质、情节，可能判处刑罚的轻重，被取保候审人的经济状况等情况，确定保证金的数额。《高检规则》第92条规定，成年犯罪嫌疑人的保证金数额为1000元以上，未成年犯罪嫌疑人的保证金数额为500元以上。法律未对保证金的上限作出规定，但由于取保候审在强制措施体系中属于程度较轻的一种，保证金不宜过重。

（三）取保候审的义务性条件

取保候审的义务性条件包括被取保候审的犯罪嫌疑人、被告人应当遵守的规定和违反规定的法律后果。

1. 被取保候审人应当遵守的法律规定。根据《刑事诉讼法》第71条第1款的规定，被取保候审的犯罪嫌疑人、被告人应当遵守的规定包括：①未经执行机关批准不得离开所居住的市、县；②住址、工作单位和联系方式发生变动的，在24小时以内向执行机关报告；③在传讯的时候及时到案；④不得以任何形式干扰证人作证；⑤不得毁灭、伪造证据或者串供。

《刑事诉讼法》第71条第2款规定，人民法院、人民检察院和公安机关可以根据案件情况，责令被取保候审的犯罪嫌疑人、被告人遵守以下一项或者多项规定：①不得进入特定的场所；②不得与特定的人员会见或者通信；③不得从事特定的活动；④将护照等出入境证件、驾驶证件交执行机关保存。

【参考案例8-5】

郭某涉嫌报复陷害申诉人蒋某，人民检察院因郭某可能毁灭证据将其拘留。在拘留期限即将届满时，因逮捕郭某的证据尚不足，人民检察院责令其交纳2万元保证金，决定对其取保候审。

请思考:人民检察院可否禁止郭某在取保候审期间进入蒋某居住的小区?

参考案例8-5中,郭某涉嫌报复陷害申诉人蒋某,为保护蒋某的安全,确保刑事诉讼的顺利进行,人民检察院可要求郭某在取保候审期间不得进入蒋某居住的小区,这属于"不得进入特定的场所"。

2. 违反法律规定应当承担的法律后果。根据《刑事诉讼法》第71条第3、4款的规定,被取保候审的犯罪嫌疑人、被告人违反前两款规定,已交纳保证金的,没收部分或者全部保证金,并且区分情形,责令犯罪嫌疑人、被告人具结悔过、重新交纳保证金、提出保证人,或者监视居住、予以逮捕。对违反取保候审规定,需要予以逮捕的,可以对犯罪嫌疑人、被告人先行拘留。

【参考案例8-6】

未成年人郭某涉嫌犯罪被检察院批准逮捕。在审查起诉中,经羁押必要性审查,拟变更为取保候审并适用保证人保证,由郭某的父亲担任保证人。检察院办案人员对郭某说,如果取保候审期间你擅自离开本市,就会追究你父亲的刑事责任。

请思考:该办案人员的说法是否正确?

参考案例8-6中,办案人员的说法是不正确的。郭某如果在取保候审期间未经执行机关批准离开所居住的市、县,属于被取保候审人违反法律规定的情形,被取保候审人需要承担相应的法律后果,可以责令其具结悔过、重新交纳保证金、提出保证人,或者监视居住、予以逮捕。郭某的父亲作为保证人,如果发现被保证人可能发生或者已经发生违反法律规定的行为,有及时向执行机关报告的义务。如果其未履行保证义务的,可以被处以罚款,构成犯罪的,依法追究刑事责任。

四、取保候审的程序

根据《刑事诉讼法》的有关规定,取保候审的程序主要包括下述步骤:

(一)取保候审的申请

根据《刑事诉讼法》第38条、第97条的规定,有权提出取保候审申请的人员包括犯罪嫌疑人、被告人及其法定代理人、近亲属和辩护人。

(二)取保候审的决定

根据《刑事诉讼法》第66条、第68条的规定,人民法院、人民检察院和公安机关在办理案件的过程中均有权决定对犯罪嫌疑人、被告人采取取保候审。具体做法是,由办案人员制作《呈请取保候审报告书》,经办案部门负责人审核后,由县级以上公安机关负责人、人民检察院检察长或者人民法院院长签发。

(三)取保候审的执行

根据《刑事诉讼法》第67条和《公安机关办理刑事案件程序规定》的相关

要求，取保候审由公安机关执行。公安机关决定取保候审的，应当及时通知被取保候审人居住地的派出所执行。必要时，办案部门可以协助执行。人民法院、人民检察院决定取保候审的，负责执行的县级公安机关应当在收到法律文书和有关材料后 24 小时以内，指定被取保候审人居住地派出所核实情况后执行。

执行取保候审的派出所应当履行下列职责：①告知被取保候审人必须遵守的规定，及其违反规定或者在取保候审期间重新犯罪应当承担的法律后果；②监督、考察被取保候审人遵守有关规定，及时掌握其活动、住址、工作单位、联系方式及变动情况；③监督保证人履行保证义务；④被取保候审人违反应当遵守的规定以及保证人未履行保证义务的，应当及时制止、采取紧急措施，同时告知决定机关。

（四）取保候审的期限

根据《刑事诉讼法》第 79 条的规定，取保候审最长不得超过 12 个月。在取保候审期间，不得中断对案件的侦查、起诉和审理。根据《高法解释》和《高检规则》的规定，三个机关可以分别使用 12 个月的期限，而不是三机关加起来一共使用 12 个月的期限。

（五）取保候审的撤销和变更

《刑事诉讼法》第 96 条规定："人民法院、人民检察院和公安机关如果发现对犯罪嫌疑人、被告人采取强制措施不当的，应当及时撤销或者变更。"这一规定意味着，法院、检察院和公安机关都有对已经采取的取保候审决定进行变更或者撤销的权力。

根据《刑事诉讼法》第 79 条第 2 款的规定，取保候审在两种情况下应当解除：一是在取保候审期间，发现被取保候审的人属于不应当追究刑事责任的人；二是取保候审的期限已经届满。出现这两种情况，都应当及时解除取保候审，并及时通知被取保候审人和有关单位。实践中的通常做法是：由办案人员填写《撤销取保候审通知书》，经办案部门负责人审核后，由公安局长、人民检察院检察长、人民法院院长批准签发。如果是采取保证人保证方式的，应当通知保证人解除保证义务。

第四节　监视居住

一、监视居住的概念和意义

监视居住是指公安机关、人民检察院和人民法院在刑事诉讼过程中对犯罪嫌疑人、被告人采用的，命令其不得擅自离开住所或者居所并对其活动予以监视和控制的一种强制措施。

1996年《刑事诉讼法》对监视居住和取保候审规定了完全相同的适用条件，但由于在实践中监视居住执行起来比取保候审难，因而相同条件下多选择取保候审，监视居住通常在犯罪嫌疑人、被告人找不到保证人或者不能交纳保证金的时候才适用，适用率比较低。实际上，监视居住的强制力度介于取保候审和逮捕之间，2012年修改《刑事诉讼法》时，将监视居住定位为逮捕的替代性措施，进一步凸显了监视居住的意义：①可以对特殊的犯罪嫌疑人、被告人在不予关押的情况下，予以应有的控制，使其不得逃避或妨碍侦查、起诉和审判，有利于保证刑事诉讼的顺利进行。②可以防止错捕、滥捕，有利于加强对犯罪嫌疑人、被告人的权利保障。③可以体现诉讼经济原则，对没有关押必要的犯罪嫌疑人、被告人不予关押，使公安、司法机关的经费能得到更合理高效的使用。

二、监视居住的适用对象

根据《刑事诉讼法》第74条的规定，监视居住的适用包含两种情况：

1. 把监视居住作为逮捕的替代措施。人民法院、人民检察院和公安机关对于符合逮捕条件，有下列情形之一的犯罪嫌疑人、被告人，可以监视居住：

（1）患有严重疾病、生活不能自理的；

（2）怀孕或者正在哺乳自己婴儿的妇女；

（3）系生活不能自理的人的唯一扶养人；

（4）因为案件的特殊情况或者办理案件的需要，采取监视居住措施更为适宜的；

（5）羁押期限届满，案件尚未办结，需要采取监视居住措施的。

2. 对符合取保候审条件，但犯罪嫌疑人、被告人不能提出保证人，也不交纳保证金的，可以监视居住。

【参考案例8-7】

2018年4月13日下午5时许，吴某驾驶一辆白色小轿车到A市一宠物店买宠物。因其违规停车，交警蔡某依法对其进行处置。蔡某拦在吴某车前，吴某不停车接受检查，反而驾车故意撞向蔡某，将其撞成重伤，后强行驾车逃跑。警方随后开始追捕。见警方追捕力度加大，吴某打电话向朋友陈某求助，陈某将农村的老房子提供给其居住，至5月1日二人落网前，吴某一直藏身于此处。据陈某交代，自己知道吴某涉嫌违法犯罪，但他以为没有多大的事儿，又是朋友，提供住、吃没什么问题。5月20日，检察院以涉嫌窝藏罪批准逮捕陈某，犯罪嫌疑人吴某因怀孕依法被监视居住。

请思考：检察院对吴某适用监视居住是否符合法律规定？

参考案例8-7中，吴某驾车故意冲撞交警蔡某，将其撞成重伤，涉嫌故意伤害罪，本应予以逮捕，但是因吴某怀孕而被监视居住，符合法律的规定。

三、监视居住的执行场所

根据《刑事诉讼法》第75条的规定，监视居住的执行场所分两种：一是犯罪嫌疑人、被告人的住处；二是执行机关指定的居所。具体规定如下：

1. 无固定住处的，可以在指定的居所执行。根据相关司法解释，固定住处是指被监视居住人在办案机关所在地的市、县内工作、生活的合法居所。

2. 对于涉嫌危害国家安全犯罪、恐怖活动犯罪，在住处执行可能有碍侦查的，经上一级公安机关批准，也可以在指定的居所执行。

3. 采取指定居所监视居住的，不得在看守所、拘留所、监狱等羁押、监管场所以及留置室、讯问室等专门的办案场所、办公区域执行。

4. 指定的居所应当符合必要的条件。根据《公安机关办理刑事案件程序规定》第108条第2款的规定，指定的居所应符合三个条件：①具备正常的生活、休息条件；②便于监视、管理；③保证安全。

【参考案例8-8】

徐某，男，40岁，某企业经理，住A市安宁路98号，因涉嫌故意伤害罪被公安机关抓获。因徐某患有严重的心脏病，公安机关决定对其监视居住，并要求徐某的单位在宾馆开一个房间作为监视居住的地点。

请思考：公安机关的做法是否正确？为什么？

参考案例8-8中，公安机关可以决定对徐某监视居住，但具体的执行方法是错误的。根据《刑事诉讼法》的规定，无固定住处的，可以在指定的居所执行。徐某是有住处的，监视居住的地点应当是其住处。

四、被监视居住人应遵守的法律规定

根据《刑事诉讼法》第77条的规定，被监视居住的犯罪嫌疑人、被告人应当遵守以下规定：

1. 未经执行机关批准不得离开执行监视居住的处所。这里的"处所"应作灵活理解，不能理解为一个房间或者是一幢房子，应当理解为公安、司法机关为其指定的活动范围。

2. 未经执行机关批准不得会见他人或者通信。这里的"他人"是指与被监视居住人共同居住的家庭成员和聘请的辩护律师以外的其他人。但是，辩护律师如果在侦查期间会见涉嫌危害国家安全犯罪案件、恐怖活动犯罪案件、特别重大贿赂犯罪案件的犯罪嫌疑人，应当经侦查机关许可。

3. 在传讯的时候及时到案。这里的"及时到案"应当理解为按照指定的时间到达指定的地点接受讯问。

4. 不得以任何形式干扰证人作证。

5. 不得毁灭、伪造证据或者串供。

6. 将护照等出入境证件、身份证件、驾驶证件交执行机关保存。

被监视居住的犯罪嫌疑人、被告人违反规定，情节严重的，可以予以逮捕；需要予以逮捕的，可以对犯罪嫌疑人、被告人先行拘留。

五、监视居住的程序

(一) 监视居住的审批

人民法院、人民检察院、公安机关根据案件情况，有权决定对犯罪嫌疑人、被告人采取监视居住。具体做法是，由办案人员制作《呈请监视居住报告书》，说明监视居住的理由、采取的方式和法律依据，经办案部门负责人审核后，由法院院长、检察院检察长和公安机关负责人决定并签发《监视居住决定书》。

(二) 监视居住的执行

监视居住只能由公安机关执行，具体的执行机关是犯罪嫌疑人、被告人住所或指定居住地的派出所，办案机关可协助执行。

公安机关对犯罪嫌疑人、被告人执行监视居住的，应当向被执行人宣读《监视居住决定书》，并由其签名（盖章）或捺指印，同时告知其在监视居住期间应当遵守的规定。指定居所监视居住的，除无法通知的以外，应当在执行监视居住后24小时以内，通知被监视居住人的家属。"无法通知"一般是指犯罪嫌疑人不讲真实姓名、住址，身份不明，没有家属，或者根据其提供的家属联系方式无法取得联系，以及因自然灾害等不可抗力导致无法通知的情形。无法通知家属的，应当在《监视居住通知书》中注明原因。

根据《刑事诉讼法》第78条的规定，执行机关对被监视居住的犯罪嫌疑人、被告人，可以采取电子监控、不定期检查等监视方法对其遵守监视居住规定的情况进行监督；在侦查期间，可以对被监视居住的犯罪嫌疑人的通信进行监控。

(三) 监视居住的期限

根据《刑事诉讼法》第79条的规定，人民法院、人民检察院和公安机关对犯罪嫌疑人、被告人监视居住最长不得超过6个月。

根据《刑事诉讼法》第76条的规定，指定居所监视居住的期限应当折抵刑期。被判处管制的，监视居住1日折抵刑期1日；被判处拘役、有期徒刑的，监视居住2日折抵刑期1日。

【参考案例8-9】

2015年7月6日，被告人宋某窜至A县某场镇寻找作案目标，以需找人收养小孩为名与鲜某进行交谈，宋某以调包的方式盗走了鲜某的挎包，内含人民币 5000 余元。经公安机关侦查，宋某为多次作案，以类似方式窃取钱财已超过 5 万元。宋某无固定住处，且患有严重的肺结核，A 县公安局对其下达了《指定居所监视居住决定书》，由太公派出所负责执行，指定地点为当地一小旅馆，执行期间由公安民警专人负责看管。至宋某被宣判前，其被指定居所监视居住 174 日。后经法院宣判，宋某被判处有期徒刑 5 年。

请思考：本案中，指定居所监视居住期限可否折抵刑期？如何折抵？

参考案例 8-9 中，宋某被指定居所监视居住 174 日，根据《刑事诉讼法》第 76 条的规定可以折抵刑期，因其被判处有期徒刑，监视居住 2 日折抵刑期 1 日，其被指定居所监视居住 174 日，可以折抵刑期 87 日。

（四）监视居住的撤销与变更

监视居住的撤销与变更与取保候审相似，法律依据也是《刑事诉讼法》第 96 条和第 79 条第 2 款。本章第三节已有介绍，在此不赘述。

第五节　刑事拘留

一、刑事拘留的概念和特点

（一）刑事拘留的概念

刑事拘留是指公安机关、人民检察院在法定的紧急情况下，对现行犯或重大嫌疑分子采取的临时剥夺其人身自由的一种强制措施。正确、适时适用刑事拘留这一强制措施对于保证及时、准确查处刑事案件，打击、惩处犯罪，保护人民生命、财产安全具有重要意义。

（二）刑事拘留的特点

1. 有权决定采用刑事拘留的机关一般是公安机关。人民检察院在自侦案件中，对于犯罪后企图自杀、逃跑或者在逃的以及有毁灭、伪造证据或者串供可能的犯罪嫌疑人也有权决定拘留，人民法院则无权决定拘留。无论是公安机关决定的拘留，还是人民检察院决定的拘留，都一律由公安机关执行。

2. 刑事拘留只有在紧急情况下才能采用。所谓"紧急情况"，是指来不及办理逮捕手续而必须立即剥夺现行犯或重大嫌疑分子的人身自由的情形。如果没有紧急情况，公安机关、人民检察院有时间办理逮捕手续时，就不能先行拘留。

3. 刑事拘留是一种临时性措施。拘留的期限较短，随着诉讼的进程，拘留一定要发生变更，或者转为逮捕，或者转为取保候审或监视居住，或者对被拘留人予以释放。

4. 刑事拘留是一种剥夺公民人身自由的强制措施。与拘传、取保候审、监视居住相比较，拘留的特点在于完全剥夺公民人身自由，而非限制公民人身自由。就剥夺公民自由而言，拘留与逮捕具有相似性，都属于羁押的一种，因而也只有在确有必要时才能采用。

【拓展阅读 8-1】

二、刑事拘留的适用条件

（一）公安机关采取刑事拘留的条件

根据《刑事诉讼法》第 82 条的规定，公安机关对于现行犯或重大嫌疑分子，如果有下列情形之一的，可以先行拘留：

1. 正在预备犯罪、实行犯罪或者犯罪后即时被发觉的；
2. 被害人或者在场亲眼看见的人指认他犯罪的；
3. 在身边或者住处发现有犯罪证据的；
4. 犯罪后企图自杀、逃跑或者在逃的；
5. 有毁灭、伪造证据或者串供可能的；
6. 不讲真实姓名、住址，身份不明的；
7. 有流窜作案、多次作案、结伙作案重大嫌疑的。

根据此条规定，刑事拘留必须同时具备两个条件：一是拘留的对象是现行犯或者重大嫌疑分子。所谓"现行犯"，是指正在实行犯罪或者犯罪行为刚刚实施完毕被当场发现、指认或抓获的人；所谓"重大嫌疑分子"，是指有证据证明具有重大犯罪嫌疑的人。二是具有上述七种法定的紧急情形之一。

【参考案例 8-10】

李某为某饭店服务员，男，21 岁。2010 年 5 月 7 日，李某因琐事与同事贾某发生争执后，持刀猛刺贾某胸腹部数刀，致贾某重伤。案发后，李某潜逃。经过 1 年多的努力，民警通过各种线索，将李某的藏身处锁定在距其原籍 200 多公里的某村，并通过连续蹲守和细致走访，最终确定了李某的租住处，于 2012 年 3 月 10 日将其成功抓获并对其依法采取刑事拘留。

请思考：公安机关对李某采取刑事拘留是否正确？

参考案例 8-10 中，李某为故意伤害案的重大嫌疑分子，且犯罪后一直在逃，属于法律规定的紧急情形中的第 4 种。因此，公安机关对李某采取刑事拘留符合法律规定的条件，是正确的。

（二）检察机关采取刑事拘留的条件

根据《刑事诉讼法》第 165 条的规定，人民检察院直接受理的案件中符合《刑事诉讼法》第 82 条第 4、5 项规定情形的，人民检察院可以对犯罪嫌疑人决定拘留，由公安机关执行。包括：

1. 犯罪后企图自杀、逃跑或者在逃的；
2. 有毁灭、伪造证据或者串供可能的。

三、刑事拘留的程序

根据《刑事诉讼法》和相关司法解释的规定，刑事拘留应按照以下步骤进行：

（一）拘留的决定和执行

公安机关拘留犯罪嫌疑人，必须经县级以上公安机关负责人批准，并签发《拘留证》。人民检察院拘留犯罪嫌疑人，应当由办案人员提出意见，部门负责人审核，检察长决定。

拘留只能由公安机关执行。人民检察院决定拘留的案件，其应当将拘留的决定书送交公安机关，由公安机关负责执行。必要的时候，检察机关可以协助公安机关执行。执行拘留的人员不得少于 2 人。

公安机关在异地执行拘留的时候，应当通知被拘留人所在地的公安机关，被拘留人所在地的公安机关应当予以配合。

（二）向被拘留人出示《拘留证》

对犯罪嫌疑人实施拘留时，必须向被拘留人出示《拘留证》，《拘留证》由县级以上公安机关负责人签发。执行拘留时，公安机关承办人员应当向被拘留人出示《拘留证》，并向其宣布对其实行拘留。被拘留人应当在《拘留证》上签名或者捺指印。被拘留人拒绝签名的，执行人员应当在《拘留证》上注明。被拘留人如果抗拒拘留，公安机关的执行人员有权对其使用强制方法，包括使用戒具。

（三）先行拘留后补办手续

对于现行犯，因情况紧急来不及办理拘留手续的，可以先将犯罪嫌疑人带至公安机关后立即办理法律手续。这里的法律手续包括立案、拘留手续等。

（四）拘留后的送押和告知

《刑事诉讼法》第 85 条第 2 款规定："拘留后，应当立即将被拘留人送看守所羁押，至迟不得超过 24 小时。除无法通知或者涉嫌危害国家安全犯罪、恐怖活动犯罪通知可能有碍侦查的情形以外，应当在拘留后 24 小时以内，通知被拘留人的家属。有碍侦查的情形消失以后，应当立即通知被拘留人的家属。"

（五）拘留后的讯问

《刑事诉讼法》第 86 条规定："公安机关对被拘留的人，应当在拘留后的 24

小时以内进行讯问。在发现不应当拘留的时候，必须立即释放，发给释放证明。"

（六）拘留的期限

根据《刑事诉讼法》的规定，刑事拘留的期限分一般期限和延长期限两种，公安机关立案侦查的案件和人民检察院直接受理的案件之期限又各有不同。

根据《刑事诉讼法》第91的条规定，公安机关对被拘留的人，认为需要逮捕的，应当在拘留后的3日以内，提请人民检察院审查批准。在特殊情况下，提请审查批准的时间可以延长1日至4日。对于流窜作案、多次作案、结伙作案的重大嫌疑分子，提请审查批准的时间可以延长至30日。人民检察院应当自接到公安机关提请批准逮捕书后的7日以内，作出批准逮捕或者不批准逮捕的决定。人民检察院不批准逮捕的，公安机关应当在接到通知后将在押人立即释放，并且将执行情况及时通知人民检察院。对于需要继续侦查，并且符合取保候审、监视居住条件的，依法取保候审或者监视居住。

《刑事诉讼法》第170条第2款规定："对于监察机关采取留置措施的案件，人民检察院应当对犯罪嫌疑人先行拘留，留置措施自动解除。人民检察院应当在拘留后的10日以内作出是否逮捕、取保候审或者监视居住的决定。在特殊情况下，决定的时间可以延长1日至4日。"

【参考案例8-11】

章某涉嫌故意伤害致人死亡，因犯罪后企图逃跑被公安机关先行拘留。侦查人员拘留章某时，并没有出示《拘留证》，并在审讯室内对其进行了讯问，但在12小时内将其送至看守所羁押。

请思考：公安机关的做法是否正确？

参考案例8-11中，公安机关的做法是正确的。首先，根据《刑事诉讼法》第82条的规定，公安机关对于犯罪后企图自杀、逃跑或者在逃的可以先行拘留。因此，本案中公安机关可以对章某先行拘留再补办手续。其次，《刑事诉讼法》第85条规定公安机关拘留后应在24小时内将犯罪嫌疑人送看守所羁押，这之前公安机关可以在公安局审讯室讯问章某。本案侦查人员在12小时内将章某送至看守所羁押，符合法律规定。

第六节 逮 捕

一、逮捕的概念和特点

（一）逮捕的概念

逮捕是指公安机关、人民检察院和人民法院，为了防止犯罪嫌疑人或者被告人实施妨碍刑事诉讼的行为，逃避侦查、起诉、审判或者发生社会危险，而依法暂时剥夺其人身自由的一种强制措施。

（二）逮捕的特点

1. 逮捕是刑事诉讼强制措施中最严厉的一种。它剥夺了犯罪嫌疑人、被告人的人身自由，尽管拘留也剥夺人身自由，但主要是为了应对紧急、突发状况，具有临时性、暂时性的特点，逮捕的适用期限比拘留长，逮捕后除发现不应当追究刑事责任和符合变更强制措施的条件以外，对被逮捕人的羁押期间一般要延续至人民法院判决生效。

2. 对犯罪嫌疑人、被告人采取逮捕，必须由两个司法机关联合才能进行。根据我国《刑事诉讼法》的规定，逮捕的决定权和执行权是分离的，有决定权的机关无执行权，有执行权的机关无决定权。采取逮捕这种强制措施，必须由检察院（法院）批准或决定，由公安机关执行。

二、逮捕的适用条件

根据《刑事诉讼法》第81条的规定，逮捕必须同时具备三个条件：一是证据条件，二是罪责条件，三是社会危险性条件。

（一）证据条件

逮捕的证据条件是指有证据证明有犯罪事实。"有证据证明有犯罪事实"主要包括三点含义：①有证据证明发生了犯罪事实；②有证据证明该犯罪事实是犯罪嫌疑人实施的；③证明犯罪嫌疑人实施犯罪行为的证据已经查证属实。

（二）罪责条件

逮捕的罪责条件是指可能判处有期徒刑以上刑罚。即根据有证据证明的犯罪事实，比照《刑法》的有关规定，对其所犯罪行进行衡量，要判处有期徒刑以上刑罚。否则，就不应予以逮捕。

（三）社会危险性条件

逮捕的社会危险性条件是指采取取保候审尚不足以防止发生社会危险性，而有逮捕必要。根据《刑事诉讼法》第81条的规定，如果采取取保候审尚不足以防止发生下列五种情况的，应当予以逮捕：①可能实施新的犯罪的；②有危害国家安全、公共安全或者社会秩序的现实危险的；③可能毁灭、伪造证据，干扰证人作证或者串供的；④可能对被害人、举报人、控告人实施打击报复的；⑤企图自杀或者逃跑的。

除此之外，基于对犯罪嫌疑人、被告人社会危险性的判定，《刑事诉讼法》第81条还规定了应当予以逮捕的两种特殊情况：一是对有证据证明有犯罪事实，可能判处10年有期徒刑以上刑罚的；二是有证据证明有犯罪事实，可能判处徒刑以上刑罚，曾经故意犯罪或者身份不明的。

另外,《刑事诉讼法》第81条第4款还规定了一种可以逮捕的情形,即"被取保候审、监视居住的犯罪嫌疑人、被告人违反取保候审、监视居住规定,情节严重的,可以予以逮捕"。

【参考案例8-12】

某居民小区屡次发生入室盗窃案件,公安机关接到群众举报后,将近几天来一直在该小区外徘徊、游荡的一名男子带至派出所盘问。该男子吞吞吐吐,顾左右而言他,而且拒不讲真实姓名、住址。公安机关从其身上搜出管制刀具1把和专用撬锁工具若干。该男子称他住在该小区外一小巷内,来到小区是想揽些修理门窗的活,不认识人没敢进小区,只是在外面徘徊,准备再过两天就回老家。后经公安机关了解情况,该男子家并不在省内,暂时住所也不在该小区附近。

请思考:本案是否符合逮捕条件?公安机关采取什么强制措施比较恰当?

参考案例8-12中,该男子只是不讲真实姓名、住址,身份不明,有重大嫌疑,但公安机关尚未掌握其他与犯罪事实有关的任何证据材料。因此,并不符合逮捕的证据条件,公安机关对该男子采取刑事拘留措施更为恰当。根据《刑事诉讼法》第82条的规定,对不讲真实姓名、住址,身份不明的重大嫌疑分子可以先行拘留,该男子拒不交代真实姓名、住址,身上又携带管制刀具等危险工具,因而有重大作案嫌疑,公安机关可以采取拘留措施。

三、逮捕的程序

(一)逮捕的批准、决定程序

1. 人民检察院对公安机关提请逮捕犯罪嫌疑人的批准程序。主要包括如下六个环节:

(1)准备程序。公安机关请求逮捕犯罪嫌疑人时,应当经县级以上公安机关负责人批准,制作提请批准逮捕书,连同案卷材料、证据,一并移送同级人民检察院审查批准。

(2)批捕前的讯问。根据《高检规则》第280条的规定,人民检察院审查批准逮捕,有下列情形之一的,应当讯问犯罪嫌疑人:一是对是否符合逮捕条件有疑问的;二是犯罪嫌疑人要求向检察人员当面陈述的;三是侦查活动可能有重大违法行为的;四是案情重大、疑难、复杂的;五是犯罪嫌疑人认罪认罚的;六是犯罪嫌疑人系未成年人的;七是犯罪嫌疑人是盲、聋、哑人或是尚未完全丧失辨认或者控制自己行为能力的精神病人的。

(3)听取律师意见。人民检察院审查批准逮捕,可以听取辩护律师意见。如果辩护律师提出表达意见的要求的,人民检察院办案人员应当听取辩护律师的意见。对于犯罪嫌疑人、被告人是未成年人的,应当听取辩护律师的意见。

（4）询问证人等诉讼参与人。人民检察院审查批准逮捕，可以询问证人等诉讼参与人。据此，人民检察院审查批准逮捕时，不再单纯采用书面阅卷的方式，还可以结合案件情况，在必要时，对证人、鉴定人、被害人等诉讼参与人进行直接询问。

（5）审查处理。人民检察院应当自接到公安机关《提请批准逮捕书》后的7日内，作出批准逮捕或者不批准逮捕的决定。对于符合逮捕条件的，人民检察院应当作出批准逮捕的决定，制作《批准逮捕决定书》；对于不符合逮捕条件的，作出不批准逮捕的决定，制作《不批准逮捕决定书》，说明不批准逮捕的理由，需要补充侦查的，应当同时通知公安机关。人民检察院不批准逮捕的，公安机关应当在接到通知后立即释放，并且将执行情况及时通知人民检察院。对于需要继续侦查，并且符合取保候审、监视居住条件的，依法取保候审或者监视居住。

（6）复议与复核。公安机关对人民检察院不批准逮捕的决定，认为有错误的时候，可以向原机关要求复议，但是必须将被拘留的人立即释放。如果意见不被接受，可以向上一级人民检察院提请复核。

2. 人民检察院决定逮捕的程序。人民检察院决定逮捕犯罪嫌疑人有两种情况：

（1）对于人民检察院自己立案侦查的案件，如认为需要逮捕犯罪嫌疑人的，可依法作出逮捕决定，送同级公安机关执行。具体程序是先由侦查部门填写《逮捕犯罪嫌疑人审批表》，连同案卷材料和证据一起移送审查批捕部门审查，由检察长决定。对重大、疑难、复杂案件的犯罪嫌疑人的逮捕，须提交检察委员会讨论决定。

（2）人民检察院对公安机关移送起诉但尚未逮捕犯罪嫌疑人的案件，认为需要逮捕的，由办案部门填写《逮捕犯罪嫌疑人审批表》，连同案卷材料和证据，报检察长或者检察委员会决定。

3. 人民法院决定逮捕的程序。人民法院决定逮捕被告人有两种情况：

（1）对于直接受理的自诉案件，认为需要逮捕被告人时，由办案人员提交法院院长决定，对于重大、疑难、复杂案件的被告人的逮捕，提交审判委员会讨论决定。

（2）对于检察机关提起公诉时未予逮捕的被告人，人民法院认为符合逮捕条件应予逮捕的，也可以决定逮捕。

人民法院作出逮捕决定后，应当将《批准逮捕决定书》等有关材料送交同级公安机关执行，并将《批准逮捕决定书》抄送人民检察院。

【拓展阅读 8-2】

（二）逮捕的执行程序

逮捕犯罪嫌疑人、被告人，一律由公安机关执行，公安机关执行逮捕，应当遵守下列程序：

1. 对于人民检察院批准逮捕的决定，公安机关应当立即执行，并将执行回执及时送达批准逮捕的人民检察院。如果未能执行，也应当将回执送达人民检察院，并写明未能执行的原因。对于人民检察院决定不批准逮捕的，公安机关在收到《不批准逮捕决定书》后，应当立即释放在押的犯罪嫌疑人或者变更强制措施，并在收到《不批准逮捕决定书》后的 3 日内将执行回执送达作出不批准逮捕决定的人民检察院。

2. 公安机关逮捕犯罪嫌疑人的时候，执行逮捕的人员不得少于 2 人。

3. 执行逮捕时，必须向被逮捕人出示《逮捕证》（县级以上公安机关负责人签发），宣布逮捕，并责令被逮捕人在《逮捕证》上签字或按手印，并注明时间。被逮捕人拒绝在《逮捕证》上签字或按手印的，应在《逮捕证》上注明。

4. 逮捕后，应当立即将被逮捕人送看守所羁押。

5. 除无法通知的以外，应当在逮捕后 24 小时以内，将逮捕原因和羁押处所通知被逮捕人的家属。

6. 逮捕后，应当在 24 小时内进行讯问；如果发现不应当逮捕的，应当立即释放并发给释放证明。

7. 公安机关在异地执行逮捕的时候，应当通知被逮捕人所在地的公安机关，被逮捕人所在地的公安机关应当予以配合。

四、逮捕后的羁押与变更

（一）逮捕后的侦查羁押期限

1. 侦查羁押期限是指逮捕后的侦查期限。对犯罪嫌疑人逮捕后的侦查羁押期限不得超过 2 个月。案情复杂、期限届满不能终结的案件，可以经上一级人民检察院批准延长 1 个月。

2. 对于交通十分不便的边远地区的重大复杂案件、重大的犯罪集团案件、流窜作案的重大复杂案件以及犯罪涉及面广、取证困难的重大复杂案件，在上述的3个月侦查羁押期限内不能办结的，经省、自治区、直辖市人民检察院批准或者决定，可以延长2个月。

3. 对犯罪嫌疑人可能判处10年有期徒刑以上刑罚，在上述的5个月内仍不能侦查终结的，经省、自治区、直辖市人民检察院批准或者决定，可以再延长2个月。

4. 因为特殊原因，在较长时间内不宜交付审判的特别重大复杂的案件，由最高人民检察院报请全国人民代表大会常务委员会批准延期审理。

5. 在侦查期间，发现犯罪嫌疑人另有重要罪行的，自发现之日起重新计算侦查羁押期限。

6. 犯罪嫌疑人不讲真实姓名、住址、身份不明的，侦查羁押期限自查清其身份之日起计算，但是不得停止对其犯罪行为的侦查取证。

（二）羁押必要性审查

羁押必要性审查是指人民检察院依照《刑事诉讼法》第95条的规定，对被逮捕的犯罪嫌疑人、被告人有无继续羁押的必要性进行审查，对不需要继续羁押的，建议办案机关予以释放或者变更强制措施的监督活动。

1. 审查对象。最高人民检察院发布的《人民检察院办理羁押必要性审查案件规定（试行）》（以下简称《羁押审查规定》）第11条规定，刑事执行检察部门对本院批准逮捕和同级人民法院决定逮捕的犯罪嫌疑人、被告人，应当依职权对羁押必要性进行初审。第2条规定，对不需要继续羁押的，应当建议办案机关予以释放或者变更强制措施。

2. 审查主体。《羁押审查规定》第3条规定："羁押必要性审查案件由办案机关对应的同级人民检察院刑事执行检察部门统一办理，侦查监督、公诉、侦查、案件管理、检察技术等部门予以配合。"

3. 审查方式。《羁押审查规定》第14条第1款规定："人民检察院可以对羁押必要性审查案件进行公开审查。但是，涉及国家秘密、商业秘密、个人隐私的案件除外。"具体方法包括审查材料、听取意见、调查核实等。

4. 综合评估。人民检察院应当根据犯罪嫌疑人、被告人涉嫌犯罪事实、主观恶性、悔罪表现、身体状况、案件进展情况、可能判处的刑罚和有无再危害社会的危险等因素，综合评估有无必要继续羁押犯罪嫌疑人、被告人。

5. 审查结果。经羁押必要性审查，发现犯罪嫌疑人、被告人具有下列情形之一的，应当向办案机关提出释放或变更强制措施的建议：①没有证据证明有犯罪事实或者犯罪行为系犯罪嫌疑人、被告人所为的；②可能判处拘役、管制、独立适用附加刑、免予刑事处罚或者判决无罪的；③羁押期限将超过依法可能判处的刑期的；④符合取保候审或者监视居住的条件的。

(三) 逮捕的变更

逮捕的变更是指逮捕决定执行后，发现犯罪嫌疑人、被告人具有不符合逮捕的条件或情形，或者因诉讼过程出现新情况，不应当继续羁押的，由公安、司法机关决定对他们变更强制措施或者予以释放的活动。

根据《刑事诉讼法》第95、96、97条的规定，逮捕变更的途径有三种：①根据人民检察院的建议变更。犯罪嫌疑人、被告人被逮捕后，人民检察院应当对羁押的必要性进行审查，对不需要羁押的，应当建议法院、公安机关予以释放或者变更为其他强制措施。②有关机关自行变更。人民法院、人民检察院、公安机关如果发现对犯罪嫌疑人、被告人采取强制措施不当的，应当及时撤销或变更。公安机关释放被逮捕的人或者变更强制措施的，应当通知原批准的人民检察院。③根据被逮捕人及其法定代理人、近亲属或者辩护人的申请变更。犯罪嫌疑人、被告人被逮捕后，被逮捕人及其法定代理人、近亲属和辩护人都有权申请变更强制措施。有关机关对这些诉讼参与人的申请应当进行审查，申请理由能够成立的，应当作出变更或撤销逮捕的决定。

【实训项目8-1】

一、实训目的

提高学生对强制措施适用条件和适用程序的分析和判断能力。

二、实训素材

张某于2010年5月7日晚在一路口抢走了下班女工李某的提包后，被路过的群众抓获，扭送到附近的某人民法院。法院认为这是公安机关管辖的案件，告知群众应将其扭送到公安局。张某被扭送公安局后，公安人员认为张某符合拘留条件，遂填写《拘留证》将张某拘留。5月16日，公安机关向人民检察院提请批准逮捕张某，但未获批准。公安机关认为这一决定错误，于是向检察院提出复议。同时，公安机关办案人员认为张某态度恶劣，随时可能逃跑，虽然张某多次提出释放要求，但一直未获公安机关批准。直至6月3日检察院作出维持不批准逮捕的复议决定后，公安机关才为张某办理了取保候审，将其释放。该案于8月20日由人民检察院向人民法院提起公诉，人民法院受理案件后认为，应对张某实施逮捕，于是派法警将其逮捕。

三、实训任务

分析判断实训素材中公、检、法三机关的行为有何不当之处？

四、实训方式

以小组为单位让学生进行讨论，每位同学都要发表意见，每组须在规定时间内提交讨论结果，由1名同学代表小组进行实训汇报。各组发言完毕，由教师进行总结评价。

五、考核标准

【本章小结】

刑事诉讼强制措施是指公安机关、人民检察院和人民法院为了保证刑事诉讼的顺利进行,依法对犯罪嫌疑人、被告人的人身自由进行限制或者剥夺的各种强制性方法。刑事诉讼强制措施对于保证刑事诉讼的顺利进行具有重要的意义。根据《刑事诉讼法》的规定,强制措施由拘传、取保候审、监视居住、拘留和逮捕构成。这是一个由轻到重、层次分明、结构合理、互相衔接的体系,形成了一个有机联系的整体,能够适应刑事诉讼的各种不同情况。五种强制措施的概念、特点、适用条件和适用程序是应当掌握的重点内容。

【课后思考】

王某因涉嫌抢劫罪被公安机关依法执行逮捕,因其单身,与年届八旬的老父亲两人共同生活。因王父常年有病,生活几乎不能自理,王某的叔叔便托人向县公安局求情,并为王某申请取保候审,公安局经审查情况属实,考虑到实际情况,遂决定对王某取保候审,由王某的父亲作为保证人,并告知了王某父亲应履行的义务。王某在回家第二天即不知去向,王某父亲发现后向公安机关报告。

请回答:本案中的哪些做法不符合法律规定?

第九章 刑事附带民事诉讼制度

> **学习目标**
>
> 了解刑事附带民事诉讼的概念，掌握刑事附带民事诉讼的当事人、提起时间、提起方式和审判程序，能够正确判断刑事附带民事诉讼条件是否成立。
>
> **重点提示**
>
> 刑事附带民事诉讼的概念；刑事附带民事诉讼的成立条件；刑事附带民事诉讼的当事人；刑事附带民事诉的提起；刑事附带民事诉讼的审判

【知识框架】

刑事附带民事诉讼制度
- 刑事附带民事诉讼概述
  - 刑事附带民事诉讼的概念
  - 刑事附带民事诉讼的成立条件
- 刑事附带民事诉讼的提起
  - 刑事附带民事诉讼的当事人
  - 刑事附带民事诉讼提起的时间
  - 刑事附带民事诉讼的提起方式
- 刑事附带民事诉讼的审判
  - 一并审理与先刑后民
  - 诉讼保全措施
  - 附带民事诉讼的调解

【本章引例】

某厂女工张某下夜班路上被一名歹徒拦路强奸，报案后，家人和邻居都知道了此事。几天后，张某因受不了本案给其造成的心理创伤和舆论压力而服毒自杀，后经抢救保住性命。该案破案后，张某提起刑事附带民事诉讼，要求被告人赔偿精神损失费，以及因自杀抢救而支出的医疗费用和造成的误工损失。

请思考：法院应否支持张某的诉讼请求？

第一节 刑事附带民事诉讼概述

一、刑事附带民事诉讼的概念

刑事附带民事诉讼又称附带民事诉讼，是指在刑事诉讼中，在解决犯罪嫌疑人、被告人刑事责任的同时,附带解决因该犯罪行为所造成的物质损失的赔偿问题而进行的诉讼活动。

就其性质而言,刑事附带民事诉讼具有特殊性。首先它本质上是民事诉讼,解决的是经济损失的赔偿问题。但它又与一般的民事诉讼有所不同,这种损害赔偿之诉是由犯罪行为引起的,是在刑事诉讼过程中提起,并由审理刑事案件的同一审判组织审理,同刑事案件一并判决。所以它又属于刑事诉讼的一部分,是一种特殊的民事诉讼。

刑事附带民事诉讼的法律依据具有复合型,由于它是在刑事诉讼中附带解决由犯罪行为引起的民事赔偿责任问题,所以除了适用《刑法》《刑事诉讼法》之外,还必须适用《民法通则》《民法总则》《民事诉讼法》等民事法律。

【参考案例9-1】

甲男与乙女是夫妻,甲男发生婚外情,与丙女以夫妻名义公开同居。乙女以重婚罪向法院提起自诉,并诉求与甲男离婚。

请思考:法院能否在审理重婚案的同时处理甲乙的离婚之诉?

刑事附带民事诉讼,是在刑事诉讼中附带解决因犯罪行为所造成的物质损失的赔偿问题的诉讼。参考案例9-1中,乙女在指控甲男重婚罪的同时提起离婚诉讼,貌似是甲男的犯罪行为引起的离婚之诉。但是,这一离婚之诉是一种身份关系的民事诉讼,不属于赔偿物质损失的民事诉讼,因而不能作为刑事附带民事诉讼提起。乙女只能另行向法院单独提起离婚诉讼。

二、刑事附带民事诉讼的成立条件

(一)附带民事诉讼以刑事诉讼的存在为前提

提起附带民事诉讼,必须以刑事诉讼存在,司法机关追究犯罪嫌疑人、被告人刑事责任为前提条件。这样,这一特殊的民事诉讼才能为刑事诉讼所"附带"。如果刑事诉讼不存在,附带民事诉讼就失去了存在的基础。不过应当注意,"以刑事诉讼的存在为前提"并非"以犯罪的成立为前提",附带民事诉讼并不以被告人最终构成犯罪为前提条件。只要司法机关开始追究犯罪嫌疑人、被告人的刑事责任,无论刑事案件最终处理结果如何,都不影响附带民事诉讼的依法提起。人民法院最终认定刑事案件被告人的行为不构成犯罪的,对已经提起的附带民事诉讼,经调解不能达成协议的,应当一并作出刑事附带民事判决。

【参考案例9-2】

被害人陈某骑自行车回家,与被告人某厂司机刘某驾驶的面包车相撞,造成右手臂骨折,腰部扭伤。在刑事诉讼过程中,被害人陈某提起附带民事诉讼,要求被告人刘某赔偿医药费和误工费共3万余元。该案经人民法院开庭审理,认为被告人的交通肇事行为未造成被害人重伤，不构成交通肇事罪，于是判决被告人刘某无罪。同时认为因被告人无罪使附带民事诉讼失去了存在的条件，于是驳回被害人陈某的附带民事诉讼请求，要求被害人单独提起民事诉讼。

请思考：法院驳回陈某附带民事诉讼请求的做法是否正确？

参考案例9-2中，法院的做法不正确。附带民事诉讼是以刑事诉讼的存在为前提，并不以被告人最终构成犯罪为前提。只要司法机关开始追究犯罪嫌疑人、被告人的刑事责任，无论刑事案件最终处理结果如何，都不影响附带民事诉讼的依法提起。因此，法院不应驳回陈某附带民事诉讼的请求。

（二）附带民事诉讼要求赔偿的必须是被害人因被告人的犯罪行为而遭受的直接物质损失

1. 附带民事诉讼原告人要求赔偿的必须是被告人的犯罪行为造成的物质损失。如被害人因被告人的犯罪行为造成的人身伤害而产生的医药费、残疾生活辅助具费、误工费、护理费、交通费等费用，造成被害人死亡的，还应当赔偿丧葬费等费用。物质损失包括因犯罪行为已经实际遭受的损失和将来必然遭受的损失，后者如被害人后期治疗费用等。至于精神损失，不能要求赔偿。

2. 附带民事诉讼原告人要求赔偿的物质损失必须是被告人的犯罪行为直接造成的，属于直接经济损失。物质损失与犯罪行为之间，具有必然的直接的因果关系。

本章引例中，虽然被害人张某因自杀抢救而花费的医疗费用和误工损失属于物质损失，事情的起因也是因为被告人犯罪行为的侵害，但这些费用和损失不是被告人的犯罪行为直接造成的，二者之间不存在直接因果关系。至于张某主张的精神损失费，也不属于物质损失的赔偿范畴。因此，法院不应支持张某的诉讼请求。

第二节 刑事附带民事诉讼的提起

一、刑事附带民事诉讼的当事人

附带民事诉讼的当事人是指在刑事诉讼中以自己的名义提起附带民事诉讼，要求经济赔偿的原告人，以及被司法机关通知应诉的被告人。

（一）附带民事诉讼的原告人

附带民事诉讼的原告人即以自己的名义提起附带民事诉讼的主体。具体包括：

1. 被害人。通常情况下，附带民事诉讼的原告人是因犯罪行为直接遭受物质损失的被害人,既可以是自然人,也可以是法人及其他组织。这里特别注意,在被害人为无行为能力人或者限制行为能力人的情况下,其法定代理人可以代为起诉,但原告人仍然是无行为能力或者限制行为能力的被害人。

2. 已死亡的被害人的近亲属。在被害人死亡的情况下,被害人的近亲属可以自己的名义提起附带民事诉讼。

3. 人民检察院。如果是国家财产、集体财产遭受损失的,人民检察院在提起公诉时可以附带提起民事诉讼,成为附带民事诉讼的原告人。《高法解释》进一步规定,国家财产、集体财产遭受损失,受损失的单位未提起附带民事诉讼,人民检察院在提起公诉时提起附带民事诉讼的,人民法院应当受理。人民检察院提起附带民事诉讼的,应当列为附带民事诉讼原告人。人民检察院提起附带民事诉讼的,人民法院经审理,认为附带民事诉讼被告人依法应当承担赔偿责任的,应当判令附带民事诉讼被告人直接向遭受损失的单位作出赔偿。

【参考案例9-3】

刁某因邻里纠纷,将邻居华某打成重伤。华某就医共产生医疗、交通、误工等费用约10万元。之后,公安机关将刁某捉拿归案,人民检察院向人民法院提起公诉。

请思考:对于本案,华某能否提起附带民事诉讼,如果能提起,是应当提起附带民事诉讼,还是可以提起附带民事诉讼?人民检察院能否提起附带民事诉讼?

华某作为本案被害人,因犯罪行为遭受到物质损失,有权提起附带民事诉讼,要求经济赔偿。这是一项权利,可以行使也可以放弃,因此,华某可以提起附带民事诉讼,而非应当提起附带民事诉讼。本案不是国家财产、集体财产遭受损失,人民检察院不能提起附带民事诉讼。

(二) 附带民事诉讼的被告人

附带民事诉讼的被告人是指在刑事诉讼中,因犯罪行为所造成的物质损失而被起诉承担民事赔偿责任的人。附带民事诉讼的被告人通常就是刑事诉讼的被告人,但在一些特殊情况下,也可以是应对刑事被告人的行为承担经济赔偿的单位和个人。附带民事诉讼的被告人具体包括:

1. 刑事被告人及没有被追究刑事责任的其他共同致害人。刑事被告人包括自然人、法人和其他组织。没有被追究刑事责任的其他共同致害人主要是指在共同犯罪案件中,有的同案人没有被公安、司法机关追究刑事责任,比如被人民检察院作不起诉处理,或者被公安机关作出行政拘留处分而非刑事追究等,在这样的情况下,没有被追究刑事责任的共同致害人也可以作为附带民事诉讼的被告人。

2. 刑事被告人的监护人。当刑事被告人不是完全民事行为能力人时,其监护人可能因特定的监护身份和没有尽到监护职责的行为,而承担刑事被告人造成的物质损失的民事赔偿责任。

3. 死刑罪犯的遗产继承人。

4. 共同犯罪案件中,案件审结前死亡的被告人的遗产继承人。

在第3、4这两种情况下,因刑事被告人死亡,经济赔偿转化为其生前所负债务,属于遗产清偿范围。应当注意,遗产继承人以所继承的遗产数额为限,承担经济赔偿责任。

5. 其他对刑事被告人的犯罪行为依法应当承担民事赔偿责任的单位和个人。这里的单位应作广义理解,既可以是法人,也可以是非法人组织。

根据相关规定,被害人或者其法定代理人、近亲属仅对部分共同侵害人提起附带民事诉讼的,人民法院应当告知其可以对其他共同侵害人,包括没有被追究刑事责任的共同侵害人,一并提起附带民事诉讼,但共同犯罪案件中同案犯在逃的除外。被害人或者其法定代理人、近亲属放弃对其他共同侵害人的诉讼权利的,人民法院应当告知其相应的法律后果,并在裁判文书中说明其放弃诉讼请求的情况。共同犯罪案件,同案犯在逃的,不应将其列为附带民事诉讼被告人。逃跑的同案犯到案后,被害人或者其法定代理人、近亲属可以对其提起附带民事诉讼,但已经从其他共同犯罪人处获得足额赔偿的除外。

二、刑事附带民事诉讼提起的时间

有权提起附带民事诉讼的主体在刑事诉讼过程中可以提起附带民事诉讼。这里的所谓"刑事诉讼过程中",不是指刑事诉讼全过程,而是指从刑事立案后到第一审判决宣告前。立案之前,刑事诉讼还没开始,刑事案件是否成立还不能确定,不具备提起附带民事诉讼的条件;立案后,公诉案件的被害人可以在侦查、审查起诉、审判阶段向公安机关、检察机关和人民法院提起附带民事诉讼。侦查、审查起诉期间,有权提起附带民事诉讼的人提出赔偿要求,经公安机关、人民检察院调解,当事人双方已经达成协议并全部履行,被害人或者其法定代理人、近亲属又提起附带民事诉讼的,人民法院不予受理,但有证据证明调解违反自愿、合法原则的除外。

【课堂讨论9-1】

请思考并讨论:附带民事诉讼的提起时间为何要在一审判决宣告前?在二审中若想要诉求经济赔偿应该怎么办?

三、刑事附带民事诉讼的提起方式

提起附带民事诉讼的主体是公民个人的,提起附带民事诉讼一般应当用书面方式,即提交附带民事起诉状。书写诉状确有困难的,也可以是口头起诉。法人、人民检察院提起附带民事诉讼的,只能以书面方式进行。附带民事起诉状应当写清有关当事人的情况、案件详细情况、物质损失大小及具体的诉讼请求,并提供相应的证据。

【实训项目9-1】

一、实训目的

提高学生对附带民事诉讼当事人、赔偿范围和相关证据的分析和判断能力。

二、实训素材

邹某因急需用钱向开饭馆的邻居刘某借了4000元,口头约定1年后归还。1年以后,刘某多次催要,邹某总是以种种理由推脱。一日,在刘某饭馆内,双方为此笔债务发生口角以致动手,刘某被邹某殴打成重伤住院,邹某带来的一个朋友王某也在旁帮忙打了刘某。为此,刘某先后花去医药费若干,饭馆也无法开门经营,造成不小的经济损失。事后,邹某因涉嫌故意伤害罪被逮捕,并由人民检察院提起公诉。其朋友王某受到公安机关的行政拘留处罚。此案在一审审理过程中,因为被害人刘某尚未出院,刘某的妻子准备以自己的名义提起附带民事诉讼,要求赔偿以下损失:①刘某的医疗费、住院费;②刘某被伤导致全家担惊受怕的精神损失费;③饭馆无法营业长达40天的经营损失;④饭馆被砸坏的各种物品损失;⑤此前欠刘某的债务4000元。共计人民币50 000元。

三、实训任务

任务一:假如你是本案诉讼代理人,请你判断本案的附带民事诉讼的原、被告应当分别是谁。

任务二:请你分析归纳本案的附带民事诉讼赔偿范围。

任务三:请你列举附带民事诉讼原告方应当准备的证据。

四、实训方式

以小组为单位让学生进行讨论,每位同学都要发表意见,每组须在规定时间内提交讨论结果,由1名同学代表小组进行实训汇报。各组发言完毕,由教师进行总结评价。

五、考核标准

第三节 刑事附带民事诉讼的审判

被害人或者其法定代理人、近亲属提起附带民事诉讼的,人民法院应当在7日内决定是否立案。符合受理条件的应当受理;不符合的,裁定不予受理。

一、一并审理与先刑后民

根据《刑事诉讼法》第104条的规定,附带民事诉讼应当同刑事案件一并审判,只有为了防止刑事案件审判的过分迟延,才可以在刑事案件审判后,由同一审判组织继续审理附带民事诉讼。这一规定明确了附带民事诉讼的两种审理方式:

1. 一并审理。即在同一个庭审中一并审理刑事案件部分和附带民事案件部分,这是主要的审理方式。因为附带民事诉讼要求赔偿的物质损失,是刑事被告人的同一犯罪行为造成的,刑事责任与民事责任都源于同一犯罪行为,审判需要查明的主要事实也是同一事实,一并审理既便于参加诉讼,又可提高诉讼效率。

2. 先刑后民。如果附带民事诉讼案件不能同刑事案件一并审理,应先审理刑事案件,再由同一审判组织审理附带民事诉讼。因为有的案件的附带民事诉讼难以与刑事诉讼同步进行,诸如案情比较复杂,既需要查清被害人的受损失情况,还需要了解附带民事诉讼被告人的财产状况和赔偿能力,亦或是有的附带民事诉讼当事人因故不能到庭。而刑事诉讼的审理期限限制较严,审判不能过分延迟。因此,当不适宜一并审理时,附带民事诉讼可以在刑事案件审理后,由同一审判组织继续审理附带民事诉讼。同一审判组织的成员确实无法继续参加审判的,可以更换审判组织成员,但不得另行组成合议庭。

二、诉讼保全措施

在附带民事诉讼中,诉讼保全措施可以依附带民事诉讼原告人申请,或法院依职权裁定适用,其目的在于保证赔偿判决能够得以执行。人民法院对可能因被告人的行为或者其他原因,使附带民事判决难以执行的案件,根据附带民事诉讼原告人的申请,可以裁定采取保全措施,查封、扣押或者冻结被告人的财产;附带民事诉讼原告人未提出申请的,必要时,人民法院也可以采取保全措施。有权提起附带民事诉讼的人因情况紧急,不立即申请保全将会使其合法权益受到难以弥补的损害的,可以在提起附带民事诉讼前,向被保全财产所在地、被申请人居住地或者对案件有管辖权的人民法院申请采取保全措施。申请人在人民法院受理刑事案件后15日内未提起附带民事诉讼的,人民法院应当解除保全措施。人民法院采取保全措施，适用《民事诉讼法》的有关规定。

三、附带民事诉讼的调解

人民法院审理附带民事诉讼案件，可以进行调解，调解应当根据自愿、合法的原则进行。经调解达成协议的，法院应当制作《调解书》。《调解书》经双方当事人签收后，即具有法律效力。调解达成协议并即时履行完毕的，可以不制作《调解书》，但应当制作笔录，经双方当事人、审判人员、书记员签名或者盖章后即发生法律效力。调解未达成协议或者调解书签收前当事人反悔的，附带民事诉讼应当同刑事诉讼一并判决。

【本章小结】

刑事附带民事诉讼又称附带民事诉讼，是指在刑事诉讼中，在解决犯罪嫌疑人、被告人刑事责任的同时，附带解决因该犯罪行为所造成的物质损失的赔偿问题而进行的诉讼活动。附带民事诉讼以刑事诉讼的存在为前提，要求赔偿的必须是被害人因被告人的犯罪行为而遭受的直接物质损失。附带民事诉讼的当事人，是指在刑事诉讼中以自己的名义提起附带民事诉讼，要求经济赔偿的原告人，以及被司法机关通知应诉的被告人。附带民事诉讼的提起时间是从刑事立案后到第一审判决宣告前，提起方式可以是书面的，也可以是口头的（法人、人民检察院只可以书面方式提起）。附带民事诉讼的两种审理方式以一并审理为主，先刑后民为补充。人民法院在必要的时候，可以采取诉讼保全措施，可以进行调解。

【课后思考】

甲因遭受乙的强奸住院治疗1个多月，出院后仍长期精神恍惚，后经多方医治才恢复正常。在刑事诉讼过程中，甲拟提起附带民事诉讼。

请回答：

（1）在公安侦查阶段，甲能否提出附带民事诉讼的请求？

（2）甲能否要求乙支付因住院产生的住院费用？

（3）甲能否要求乙支付住院期间产生的护理费用？

（4）甲能否要求乙支付甲在住院期间的误工费用？

（5）甲能否要求乙支付甲医治精神恍惚而支出的医疗费用？

第十章 期间、送达制度

学习目标

了解期间和送达的概念,掌握期间的计算方法,弄清期间的耽误与恢复、延长和重新计算,掌握送达回证和送达方式,能够准确计算期间和有效选择送达方式。

重点提示

期间;期间的计算;期间的耽误与恢复;期间的重新计算;送达;送达方式

【知识框架】

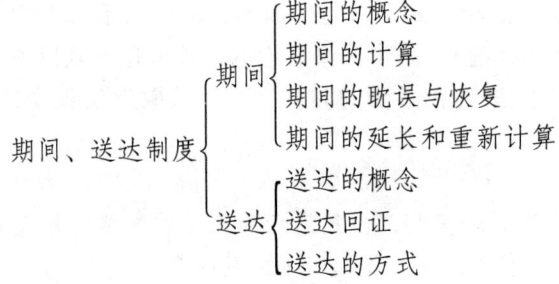

【本章引例】

被告人刘某原系某县交通局副局长,被该县人民法院以受贿罪依法判处有期徒刑 15 年,并处没收财产。刘某认为量刑过重,让其妻代为上诉。刘某是 4 月 4 日收到一审判决书的,其妻于 4 月 14 日将上诉状从邮局寄出。二审法院在 4 月 18 日收到上诉状后,认为已超过上诉期限,遂驳回上诉(法定上诉期为 10 日)。

请思考:本案二审法院驳回上诉的理由成立么?

第一节 期 间

一、期间的概念

刑事诉讼的期间是指公安、司法机关和诉讼参与人完成某项刑事诉讼活动所必须遵守的时间期限。刑事诉讼活动都是有期限的，一般由法律明确规定，称作法定期间；个别情况下可以由公安、司法机关指定，称作指定期间。法定期间包括两大部分：一是公安、司法机关应当遵守的期间，二是诉讼参与人应当遵守的期间。

刑事诉讼规定期间的意义在于防止诉讼拖延，保证刑事诉讼活动的顺利进行。尤其是对公安、司法机关办案时间上的规定，能够促使公安、司法机关尽快处理案件，及时惩罚犯罪，保障诉讼参与人的合法权益。

【拓展阅读 10-1】

二、期间的计算

（一）计算单位

我国刑事诉讼的期间以时、日、月为计算单位。以时计算的，如公安机关、人民检察院对于被拘留的人，应当在拘留后的 24 小时内进行讯问。以日计算的，如人民法院应当在开庭 10 日以前将人民检察院起诉书副本送达被告人。以月计算的，如一般案件中对犯罪嫌疑人实施逮捕后的侦查羁押期限不得超过 2 个月。

（二）计算方法

以时计算的，期间开始之时不计算在内，从下一时起算。例如，拘传期限不得超过 24 小时，犯罪嫌疑人在上午 9 点被拘传到指定地点，则从 10 点起算。如果犯罪嫌疑人在上午 9 点 15 分被拘传到指定地点，那么从什么时候开始计算呢？因为开始之时不计算在内，且计算单位没有"分"，所以仍然应该从 10 点开始计算期间。以日计算的，应当从第 2 日起计算，如公安机关拘留犯罪嫌疑人，应当在拘留后 3 日内提请人民检察院批准逮捕，"3 日以内"的期限，应当从拘留后的第 2 日开始计算 3 日。以月计算的期限，自本月某日至下月同日为 1 个月。期限起算日为本月最后一日的，至下月最后一日为 1 个月。下月同日不存在的，自本月某日至下月最后一日为 1 个月。如 1 月 31 日退回补充侦查，补充侦查期限为 1 个月，则应当在 2 月 28 日或 29 日前补充侦查完毕。

【参考案例 10-1】

甲因为多次、流窜抢劫被公安机关移送检察院审查起诉，因案情重大复杂，检察院审查起诉期限为一个半月。公安机关移送审查起诉之日为 2018 年 1 月

31 日。

请思考：检察院审查起诉期限到哪一天为止？

该案的审查起诉期限到 3 月 15 日为止。根据相关法律规定，期限起算日为本月最后一日的，至下月最后一日为一个月。下月同日不存在的，自本月某日至下月最后一日为 1 个月。另外，半月一律按 15 日计算期限。

(三) 期间计算中的特殊情况

1. 法定期间不包括路途上的时间。当事人的住所或者工作地如果距离公安、司法机关比较远，则他们为参加诉讼花费在路途上的时间应当从法定期间内扣除。这点同样适用于公安、司法机关。如公安机关在异地执行拘留后将被拘留人带回本地，计算拘留后 24 小时内对被拘留人进行讯问的期间时，返回途中所需的时间不能计算在内。

2. 通过邮寄的上诉状或者其他文件，应以当地交邮盖戳的时间为标准确定法定期间。也就是说，在期满前已经交邮的，也不算过期。

本章引例中二审法院驳回上诉的理由不成立。因为通过邮寄的上诉状应以当地交邮盖戳的时间为标准确定法定期间，在期满前已经交邮的，不算过期。所以该案没有超过上诉期限。

3. 如果期间的最后一日是星期六、日或其他法定节假日的，期间届满日应当顺延至节假日后第一个工作日。但犯罪嫌疑人、被告人或者罪犯的在押期间，应至期满之日为止，不得因节假日而延长。

4. 具有下列情形之一的，不计入办案期限：①犯罪嫌疑人不讲真实姓名和住址、身份不明的，侦查羁押期限自查清其身份之日起计算，但不得停止对其犯罪行为的侦查取证。②对犯罪嫌疑人、被告人进行精神病鉴定的期间，不计入办案期限。

三、期间的耽误与恢复

期间的耽误是指公安、司法机关或诉讼参与人没有在法定期限内完成应当进行的诉讼行为。期间的恢复是指当事人因特殊原因未能在法定期限内完成诉讼活动，经申请继续进行本应当在期满之前完成的诉讼活动。

在刑事诉讼中，当事人耽误期间要承担一定的法律后果，如丧失一定的权利，或导致行为无效。如被告人耽误了上诉期，就无法提起上诉。鉴于当事人耽误期间确有不可抗力的原因或其他正当理由，为充分保护当事人的合法权益，《刑事诉讼法》规定了补救措施，即期间的恢复。《刑事诉讼法》第 106 条规定，当事人由于不能抗拒的原因或者有其他正当理由而耽误期限的，在障碍消除后 5 日内，可以申请继续进行应当在期满前完成的诉讼活动。申请是否准许，由人民法院裁定。根据这一规定，期间恢复的条件是：

1. 申请的主体：只有当事人才有权提出恢复诉讼期间的申请。
2. 申请的理由：法定期间的耽误是由于不可抗拒的原因，或有其他正当的理由，如地震、水灾、车祸、突发重病等。
3. 申请的时间：应当在障碍或原因消除后的5日内向人民法院提出申请。
4. 申请的裁决：申请必须经人民法院审查后裁定准许。

【参考案例10-2】

被告人甲因交通肇事罪被法院判处免于刑事处罚，甲于6月13日收到判决书，认为自己的行为不构成犯罪，决定提出上诉。但6月13日当晚因为忘记关煤气灶，煤气中毒被送到医院抢救。至6月28日脱离生命危险，第二天向法院提出申请要求准许他继续上诉。

请思考：法院应否准许其上诉？

参考案例10-2中，甲本应在收到判决书后10日内提出上诉。因煤气中毒系不可抗力，甲在脱离危险后5日内即提出上诉，符合期间恢复的条件，法院应当准许其上诉。

四、期间的延长和重新计算

（一）期间的延长

期间的延长是指公安、司法机关在规定的办案期限内不能完成应予完成的诉讼行为，而续展期限的办法。期间的延长仅适用于公安、司法机关的办案期限，对诉讼参与人的有关诉讼期限则不能延长。《刑事诉讼法》对期间的延长规定了两种办法：一是允许公安、司法机关自动延长并明确规定延长的最长时间。如《刑事诉讼法》第172条规定："人民检察院对于监察机关、公安机关移送起诉的案件，应当在1个月以内作出决定，重大、复杂的案件，可以延长15日……"二是报经一定机关批准或决定延长期限。如《刑事诉讼法》第156条规定："对犯罪嫌疑人逮捕后的侦查羁押期限不得超过2个月。案情复杂、期限届满不能终结的案件，可以经上一级人民检察院批准延长1个月。"

（二）期间的重新计算

期间的重新计算是指由于发生了法定的情况，原来已进行的期间归于无效，而从法定的新情况发生之时起计算期间。期间的重新计算仅适用于公安、司法机关的办案期限。期间的重新计算适用于以下几种情况：

1. 在侦查期间，发现犯罪嫌疑人另有重要罪行的，自发现之日起依照《刑事诉讼法》第156条的规定重新计算侦查羁押期限。

2. 人民检察院审查起诉的案件，改变管辖的，从改变后的人民检察院收到案件之日起计算审查起诉期限。

3. 人民检察院审查起诉中退回公安机关补充侦查的案件，补充侦查完毕移送人民检察院后，人民检察院重新计算审查起诉期限。

4. 人民法院改变管辖的案件，从改变后的人民法院收到案件之日起计算审理期限。

5. 人民检察院补充侦查的案件，补充侦查完毕移送人民法院后，人民法院重新计算审理期限。

6. 第二审人民法院发回原审人民法院重新审判的案件，原审人民法院从收到发回的案件之日起，重新计算审理期限。

第二节 送 达

一、送达的概念

送达是指公安机关、人民检察院和人民法院依照法定的程序和方式，将诉讼文件送交诉讼参与人、有关机关和单位的诉讼活动。从形式上看，送达是向收件人交付某种诉讼文件，实质上是司法机关的告知行为。送达具有以下特点：

1. 主体只能是公安、司法机关。送达是发生在送达主体与送达对象之间的一种法律关系，在这一法律关系中，发件人只能是公安、司法机关。

2. 送达内容是诉讼文件。其中公安、司法机关制作的诉讼文件是送达的主要内容，例如传票、起诉书、判决书、裁定书等。此外，自诉状副本、附带民事诉状和答辩状的副本、上诉状的副本等由当事人制作的诉讼文书，也是通过人民法院送达对方当事人的。

3. 送达程序和方式法定。实施送达，必须严格依照法律规定的程序和方式进行，否则不能产生送达的法律效力。

4. 送达对象（收件人）可以是公民个人、单位，也可以是公安、司法机关。

二、送达回证

送达回证又称送达证、送达证书，是指公安、司法机关制作的用以证明送达行为及其结果的凭证。送达回证是计算期间的根据，是送达程序的必要形式。送达诉讼文件必须有送达回证，并且要将其入卷归档。

在司法实践中，送达回证一般有固定印制格式。其内容包括：送达诉讼文件的机关，收件人的姓名，送达诉讼文件的名称，送达的时间、地点、方式，送达人、收件人的签名、盖章，签收日期，等等。送达回证的使用方法是：司法机关送达诉讼文件时，向收件人出示送达回证，由收件人或者代收人在送达回证上记明收到日期，并且签名或者盖章。

三、送达的方式

根据《刑事诉讼法》第107条及有关规定，送达的方式有以下几种：

1. 直接送达。直接送达是指公安、司法机关派员将诉讼文件直接交给收件人。收件人本人在送达回证上记明收到日期，并且签名或盖章。如果收件人本人不在，由他的成年家属或所在单位的负责人代收，代收人也应当在送达回证上记明日期，并且签名或者盖章。签收的日期即为送达日期。

2. 留置送达。留置送达是指收件人本人或者代收人拒绝接受诉讼文件或拒绝签名盖章时，送达人员将诉讼文件放置在收件人或代收人住所的一种送达方式。找不到收件人，同时也找不到代收人时，不能采用留置送达。留置送达的程序是：在收件人本人或代收人拒绝接受或拒绝签名盖章的情况下，送达人员邀请他的邻居或者其他见证人到场，说明情况，并在送达回证上注明拒收的事由和日期，由送达人、见证人签名或盖章，将诉讼文书留在收件人、代收人的住处或者单位；也可以把诉讼文书留在受送达人的住处，并采用拍照、录像等方式记录送达过程，即视为送达。诉讼文件的留置送达与直接送达具有同样的法律效力。

【参考案例 10-3】

张某因抢劫被公安机关依法逮捕。公安人员在向张家送达《逮捕通知书》时，张某父母拒绝签收，称已断绝关系。公安人员无奈，只好将《逮捕通知书》又拿回机关。最后张某被一审法院判处有期徒刑 6 年。张某在 9 月 21 日收到《判决书》，他一直到国庆节假期后第一天才提出上诉。法院认为上诉期已过而不准许其上诉。

请思考：本案中公安人员和法院的做法是否正确？

参考案例 10-3 中，公安人员和法院的做法都不正确。公安人员在送达文书时，张某父母拒绝签收，应当采取留置送达的方式。张某 9 月 21 日收到判决书，上诉期 10 日截止到 10 月 1 日，因遇到法定节假日，顺延到节假日后的第一个工作日期满，所以上诉期未过，法院应当准许其上诉。

3. 委托送达。委托送达是指承办案件的公安、司法机关委托收件人所在地的公安、司法机关代为送达的一种方式。其程序是：委托送达的公安、司法机关将委托函、送达的诉讼文件及送达回证，寄送受托公安、司法机关。受委托的公安、司法机关收到委托送达的诉讼文件，应当登记，并由专人及时送交收件人，然后将送达回证及时寄回委托送达的公安、司法机关。受委托的公安、司法机关无法送达时，应当将不能送达的原因及时告知委托的公安、司法机关，并将诉讼文件及送达回证退回。

4. 邮寄送达。邮寄送达是公安、司法机关将诉讼文件挂号邮寄给收件人的送达方式。公安、司法机关将诉讼文件、送达回证挂号邮寄给收件人，收件人签收挂号信邮寄的诉讼文件后即视为已经送达。挂号回执上注明的日期为送达的日期。

5. 转交送达。转交送达是指对特殊的收件人由有关部门转交诉讼文件的送达方式。特殊的收件人是指军人、正在服刑的犯人和正在被采取强制性教育措施的人。收件人是军人的，应当通过所在部队团级以上单位的政治部门转交；收件人正在服刑的，应当通过执行机关转交；收件人正在被采取强制性教育措施的，可以通过强制性教育机构转交。代为转交的部门和单位收到诉讼文件后，应当立即交收件人签收，并将送达回证及时退回送达的公安、司法机关。

【本章小结】

刑事诉讼的期间是指公安、司法机关和诉讼参与人完成某项刑事诉讼活动所必须遵守的时间期限。期间以时、日、月为计算单位。期间的耽误是指公安、司法机关或诉讼参与人没有在法定期限内完成应当进行的诉讼行为。期间的恢复是指当事人因特殊原因未能在法定期限内完成诉讼活动，经申请继续进行本应当在期满之前完成的诉讼活动。期间的延长是指公安、司法机关在规定的办案期限内不能完成应予完成的诉讼行为，而续展期限的办法。期间的重新计算，是指由于发生了法定的情况，原来已进行的期间归于无效，而从法定的新情况发生之时起计算期间。送达是指公安机关、人民检察院和人民法院依照法定的程序和方式，将诉讼文件送交诉讼参与人、有关机关和单位的诉讼活动。送达的方式有直接送达、留置送达、委托送达、邮寄送达和转交送达。

【课后思考】

1. 被告人李某因涉嫌暴力干涉婚姻自由被其女儿起诉到某县人民法院。县人民法院开庭审理后，认为李某的行为构成暴力干涉婚姻自由罪，判处被告人李某有期徒刑2年，同时剥夺政治权利2年。李某没有上诉。两年期满之日为5月1日，监狱以当天是"五一"节假日为由，没有释放李某，而是在"五一"节假日过后第一个工作日释放。

请回答：监狱的做法正确吗？

2. 被告人杨某因诈骗罪被提起公诉，法院将传票送至被监视居住的杨某处，交给其本人。杨某拒绝签收。无奈之下，送达人找来其邻居3人，向他们说明情况，把传票留在杨某住处，在送达回证上写明拒绝理由、送达日期，并签了名。

请回答：本案的送达是否有效？

第二单元　追诉程序

第十一章 立案程序

> **学习目标**
> 掌握立案的概念,明确立案的材料来源、条件和程序,能够准确把握立案的材料来源对后续刑事诉讼活动的影响,并学会运用立案的条件分析、解决实际问题。
>
> **重点提示**
> 立案;立案的材料来源;立案的条件;立案的程序

【知识框架】

立案程序 ┤ 立案概述 ┤ 立案的概念 / 立案的意义
　　　　 立案的条件 ┤ 立案的材料来源 / 立案的条件
　　　　 立案的程序 ┤ 对立案材料的接受 / 对立案材料的审查 / 对立案材料的处理

【本章引例】

于某(男,某乡干部)和刘某(女)原系夫妻关系,因为一直未生育,领养了一个亲戚的孩子,后来,于某嫌孩子不是亲生,经常打骂刘某,致使刘某无法忍受,遂与于某协议离婚。不久,于某即再婚,刘某则与孩子共同生活,相依为命。2年以后,于某现任妻子仍旧没有生育,又没有工作,被于某驱赶回娘家。于某记起刘某的种种优点,寻找借口与刘某联系,希望重新和好,但是遭到刘某的坚决拒绝。某日,于某寻机将孩子领走,并有意告诉刘某,刘某无奈只得到于某家中与之谈判还回孩子的事宜。于某以刘某如果不同意复婚就"不给孩子饭吃""再不行,就卖到外地去"相威胁,与刘某发生性行为,之后不准刘某离开,直至3天之后,刘某趁收取水电费人员上门,才得以脱身。刘某从于某家逃出后,径自前往法院控告于某的一系列罪行。

法院的接待人员告诉刘某:于某的行为首先构成强奸罪,还涉嫌绑架罪,应当由公安机关管辖。刘某急忙又前往公安机关,接待人员说:于某的行为构成非法拘禁罪,应当由人民检察院受理。刘某赶到人民检察院控告,那里的工作人员答复刘某:于某的行为中有虐待,属于自诉案件,必须先由人民法院受理。刘某重新返回法院,这里的接待人员指点刘某:于某是国家工作人员,非法拘禁应当由检察院管。刘某又返回检察院控告,得到的回答是:于某的非法拘禁行为没有利用职权实施,还是公安机关受理最为恰当。刘某被各机关来回推诿,实在不明白谁应帮助自己,孩子又没有下落,又急又气,心脏病发作,不治而亡。于某闻讯逃往外地,孩子下落不明。

请思考:本案究竟应当由哪个机关管辖立案?本案的具体情形之下,公安、司法机关应当怎样处理?

第一节 立案概述

一、立案的概念

刑事诉讼中的立案是指国家法定机关对于报案、控告、举报、自首或自诉人起诉及自己发现的材料等,依法按照各自的管辖范围进行审查后,决定作为刑事案件进行侦查或者审判的一种诉讼活动。

立案是刑事诉讼的开始,是每一个刑事案件都必须经过的法定的独立阶段。立案作为刑事诉讼的开端程序,具有以下特征:

(一)立案是刑事诉讼的起始程序

我国刑事诉讼程序,一般都要经过立案、侦查、起诉、审判和执行五个诉讼阶段,立案是其中的一个独立的诉讼阶段。这五个诉讼阶段相互衔接,必须按先后顺序严格进行,立案程序是整个刑事诉讼活动的开始,是公安机关、检察机关和审判机关进行侦查、起诉、审判的合法依据,只有经过立案阶段,才能进行下一阶段的诉讼活动,各个诉讼阶段须依次进行,不能将先后次序颠倒。

(二)立案是刑事诉讼的必经程序

刑事诉讼活动必须严格依照法定程序进行,不能随意遗漏、前后调换任何一个诉讼阶段,只有这样才能保证国家法定机关准确、及时、有效地处理刑事案件,保证刑事诉讼任务和目的的实现。但是,每一个刑事案件的具体情况不同,不是所有的刑事案件都必须经过五个诉讼阶段,例如,某些公诉案件因出现不应追究刑事责任的情形,在侦查阶段就被撤销,从而无需进入以后的诉讼阶段;自诉案件由被害人直接向人民法院起诉,不需要经过侦查阶段。只有立案是所有刑事案件都必须经过的阶段,任何刑事案件都必须从立案开始进入刑事诉讼程序。

（三）立案是法定机关的专门活动

立案是法律赋予某些特定机关的专有职权，根据《刑事诉讼法》的规定，公安机关、国家安全机关、人民检察院、人民法院、军队保卫部门、监狱、海关缉私部门、中国海警局可以按照法律规定的管辖范围行使立案权。根据《监察法》的规定，监察委员会具有对涉嫌贪污贿赂、滥用职权、玩忽职守、权力寻租、利益输送、徇私舞弊以及浪费国家资财等职务违法和职务犯罪进行立案调查的职权。除此以外，其他任何单位或个人都无权立案。上述机关在行使立案权时，必须严格遵守法律规定，按照法定的程序，准确把握立案的条件和标准，在准确及时打击犯罪的同时，充分保障公民的合法权益。

二、立案的意义

立案对刑事诉讼具有重要的意义，主要表现在如下几个方面：

（一）有利于保证后续程序的依法、规范、顺利进行

立案作为刑事诉讼的起始程序，对于后续程序的依法、规范和顺利进行具有重要作用。正确、及时地立案，可以为侦查、起诉、审判乃至执行活动的顺利进行提供合法、合理的依据，是完成好后续程序的基础和前提。例如，立案的材料来源为犯罪嫌疑人、被告人自首的，是法定的从宽处罚情节。因此，准确完成立案活动，对于保障整个刑事诉讼活动的顺利开展，具有重要意义。

（二）有利于保证迅速揭露、证实和惩罚犯罪

立案是公安、司法机关通过刑事诉讼程序同犯罪行为作斗争的开始。因此，对于已经发生的犯罪行为，公安、司法机关迅速组织力量，正确、及时地作出立案决定，并不失时机地开展侦查或调查活动，就可以及时揭露、证实和惩罚犯罪，确保犯罪行为及时地受到应有的惩罚。

（三）有利于保护公民的合法权益不受侵犯

一方面，正确、及时地立案，是对受害单位或公民正义要求的支持，是对其合法权益的有力保护，是及时、准确打击惩罚犯罪、保障社会秩序的重要基础；另一方面，正确执行立案程序，严格把握立案的法定条件，对不应当立案的不予立案，可以避免无罪的或者不应受到刑事追究的人受到不当追究，切实保障公民的合法权益。

（四）有利于加强社会治安综合治理

立案是准确评价社会治安形势和进行正确决策的重要依据。通过对立案材料的审查和综合分析，能够及时、准确地掌握各个时期、各个地区刑事案件的案发情况，有助于分析研究某地某时的犯罪动向，发现和掌握各种犯罪行为的特征及作案手段，及时了解社会治安状况，从而有利于及时采取相应措施，预防和减少犯罪的发生，维护社会的稳定和国家的长治久安。

第二节 立案的条件

一、立案的材料来源

立案程序作为刑事诉讼的开始程序，其启动必须具备说明犯罪事实和犯罪嫌疑人、被告人存在的事实材料。这些事实材料是立案程序启动的材料来源，也是国家法定机关决定是否启动立案程序的事实根据。根据法律规定和司法实践，立案的材料来源主要有：

（一）公安机关、监察机关或者人民检察院等机关自行发现的犯罪事实或者犯罪嫌疑人

《刑事诉讼法》第109条规定："公安机关或者人民检察院发现犯罪事实或者犯罪嫌疑人，应当按照管辖范围，立案侦查。"《监察法》第11条规定："监察委员会依照本法和有关法律规定履行监督、调查、处置职责：……②对涉嫌贪污贿赂、滥用职权、玩忽职守、权力寻租、利益输送、徇私舞弊以及浪费国家资财等职务违法和职务犯罪进行调查……对涉嫌职务犯罪的，将调查结果移送人民检察院依法审查、提起公诉……"可见，公安机关（包括其他侦查机关）、监察机关与人民检察院共同肩负着同犯罪作斗争的重要职责，他们在工作中常常会发现一些犯罪事实、犯罪嫌疑人或者犯罪线索，这些材料都是立案的重要依据。

（二）单位、个人的报案、举报和控告

报案是指单位和个人以及被害人发现犯罪事实但尚不知犯罪嫌疑人为何人时，向法定机关进行告发的行为；举报是指被害人以外的单位和个人，就其已知的犯罪事实和犯罪嫌疑人向法定机关进行告发、揭露的行为；控告是指被害人或其法定代理人、近亲属就被害人遭受不法侵害的事实以及犯罪嫌疑人的有关情况向法定机关进行揭露与告发，要求依法追究犯罪嫌疑人刑事责任的诉讼行为。

【参考案例11-1】

某日，甲坐公交车上班，即将到站下车时，突然发现自己所背皮包被划开一个口子，急忙翻看包内物品，发现装有5000余元现金、身份证、银行卡等物品的钱包已不翼而飞，于是甲立即请求司机把车开到附近公安机关，并拨打110报警。

参考案例11-1中，甲发现了犯罪事实，但尚不知犯罪嫌疑人为何人，其拨打110报警的行为属于报案行为。报案是刑事案件立案的重要材料来源。

《刑事诉讼法》第110条第1款和第2款规定:"任何单位和个人发现有犯罪事实或者犯罪嫌疑人,有权利也有义务向公安机关、人民检察院或者人民法院报案或者举报。被害人对侵犯其人身、财产权利的犯罪事实或者犯罪嫌疑人,有权向公安机关、人民检察院或者人民法院报案或者控告。"报案、举报和控告既是单位、个人和被害人同犯罪作斗争的方式,也是立案材料的主要来源。《刑事诉讼法》第114条规定,对于自诉案件,被害人有权向人民法院直接起诉。被害人死亡或者丧失行为能力的,被害人的法定代理人、近亲属有权向人民法院起诉。人民法院应当依法受理。根据这一规定,自诉案件被害人及其法定代理人、近亲属向人民法院起诉,也是立案材料的来源之一。

报案、举报和控告是公民的民主权利,受国家法律保护,任何单位或个人都不得以任何借口对报案人、控告人、举报人进行阻止、压制或者打击报复。对报案人、控告人、举报人进行报复、陷害构成犯罪的,依法追究刑事责任。

(三)犯罪人的自首

犯罪以后自动投案,如实供述自己的罪行的,是自首。根据《刑事诉讼法》第110条第3、4款的规定,犯罪人向公安机关、人民检察院或者人民法院自首的,公安机关、人民检察院或者人民法院应当接受。对于不属于自己管辖的,应当移送主管机关处理,并且通知报案人、控告人、举报人;对于不属于自己管辖而又必须采取紧急措施的,应当先采取紧急措施,然后移送主管机关。不少犯罪人出于自首能得到依法从轻、减轻或者免除处罚的考虑,在实施犯罪后选择投案自首,使得自首成为立案的重要材料来源之一。

二、立案的条件

立案的条件是指国家法定机关作出立案决定所必须具备的法定要件。正确掌握立案的条件,是准确、及时地决定是否立案的关键。《刑事诉讼法》第112条规定:"人民法院、人民检察院或者公安机关对于报案、控告、举报和自首的材料,应当按照管辖范围,迅速进行审查,认为有犯罪事实需要追究刑事责任的时候,应当立案;认为没有犯罪事实,或者犯罪事实显著轻微,不需要追究刑事责任的时候,不予立案,并且将不立案的原因通知控告人。控告人如果不服,可以申请复议。"根据这一规定,立案必须同时具备以下两个条件:

(一)有犯罪事实

所谓"有犯罪事实",是指客观上存在着某种危害社会的犯罪行为。这是立案的首要条件。有犯罪事实,包含两个方面的内容:一是需要立案追究的,必须是依照《刑法》规定构成犯罪的行为,如果不是犯罪行为,而是一般违法行为或者违反党纪、政纪以及违反道德规范的行为,就不能立案。同时,根据《刑事诉讼法》第16条的规定,有危害社会的违法行为,但是情节显著轻微,危害不大，不认为是犯罪的，不应立案。二是有证据证明犯罪事实确已发生。所谓"确已发生"是指犯罪事实确已存在，而不是出于主观想象或者猜测，也不是道听途说、捕风捉影甚至是凭空捏造的事实。犯罪事实确已发生，必须有一定的证据加以证明，但并不要求达到确实充分的程度。由于立案是刑事诉讼程序追究犯罪的开始，此时所说的"有犯罪事实"，仅指有证据证明有某种危害社会而又触犯刑律的犯罪行为发生，并不要求在立案时就全部弄清楚整个犯罪的过程、犯罪的具体情节或者查获犯罪嫌疑人，这些工作是立案后的侦查阶段需要完成的任务。

（二）需要追究刑事责任

所谓"需要追究刑事责任"，是指依法应当追究犯罪行为人的刑事责任。这是立案必须具备的法律条件。只有当有犯罪事实发生，并且依法需要追究行为人刑事责任时，才有必要而且应当立案。根据《刑事诉讼法》第16条的规定，虽有犯罪事实发生，但犯罪已过追诉时效期限的；经特赦令免除刑罚的；依照《刑法》告诉才处理的犯罪，没有告诉或者撤回告诉的；犯罪嫌疑人、被告人死亡的；其他法律规定免予追究刑事责任的，均不追究刑事责任。因此，具有上述法定不追究刑事责任的情形之一的，就不应当立案。

有犯罪事实，需要追究刑事责任，是《刑事诉讼法》规定的立案条件，这两个条件必须同时具备，缺一不可。国家法定机关在办理刑事案件时，必须遵循这两个立案条件，保证刑事诉讼活动从一开始就能正确、合法、规范地进行，保证办案的质量。但是，《刑事诉讼法》规定的立案条件，只是从刑事案件的总体上做出的原则性规定。为了便于正确掌握和执行法定的立案条件，提高立案的质量，公安部、最高人民法院、最高人民检察院分别或者联合制定了具体的立案标准，这是法定的立案条件的具体化。在司法实践中，国家法定机关在作出是否立案的决定时，既要遵守原则性的立案条件，也要遵守具体的立案标准，以确保立案的质量。

【参考案例11-2】

甲2010年取得驾照，有多年吸毒史。某日，甲吸毒后驾车途经某岔路口时，与乙驾驶的车辆发生碰撞，甲与乙因责任认定问题发生争吵后，甲感觉乙要害他，于是拿出随身携带的弹簧刀向乙胸部连续捅刺数刀，致乙当场倒地死亡，甲随即到公安机关自首。

请思考：本案的材料来源是什么？公安机关能否立案？

参考案例11-2中，立案的材料来源为犯罪人的自首。甲因吸毒产生幻觉，是否影响其刑事责任能力呢？吸毒是违法行为，目前对于吸毒后作案人的刑事责任能力的司法鉴定意见，通常评定为具有完全刑事责任能力。因此，甲吸毒后驾车肇事杀人符合"有犯罪事实、需要追究刑事责任"的立案条件，应予以刑事立案。

第三节 立案的程序

立案的程序是指立案阶段中各种诉讼活动的先后步骤和形式。根据《刑事诉讼法》的规定，立案程序主要包括对于立案材料的接受、审查和处理三个部分。

一、对立案材料的接受

对立案材料的接受是指公安机关、监察机关、人民检察院和人民法院等单位对报案、控告、举报和自首材料的受理。对立案材料的接受是立案程序的开始。接受立案材料应当注意以下几点：

（一）立案机关依法应当接受报案、控告、举报和自首

《刑事诉讼法》第110条第3款规定："公安机关、人民检察院或者人民法院对于报案、控告、举报以及犯罪人自首，都应当接受……对不属于自己管辖而又必须采取紧急措施的，应先采取紧急措施，然后移送主管机关。"《监察法》第35条规定："监察机关对于报案或者举报，应当接受并按照有关规定处理。对于不属于本机关管辖的，应当移送主管机关处理。"结合前述规定，公安机关、监察机关、人民检察院和人民法院对于报案、控告、举报和自首，无论是否属于自己的管辖范围，都应当先接受，然后再依据管辖权限确定主管机关，不能以任何理由进行拒绝或者推诿。

本章引例中，于某的一系列行为已经符合《刑事诉讼法》规定的立案条件，即有犯罪事实并且需要追究刑事责任，公安、司法机关应当及时立案。按照《刑事诉讼法》中立案管辖的规定，本案由公安机关管辖最为恰当。因为本案涉及的罪名包括强奸罪、非法拘禁罪等，从犯罪主体到犯罪的行为特征，都属于公安机关的管辖范围。其中，于某所涉非法拘禁罪，虽然其身为乡干部，但是并非利用职权实施的非法拘禁，所实施拘禁行为与其特定的身份没有必然联系，因此，应当由公安机关管辖处理。根据《刑事诉讼法》第110条的规定，本案应当由最先接到刘某控告的人民法院接受下来，并根据刘某先被强奸又遭非法拘禁、孩子被于某控制等情况，立即采取先行拘留嫌疑人、扣押证据、保护现场等紧急措施，同时也应对刘某给予必要的保护。然后，再按照立案管辖的规定进行审查，由法院移送给主管机关公安机关。

（二）报案、控告和举报可以用书面或口头形式提出

《刑事诉讼法》第111条第1款规定："报案、控告、举报可以用书面或口

头提出。接受口头报案、控告和举报的工作人员,应当写成笔录,经宣读无误后,由报案人、控告人、举报人签名或者盖章。"根据这一规定,报案、控告和举报可以采取书面形式,也可以口头提出。接受口头报案、控告、举报时,应当注意尽量问清犯罪的时间、地点、方法、后果、犯罪嫌疑人的特征等情况,做好笔录,并经报案人、控告人、举报人确认无误后,由其签名或者盖章。

(三)接受控告、举报的工作人员应当向控告人、举报人说明诬告应负的法律责任

《刑事诉讼法》第111条第2款规定:"接受控告、举报的工作人员,应当向控告人、举报人说明诬告应负的法律责任。但是,只要不是捏造事实,伪造证据,即使控告、举报的事实有出入,甚至是错告的,也要和诬告严格加以区别。"一方面,为了保证控告、举报的真实性,接受控告、举报的工作人员应当向控告人、举报人说明控告、举报应当实事求是,不得诬告、陷害他人,否则将依法承担法律责任。另一方面,为了保护控告人、举报人揭露犯罪、与犯罪作斗争的积极性,要严格区分误告、错告和诬告。如果没有故意捏造事实,伪造证据的情节,仅是由于个人认识片面或错误造成的控告、举报与事实不符,就不能认为是诬告。

(四)立案机关应当为报案人、控告人、举报人保密,并保障他们及其近亲属的安全

《刑事诉讼法》第111条第3款规定:"公安机关、人民检察院或者人民法院应当保障报案人、控告人、举报人及其近亲属的安全。报案人、控告人、举报人如果不愿公开自己的姓名和报案、控告、举报的行为,应当为他保守秘密。"当报案人、控告人、举报人及其近亲属的安全受到威胁时,立案机关应当主动采取保护措施或者根据要求而采取相应的保护措施。对于报案人、控告人、举报人不愿公开自己的姓名和报案、控告、举报行为的,立案机关负有为其保密的义务,以防止其受到打击报复,保证其人身和财产安全。

二、对立案材料的审查

对立案材料的审查是指公安机关、监察机关、人民检察院、人民法院等单位对自己发现的或者接受的立案材料进行核对、调查的活动。《刑事诉讼法》第112条规定:"人民法院、人民检察院或者公安机关对于报案、控告、举报和自首的材料,应当按照管辖范围,迅速进行审查……"《监察法》第38条规定:"需要采取初步核实方式处置问题线索的,监察机关应当依法履行审批程序,成立核查组。初步核实工作结束后,核查组应当撰写初步核实情况报告,提出处理建议。承办部门应当提出分类处理意见。初步核实情况报告和分类处理意见报监察机关主要负责人审批。"对立案材料的审查是立案程序的中心环节,是能

否正确、及时地立案的关键。

公安机关、监察机关、人民检察院、人民法院进行立案审查首先要审核该案是否属于自己管辖的范围，对于不属于自己管辖的，应当移送主管机关处理，并通知报案人、控告人和举报人。公安机关、监察机关、人民检察院、人民法院按照管辖范围进行立案审查，主要应查明以下内容：①材料所反映的事件是否属于犯罪行为；②如果属于犯罪行为，有无确实可靠的证据加以证明；③依法是否需要追究行为人的刑事责任；④有无法定不追究刑事责任的情形。公安机关、监察机关、检察机关或者审判机关对立案材料进行审查时，可以要求报案、控告、举报的单位和个人提供补充材料，或者要求他们作补充说明，也可以进行必要的调查。对于自诉案件，由于法律要求自诉人在提起自诉时，应当同时提出证明犯罪事实发生的各种证据，因此，人民法院在审查过程中，如果认为自诉人提出的证据不充分，可以要求自诉人提出补充证实有关犯罪事实的材料，但在立案前法院不得进行调查。

三、对立案材料的处理

对立案材料的处理是指公安机关、监察机关、人民检察院、人民法院等单位通过对立案材料的审查，根据不同情况作出立案或者不立案的决定。

《刑事诉讼法》第112条规定："人民法院、人民检察院或者公安机关对于报案、控告、举报和自首的材料，应当按照管辖范围，迅速进行审查，认为有犯罪事实需要追究刑事责任的时候，应当立案；认为没有犯罪事实，或者犯罪事实显著轻微，不需要追究刑事责任的时候，不予立案，并且将不立案的原因通知控告人。控告人如果不服，可以申请复议。"依据该条规定，对立案材料的处理包括立案决定和不立案决定两种形式，是立案程序的最后结果。公安机关、人民检察院或者人民法院在作出对立案材料的处理决定后，应当履行必要的法律手续。控告人如果对公安机关、人民检察院、人民法院不予立案的决定不服，可以申请复议。

《监察法》第39条第1款规定："经过初步核实，对监察对象涉嫌职务违法犯罪，需要追究法律责任的，监察机关应当按照规定的权限和程序办理立案手续。"该条明确规定了监察机关立案手续的办理要求。同时，《监察法》规定，立案调查决定应当向被调查人宣布，并通报相关组织。涉嫌严重职务违法或者职务犯罪的，应当通知被调查人家属，并向社会公开发布。

《刑事诉讼法》第113条规定："人民检察院认为公安机关对应当立案侦查的案件而不立案侦查的，或者被害人认为公安机关对应当立案侦查的案件而不立案侦查，向人民检察院提出的，人民检察院应当要求公安机关说明不立案的理由。人民检察院认为公安机关不立案理由不能成立的，应当通知公安机关立案,公安机关接到通知后应当立案。"该条明确规定了人民检察院对公安机关的刑事立案活动具有法律监督的职权。

【实训项目 11-1】

一、实训目的

提高学生对刑事诉讼立案条件和程序的分析和判断能力。

二、实训素材

据 A 市公安局 B 区公安分局通报,2019 年 6 月 30 日晚,B 区警方接李女士报警,称其女儿遭到周某某猥亵,并提供了监控录像等材料。

三、实训任务

任务一:结合刑事诉讼的立案条件分析本案能否被立为刑事案件?

任务二:分析本案立案材料的来源以及应否由公安机关受理立案?

任务三:分析本案立案的程序。

四、实训方式

以小组为单位让学生进行讨论,每位同学都要发表意见,每组须在规定时间内提交讨论结果,由 1 名同学代表小组进行实训汇报。各组发言完毕,由教师进行总结评价。

五、考核标准

【本章小结】

刑事诉讼中的立案是指国家法定机关对于报案、控告、举报、自首或自诉人起诉及自己发现的材料,依法按照各自的管辖范围进行审查后,决定作为刑事案件进行侦查或者审判的一种诉讼活动。立案是刑事诉讼的开始,是每一个刑事案件都必须经过的法定的独立阶段。立案的材料来源包括公安机关或者人民检察院等机关自行发现的犯罪事实或者犯罪嫌疑人,报案、举报和控告,犯罪人的自首。立案需要符合有犯罪事实和需要追究刑事责任两个条件。立案程序主要包括对立案材料的接受、审查和处理三个部分。

【课后思考】

夏某系某市民政局财务处出纳员。2010 年初,市人民政府委托某建设银行发行建设某市的奖券,每张 30 元,5 年还本。中一等奖者奖励三室一厅的住房一套,中二等奖者奖励二室一厅的住房一套。企事业单位、机关团体和个人均可购买,购买时不留印鉴,买后也不挂失,并要求开奖前一天,各单位必须将本单位购买的奖券全部登记封存。该民政局代职工购买了一部分奖券,后因部分职工有意见,财务处在开奖前,从不愿购买奖券的职工手中将奖券收上来,作为本单位购买的奖券。但在开奖的前一天,财务处没有将奖券登记封存。2010年3月17日中奖号码公布,财务处出纳员夏某发现自己负责保管的奖券中,有一张中了一等奖,号码是336637。夏某乘人不注意,用30元将这张中一等奖的奖券偷换出来。这张奖券是从某一不愿购买的职工手中收上来的。很快,全单位职工都知道本单位买的奖券中有一张中了一等奖,可在夏某保管的奖券中却没有这张奖券。局领导得知这一情况后,多次找夏某谈话,夏某矢口否认,拒不交代事实,单位无奈派人到公安机关报案。

请回答:公安机关接到报案后,应该如何处理?

第十二章　侦查程序

学习目标

了解侦查的概念、任务和意义，掌握侦查行为的种类和程序要求，掌握侦查终结的概念、条件和程序，明确补充侦查的概念和种类，了解侦查监督的内容，了解自侦案件的侦查权限。

重点提示

侦查；侦查任务；侦查行为；补充侦查；侦查终结；侦查监督

【知识框架】

```
            ┌ 侦查概述 ┬ 侦查的概念和特征
            │         ├ 侦查的任务和意义
            │         └ 侦查的原则
            │         ┌ 讯问犯罪嫌疑人
            │         │ 询问证人、被害人
            │         │ 勘验、检查
            │         │ 搜查
            ├ 侦查行为 ┤ 查封、扣押物证、书证
侦查程序 ┤         │ 辨认
            │         │ 鉴定
            │         │ 技术侦查
            │         └ 通缉
            │         ┌ 侦查终结的概念和意义
            ├ 侦查终结 ┤ 侦查终结的条件
            │         │ 侦查终结的程序
            │         └ 撤销案件
            └ 补充侦查 ┬ 补充侦查的概念和意义
                      └ 补充侦查的种类
```

```
                  ┌ 侦查监督的概念和意义
         ┌ 侦查监督 ┤ 侦查监督的内容
         │        └ 侦查监督的途径和措施
侦查程序 ┤
         │                              ┌ 自侦案件的侦查权限
         └ 人民检察院对直接受理案件的侦查 ┤
                                        └ 案件侦查终结后的处理
```

【本章引例】

2010年9月8日晚上8点10分左右，上海市闵行区莲花南路一家超市底楼的金饰店内发生一起抢劫案，3名蒙面歹徒在1分50多秒时间内抢走了价值数十万元的黄金首饰。案发后，侦查人员调取了案发时的监控录像，画面显示当天晚上8点7分，3名蒙着面罩、身着迷彩服的男子从后门进入超市，随后快速接近金饰店柜台。其中一人用铁锤敲碎柜台玻璃，另一人随后抢夺项链、戒指等黄金饰品，还有一人则手持枪状物体将呼救的营业员逼开。

经过细致的现场勘查和调查走访，侦查人员很快获取了犯罪嫌疑人的有关犯罪信息，歹徒在砸玻璃时留下了血迹，逃跑时又在小树林里扔下一只蒙面头套。在与公安部有关信息系统比对后，侦查人员发现有一名犯罪嫌疑人曾参与了2009年7月发生在贵州省习水县的一起抢劫案（未侦破）。侦查人员随即与当年遭抢的女出租车司机取得了联系，从而找到了本案的突破口。女司机表示犯罪嫌疑人当时曾经问她"每个月的板板费是多少"，而"板板费"是重庆綦江地区的方言，即每个月必须向公司上交多少费用。綦江与习水县相邻，这为侦查工作进一步明确了方向。

2010年9月14日，专案组在重庆綦江发现了42岁的犯罪嫌疑人张某，通过讯问使张某认罪伏法。通过张某提供的线索，侦查人员分别抓获了另外2名犯罪嫌疑人，并缴获部分被盗的金饰品。之后，3名犯罪嫌疑人被押解回沪。

请思考：本章引例中体现了哪些侦查行为的运用？

第一节 侦查概述

一、侦查的概念和特征

（一）侦查的概念

我国《刑事诉讼法》第108条第1项规定，"侦查"是指公安机关、人民检察院等机关对于刑事案件，依照法律进行的收集证据、查明案情的工作和有关的强制性措施。

在我国，侦查是刑事诉讼程序中的一个独立的诉讼阶段，在刑事诉讼中具有非常重要的地位，是国家专门机关同犯罪作斗争的强有力的手段。刑事案件立案后，侦查机关为查明案情、查获犯罪嫌疑人，必须依法开展侦查活动，收集证明犯罪嫌疑人有罪或者无罪、罪重或者罪轻的各种证据材料，从而为检察机关提起公诉和人民法院进行审判做好充分的准备，奠定坚实的基础。

本章引例中，通过公安机关的侦查活动，收集证据证实3名犯罪嫌疑人抢劫的犯罪事实，从而有效地打击了犯罪，维护了社会的安全和稳定。

（二）侦查的特征

侦查具有以下几个方面的特征：

1. 侦查主体是特定的。我国享有侦查权的机关有公安机关、国家安全机关、人民检察院、军队保卫部门、监狱、海关缉私部门、中国海警局等，其他任何机关、团体和个人都无权行使侦查权。在本章引例中，由公安机关负责抢劫案件的侦查。

2. 各侦查主体负责侦查案件的范围是明确的。如国家安全机关负责侦查危害国家安全的刑事案件；军队保卫部门负责侦查军队内部发生的刑事案件；监狱负责侦查罪犯在监狱内的犯罪；海关缉私部门负责查缉涉税走私案件；中国海警局履行海上维权执法职责，对海上发生的刑事案件行使侦查权；其他案件由公安机关负责侦查。

【参考案例12-1】

2012年，徐某考入某重点大学，因父母都在农村，家境不太宽裕，于是他在QQ群里发了求助帖"寻求学费资助2000元"。不久，一网名为"MissQ"的人回帖，询问其姓名、手机号、就读院校和专业，然后表示愿意提供帮助。徐某喜出望外，把银行卡号告诉对方。第二天，徐某就收到2000元汇款。徐某当时知道的是，"MissQ"是"一家境外投资咨询公司的研究员"，需要为客户"搜集解放军部队装备采购方面的期刊资料"，希望徐某协助搜集，作为资助学费的回报。徐某痛快地答应了，但没能在学校的图书馆找到相关资料。同年5月，徐某主动联系"MissQ"，对方向他提供了一份"田野调研员"的兼职，月薪2000元。徐某所在的某大城市有一个军港码头和一家历史悠久的造船厂，他的"调研"工作就是到军港拍摄军事设施和军舰，到船厂观察、记录在造在修船舰的情况，并将有船舰方位标识的电子地图做成文档，提供给"MissQ"。2013年5月，徐某被国家安全机关依法审查。

参考案例12-1中，大学生徐某在"MissQ"的唆使下到某军港拍摄军事设施、军舰，到船厂观察、记录在造在修船舰的情况，并将有船舰方位标识的电子地图做成文档，帮助"MissQ"窃取军事情报，其行为已危害国家安全，因此由国家安全机关立案侦查。

3. 侦查行为的内容是特定的。在我国，侦查行为的方式包括专门的调查工作和有关的强制性措施。①专门调查工作是指《刑事诉讼法》规定的讯问犯罪嫌疑人，询问证人、被害人，勘验、检查，搜查，查封、扣押，辨认，鉴定，技术侦查措施和通缉等为收集证据、查明案件事实而进行的调查工作。②有关的强制性措施是指《刑事诉讼法》规定的为了收集证据、查明案件事实和查获犯罪嫌疑人而采取的限制、剥夺人身自由或对人身、财物进行强制的措施。具体包括强制性方法和刑事诉讼强制措施，前者如强制检查、强制扣押等，后者如拘留、逮捕等。

二、侦查的任务和意义

（一）侦查的任务

概而言之，侦查的任务就是收集证据，查明犯罪事实和查获犯罪嫌疑人，为打击和预防犯罪，保证诉讼的顺利进行提供可靠的证据。具体而言，是指侦查机关依照法定程序对已经立案的刑事案件进行侦查，收集、调取犯罪嫌疑人有罪或者无罪，罪轻或者罪重的各种证据材料，准确及时地查明犯罪事实，查获犯罪嫌疑人，并根据案件的具体情况采取必要的强制措施，防止犯罪分子逃避侦查或继续犯罪，毁灭、伪造证据，串供等，以便将犯罪嫌疑人顺利交付起诉和审判，保证诉讼活动的顺利进行。同时对于正在预备犯罪的案件，通过及时侦查，力争把犯罪控制在预备阶段，避免造成不应有的实际危害。

【参考案例 12-2】

2008年7月23日下午，有人报警称在某省A市电影院附近的垃圾堆里发现一具无名女尸。经现场勘查，发现死者30岁左右，颈部被新剪断的4号铅丝缠绕3圈，死结打在颈后，毛衣缝隙有大量木屑附着。尸体装在一麻袋中，麻袋内有少许木屑，据此判断尸体所在现场不是死者遇害的第一现场。第一现场应有产生存放木屑的条件，很可能是制作家具的木工作坊。经调查发现附近有5户木材加工厂，公安机关查明了死者的身份。随后知情人提供线索：死者进入马姓木工作坊后不见出来。马姓木工是单身，办案人员将马某作为重要嫌疑对象，并在其木工作坊提取了木屑、4号铅丝以及女士背包、戒指、项链。经检验发现在作坊内的木屑与尸体附着及麻袋的木屑属于同一材质，铅丝型号、物质含量结构一致。经死者家属辨认，女士背包、戒指为死者所有。至此，找到了该案杀人第一现场，并将马某抓获归案。经审讯，马某对自己强奸杀人的犯罪事实供认不讳。

请结合本案说明侦查的任务是什么，以及侦查机关是如何完成侦查任务的？

侦查的任务是收集证据，查明犯罪事实，查获犯罪嫌疑人。参考案例12-2中，公安机关发现女尸后经现场勘查，提取木屑、钢丝、麻袋等物证，查明死者年龄身份,并通过身上和麻袋上的木屑推测尸体所在现场不是死者遇害的第一现场,案发现场很可能是产生木屑的木工作坊。通过走访、调查,知情人提供线索,将单身汉马某作为重要嫌疑对象,经过搜查,在其木工作坊发现了木屑、钢丝、女士背包、戒指。经检验发现在作坊内的木屑与尸体附着及麻袋的木屑属于同一材质,铅丝型号、物质含量结构一致。经死者家属辨认,女士背包、戒指为死者所有,并且马某供述了其奸杀被害人的事实,侦查机关的侦查任务得以顺利完成。

(二)侦查的意义

侦查在刑事诉讼程序中处于极为重要的地位,既是诉讼的一个独立阶段,也是发现和收集证据、查明犯罪事实和查获犯罪人的关键阶段,对于保护国家、集体利益和公民的合法权益,保障刑事诉讼活动的顺利进行以及进行社会治安综合治理,均具有十分重要的意义。

1. 侦查是打击犯罪的重要手段。犯罪活动大多都是秘密进行的,案发后,犯罪人总是想方设法逃避罪责,采用隐匿、毁灭证据和制造假象等手段逃避刑事追究。为有效地揭露各种犯罪行为,使犯罪人受到应有的惩罚,就应及时、准确查明犯罪事实,查获犯罪嫌疑人,进而对犯罪分子予以有效揭露、证实和惩罚,同时对有犯罪企图的人予以有力震慑,维护社会秩序,保护国家、集体和个人的利益不被侵犯。

2. 侦查是刑事诉讼的基础环节。侦查是提起公诉和审判的基础,侦查活动的质量高低,直接关系到能否提起公诉或者能否获得胜诉。如果侦查工作做得好,收集的证据确实充分,就可以保障起诉和审判工作的顺利进行;如果侦查工作有疏漏或偏差,就会直接影响到批捕、审查起诉、提起公诉和审判工作,以致有的案件不得不退回补充侦查甚至无法得到认定和处理。

3. 侦查是社会治安综合治理的有力措施。通过侦查活动,及时查获犯罪嫌疑人,可以有效打击犯罪和震慑犯罪,维护社会的稳定。同时,还可以了解更多的犯罪情况,掌握犯罪规律和犯罪动向,并发现社会治理过程中的疏漏,进而采取针对性措施,防止和减少犯罪的发生,促进社会治安综合治理目标的实现。

三、侦查的原则

(一)迅速及时原则

侦查是一项时间性很强的活动。侦查机关接到报案后要立即组织侦查力量,制定侦查方案,及时抓住战机开展侦查活动,以防止犯罪分子隐匿、毁灭、伪造证据,逃跑、自杀或继续犯罪。由于作案人的主观原因和客观原因,能够证实犯罪事实的各种证据可能随着时间的推移发生变化,这就给案件的侦破以及最终正确处理案件带来一定的困难。

（二）客观全面原则

所谓"客观"，是指尊重客观事实，按照客观事物的本来面目而不是从侦查人员的主观想象推测出发去认识案件事实。所谓"全面"，是指侦查人员应当如实全面、不带有主观偏见地把案件事实的各个方面都尽量查清。在收集证据时，既要收集能够证明犯罪嫌疑人有罪、罪重的证据，又要收集能够证明犯罪嫌疑人无罪、罪轻的证据。

（三）深入细致原则

侦查人员在侦查活动中必须深入现场，耐心细致地进行勘查，深入群众之中，耐心向群众了解案件情况，虚心听取群众对案件事实的反映。调查了解一切与案件有关的情况，不放过一点点蛛丝马迹，不忽略任何细节，确保查清犯罪构成基本要件，排除案件的一切疑点和矛盾。

（四）保守秘密原则

侦查过程中，严格禁止将案情证据、当事人及诉讼参与人的有关情况向无关人员泄露。如果将案情侦查线索方向和意图、侦查措施、证据材料或者当事人、其他诉讼参与人以及举报人、控告人等有关情况向无关人员泄露，可能会干扰甚至破坏侦查工作的顺利进行，影响案件的及时侦破，影响侦查机关同刑事犯罪作斗争。

（五）程序合法原则

在侦查过程中，要求侦查人员严格遵守《刑事诉讼法》和其他有关法律、法规的程序规定，这不仅是侦查质量和效率的保证，也是正当法律程序原则的根本要求。侦查机关所使用的各种专门侦查手段和采取的强制性措施，稍有不慎便会侵犯公民的人身权利、民主权利和其他的合法权益。因此，侦查人员必须增强法制观念，严格遵守各项程序规定，保障公民的各项合法权益不受侵犯。

【参考案例 12-3】

2010 年 5 月 9 日，"杀害"同村人在监狱已服刑多年的河南商丘村民赵甲，因"被害人"赵乙的突然回家，被宣告无罪释放，河南省有关方面同时启动责任追究机制。在家人的陪同下，赵甲离开了开封市第一监狱。此时，他已整整服刑 11 年。这起冤案的酿成很大程度上是由于当地公安机关在侦查过程中违反了侦查原则。警方错误确认无头、无四肢尸体为赵甲所杀后，没有追查凶器，也没有确定凶器所能造成的伤痕是否与尸体的伤痕相符。当时尸体已经高度腐败，警方先后做了 4 次 DNA 都未确定死者身份。在这种情况下警方仍把尸体确定为赵乙，违反了侦查的客观全面原则；当时警方根据残尸，将死者身高确定为 170 厘米，但实际上，失踪的赵乙身高只有 165 厘米左右。这一重要疑点没有引起警方的重视，违反了深入细致原则；赵甲明明没有杀害赵乙，却因不堪忍受警方的刑讯逼供而被迫认罪，警方的逼供行为严重违反了程序规定，有违程序合法原则。可见，本案中，侦查机关违背了客观全面、深入细致、程序合法等侦查原则，最终酿成了冤案，教训深刻。

第二节 侦查行为

侦查行为是指侦查机关在办理案件过程中，依照法律进行的各种专门调查活动。包括讯问犯罪嫌疑人，询问证人、被害人，勘验、检查，搜查，查封、扣押，辨认，鉴定，技术侦查措施，通缉等。本章引例中，公安机关通过讯问犯罪嫌疑人、询问被害人、现场勘查、扣押物证等侦查行为，收集证据，查明、证实了犯罪，有力地打击了犯罪行为。

一、讯问犯罪嫌疑人

（一）讯问犯罪嫌疑人的概念和意义

侦查中的讯问犯罪嫌疑人，是指侦查人员依照法定程序，以言词的方式，就案件事实对犯罪嫌疑人进行讯问的一种侦查行为。讯问犯罪嫌疑人是每个刑事案件必须进行的一项重要的侦查行为，讯问犯罪嫌疑人同时又是一项复杂而艰巨的工作。

讯问犯罪嫌疑人对收集、核实证据，查明案件事实有重要的意义。一方面，有利于查明案件事实，扩大收集证据线索，发现新的犯罪以及其他应当追究刑事责任的犯罪嫌疑人；另一方面，有利于给犯罪嫌疑人提供申辩的机会，保护犯罪嫌疑人的合法权益，保障无罪的人不受刑事追究。

（二）讯问犯罪嫌疑人的程序和内容

《刑事诉讼法》及相关规定对讯问犯罪嫌疑人的程序作出了明确规定，主要有以下几个方面：

1. 讯问主体。讯问犯罪嫌疑人必须由公安机关或者人民检察院的侦查人员负责进行。讯问时侦查人员不得少于2人。

2. 讯问地点、时间。犯罪嫌疑人被送交看守所羁押以后，侦查人员对其进行讯问，应当在看守所进行。对于不需要逮捕、拘留的犯罪嫌疑人，可以传唤到犯罪嫌疑人所在市、县内的指定地点或者到他的住处进行讯问，但是应当出示公安机关或者人民检察院的证明文件。对于需要逮捕、拘留的犯罪嫌疑人不能异地讯问。传唤、拘传持续的时间最长不得超过12小时。不得以连续传唤、拘传的形式变相拘禁犯罪嫌疑人。对于已经被拘留或者逮捕的犯罪嫌疑人，应当在拘留或逮捕后的 24 小时以内讯问，在发现不应当拘留或者逮捕的时候，必须立即释放。

3. 讯问的步骤、方法。侦查人员在讯问犯罪嫌疑人的时候，应当告知犯罪嫌疑人享有的权利，以及如实供述自己罪行可以从宽处理的法律规定和认罪认罚可能导致的法律后果。首先讯问犯罪嫌疑人是否有犯罪行为，让其陈述有罪的情节和无罪的辩解，然后向其提出问题。

我国法律没有规定犯罪嫌疑人在接受讯问时有保持沉默的权利。对侦查人员的提问，犯罪嫌疑人应当如实回答。但是对于侦查人员提出的与本案无关的问题，犯罪嫌疑人可以拒绝回答。

4. 讯问聋、哑犯罪嫌疑人，应当有通晓聋、哑手势的人参加，并且将这种情况记入笔录。讯问未成年的犯罪嫌疑人，可以通知其法定代理人到场。如果犯罪嫌疑人不通晓当地通用的语言文字，应当为其翻译。

5. 讯问笔录的制作。讯问犯罪嫌疑人应当制作讯问笔录。笔录应当交犯罪嫌疑人核对，对于没有阅读能力的，应当向其宣读。如果记载有遗漏或差错，犯罪嫌疑人可以提出补充或改正。犯罪嫌疑人承认笔录没有错误后，应当签名或者盖章。侦查人员也应当在笔录上签名。犯罪嫌疑人可以要求自行书写供述。必要时，侦查人员也可以要求犯罪嫌疑人亲笔书写供词。

【拓展阅读 12 - 1】

6. 讯问犯罪嫌疑人的禁止性规定。讯问犯罪嫌疑人，严禁刑讯逼供，也不准诱供、骗供、指名问供。以刑讯逼供等非法手段取得犯罪嫌疑人或被告人的供述，不能作为指控犯罪或者定案的依据。对于实行刑讯逼供的人，犯罪嫌疑人有权提出控告；构成犯罪的，应当依法追究其刑事责任。

7. 讯问犯罪嫌疑人应当个别进行。一个案件有多个犯罪嫌疑人时，侦查人员应当分别讯问，未被讯问的犯罪嫌疑人不得在场，以防止同案犯罪嫌疑人之间相互串供。

【实训项目 12 - 1】

一、实训目的

加强学生对讯问犯罪嫌疑人程序的理解，提升运用能力。

二、实训素材

犯罪嫌疑人王某，男，32 岁，工人，因涉嫌盗窃罪而潜逃。2012 年 1 月 4

日，侦查人员李某在执行其他公务时，偶然撞见王某并将其拘留。1月6日，侦查人员李某一人开始讯问王某，讯问笔录如下：

李：你老实交待你的罪行，不准狡辩、抵赖。

王：我要请律师。

李：现在你不能请律师，侦查阶段律师不能介入。

王：我抗议，你拘留我到现在已经2天了，还没有向我出示《拘留证》。

李：对你这种在逃犯，可以不出示。现在你老实交待罪行。

王：我没罪。

李：你父亲是不是曾因为小偷小摸被公安机关处罚？

王：我拒绝回答这个问题。

李：你必须回答每一个问题。你得拿出充分的证据来，我们才能判定你无罪。你若老实交待，说完了我们可以放你出去。

在讯问过程中，李某多次打王某耳光，并罚王某跪在地上。

三、实训任务

分析在本案的侦查过程中，侦查人员的行为存在哪些问题？

四、实训方式

以小组为单位让学生进行讨论，每位同学都要发表意见，每组须在规定时间内提交讨论结果，由1名同学代表小组进行实训汇报。各组发言完毕，由教师进行总结评价。

五、考核标准

二、询问证人、被害人

（一）询问证人的概念和意义

询问证人是指侦查人员依照法定程序以言词方式向证人调查了解案件情况的一种侦查行为。

在我国刑事诉讼中，证人只能是自然人，单位、法人或者其他组织不能成为证人。证人证言是我国刑事诉讼中最普遍的证据来源。所以，询问证人就成为侦查工作中经常进行的一种重要的侦查行为。侦查人员通过询问证人，可以收集到证人所了解的与案件有关的事实情况，这对于发现侦查线索，查明案件事实，揭露和证实犯罪，保障无罪的人不受刑事追究，都具有重要意义。

(二)询问证人的程序和内容

1. 询问证人的主体。询问证人应由2名以上的侦查人员进行。侦查人员要想向证人了解案件事实情况，必须亲自询问，而不能委托他人向证人询问。其他人员询问时，证人有权拒绝回答。

2. 询问证人的地点。询问证人，一般情况下应当尽可能到证人所在单位或者住处进行。为了防止滥用侦查权，在证人所在单位或住处询问时，应当出示人民检察院或者公安机关的证明文件，以证明自己的身份。为了保守国家的秘密和案情秘密，保护证人的安全，防止其单位或亲属的干扰，必要的时候，也可以通知证人到人民检察院或公安机关提供证言。除以上询问地点以外，不得另行指定其他地点。绝不能采用拘传等强制方法强迫证人到公安、检察机关作证。

3. 询问证人应当个别进行。这是指同一案件有多个证人需要询问的时候，应当对每个证人分别进行询问，并分别制作询问笔录。不能同时询问几个证人，更不能以开座谈会或集体讨论的方式进行。这主要是为了避免证人之间互相影响，同时，也是为了使证人能够毫无顾虑地充分陈述自己的所见所闻，保证证人证言的完整性和客观真实性。

4. 询问证人应当首先问明证人的身份，并告知其应当如实地提供证据、证言和有意作伪证或者隐匿罪证要负的法律责任，使其知晓如实作证是每个公民在法律上应尽的义务。同时，侦查人员还应当告知证人依法享有的各种诉讼权利，并给予证人及其近亲属人身权利和财产权利的特殊保护，使证人能够自觉、自愿地提供证言。

5. 对未成年证人的询问。询问不满18周岁的证人，应选择在他们所习惯的场所，如学校或家里。可以通知其法定代理人到场，询问最好用谈话的方式进行。开始时，可以先谈些未成年人感兴趣的事情，以消除其紧张和拘束的感觉，引起他们对谈话的兴趣，然后再逐渐把话题引到所要询问的问题上来。向未成年人提问应该简短、清楚，使其容易理解。

6. 侦查人员询问证人时，应当先让证人连续地详细叙述他所了解的案件情况，证人陈述的内容与案件无关时，侦查人员可以进行适当的引导。然后，再就证人陈述中不清楚或者有矛盾的地方，以及其他需要通过询问查明的事实情节，向他提出问题，让证人作进一步的陈述。对证人陈述的事实，应当问明其来源和根据，并注意查明证人得知案件情况时的主观和客观条件。侦查人员提出的问题应当明确、易懂，不能向证人作提示性或暗示性的发问；不得向证人泄露案情或者表示个人对案件的看法，影响证人作证；更不得以暴力、胁迫、引诱、欺骗等非法方法逼取证人证言。

7. 询问证人应当制作笔录，笔录要如实记载。询问笔录制成后应交证人阅读，没有阅读能力的应当向他宣读。如果证人认为记载有错误或有遗漏，应当允许改正或补充。证人确认笔录无误后，应当签名或者盖章。询问的侦查人员也应当签名。证人要求自己书写证言的，应当允许，在必要的时候，侦查人员可以要求证人自己书写证言。如果认为书写的证言不能说明问题或者仍有疑问的，侦查人员可以要求其重新书写或者补充，也可以再次询问。

（三）询问被害人的概念和意义

询问被害人是指侦查人员依照法定程序，以言词的方式向直接遭受犯罪行为侵害的人，就其遭受侵害的事实以及犯罪嫌疑人的有关情况进行调查询问的侦查行为。

被害人陈述是一种重要的证据来源。被害人往往与犯罪嫌疑人有直接的接触，或者对犯罪活动有直接的感受，因此，及时、正确地询问被害人，对全面收集证据，查明案件事实，打击犯罪和保护被害人的合法权益，具有重要的意义。

（四）询问被害人的程序和内容

由于在侦查中询问被害人的目的与询问证人一样，也是要他把自己所知道的案件情况告诉侦查机关，所以《刑事诉讼法》规定，询问被害人，适用询问证人的程序。但是被害人和证人又有不同，即被害人是犯罪行为的直接受害者，同案件有着切身的利害关系，因此在认真听取被害人陈述的同时，要特别注意审查其陈述的内容是否真的符合实际情况、合乎情理、前后一致等。对于因怕遭到打击报复，或者由于顾及名誉、情面，而不敢或不愿彻底揭露犯罪分子的犯罪行为的被害人，要做好思想工作，并切实保障被害人的人身安全。对特殊被害人进行询问，还要注意采用适当方法及相应的措施。例如，询问不满18周岁的被害人，可以通知其法定代理人到场；询问生命垂危的被害人，既要设法抢救，又要及时进行询问。对于被害人的个人隐私情况，应当为他保守秘密；对于被害人的人身安全，应当给予保护。另外，在第一次询问被害人时，应告知其有提起附带民事诉讼的权利。

【参考案例 12-4】

2008年4月6日，从甲市开往乙市的长途汽车行至A县一偏僻路段时，被车上5名歹徒劫持。其中1名歹徒将车行至A县一偏僻处，4名歹徒洗劫乘客财物，共抢走现金6万余元，以及金银首饰若干。在抢劫中，有8名乘客被歹徒刺伤，其中2名因伤势过重，抢救无效死亡。歹徒抢劫后，向山里逃去。司机将车开到A县公安局报案。A县公安局立即派侦查员赶到现场进行调查询问。因车上乘客共有73名，人数较多，而侦查人员人手少，所以决定每名侦查员对一名乘客，分别进行询问。在汇总询问结果进行案情分析时，发现每个乘客对犯罪分子的描述都不一致，甚至差别很大，难以确定犯罪分子的体貌特征，于是A县公安局决定召开乘客座谈会，在座谈会上，乘客们互相提醒、辩论，最后形成统一认识，确定了5名犯罪分子的特征。A县公安局根据这些特征进一步进行侦查活动。

请思考：A县公安局的做法是否正确？

在参考案例12-4中，A县公安局在证人、被害人对犯罪分子描述不一致的情况下，召开座谈会，让证人、被害人互相提醒、辩论，最后形成的材料不属于证人证言，是不具有证据效力的。询问证人、被害人应严格遵守《刑事诉讼法》规定的程序要求，由2名以上的侦查人员进行，且应当个别进行。证人有多人时，也不能集中在一起，采用座谈会或讨论会的方式进行询问，以避免互相影响，保证证人证言、被害人陈述的完整性和客观真实性。

三、勘验、检查

（一）勘验、检查的概念和意义

勘验、检查是侦查人员对于与犯罪有关的场所、物品、尸体、人身进行勘查和检验的一种侦查行为。勘验和检查的性质是相同的，只是对象有所不同。勘验的对象是现场、物品和尸体，而检查的对象是活人的身体。

勘验、检查是一种极其重要的侦查行为。任何犯罪都是在一定时间和空间内进行的活动。所以，人在实施犯罪行为时，必然会在犯罪现场留下一定的痕迹、物品，会对被害人人身造成一定的伤害，有时作案人自己也会因遭到被害人的反抗而受伤，在作案人身上，也可能留下犯罪痕迹。在有些情况下，犯罪嫌疑人还可能对犯罪现场加以伪装或者掩盖，在伪装和掩盖的过程中，有可能留下痕迹。通过勘验、检查，可以发现和取得犯罪活动留下的种种痕迹和物品，而对这些证据材料加以分析研究，就可以了解犯罪人实施犯罪的情况，判断案件的性质以及犯罪嫌疑人的特征，发现侦破案件的各种线索，明确侦查方向和范围，从而为彻底查明犯罪事实、查获犯罪嫌疑人提供依据。

（二）勘验、检查的种类和程序

根据《刑事诉讼法》的规定，勘验、检查可以分为现场勘验、物证检验、人身检查、尸体检验和侦查实验。

1. 现场勘验。现场勘验是指侦查人员对于发生刑事案件的地点和与犯罪有关的场所进行专门调查的活动。《刑事诉讼法》第129条规定："任何单位和个人，都有义务保护犯罪现场，并且立即通知公安机关派员勘验。"现场勘验由县级以上公安机关侦查部门负责。公安机关现场勘验的人员应当具备现场勘验的专业知识和主要技能，具有现场勘验资格。必要时，可以指派或者聘请具有专门知识的人参加。公安机关对刑事案件现场进行勘验、检查的，不得少于2人，并持有《刑事犯罪现场勘查证》。勘验、检查有尸体的现场，应当有法医参加。现场勘验时，应当邀请1~2名与案件无关的公民作见证人，以证明勘验的合法性、公正性。勘验人员根据现场勘验的情况，应当当场制作《现场勘查笔录》，笔录应当真实、完整地记录整个现场勘查的情况，特别是关于现场提取物证、痕迹的情况。《现场勘查笔录》应当由侦查人员、其他参加勘验的人员和见证人签名或者盖章。对现场进行多次勘查的，在制作首次《现场勘查笔录》后，根据现场勘验的具体情况，逐次制作《补充勘查笔录》。需要注意的是，进行现场勘验，除制作文字记录外，现场勘验人员还应当根据现场情况绘制现场图，并对现场情况进行照相或者录像，以全面、准确地反映犯罪现场的真实情况。

2. 物证检验。物证检验是指利用科学技术原理、手段和设备，对与犯罪有关的物品、痕迹进行检查、验证，判断其与犯罪有无联系，有何联系的一种侦查活动。在必要的时候，应当指派或者聘请有专门知识的人进行鉴定。检验物证，应当制作《物证检验笔录》，详细记录物证的特征等情况。参加检验的人员和见证人应当在笔录上签名或者盖章。

3. 尸体检验。尸体检验是指在侦查人员主持下，由侦查机关指派或聘请的法医或医师对尸表进行检验，对尸体进行解剖，以判定尸体的死亡时间、死亡原因、致死工具和手段，进而认定案件性质的一种侦查行为。尸体检验分为尸表检验和尸体解剖。尸表检验是对尸体在现场的位置、姿势、尸体上的伤痕和尸体衣着、附着物，以及尸体的变化等进行的检验。尸体解剖是对尸体内部器官进行的检验。对尸体首先应当进行尸表检验。如果通过尸表检验仍不能确定死因的，应当进行尸体解剖。对死因不明的尸体，经县级以上公安机关负责人批准，可以解剖尸体或者开棺检验，但应当通知死者家属到场。死者家属无正当理由拒不到场或者拒绝在《解剖尸体通知书》上签名的，应当在通知书上注明，不影响解剖。尸体检验人员应当根据尸体检验的情况，制作《尸体检验笔录》，真实地反映尸体检查、提取检材的情况和结果。遇有死因未定、身份不明或者其他情况需要复验的，应当保存尸体。对没有必要继续保存的尸体，经县级以上公安机关负责人批准，应当立即通知死者家属处理。对无法通知或者通知后家属拒绝领回的，经县级以上公安机关负责人批准，可以按照有关规定及时处理。处理前，应当采集尸体的全部信息。

【参考案例12-5】

2008年1月1日凌晨天刚亮时，某村村民董某去村中水井打水时打捞出一具女尸，经辨认为本村村民张某，董某立即向县公安局报案。经勘查，该井位于村东，为村民共用饮水井。死者张某身长155厘米，衣着整齐。尸僵遍布全身各个关节,尸斑位于背、臀部,呈淡红色,指压稍有减色。两腋下、腹部等部位均有明显的"鸡皮疙瘩"。额部右侧、右眉弓上方 2.5 厘米处有面积为 6.5×1.5 厘米的钝器挫裂创,深达骨膜,创口内有少量泥沙。经过以上尸表检验,尚不能判明尸体的死亡原因,于是县公安局决定对张某的尸体进行解剖,以确定张某的死亡原因。在解剖时,通知了死者的家属到场。经解剖检验,剥离头皮下组织发现额骨右侧有面积为 6.5×5.5 厘米的类圆形骨折,稍呈凹陷,周围有 5 处延伸骨折,最长达 15 厘米。

请思考:本案采取的尸体检验是否符合法律规定?

《刑事诉讼法》第 131 条规定:"对于死因不明的尸体,公安机关有权决定解剖,并且通知死者家属到场。"因此,公安机关为了确定死亡原因,有权力也有职责对尸体进行解剖,无论是死者家属还是其他人都无权阻止。在参考案例 12-5 中,在尸表检验不能确定死因的情况下,进一步进行尸体解剖,确定或者判断死亡的时间、原因、致死工具和方法手段等,以为准确揭露犯罪、惩罚犯罪提供依据,可见,本案采取的侦查行为符合法律的规定。

4. 人身检查。人身检查是指对犯罪嫌疑人、被告人、被害人的人身特征、伤害情况或者生理状况,进行查看、检验的一种侦查行为。根据《刑事诉讼法》的规定,进行人身检查的,可以提取指纹信息,采集血液、尿液等生物样本。人身检查应当由 2 名以上侦查人员进行,必要时可以指派或者邀请法医或医师参加。犯罪嫌疑人如果拒绝检查,侦查人员认为有必要的,经办案部门负责人批准,可以强制检查、提取和采集。但是,不得对被害人进行强制检查。人身检查应当邀请见证人在场。检查时,不得侮辱被检查人的人格。检查妇女的身体,应当由女工作人员或者医师进行。检查的情况应当制作《检查笔录》,写明检查的过程和结果,由参加检查的侦查人员、检查人员、被检查人员和见证人签名或者盖章。

5. 侦查实验。侦查实验是为了验证案件中某些特定行为或者事件在某种情况下能否发生或者怎样发生而进行的一种侦查行为。为了查明案情,在必要的时候,经公安机关负责人批准,可以进行侦查实验。侦查实验并不是每一个刑事案件必须进行的侦查活动,只有在不进行实验就无法确定某一事实或者某一情节是否有可能发生时,才需要进行侦查实验。作为一种特殊的侦查措施,侦查实验可以在现场勘查的过程中进行,也可以单独进行。另外,针对具体案件,侦查实验还可以确定现场进出口是否为作案人出入口,某种物品在何种条件下、需要多少人才能搬运走,某个作案对象是否具有作案时间,某种爆炸物的性能和在某种条件下能否自爆、自燃等。有关人员在实施侦查实验时,必须严格按照法律规定进行,必须严格遵守法定程序,以保证实验结果的可靠性。进行侦查实验,应当邀请见证人在场。必要时,可以指派或者聘请有专门知识的人参加。侦查实验一般在案发地点进行,侦查实验的时间、环境、条件应当与案发时间、环境、条件基本相同,侦查实验使用的工具、材料应当与案发现场一致或者基本一致。进行实验时,禁止一切足以造成危险、侮辱人格或者有伤风化的行为。进行侦查实验的,应当制作《侦查实验笔录》,记明实验的时间、地点、经过和实验的结果,并由参加实验的侦查人员和见证人签名或者盖章。

【参考案例12-6】

2012年5月11日凌晨,席某翻窗进入同村村民建某房间,趁建某熟睡之际,欲实施强奸。因建某惊醒后呼救,席某翻窗顺电线杆滑下逃跑。在逃跑过程中,席某被建某父亲认出并阻拦。建某及其父母等人追赶至席某家门口,双方发生争执后建某报警。庭审中,席某辩称:案发时自己就在家里,没有作案时间。法庭要求公诉人调查核实该辩解。公诉人遂会同侦查人员对该案证据进行认真梳理,认为席某作案后的逃跑路线和逃跑时间是本案的关键。经询问建某得知,席某的确是顺着巷子逃跑,该巷子可拐到席家门前;而建某父亲当时因脚扭伤没能追上席某,于是又返回自己家中穿上衣服后才去敲席某的家门,整个过程一共用了5~6分钟的时间。针对此情况,经侦查机关依法批准,办案人员组织了一场侦查实验活动。为确保侦查实验效果,经过深入分析案情,公诉人和侦查人员确定了侦查实验的时间以及气候条件。在村干部的见证下,一名经事先挑选的与席某体貌特征及身体素质相近的实验人员沿着建某父亲陈述的逃跑路线进行了多次实验,结果证明最长用时1分多钟。侦查实验结果有力地证实了案发当天,席某完全有作案时间和逃跑时间。在第二次庭审中,公诉人向法庭提交了该侦查实验笔录,面对这一关键证据,席某及其辩护人无法作出合理解释。最终法庭采纳了侦查实验笔录并依法作出判决。

参考案例12-6中,为了查明犯罪嫌疑人席某是否有作案时间和逃跑时间,侦查机关经法定批准程序开展侦查实验,选择的侦查实验时间、气候条件、实验人员均与案件条件基本相同,并邀请村干部见证,最终证明席某具有作案时间和逃跑时间,符合侦查实验的程序要求。

四、搜查

(一)搜查的概念和意义

搜查是指侦查人员对犯罪嫌疑人以及能隐藏罪犯或者罪证的人的身体、物品、住处和其他有关的地方进行搜索、检查的一种侦查行为。

搜查是一种强制性侦查措施,是侦查机关同犯罪作斗争的重要手段。它对于及时收集犯罪证据,揭露和证实犯罪、查获犯罪嫌疑人,打击和制止犯罪,保证侦查和审判的顺利进行,有着十分重要的意义。

（二）搜查的程序和内容

1. 搜查的主体。搜查只能由公安机关或者人民检察院的侦查人员进行，其他任何机关、团体和个人无权对公民的人身或住宅进行搜查。

【参考案例 12-7】

一个周末的下午，19 岁的王某在某超市购物，就在购物结束后将要离开超市时，超市门口的电子安检门警报铃声突然响了起来。超市保安拦住了王某，要求王某把从超市偷拿的商品交出来，王某说自己并没有偷拿超市的东西，见王某不配合，保安就把王某带到超市的值班室里面，对王某的衣服进行搜查。在搜查无果后，保安又喊来一名超市的女员工，将王某带到超市的女厕所里面继续进行搜查，结果还是一无所获，无奈之下就给王某放行了。

请思考：超市保安和工作人员对王某搜身的做法合法吗？

参考案例 12-7 中，保安和工作人员对王某搜身不合法。《刑事诉讼法》第 136 条规定，为了收集犯罪证据、查获犯罪人，侦查人员可以对犯罪嫌疑人以及可能隐藏罪犯或者犯罪证据的人的身体、物品、住处和其他有关的地方进行搜查。可见，作为搜查主体的只能是侦查人员，保安和超市女员工无权搜查王某的身体。

2. 搜查证的要求。搜查必须经县级以上公安机关负责人批准，开具《搜查证》，由 2 名以上侦查人员负责执行。搜查时，必须向被搜查人出示《搜查证》和侦查人员工作证件，否则，被搜查人员有权拒绝搜查。但是，根据《刑事诉讼法》第 138 条和相关司法解释的规定，侦查人员在执行逮捕、拘留的时候，遇有下列紧急情况之一的，不另用《搜查证》也可以进行搜查：①可能携带凶器的；②可能隐藏爆炸、剧毒等危险物品的；③可能藏匿、毁弃、转移犯罪证据的；④可能藏匿其他犯罪嫌疑人的；⑤其他突然发生的紧急情况。

3. 见证人的要求。在搜查的时候，应当由被搜查人或者其家属、邻居或者其他见证人在场，以证明搜查程序的合法性。搜查时，要向被搜查人或者其家属说明阻碍搜查、妨碍公务应负的法律责任。如果遇到阻碍，可以强制搜查。

4. 搜查妇女的特殊规定。搜查妇女的身体，应当由女工作人员进行。这是为了加强对妇女的保护，防止侦查人员在搜查妇女的身体时，出现人身侮辱等违法行为，确保被搜查妇女的人身权利不受侵犯，并防止被搜查人的诬陷。

5. 搜查笔录。搜查的情况应当写成笔录。侦查人员应当将整个搜查情况记录下来，搜查笔录所记载的查获犯罪证据和可疑物品及其他有关犯罪的线索，对于分析案情、揭露证实犯罪具有重要的作用。为了保证搜查笔录的真实性和准确性，《搜查笔录》应由侦查人员和被搜查人员或者他的家属、邻居或者其他见证人签名或者盖章。如果被搜查人员或者他的家属不在现场或者拒绝签名、盖章的，侦查人员应当在笔录上注明。

【参考案例 12 - 8】

2007 年 10 月 12 日，朱某（女，24 岁）乘坐公共汽车从甲市前往乙市。乙市的公安机关接到线报，线报称有一毒品贩子将于 12 日下午乘公共汽车由甲市来到乙市，乙市公安机关遂在公路上设卡，对来往的车辆、行人进行检查。当朱某乘坐的汽车到达检查地点时，侦查人员要求全体乘客下车，对乘客随身携带的行李进行开包检查。当检查到朱某时，侦查人员发现她神色慌张，拒绝打开随身携带的女士挎包，不同意侦查人员查看其挎包内的物品。侦查人员认为朱某形迹可疑，遂要求朱某到公安机关接受进一步的调查。立案后公安局长根据侦查人员的汇报签发了《搜查证》。侦查人员根据《搜查证》对朱某的挎包进行了搜查，在里面发现了海洛因 1000 余克。于是公安机关拘留了朱某，并由女警员对她的身体进行了搜查。经讯问，朱某交待要和张某在乙市接头，并供出了张某的地址。侦查人员决定拘留张某，经公安局长签发《拘留证》，侦查人员对张某的住所进行搜查，查获海洛因 56 克，鸦片 2000 余克。至此，一起重大贩毒案宣告侦破。

请思考：本案符合搜查程序的做法有哪些，存在什么问题？

参考案例 12 - 8 中，符合搜查程序的有：①公安局长签发《搜查证》，依据是"《搜查证》应当由县级以上公安机关负责人批准"；②女警员对朱某的身体进行了搜查。依据是"搜查妇女的身体，应当由女工作人员进行"；③在执行对张某的拘留的同时，对其住所的搜查。依据是"侦查人员在执行逮捕、拘留的时候，遇有紧急情况，不使用《搜查证》也可以进行搜查"。本案张某可能在其住所隐匿犯罪证据，属于紧急情况。

本案的问题在于公安机关在公路上设卡，对来往的车辆、行人进行检查，并对乘客随身携带的行李进行开包检查的做法是不正确的。公安机关的盘查是针对可疑的车辆或行人，而不能对于所有来往的车辆和行人一概适用，更不能随意对乘客携带的行李开包检查。

五、查封、扣押物证、书证

（一）查封、扣押物证、书证的概念和意义

查封、扣押物证、书证，是指侦查机关依法强制扣留某人或某单位持有的与案件有关的物品、文件的一种侦查行为。

根据《刑事诉讼法》第 141 条的规定，查封、扣押的对象只能是可用于证明犯罪嫌疑人有罪或者无罪的各种物证、书证、视听资料，与案件无关的财物、文件不得查封、扣押。在侦查实践中，"查封"往往针对的是"不动产"，而"扣押"往往针对的是"动产"。法律规定了任何单位和个人持有证据的，都有配合公安机关侦查的义务。证据的持有人拒绝交出应当查封、扣押的财物、文件的，公安机关可以强制执行。

查封、扣押物证、书证的目的在于取得和保全证据，防止其损毁或者被隐匿。及时依法查封、扣押物证、书证，对核实证据、查明犯罪、保障刑事诉讼活动的顺利进行具有重要意义。

（二）查封、扣押的内容和程序

1. 查封、扣押的范围。《刑事诉讼法》第141条规定："在侦查活动中发现的可用以证明犯罪嫌疑人有罪或者无罪的各种财物、文件，应当查封、扣押；与案件无关的财物、文件，不得查封、扣押。对查封、扣押的财物、文件，要妥善保管或者封存，不得使用、调换或者损毁。"在实践中，如果遇到某一财物、文件与案件之间是否具有关联一时难以确定的情况，应当先行查封、扣押，待查清后再作处理，以免丧失重要证据；如果发现是违禁物品的，虽然与案件无关也应当予以扣押，并交有关部门处理。现场勘查或者搜查中需要查封、扣押财物、文件的，由现场指挥人员决定。

2. 查封、扣押的程序。执行前，应当告知被查封、扣押财物、文件的持有人查封、扣押的理由、法律依据，以及如实提供证据配合公安机关查封、扣押的义务。

查封、扣押的财物、文件应当是原物、原件。原物不便搬运或者保存的，经拍照或者录像后，可以就地查封；原物依法应当返还被害人的，经拍照或者录像后，将原物交持有人保管。书证、视听资料取得原件有困难或者因保密工作需要不能调取原件的，可以调取副本或者复制件。扣押犯罪嫌疑人的邮件、电子邮件、电报，应当经县级以上公安机关负责人批准，制作扣押邮件、电报通知书，通知邮电部门或者网络服务单位检交扣押。

对于查封、扣押的财物、文件，应当会同在场见证人和被查封、扣押财物、文件的持有人查点清楚，当场开列清单一式二份，由侦查人员、见证人和持有人签名或者盖章，一份交给持有人，另一份附卷备查。

3. 查封、扣押后的处理。对于查封、扣押的财物、文件、邮件、电子邮件、电报，经查明，确实与案件无关或者不需要继续扣押的，应当在3日内解除扣押，退还原主或者通知有关邮政部门、电信部门、网络服务单位解除扣押。对于查封、扣押的财物、文件，经查实属于被害人的合法财产，应当及时返还被害人。查封、扣押的财物、文件，作为证据使用或者案件变更管辖的，应当随案移送或者将查封文书附卷；不宜随案移送的，应当将其清单、照片或者其他证明文件随案移送。对违禁品或者不宜长期保存的物品，应当按照国家有关规定处理。

【参考案例12-9】

被告人徐某以"军基重地"的网名通过互联网聊天方式与网名为"枪械"的李某相识。后徐某于2004年10月至2005年4月间,先后多次在A市购买李某出售的仿64式手枪13支、64式手枪弹400余发,并将所购买的枪支、弹药通过互联网向杨某等15人贩卖,共贩卖仿制64式手枪12支、64式手枪弹300余发,后被抓获。公安机关从徐某处查获并扣押了仿制六四式手枪3支,子弹66发,伪造的居民身份证1个以及用假居民身份证办理的银行卡多张。

被扣押的物证、书证具有证据价值。参考案例12-9中公安机关将涉案的仿64式手枪、子弹、伪造的居民身份证及用假居民身份证办理的银行卡等物证予以扣押,这些证据可以有效地证实犯罪嫌疑人贩卖枪支、非法持有枪支的事实。

六、辨认

(一)辨认的概念和意义

辨认是指侦查机关在办理刑事案件的过程中,为了查明案情,必要时让被害人、证人或者犯罪嫌疑人对与犯罪有关的物品、文件、尸体、场所或者犯罪嫌疑人进行辨别、确认的一种侦查行为。

通过辨认活动,可以对与犯罪有关的物品、文件、场所的真实性以及死者的身份情况和犯罪嫌疑人是否为作案人予以辨别确认,从而为侦查工作提供线索和证据,进而有利于查明案情,正确认定案件事实,迅速查获犯罪人,为侦查破案提供重要依据。

(二)辨认的程序和内容

需要进行辨认的,应当报办案部门负责人批准,需要辨认犯罪嫌疑人时,应当经县级以上公安机关负责人批准。提解在押的犯罪嫌疑人出所对犯罪现场进行辨认的,应当经县级以上公安机关负责人批准,并持《提讯证》,征得看守所的同意,在其配合下进行。

在公安机关侦查的案件中,主持辨认的侦查人员不得少于2人,并邀请见证人参加,对辨认的过程和结果予以见证。对犯罪嫌疑人的辨认,辨认人不愿意公开进行时,可以在不暴露辨认人的情况下进行,侦查人员应当为其保守秘密,并在《辨认笔录》中注明。

在辨认前,应当向辨认人详细询(讯)问辨认对象的具体特征,避免辨认人见到辨认对象,以便将来核实。应当告知辨认人有意做虚假辨认要承担的法律责任。几名辨认人对同一辨认对象进行辨认时,应当由辨认人分别进行辨认。如有需要,可以反复进行辨认,以排除偶然性。

辨认时,应当将辨认对象混杂在其他人员或者物品中,不得给辨认人任何暗示、诱导。根据辨认对象的情况选择与辨认对象相近并符合法定数量的陪衬人（物、照片）。对每一名犯罪嫌疑人进行辨认时，被辨认的人数不得少于7人；对每一张犯罪嫌疑人的照片进行辨认时，被辨认的照片不得少于10张。照片中不得出现犯罪嫌疑人、陪衬人的姓名。对本案有关的照片进行多组辨认的，不得重复使用陪衬照片。对每一件物品进行辨认时，混杂的同类物品不得少于5件。对尸体、场所进行辨认的，陪衬物数量不受限制。辨认应当安排在与发案时间、环境相近似的条件下进行。

侦查人员应当详细记录辨认的过程和辨认的结果，当场制作《辨认笔录》。笔录交辨认人、见证人核对无误后，由主持辨认的侦查人员、记录人、辨认人、见证人分别签名或者盖章确认。辨认人还应当捺指印。

七、鉴定

（一）鉴定的概念和意义

鉴定是指公安机关、人民检察院为了查明案情，指派或者聘请具有专门知识的人对案件中的某些专门性问题进行鉴别和判断的一种侦查行为。

在侦查实践中，鉴定适用范围十分广泛。凡是与案件有关的物品、文件、痕迹、人身、尸体，都可以进行鉴定。侦查机关常用的鉴定有：法医鉴定，司法精神病鉴定，毒性鉴定，刑事科学技术鉴定，会计鉴定，一般技术鉴定等。

鉴定具有较强的科学性，且鉴定意见本身就是一种证据。鉴定对于审查判断其他证据，查明案件事实，认定案件性质，准确揭露犯罪、证实犯罪人，都具有十分重要的作用。

（二）鉴定的程序和内容

1. 鉴定人的确定及其条件。为保证鉴定意见的科学性、准确性和客观性，鉴定人应具备以下四个条件：①必须是具有鉴定资格的人。具体包括两类人员：一是在侦查机关根据侦查工作的需要而设立的鉴定机构中从事鉴定工作的人员；二是在司法行政机关核准登记的司法鉴定机构中从事司法鉴定业务的人员。②必须是经侦查机关指派或聘请的人。③必须是与案件无利害关系，能够客观公正地作出鉴定意见的人。④必须具有解决案件中专门问题的知识和技能。

2. 鉴定程序。鉴定程序是指侦查机关的侦查人员适用鉴定这种侦查行为来查明案情的程序，而不是进行鉴定的方法、步骤。具体包括：①选择鉴定人。②侦查机关向鉴定人送交足够的鉴定材料，包括对比样本，介绍必要的案情，并明确提出需要通过鉴定解决的问题，但不得暗示或者强迫鉴定人作出倾向性结论。③应当要求鉴定人在鉴定之后，及时出具明确的而不是模棱两可的鉴定意见，并且签名以示负责。多人参加的鉴定，对鉴定意见有分歧的，应当注明。在鉴定意见上加盖公章是必要的，但不能代替鉴定人签名。④对人身伤害的医学鉴定有争议需要重新鉴定或者对精神病的医学鉴定,由省级人民政府指定的医院进行,鉴定人进行鉴定后,应当写出鉴定意见,并且由鉴定人签字,医院加盖公章。⑤侦查机关的办案人员,对于鉴定意见应当进行审查,必要时,经批准可以进行补充鉴定或者重新鉴定。

3. 鉴定意见的告知。侦查机关应当将用作证据的鉴定意见告知犯罪嫌疑人、被害人。如果犯罪嫌疑人、被害人提出申请,可以补充鉴定或者重新鉴定。实践中,对于那些不被用作定案根据的鉴定意见或者决定撤销案件的鉴定意见,一般可不告知犯罪嫌疑人和被害人。

【参考案例 12-10】

2012年6月17日,A省B市某小区内发生了一起恶性事故,36岁的女司机张某,驾驶一辆轿车猛地撞向了正从菜场买菜回来的邻居王某、巧巧母女两人,巨大的冲击力下,王某的电动车被拦腰撞为两截,4岁的巧巧被撞飞。张某在肇事后脱光了身上的衣服,躺在马路上阻挠救护车进入小区施救,当巧巧被人抱上救护车后,张某居然又冲上前去强行将巧巧抢出来扔在地上,做完这些动作后,张某重新赤身裸体躺倒在地,救护车不得不倒着驶出了小区。这起事故导致4岁的巧巧不幸死亡,母亲王某则因为颅脑损伤躺在医院重症监护室昏迷不醒。6月21日,公安机关收到犯罪嫌疑人张某亲属提出的对张某进行精神病医学鉴定的申请。7月24日,公安机关委托A省人民政府指定的B市精神卫生中心对张某案发时的精神状态及刑事责任能力进行鉴定,鉴定意见是"①急性短暂性精神病;②无刑事责任能力"。巧巧的父亲对该鉴定意见不服,提出对犯罪嫌疑人重新进行精神病医学鉴定的申请,公安机关遂启动重新鉴定程序。

参考案例12-10中,公安机关委托A省人民政府指定的B市精神卫生中心对张某进行精神病鉴定,鉴定意见为急性短暂性精神病。公安机关将用作证据使用的鉴定意见告知被害人的父亲,被害人的父亲提出重新鉴定的申请,重新鉴定程序得以启动,这一系列做法符合法律关于鉴定的程序要求。

八、技术侦查

(一)技术侦查的概念和意义

技术侦查是国家安全机关和公安机关为了侦查犯罪而采取的特殊侦查措施,包括电子侦听、电话监听、电子监控、秘密拍照或录像、秘密获取某些物证、邮件等秘密的专门技术手段。

技术侦查措施是随着经济社会的发展和犯罪情况的变化而产生的一种特殊的侦查手段,我国侦查机关在实践中早已广泛运用,但在立法上缺少相关规定,以致实际操作中存在诸多问题。社会控制的转型与打击隐形犯罪的需要使得扩大运用技侦手段的必要性进一步凸显,因而2012年修改《刑事诉讼法》时在侦查一章中专节规定了技术侦查措施。法律做此修改，一方面，旨在完善侦查行为的种类，赋予侦查机关必要的侦查手段，加强打击犯罪的力度；另一方面，强化对技术侦查这种特殊措施的规范、制约与监督。

【拓展阅读 12-2】

（二）技术侦查的程序和内容

1. 技术侦查措施的使用主体。技术侦查措施的使用主体只能是公安机关和国家安全机关。根据《刑事诉讼法》的规定，公安机关、国家安全机关自行决定与执行技术侦查措施的适用，同时赋予人民检察院自侦部门决定权，但执行权由公安机关或者国家安全机关行使。

2. 技术侦查措施的案件范围和程序。公安机关、国家安全机关在立案后，对于危害国家安全犯罪、恐怖活动犯罪、黑社会性质的组织犯罪、重大毒品犯罪或者其他严重危害社会的犯罪案件，根据侦查犯罪的需要，经过严格的批准手续，可以采取技术侦查措施；人民检察院在立案后，对于利用职权实施的严重侵犯公民人身权利的重大犯罪案件，根据侦查犯罪的需要，经过严格的批准手续，可以采取技术侦查措施，按照规定交有关机关执行；追捕被通缉或者批准、决定逮捕的在逃的犯罪嫌疑人、被告人，经过批准，可以采取追捕所必需的技术侦查措施。

3. 技术侦查措施的批准决定。批准机关应当根据侦查犯罪的需要作出采取技术侦查措施的决定，并确定采取的措施种类和适用对象。批准决定自签发之日起 3 个月以内有效。对于不需要继续采取技术侦查措施的，应当及时解除；对于复杂、疑难案件，期限届满仍有必要继续采取技术侦查措施的，经过批准，有效期可以延长，每次不得超过 3 个月。

4. 保密规定。侦查人员对采取技术侦查措施过程中知悉的国家秘密、商业秘密和个人隐私，应当保密；对采取技术侦查措施获取的与案件无关的材料，必须及时销毁。采取技术侦查措施获取的材料，只能用于对犯罪的侦查、起诉和审判，不得用于其他用途。

5. 相关单位与个人的配合义务。公安机关依法采取技术侦查措施，有关单位和个人应当配合，并对有关情况予以保密。

6. 隐匿身份侦查和控制下交付。《刑事诉讼法》第 153 条规定了隐匿身份侦查和控制下交付两类秘密侦查手段。

（1）隐匿身份侦查。隐匿身份侦查是指侦查人员或者其委派的人隐匿其侦查或者协助侦查人员的身份开展侦查活动，其本质是通过身份欺骗，获取犯罪团伙或者犯罪嫌疑人的信任，打入犯罪集团或者接近犯罪嫌疑人开展侦查取证活动。从表现形式上看，隐匿身份侦查主要包括特情（线人）、卧底与诱惑侦查（警察圈套）三种不同的侦查手段。

《刑事诉讼法》第153条第1款规定："为了查明案情，在必要的时候，经公安机关负责人决定，可以由有关人员隐匿其身份实施侦查。但是，不得诱使他人犯罪，不得采用可能危害公共安全或者发生重大人身危险的方法。"准确理解该条规定，应当注意以下几个方面：①"在必要的时候"强调了采取隐匿身份侦查应当坚持最后手段原则，虽然本条并未要求只能对严重犯罪才能启用隐匿身份侦查，但"必要的时候"要求在采取其他的侦查手段难以获取犯罪证据的情况下方可采取此类手段。②"有关人员"既包括侦查人员，也包括特情、线人等接受侦查机关委托、协助侦查的相关人员。③隐匿身份的合法界限是不得诱使他人犯罪，不得采用可能危害公共安全或者发生重大人身危险的方法。其中"不得诱使他人犯罪"主要是指不得诱使他人产生犯意或者采取各种超出常理导致任何人均可能禁不住诱惑而实施犯罪的引诱手法。④隐匿身份侦查的审批主体是县级以上各级公安机关负责人。

【拓展阅读12-3】

（2）控制下交付。控制下交付是指侦查机关在发现非法或者可疑交易物品后，在对物品进行秘密监控的情况下，允许非法或者可疑物品继续流转，从而查明参与该项犯罪的人员，彻底查明该案件。《刑事诉讼法》第153条第2款单独规定了控制下交付手段，对涉及给付毒品等违禁品或者财物的犯罪活动，公安机关根据侦查犯罪的需要，可以依照规定实施控制下交付。该条单列一款规定控制下交付，说明控制下交付是不同于隐匿身份侦查的一种秘密侦查措施。特别需要注意的是，控制下交付与隐匿身份侦查中的诱惑侦查是存在明显区别的，控制下交付的本质是监控物品，诱惑侦查的本质是引诱，控制下交付并未影响到相对人的行为，而仅仅是在旁观察、监控。也正是基于二者的上述差异，立法对控制下交付的具体程序作了不同于隐匿身份侦查的规定。如在审批主体上没有要求公安机关负责人批准，只要根据侦查犯罪的需要就可以采取控制下交付，无需考虑最后手段原则所要求的"必要的时候"。

7. 通过技术侦查措施收集证据的使用与保护。根据《刑事诉讼法》第154条的规定，依法采取技术侦查措施收集的材料可以在刑事诉讼中作为证据使用，如果使用这些证据可能危及有关人员的人身安全，或者可能产生其他严重后果的，应当采取不暴露有关人员身份、技术方法等保护措施，必要的时候，可以由审判人员在庭外对证据进行核实。

九、通缉

（一）通缉的概念和意义

通缉是指公安机关对依法应当逮捕而在逃的犯罪嫌疑人，以发布通缉令的方式，通报有关地区的公安机关和广大群众，缉拿其归案的一种侦查行为。

从通缉的概念可以看出，通缉的对象必须具备两个条件：一是犯罪嫌疑人应当被依法逮捕；二是犯罪嫌疑人已经在逃。司法实践中，公安机关对通缉的使用是比较慎重的，一般仅对罪行比较严重的在逃犯罪嫌疑人适用通缉，对应当逮捕但罪行不太严重的在逃犯罪嫌疑人则发出协查通报，要求其他公安机关协助查获缉拿。

通缉是各地公安机关协同打击犯罪的重要形式，也是公安机关积极发动群众同犯罪作斗争的重要手段，是缉拿在逃犯罪嫌疑人的有效措施。

（二）通缉的程序

1. 决定通缉。侦查机关经过分析案情，认定犯罪嫌疑人依法应当逮捕，应先提请人民检察院批准逮捕。经批准逮捕，但发现犯罪嫌疑人在逃，如需要通缉的，应向有关机关汇报，由公安机关负责人决定通缉。

2. 发布通缉令。通缉令是公安机关向本辖区发布的缉拿依法应当逮捕而在逃的犯罪嫌疑人的特殊命令。通缉令中应当尽量写明被通缉人的姓名、别名、曾用名、绰号、性别、年龄、民族、籍贯、出生地、居住地、职业、公民身份号码、衣着和体貌特征、特别记号（如伤疤、跛脚等）等。除了保密需要之外，还应当写明案发的时间、地点和简要的案情，并加盖发布机关的公章，写明日期和联系方式等。

3. 通缉令的发布机关和方法。县级以上的公安机关可以在本辖区内发布通缉令，超出辖区范围的，应当报请有权决定的上级公安机关发布。相邻地区有固定协作关系的公安机关，可按协作规定互相抄发通缉令，并报上一级公安机关备案。通缉令发送的范围，由签发通缉令的公安机关负责人决定。

4. 补发通缉通报。在通缉令发出后，侦查机关如果发现新的重要情况，可以补发通缉通报，通报必须注明原通缉令的编号和日期，以便更好地追捕在逃犯罪嫌疑人。

5. 执行通缉令。有关公安机关接到通缉令后,应当及时布置查缉,采取有效措施控制被通缉人可能藏匿的地点。在抓获犯罪嫌疑人后,应当迅速通知通缉令发布机关,并报经抓获地县级以上公安机关负责人批准后,凭通缉令羁押。原通缉令发布机关应当立即进行核实,并进行依法处理。为发现重大犯罪的线索,追缴涉案财物、证据等,查获犯罪嫌疑人,必要时经县级以上公安机关负责人批准,可以发布悬赏通告。悬赏通告应当写明悬赏对象的基本情况和赏金的具体数额。

6. 撤销通缉令。犯罪嫌疑人自首、被击毙或者被抓获归案的,经核实之后,发布通缉令的机关应当在原发布通缉令的范围内,撤销通缉令,以免浪费人力、物力、财力。

【实训项目 12-2】

一、实训目的

提高学生对刑事侦查程序的理解和运用能力。

二、实训素材

2013 年 3 月 5 日凌晨,A 县公安局接到报案称,某路口有 2 人持刀拦路抢劫行人。A 县公安局立即组织侦查人员赶赴案发现场。到达时,拦路抢劫的犯罪嫌疑人萧某(男,19 岁)和陆某(女,18 岁)已被下夜班路过此地并目睹案发经过的某钢铁公司保安人员刘某当场抓获。由于案情紧急,侦查人员(均为男性)随即决定对萧、陆二人进行搜查,并搜得人民币 3000 余元以及 2 条金项链。一名侦查人员说:"这些证据被扣留了。"就将人民币、金项链一起放入一文件袋内拿走了。之后,侦查人员制作了《搜查笔录》,由侦查人员和刘某签名。本案经 A 县公安局立案侦查,依法对萧、陆二人执行拘留后,侦查人员分别对他们进了讯问。萧某委托的律师要求会见犯罪嫌疑人,公安机关拖了 10 天才安排会见。被害人张某(女),因被犯罪嫌疑人萧某刺了 2 刀,侦查人员因侦查需要欲对其进行人身检查,以确定其伤害状况。但张某拒绝检查,女侦查人员对其进行了强制人身检查,并鉴定为轻伤。由于现场的目击证人刘某、王某等人对二犯罪嫌疑人实施抢劫行为的具体事实情节陈述有误,侦查人员便对目击证人同时进行询问,刘某、王某等人互相提醒、互相补充,终于作出了一致的陈述。

三、实训任务

分析本案的侦查程序有无不当之处。

四、实训方式

以小组为单位让学生进行讨论,每位同学都要发表意见,每组须在规定时间内提交讨论结果,由 1 名同学代表小组进行实训汇报。各组发言完毕,由教师进行总结评价。

五、考核标准

第三节 侦查终结

一、侦查终结的概念和意义

侦查终结是指公安机关和人民检察院对于刑事侦查的案件,经过一系列侦查活动,认为案件事实已经查清,证据确实充分,足以认定犯罪嫌疑人是否有罪和应否追究其刑事责任而决定结束侦查,并依法对案件作出处理或者提出处理意见的一种诉讼活动。

侦查终结是侦查活动结束程序,也是侦查程序的必经程序。侦查终结有两种情况:一种是经过侦查,取得了足以证实犯罪嫌疑人有罪以及犯罪情节轻重的证据,没有发现遗漏罪行和其他应当追究刑事责任的同案犯罪嫌疑人时,侦查即告结束;另一种是经过侦查,根据已经收集到的证据,认为犯罪嫌疑人没有犯罪,或者不需要追究刑事责任时,侦查也告结束。可见,侦查终结对于准确及时追究犯罪,有效保护无辜的人,具有重要意义。

二、侦查终结的条件

侦查终结移送同级人民检察院审查起诉的刑事案件,应当同时符合以下五个条件:

(一)案件事实已经查清

这是侦查终结的事实要件。案件事实主要包括犯罪行为是否存在,是否为犯罪嫌疑人所实施。除此之外,刑事案件中属于犯罪构成要件的事实,属于影响量刑轻重的事实,以及其他与案件有关的事实都属于案件事实,都应当查清。如果案件事实没有查清,侦查就不应当终结。

(二)证据确实、充分

这是侦查终结的证据条件。证据确实、充分是侦查终结的中心环节,根据《刑事诉讼法》第 55 条的规定,证据确实、充分应当符合以下条件:①定罪量刑的事实都有证据证明；②据以定案的证据均经过法定程序查证属实；③综合全案证据，对所认定事实已排除合理怀疑。

（三）犯罪性质和罪名认定正确

这是指基于已经查明的案件事实和已经掌握的证据材料，足以对犯罪嫌疑人犯了某种罪或者某几种罪的性质和罪名作出正确的认定。

（四）法律手续完备

这是指在侦查中形成的文书和履行的法律手续齐全和完整，是衡量侦查活动是否严格依法进行的标准。

（五）依法应当追究刑事责任

这是指根据已经查明的案件事实和我国《刑法》的有关规定，犯罪嫌疑人的行为构成犯罪，并且应当对其追究刑事责任。

三、侦查终结的程序

根据《刑事诉讼法》及相关法律规定，侦查终结应当遵守以下程序：

（一）制作结案报告

公安机关侦查终结的案件，侦查人员首先应当制作结案报告。结案报告应当包括以下内容：①犯罪嫌疑人的基本情况；②是否采取了强制措施及其理由；③案件的事实和证据；④法律依据和处理意见。

（二）报请审批

办案单位应当将结案报告报送县级以上公安机关负责人批准；对于重大、复杂、疑难的案件应当经过集体讨论决定。

（三）听取辩护律师的意见

《刑事诉讼法》第161条规定："在案件侦查终结前，辩护律师提出要求的，侦查机关应当听取辩护律师的意见，并记录在案。辩护律师提出书面意见的，应当附卷。"

（四）移送审查起诉并告知犯罪嫌疑人及其辩护律师

公安机关等侦查机关侦查终结决定移送审查起诉的案件，办案部门应当制作《起诉意见书》，经县级以上公安机关负责人批准后，连同案卷材料、证据一并移送同级人民检察院审查决定。同时，将案件移送情况告知犯罪嫌疑人及其辩护律师。被害人提出附带民事诉讼的，应当记录在案，并在移送审查起诉时，在《起诉意见书》末页注明。

四、撤销案件

《刑事诉讼法》第163条规定："在侦查过程中，发现不应对犯罪嫌疑人追究刑事责任的，应当撤销案件；犯罪嫌疑人已被逮捕的，应当立即释放，发给释放证明，并且通知原批准逮捕的人民检察院。"

所谓"不应对犯罪嫌疑人追究刑事责任",是指没有发生刑事案件或者有《刑事诉讼法》第16条规定的六种情形之一的,而不追究刑事责任的情形。侦查机关经过侦查,发现不应对犯罪嫌疑人追究刑事责任时,应当作出撤销案件的决定,并制作《撤销案件决定书》。犯罪嫌疑人已被逮捕的,应当立即释放,发给释放证明,并且通知原批准逮捕的人民检察院。需要指出的是,如果经侦查证实本案有犯罪事实但非犯罪嫌疑人所为,则一方面应撤销对该犯罪嫌疑人的立案,另一方面则应继续侦查以查获真正的犯罪分子。实践中,需撤销刑事案件的,应制作《撤销案件决定书》,并报经县级以上公安机关负责人批准。

此外,在侦查过程中,发现犯罪嫌疑人不够刑事处罚但需要给予行政处罚的,经县级以上侦查机关批准,对犯罪嫌疑人应依法予以行政处罚或者移交其他有关部门处理。

【参考案例12-11】

2018年8月27日21时30分许,刘某驾驶宝马轿车在A市某路口与同向骑自行车的于某发生争执。刘某从车中取出一把砍刀连续砍击于某,后被于某反抢砍刀并捅刺、砍击数刀,刘某身受重伤,经抢救无效死亡。接到路人报警后,A市公安局立即出警处置并立案侦查。后经警方查明,刘某当时处于醉酒状态,强行开车闯入非机动车道,险些撞上正常骑自行车的于某,双方因此发生争执。刘某下车对于某持续推搡、踢打,后返回宝马轿车取出一把砍刀连续砍击于某要害部位,击打中砍刀甩脱,于某抢到砍刀,并在争夺中捅刺刘某,刘某逃离后,倒在车旁绿化带内,后经送医抢救无效于当日死亡。

请思考:本案后续程序应如何处理?

《刑法》第20条第3款规定:"对正在进行行凶、杀人、抢劫、强奸、绑架以及其他严重危及人身安全的暴力犯罪,采取防卫行为,造成不法侵害人伤亡的,不属于防卫过当,不负刑事责任。"参考案例12-11中刘某的行为属于刑法意义上的"行凶",且其不法侵害是一个持续的过程,于某的行为出于防卫目的,属于正当防卫。因此,于某不负刑事责任。根据《刑事诉讼法》第163条的规定,公安机关应当依法撤销案件。

第四节 补充侦查

一、补充侦查的概念和意义

补充侦查是指公安机关或者人民检察院依照法定程序,在原有侦查工作的基础上进行补充收集证据的一种侦查活动。

补充侦查并不是每一个刑事案件都必须经过的诉讼程序，它只适用于没有完成原有侦查任务，部分事实、情节尚未查清的某些刑事案件。因此，正确、及时进行补充侦查，对查清案件的全部事实、情节，达到侦查的目的和要求，保证办案质量，具有十分重要的意义。

二、补充侦查的种类

根据《刑事诉讼法》的规定，补充侦查在程序上分为三种，即审查批捕阶段的补充侦查、审查起诉阶段的补充侦查和法庭审理阶段的补充侦查。

（一）审查批捕阶段的补充侦查

根据《刑事诉讼法》第90条的规定，人民检察院对于公安机关提请批准逮捕的案件进行审查后，应当根据情况分别作出批准逮捕或者不批准逮捕的决定。对于批准逮捕的决定，公安机关应当立即执行，并且将执行情况通知人民检察院。对于不批准逮捕的，人民检察院应当说明理由，需要补充侦查的，应当同时通知公安机关。

【参考案例12-12】

犯罪嫌疑人刘某因琐事同被害人谢某发生纠葛后，于2008年6月20日20时许，纠集"老三"等人至某地，当被害人谢某途经该处时，"老三"等人在刘某的指示下对谢某实施了殴打。当日谢某到市医院验伤，并拍摄X光片，验伤结论为："神清、头面部肿、皮下淤血，以右侧为显著，左肩膀明显红肿痛。X片：头颅诸骨未见明显骨折，建议CT。"7月16日，谢某因头痛到医院进行CT检查，发现右额颞顶慢性硬膜下血肿。经鉴定，被害人谢某头部右额颞顶慢性硬膜下血肿，并出现头痛等神经系统症状和体征，已构成重伤。公安机关提请批准逮捕，人民检察院经审查认为，由于医学鉴定及医院诊疗、验伤结论都未能证明被害人谢某右额颞顶慢性硬膜下血肿形成原因以及是否有对应性体表伤痕的情况，故被害人谢某右额颞顶慢性硬膜下血肿形成是否为本案故意伤害行为造成的事实不清，证据不足，必须补充侦查予以证明，遂退回补充侦查。经进一步补充侦查，收集补充了被害人谢某的医疗记录材料和医师专业证明即相关知情人的证明材料，可以排除造成被害人脑部损伤引发脑内血肿存在其他外力作用的情况，足以认定系本案犯罪嫌疑人刘某指使其他人实施伤害行为所致，两者之间具有直接因果关系。后检察院以涉嫌故意伤害罪对犯罪嫌疑人刘某批准逮捕。[1]

参考案例12-12中，检察机关在审查批捕过程中发现被害人谢某右额颞顶慢性硬膜下血肿形成是否为本案故意伤害行为造成的事实不清、证据不足，遂

---

[1] 徐燕平主编：《刑事疑难案例研究》，上海交通大学出版社2010年版，第7页。

退回公安机关补充侦查，公安机关补足证据后检察院依法批准逮捕。这种情况即属于审查批捕阶段的补充侦查。

（二）审查起诉阶段的补充侦查

1. 补充侦查的形式。根据《刑事诉讼法》第175条第2款的规定，人民检察院审查案件，对于需要补充侦查的，可以退回公安机关补充侦查，也可以自行侦查。

2. 补充侦查的期限和次数。根据《刑事诉讼法》第175条第3款的规定，对于补充侦查的案件，应当在1个月以内补充侦查完毕。补充侦查以2次为限。这既指退回公安机关补充侦查的案件，也包括人民检察院自侦案件中决定退回补充侦查的案件。

经过1次补充侦查的案件，人民检察院仍然认为证据不足，不符合起诉条件的，可以作出不起诉决定。如果案件经过2次补充侦查，仍然证据不足，不符合起诉条件的，人民检察院应当作出不起诉决定。

（三）法庭审理阶段的补充侦查

根据《刑事诉讼法》第204、205条的规定，在法庭审判过程中，检察人员发现提起公诉的案件需要补充侦查，提出延期审理建议的，合议庭应当同意。人民检察院应当自行侦查，必要时可以要求公安机关提供协助。对公诉人在庭审过程中发现案件需要补充侦查而提出延期审理建议的，合议庭应当同意。但该建议以2次为限。

根据《高法解释》第226条的规定，审判期间，合议庭发现被告人可能有自首、坦白、立功等法定量刑情节，而在人民检察院移送的案卷中没有相关证据材料的，应当通知人民检察院移送。审判期间，被告人提出新的立功线索的，人民法院可以建议人民检察院补充侦查。根据《高检规则》第425条的规定，人民检察院应当审查有关理由，并作出是否补充侦查的决定。人民检察院不同意的，可以要求人民法院就起诉指控的犯罪事实依法作出裁判。

第五节 侦查监督

一、侦查监督的概念和意义

侦查监督是指人民检察院依法对公安机关和侦查人员的侦查活动是否合法进行的监督。

《刑事诉讼法》第8条规定："人民检察院依法对刑事诉讼实行法律监督。"侦查监督是人民检察院刑事诉讼法律监督的重要组成部分。通过实施监督，人民检察院可以发现公安机关和侦查人员在侦查活动中违反法定程序的行为和刑讯逼供、敲诈勒索、贪赃枉法等违法犯罪行为,从而采取纠正和预防措施,有利于保障侦查活动的依法进行,保护诉讼参与人特别是犯罪嫌疑人的诉讼权利,保证刑事案件的正确处理。

二、侦查监督的内容

侦查监督的内容是指人民检察院通过履行侦查监督职能予以发现和纠正的违法行为,包括发现并且纠正公安机关在讯问犯罪嫌疑人、询问证人、讯问被害人、勘验检查、扣押物证与书证、鉴定等具体侦查行为中的违法乱纪现象。根据《刑事诉讼法》及相关司法解释的规定,侦查监督的内容主要是发现和纠正以下违法行为:①对犯罪嫌疑人刑讯逼供、诱供的;②对被害人、证人以体罚、威胁、诱骗等非法手段收集证据的;③伪造、隐匿、销毁、调换或者私自涂改证据的;④徇私舞弊,放纵包庇犯罪分子的;⑤故意制造冤假错案的;⑥在侦查活动中利用职务之便谋取非法利益的;⑦非法拘禁他人或者以其他方法非法剥夺他人人身自由的;⑧非法搜查他人身体、住宅,或者非法侵入他人住宅的;⑨非法采取技术侦查措施的;⑩在侦查过程中不应当撤案而撤案的;⑪侦查人员应当回避而不回避的;⑫阻碍当事人、辩护人、诉讼代理人依法行使诉讼权利的,等等。

三、侦查监督的途径和措施

人民检察院主要通过和采取以下途径和措施,对公安机关的侦查活动实行法律监督:

1. 通过审查逮捕、审查起诉程序,发现和纠正侦查机关侦查活动中的违法行为。

2. 派员参加侦查机关对重大案件的讨论和其他侦查活动,履行侦查监督职责。

3. 通过受理诉讼参与人对侦查人员在侦查活动中侵犯其诉讼权利和人身权利的行为向人民检察院提出的控告并及时审查,从中发现违法行为并及时纠正,依法处理。

4. 通过审查公安机关执行人民检察院批准或者不批准逮捕决定情况,发现违法情形,履行侦查监督职责。

人民检察院进行侦查监督的具体手段主要有两种:

1. 口头提出纠正方式。对于情节较轻的违法行为,如属个别侦查人员的违法,应当向违法者本人口头提出纠正意见;对于带有普遍性的违法行为,应当向侦查机关的负责人提出纠正意见。检察人员参加讯问犯罪嫌疑人、勘验现场等侦查活动中发现侦查人员有违法行为应及时提出。

2. 书面纠正方式。对于侦查机关在侦查活动中比较严重的违法行为，应当报请检察长批准后，向其发出《纠正违法通知书》。《纠正违法通知书》是一种重要的检察监督文书，一经发出，便具有法律效力，侦查机关应立即纠正违法行为并将纠正的情况回复检察机关。

【参考案例12-13】

A市B区人民检察院在一起贩毒案件的审查逮捕过程中，发现B区公安局承办民警的下列取证行为违反了相关法律规定：民警张某于2011年12月8日出具证言，证实其在抓捕过程中亲眼看见了犯罪嫌疑人艾某的贩毒经过。经B区人民检察院审查并重新询问有关证人，证实了案发当日参与抓捕的民警是李某，而非张某，且无证据证明张某案发时在现场，因此张某的该份证言缺乏真实性，不能采信。此外，民警李某、社保队员夏某系本案的目击证人，但该局承办民警未向上述二人取证并获取证言。经对全案证据材料综合分析，B区人民检察院认为现有证据不足以证实嫌疑人艾某实施了贩毒行为，故该院以事实不清，证据不足，对艾某作出不予批准逮捕的决定，并向B区公安局发出了《纠正违法通知书》。

参考案例12-13中，承办民警在侦查取证过程中，未依照法定程序，全面、客观地收集、审查、核实能够证实犯罪嫌疑人艾某有罪或者无罪、犯罪情节轻重的各种证据，违反了法律规定。检察机关依法向该局发出了《纠正违法通知书》，正确履行了侦查监督职能。

第六节 人民检察院对直接受理案件的侦查

人民检察院对直接受理的案件的侦查，也称自侦案件的侦查，是指人民检察院对自己受理的案件依法进行的专门调查工作和有关的强制性措施。关于自侦案件的范围，在本书"管辖"一章已有详细介绍，在此不赘述，主要介绍一下自侦案件中侦查权的特殊规定以及侦查终结的处理方式等问题。

一、自侦案件的侦查权限

《刑事诉讼法》第19条第2款规定："人民检察院在对诉讼活动实行法律监督中发现的司法工作人员利用职权实施的非法拘禁、刑讯逼供、非法搜查等侵犯公民权利、损害司法公正的犯罪，可以由人民检察院立案侦查。对于公安机关管辖的国家机关工作人员利用职权实施的重大犯罪案件，需要由人民检察院直接受理的时候，经省级以上人民检察院决定，可以由人民检察院立案侦查。"

《刑事诉讼法》第 165 条规定："人民检察院直接受理的案件中符合本法第 81 条、第 82 条第 4 项、第 5 项规定情形，需要逮捕、拘留犯罪嫌疑人的，由人民检察院作出决定，由公安机关执行。"根据这一规定，检察机关自侦案件过程中，在拘留权的问题上，仅具有拘留决定权，而不具有拘留的执行权；同时拘留在自侦案件中的适用对象也仅限于两类，明显少于公安机关在普通刑事案件中享有的拘留权限。人民检察院对自行决定拘留的人应当尽快审查，根据《刑事诉讼法》第 166 条的规定，应当在拘留后的 24 小时以内进行讯问。在发现不应当拘留的时候，必须立即释放，发给释放证明。

《刑事诉讼法》第 167 条规定："人民检察院对直接受理的案件中被拘留的人，认为需要逮捕的，应当在 14 日以内作出决定。在特殊情况下，决定逮捕的时间可以延长 1 日至 3 日。对不需要逮捕的，应当立即释放；对需要继续侦查，并且符合取保候审、监视居住条件的，依法取保候审或者监视居住。"上述规定的 17 日期限为人民检察院自侦部门与审查批捕部门共用的期限，而且这一期限没有任何例外规定，应当被视为人民检察院办理自侦案件总的拘留期限。

二、案件侦查终结后的处理

根据《刑事诉讼法》第 168 条的规定，人民检察院侦查终结的案件，应当作出提起公诉、不起诉或者撤销案件的决定。

【本章小结】

侦查是指侦查机关在办理刑事案件过程中，依照法律进行的专门调查工作和有关的强制性措施。侦查行为是指侦查机关在办理案件过程中，依照法律进行的各种专门调查活动。包括讯问犯罪嫌疑人，询问证人和被害人，勘验、检查，搜查，查封、扣押，辨认，鉴定，技术侦查措施，通缉等。侦查机关通过一系列的侦查活动，认为案件事实已经查清，证据确实、充分，足以认定犯罪嫌疑人是否犯罪和应否对其追究刑事责任，即可以决定结束侦查，依法对案件作出处理或提出处理意见。补充侦查是侦查权的重要组成部分，但并不意味着每一个刑事案件都必须经过补充侦查，只是在原有的侦查工作没有达到侦查目的和要求或侦查任务还未完成的情况下，由侦查机关就部分事实情节进行侦查。

【课后思考】

某日晚 11 时许，王某（男，28 岁）在公路上持刀拦截一辆货车，将车门玻璃砸碎，强行将驾驶员许某拖下车搜身，遭许反抗，王某持刀将许捅成重伤，并劫走其身上现金 1500 元。正在货车车厢里睡觉的姚某和李某听到动静后，下车将王某抓获，并向公安机关报案。公安机关立即派员赶赴现场，将王某带至公安机关进行审查。

请回答：公安机关在办理此案时，应当进行哪些侦查行为？

第十三章 起诉程序

学习目标

了解起诉的概念、分类和意义,明确审查起诉的内容、步骤和方法,掌握提起公诉的条件,掌握不起诉的种类和程序,弄清自诉案件的范围、提起条件和程序。

重点提示

起诉;审查起诉;提起公诉;不起诉;提起自诉

【知识框架】

起诉程序
- 刑事起诉概述
  - 刑事起诉的概念和分类
  - 刑事起诉的意义
- 审查起诉
  - 审查起诉的概念和意义
  - 审查起诉的内容
  - 审查起诉的步骤和方法
  - 审查起诉后的处理
  - 审查起诉期限
- 提起公诉
  - 提起公诉的概念和意义
  - 提起公诉的条件
  - 起诉书的制作
- 不起诉
  - 不起诉的概念
  - 不起诉的种类
  - 不起诉的程序
- 提起自诉
  - 自诉案件的概念
  - 自诉案件的范围
  - 自诉案件提起的条件
  - 提起自诉的程序

【本章引例】

2007年9月,犯罪嫌疑人唐某在某村用1000元人民币向一过路人购买一支双管火药猎枪用于打猎。2008年10月1日晚9时许,唐某持枪上山打猎回家至二楼房间时，将装有弹药的猎枪竖靠在睡房门墙旁，因猎枪滑倒走火，其散弹击中在其房间睡觉的被害人董某。经法医鉴定，被害人董某的伤情为重伤。县公安局以唐某涉嫌非法持有枪支罪依法将案件移送县人民检察院审查起诉，县人民检察院认为该案遗漏过失重伤构成犯罪的材料。

请思考：县人民检察院该如何做？

第一节　刑事起诉概述

一、刑事起诉的概念和分类

刑事起诉是指享有控诉权的国家机关和公民，依法向法院提起诉讼，请求法院对指控的内容进行审判，以确定被告人刑事责任并依法予以刑事裁判的诉讼行为。起诉是刑事诉讼的重要程序之一。

按照行使追诉权的主体不同，刑事起诉可分为公诉和自诉两种方式。公诉是指依法享有刑事追诉权的国家专门机关（检察机关），代表国家和公众向法院起诉，要求审判机关追究被告人的刑事责任的行为；自诉是指刑事被害人及其法定代理人、近亲属等，以个人的名义向法院起诉，要求保护被害人的合法权益，追究被告人刑事责任的行为。

目前，在世界各国的起诉方式中，公诉制度占主导地位。但是，由于各国政治、经济、文化传统的不同，其法律制度和刑事诉讼制度的产生、发展历史也不同，这就形成了不同法系之间、不同国家之间在起诉制度上的差异。从起诉权的行使上看，各国的起诉制度大致可以分为两类：一是统一公诉制。刑事案件由检察官向法院起诉，不允许私人自诉，如日本。二是公诉兼自诉制。刑事案件的起诉大都由检察机关代表国家实行公诉，部分案件允许公民个人自诉，国家不主动干预。大多数国家都采取这种方式。

我国刑事诉讼实行公诉为主、自诉为辅的方式，即除了《刑事诉讼法》规定由人民法院直接受理的少数案件由被害人等自诉以外，对绝大多数刑事案件都实行公诉，即由承担国家公诉权的专门机关——人民检察院行使这项国家权力，其他任何机关、团体和个人都不能行使。人民检察院公诉活动的内容包括审查起诉、提起公诉、出庭支持公诉以及由提起公诉所派生出来的不起诉等活动。其中提起公诉是人民检察院公诉活动的核心内容，审查起诉是提起公诉的准备和基础，出庭支持公诉则是提起公诉活动在审判阶段的延伸。

二、刑事起诉的意义

起诉在刑事诉讼中具有重要意义，具体表现在如下方面：

1. 起诉是引起审判程序的必经程序。起诉是刑事审判的前提，没有起诉活动，也就没有审判程序。

2. 起诉对于有效地惩罚犯罪，维护社会和公民权益具有重要意义。当社会主体的权益受到犯罪行为侵害时，需要借助国家审判力量予以保护，惩罚犯罪，恢复权益的正常状态和被破坏的社会秩序。而起诉正是向审判提供对象的活动，未经起诉的人员和事项，法院不得审判。

3. 起诉对于保证正确惩罚犯罪，保护无辜，实现程序公正具有重要意义。在公诉案件中，人民检察院通过审查起诉和起诉活动，可以对侦查机关侦查终结后移送起诉的案件从认定事实到适用法律进行全面审查，监督侦查工作依法进行；可以将符合起诉条件的人起诉到人民法院，保证准确惩罚犯罪，尽快使无辜的人及依法不受刑事追究的人从刑事程序中解脱出来。在自诉案件中，通过提起自诉和对自诉的审查，可以保证案件处理的准确性，实现诉讼公正与效率。

【参考案例 13-1】

2016 年 4 月 13 日，A 市公安局 B 区公安分局接到一位女事主报警。据女事主称，4 月 12 日晚，她在 B 区一酒吧内，与刘某喝酒后被带至一宾馆内强奸。B 区公安分局开展工作后，将涉案人员刘某抓获。刘某因涉嫌强奸被刑事拘留，后被依法批捕。B 区人民检察院受理 B 区公安分局移送审查起诉的刘某涉嫌强奸一案。其间，退回公安机关补充侦查 1 次，后以刘某涉嫌强奸罪，向 B 区人民法院提起公诉。经审理，被告人刘某因犯强奸罪被判处有期徒刑 7 年，后被送往监狱执行。

请结合本案谈谈起诉程序的意义是什么？

参考案例 13-1 呈现了立案、侦查、起诉、审判和执行的公诉案件程序。起诉在其中起着承上启下的作用。通过检察机关审查起诉，可以全面审查案件事实和证据，查明侦查活动是否合法，法律手续是否完备，对侦查工作实行有效监督。起诉又作为审判的前提和基础，能启动审判程序，限制审判范围。

第二节 审查起诉

一、审查起诉的概念和意义

审查起诉是指人民检察院在提起公诉阶段，为了确定对经侦查终结的刑事案件是否应当提起公诉，而对公安机关和监察机关确认的犯罪事实和证据、犯罪性质和罪名进行审查核实，并作出处理决定的一项诉讼活动。

其内容包括：对公安机关和监察机关移送的案件或者自侦终结的案件，从事实和法律两方面进行全面审查；根据审查情况依法分别作出起诉或者不起诉的决定，并制作相应的法律文书；根据作出的决定，按照法律规定对案件作出程序上的处理。此外，这也是人民检察院对侦查活动实行法律监督的一项重要手段。

审查起诉是公诉案件的必经程序，作为连接侦查机关侦查、监察机关调查与审判的纽带，审查起诉对于刑事案件的公正处理，实现刑事诉讼的任务，保证人民检察院正确地提起公诉，发现和纠正侦查活动中的违法行为具有重要意义。

二、审查起诉的内容

根据《刑事诉讼法》第171条和《高检规则》第330条的规定，人民检察院对于移送审查起诉的案件，必须查明以下内容：

1. 犯罪嫌疑人身份状况是否清楚，包括姓名、性别、国籍、出生年月日、职业和单位等；单位犯罪的，单位的相关情况是否清楚。

2. 犯罪事实、情节是否清楚；实施犯罪的时间、地点、手段、危害后果是否明确。

3. 认定犯罪性质和罪名的意见是否正确；有无法定的从重、从轻、减轻或者免除处罚情节及酌定从重、从轻情节；共同犯罪案件的犯罪嫌疑人在犯罪活动中的责任认定是否恰当。

4. 犯罪嫌疑人是否认罪认罚。

5. 证明犯罪事实的证据材料是否随案移送；证明相关财产系违法所得的证据材料是否随案移送；不宜移送的证据的清单、复制件、照片或者其他证明文件是否随案移送。

6. 证据是否确实、充分，是否依法收集，有无应当排除非法证据的情形。

7. 采取侦查措施包括技术侦查措施的法律手续和诉讼文书是否完备。

8. 有无遗漏罪行和其他应当追究刑事责任的人。

9. 是否属于不应当追究刑事责任的。

10. 有无附带民事诉讼；对于国家财产、集体财产遭受损失的，是否需要由人民检察院提起附带民事诉讼。对于破坏生态环境和资源保护，食品药品安全领域侵害众多消费者合法权益，侵害英雄烈士的姓名、肖像、名誉、荣誉等损害社会公共利益的行为，是否需要由人民检察院提起附带民事公益诉讼。

11. 采取的强制措施是否适当，对于已经逮捕的犯罪嫌疑人，有无继续羁押的必要。

12. 侦查活动是否合法。

13. 涉案财物是否查封、扣押、冻结并妥善保管，清单是否齐备；对被害人合法财产的返还和对违禁品或者不宜长期保存的物品的处理是否妥当，移送的证明文件是否完备。

本章引例中,县人民检察院审查发现县公安局移送案卷有遗漏罪行,遗漏了过失重伤构成犯罪的材料,这是人民检察院在审查起诉中应当查明的重要内容,属于上述第 8 项内容。

三、审查起诉的步骤和方法

根据我国《刑事诉讼法》和其他有关规定,人民检察院对移送起诉案件审查的基本步骤和方法是:

(一)审查管辖权

各级人民检察院审查起诉的案件应与人民法院的审判管辖相适应。

(二)审阅案卷材料

审阅案卷材料是办案人员接到案卷后的第一步工作。办案人员接到案件后,应当首先审阅侦查机关制作的起诉意见书,然后再全面审阅案卷材料,并按照审查起诉的内容制作阅卷笔录。

(三)讯问犯罪嫌疑人

人民检察院审查案件,应当讯问犯罪嫌疑人。这是人民检察院审查起诉的必经程序。根据《刑事诉讼法》的规定,讯问只能由检察人员进行,不得少于 2 人。首先应当讯问犯罪嫌疑人是否有犯罪行为,让其陈述有罪的情节或进行无罪的辩解,然后根据犯罪嫌疑人的陈述情况和阅卷确定的情况决定复核证据的重点,向犯罪嫌疑人提出问题让其回答。

(四)听取辩护人或者值班律师、被害人及其诉讼代理人的意见

人民检察院自收到移送审查起诉的案件材料之日起 3 日内,应当告知犯罪嫌疑人有权委托辩护人,并应当告知被害人及其法定代理人或近亲属有权委托诉讼代理人。人民检察院审查案件,应当讯问犯罪嫌疑人,听取辩护人、被害人及其诉讼代理人的意见,并制作笔录附卷。辩护人、被害人及其诉讼代理人提出书面意见的,应当附卷。

【参考案例 13-2】

某市人民检察院对丁某抢劫案审查起诉时,被害人贾某要求向人民检察院陈述意见。办案人员认为,该案已经讯问了犯罪嫌疑人丁某,并已听取辩护人和被害人委托的诉讼代理人的意见,被害人的要求也已经由诉讼代理人反映,没有必要听取被害人的意见,这样也可以尽快将案件提起公诉,所以,没有听取贾某的意见。

请思考:市人民检察院对该案审查起诉时,是否应当听取贾某的意见?

参考案例 13-2 中,市人民检察院应当听取被害人贾某的意见。听取被害人及被害人委托的人的意见是审查起诉的必经程序和法定方法。

（五）对认罪认罚的犯罪嫌疑人的权利告知和意见听取

犯罪嫌疑人认罪认罚的，人民检察院应当告知其享有的诉讼权利和认罪认罚的法律规定，听取犯罪嫌疑人、辩护人或者值班律师、被害人及其诉讼代理人对下列事项的意见，并记录在案：①涉嫌的犯罪事实、罪名及适用的法律规定；②从轻、减轻或者免除处罚等从宽处罚的建议；③认罪认罚后案件审理适用的程序；④其他需要听取意见的事项。

（六）对案件进行补充侦查

在审查起诉阶段的补充侦查，是指人民检察院通过审查发现案件事实不清、证据不足或者遗漏了罪行或同案犯罪嫌疑人等情形，不能作出提起公诉或者不起诉决定，从而采取的补充进行有关专门调查等工作的一项诉讼活动。根据《刑事诉讼法》第175条的规定，审查起诉阶段的补充侦查有两种形式：一种是人民检察院退回公安机关的补充侦查。这种形式一般适用于主要犯罪事实不清、证据不足，或者遗漏了重要犯罪事实及应追究刑事责任的同案犯的案件。人民检察院对需要退回补充侦查的案件，应当制作《退回补充侦查决定书》，写明退查的理由和需要补充查明的具体事项及要求。另一种是由人民检察院自行侦查。这种方式一般适用于只有某些次要的犯罪事实、情节不清，证据不足，公安机关侦查活动中有违法情况，在认定事实和证据上与公安机关有较大分歧或者已经退查过但仍未查清的案件。自侦案件需要补充侦查的，人民检察院审查起诉部门应将案件退回本院侦查部门。

人民检察院对于监察机关移送起诉的案件，依照《刑事诉讼法》和《监察法》的有关规定进行审查。人民检察院经审查，认为需要补充核实的，应当退回监察机关补充调查，必要时可以自行补充侦查。

四、审查起诉后的处理

根据《刑事诉讼法》第175、176、177条的规定，人民检察院对案件审查以后，可以对案件作出如下处理：

（一）作出退回补充侦查决定

人民检察院审查案件，对于需要补充侦查的，可以退回公安机关补充侦查。对于补充侦查的案件，应当在1个月以内补充侦查完毕，补充侦查以2次为限，对于二次补充侦查的案件，人民检察院仍然认为证据不足，不符合起诉条件的，应当作出不起诉的决定。

（二）作出提起公诉的决定

人民检察院认为犯罪嫌疑人的犯罪事实已经查清，证据确实、充分，依法应当追究刑事责任的，应当作出起诉决定，按照审判管辖的规定，向人民法院提起公诉，并将案卷材料、证据移送人民法院。

犯罪嫌疑人认罪认罚的，人民检察院应当就主刑、附加刑、是否适用缓刑等提出量刑建议，并随案移送认罪认罚具结书等材料。

（三）作出不起诉的决定

经审查发现犯罪嫌疑人没有犯罪事实，或者符合《刑事诉讼法》第16条的规定，人民检察院应当作出不起诉的决定。对于犯罪情节轻微，依法不需要判处刑罚或者免除刑罚的，人民检察院可以作出不起诉的决定。对于决定不起诉的案件，应当同时对侦查中查封、扣押、冻结的财物解除查封、扣押、冻结。对被不起诉人需要给予行政处罚、行政处分或者需要没收违法所得的，人民检察院应当提出检察意见，移送有关主管机关处理。有关主管机关应当将处理结果及时通知人民检察院。

【参考案例13-3】

2011年9月至2012年6月，李某使用QQ号码通过在腾讯网发漂流瓶和聊天方式结识男童小杰。随后，李某利用金钱、物质引诱的方式多次诱骗小杰到其住所进行猥亵。2012年6月10日，受害人小杰及其家属向S区公安机关报案。公安机关经审查后，将李某刑事拘留。同年8月9日，S区人民检察院以涉嫌猥亵儿童罪依法批捕李某。由于对案件中的部分事实证据需要作进一步调查，S区人民检察院根据《刑事诉讼法》的规定，两次退回公安机关，要求对相关证据进行补充侦查。经过二次补充侦查，被害人陈述、证人证言、物证、书证、电子数据等各个证据之间形成了完整的证据链条，S区人民检察院依法对犯罪嫌疑人李某提起公诉。

请思考：S区人民检察院的做法是否合法？

参考案例13-3中，检察机关在审查起诉阶段通过审查发现部分事实证据不清，两次退回公安机关补充侦查，最后证据之间形成了完整的链条，检察机关作出了提起公诉的决定。因此，S区人民检察院的做法是合法的。如果经过2次退回补充侦查仍然无法获得足够的证据，检察机关就必须作出不起诉的决定。

五、审查起诉期限

根据《刑事诉讼法》第172条的规定，人民检察院对于监察机关、公安机关移送起诉的案件，应当在1个月以内作出决定，重大、复杂的案件，可以延长15日；犯罪嫌疑人认罪认罚，符合速裁程序适用条件的，应当在10日以内作出决定，对可能判处的有期徒刑超过1年的，可以延长至15日。人民检察院审查起诉的案件，改变管辖的，从改变后的人民检察院收到案件之日起计算审查起诉期限。

第三节 提起公诉

一、提起公诉的概念和意义

提起公诉是指人民检察院代表国家以国家公诉机关身份向人民法院提起诉讼，要求人民法院对指控的犯罪进行审判，确定被告人刑事责任并予以刑事处罚的诉讼活动。

提起公诉是启动刑事审判程序的机制之一，必须依法定的程序要求进行；对于提起公诉的案件，行使公诉权的检察机关对其有着明确的实体判断。人民检察院一旦提起公诉，只要符合法定的程序要求，即具有启动诉讼程序的诉讼效力，至于案件是否切实符合实体标准，则是正式审判所要审查和确认的内容。

二、提起公诉的条件

（一）犯罪事实已经查清

犯罪事实清楚是提起公诉的首要条件。根据有关司法解释，具有下列情形之一的，可以确认犯罪事实已经查清：①属于单一罪行的案件，查清的事实足以定罪量刑或者与定罪量刑有关的事实已经查清，不影响定罪量刑的事实无法查清的；②属于数个罪行的案件，部分罪行已经查清并符合起诉条件，其他罪行无法查清的；③无法查清作案工具、赃物去向，但有其他证据足以对被告人定罪量刑的；④证人证言、犯罪嫌疑人供述和辩解、被害人陈述的内容中主要情节一致，只有个别情节不一致且不影响定罪的。

（二）证据确实、充分

证据确实，是对证据质的要求，是指用以证明犯罪事实的每一项证据必须是客观真实存在的事实，同时又与犯罪事实有内在的联系，能够证明案件的事实真相；证据充分，是对证据量的要求，据以起诉的证据在量上达到使犯罪事实构成的每一部分都有相应的具有说服力和证明效力的证据得以证明，形成具备完整性的证据链。

（三）依法应当追究刑事责任

人民检察院决定起诉的案件，不但认定犯罪嫌疑人的行为已经构成犯罪，而且依法应追究刑事责任，否则就不能对其作出起诉决定。是否应当追究刑事责任的判断应当建立在两个基础之上：一是事实基础；二是法律基础。应当追究刑事责任必须以已经查清的犯罪事实为依据，在此基础上，依照现行、有效的法律来判断是否应当追究犯罪嫌疑人的刑事责任。被告人所实施的行为必须符合《刑法》所规定的应当追究刑事责任的法定条件，而且排除不追究刑事责任的法定情形,这是提起公诉的必备条件。

对犯罪嫌疑人提起公诉,必须同时具备上述三项条件,任何一项缺失,都不能提起公诉。

【参考案例13-4】

2017年9月25日19时许,被告人朱某在某工厂检查货物的过程中与前来交货的被害人余某因货物是否潮湿一事发生争吵,继而双方在该厂门外发生互殴。互殴过程中,朱某使用挂在摩托车钥匙上的一把不锈钢水果刀将余某刺成重伤。认定事实的证据包括被告人朱某的供述和辩解,被害人余某的陈述,证人刘某、唐某、张某的证言,公安机关刑事物证鉴定机构出具的《人体损伤程度鉴定书》等,检察机关认为朱某犯罪事实清楚,证据确实、充分,应当以故意伤害罪追究其刑事责任,遂依法向人民法院提起公诉。

参考案例13-4中,检察机关认为朱某犯罪事实清楚,证据确实、充分,依法应当追究刑事责任,符合提起公诉的三项条件,遂做出了提起公诉的决定。该决定的作出是正确的。

三、《起诉书》的制作

《起诉书》是非常重要的司法文书,是人民检察院提起公诉的书面依据,也是人民法院对被告人行使审判权的前提,同时还是法庭调查和辩论的基础。人民检察院作出起诉决定后,应制作《起诉书》。《起诉书》的内容包括:

1. 首部。首部主要是制作该文书的人民检察院名称、文书编号等。

2. 被告人的基本情况。包括姓名、性别、出生年月日、出生地和户籍地、身份证号码、民族、文化程度、职业、工作单位及职务、住址,是否受过刑事处分及处分的种类和时间,采取强制措施的情况等;如果是单位犯罪,应当写明犯罪单位的名称和组织机构代码、所在地址、联系方式,法定代表人和诉讼代表人姓名、职务、联系方式;如果还有应当负刑事责任的直接负责的主管人员或其他直接责任人员,应当按上述被告人基本情况的内容叙写。如果被告人真实姓名、住址无法查清,应当按其绰号或者自报的姓名、自报的年龄制作《起诉书》,并在《起诉书》中注明。被告人自报的姓名可能造成损害他人名誉、败坏道德风俗等不良影响的,可以对被告人编号并按编号制作《起诉书》,并在《起诉书》中附具被告人的照片。

3. 案由和案件来源。案由包括犯罪主体和认定的罪名;案件来源主要是指案件是由公安机关侦查终结移送起诉的,还是人民检察院侦查部门自行侦结的案件。

4. 案件事实。包括犯罪的时间、地点、经过、手段、动机、目的、危害后果等与定罪量刑有关的事实要素。《起诉书》叙述的指控犯罪事实的必备要素应当明晰、准确。被告人被控有多项犯罪事实的,应当逐一列举,对于犯罪手段相同的同一犯罪可以概括叙写。

5. 起诉的根据和理由。包括被告人触犯的刑法条款,犯罪的性质,法定从轻、减轻或者从重处罚的情节,共同犯罪中被告人应负的罪责等。

6. 尾部。写明起诉书送达的人民法院名称,本案承办人的法律职务和姓名,制作起诉书的年、月、日,并加盖人民检察院公章。

7. 附项。这部分写明被告人被采取强制措施的场所及地址,证据目录、主要证据照片或复印件,证人名单及其住址或单位地址,鉴定人的住址或单位地址,随案移送案卷的册数、页数,随案移送的赃物和其他证据等。

根据《刑事诉讼法》的规定,《起诉书》制成后,需要连同案卷材料、证据一并移送同级人民法院,而不再是仅向人民法院移送《起诉书》、证据目录、证人名单和主要证据复印件或者照片,并且应按被告人、辩护人、被害人的人数向人民法院提交起诉书副本。

【拓展阅读 13-1】

第四节 不起诉

一、不起诉的概念

不起诉是指人民检察院对公安机关侦查终结移送起诉的案件和自己侦查终结的案件进行审查后,认为犯罪嫌疑人的行为不构成犯罪或者依法不应追究刑事责任,或者犯罪情节轻微,依照《刑法》规定不需要判处刑罚或者免除刑罚,以及对于补充侦查的案件,认为证据不足,不符合起诉条件,从而作出不将犯罪嫌疑人交付人民法院审判的一种处理决定。不起诉决定具有终止刑事诉讼的效力。

二、不起诉的种类

根据《刑事诉讼法》的规定,不起诉可以分为法定不起诉、酌定不起诉、证据不足不起诉和附条件不起诉四种。

(一)法定不起诉

法定不起诉又称绝对不起诉,是指法律明确规定应当不起诉的情形。《刑事诉讼法》第177条第1款规定："犯罪嫌疑人没有犯罪事实，或者有本法第16条规定的情形之一的，人民检察院应当作出不起诉决定。"根据《刑事诉讼法》第16条的规定，法定不起诉适用于六种情形：一是情节显著轻微、危害不大，不认为是犯罪的；二是犯罪已过追诉时效期限的；三是经特赦令免除刑罚的；四是依照《刑法》告诉才处理的犯罪，没有告诉或者撤回告诉的；五是犯罪嫌疑人、被告人死亡的；六是其他法律规定免予追究刑事责任的。

在上述情况下，人民检察院没有自由裁量权，只能作出不起诉决定。

【参考案例13-5】

2018年12月27日0时，A县公安分局某派出所接到报警，称有人打架。接警后，民警立即出警处置。经查，李某和邹某在邹某住处因琐事争吵并发生肢体冲突，引来邻居围观。其中楼上邻居赵某下楼见李某正在殴打邹某时，便上前制止拉拽李某，赵某和李某一同倒地。两人起身后，李某打了赵某两拳，赵某随即将李某推倒在地，接着上前打了李某两拳，并朝倒地的李某腹部踹了一脚，随后赵某被自己的女友劝离现场。李某被踢中腹部后横结肠破裂，经法医鉴定为重伤二级。经A县公安分局侦查，赵某涉嫌故意伤害罪被刑事拘留，后转为取保候审，经过进一步侦查，A县公安分局以赵某涉嫌过失致人重伤罪将此案移送A县人民检察院审查起诉。A县人民检察院经审查认为，赵某的行为属正当防卫，不应当追究刑事责任，依据《刑事诉讼法》第177条第1款的规定，对赵某作出无罪的不起诉决定。

参考案例13-5中，赵某的行为属于正当防卫，没有犯罪事实，属于法定不起诉的情形，A县人民检察院作出不起诉决定是正确的。

（二）酌定不起诉

酌定不起诉又称相对不起诉，是指人民检察院可以根据案件的具体情况有选择地决定起诉或者不起诉的情形。《刑事诉讼法》第177条第2款规定："对于犯罪情节轻微，依照刑法规定不需要判处刑罚或者免除刑罚的，人民检察院可以作出不起诉决定。"酌定不起诉是人民检察院行使起诉裁量权的表现。酌定不起诉的条件有两个：一是犯罪情节轻微；二是依照刑法规定不需要判处刑罚或者免除刑罚。这两个条件必须同时具备。

（三）证据不足不起诉

证据不足不起诉又称存疑不起诉。《刑事诉讼法》第175条第4款规定："对于二次补充侦查的案件，人民检察院仍然认为证据不足，不符合起诉条件的，应当作出不起诉的决定。"

根据《高检规则》第368条的规定，具有下列情形之一的，不能确定犯罪嫌疑人构成犯罪和需要追究刑事责任的，属于证据不足，不符合起诉条件，可以做出不起诉决定：①犯罪构成要件事实缺乏必要的证据予以证明的；②据以定罪的证据存在疑问，无法查证属实的；③据以定罪的证据之间、证据与案件事实之间的矛盾不能合理排除的；④根据证据得出的结论具有其他可能性、不能排除合理怀疑的；⑤根据证据认定案件事实不符合逻辑和经验法则，得出的结论明显不符合常理的。

【参考案例 13-6】

刘某于 2014 年 6 月 23 日在工商银行某支行申请办理了一张万事达白金信用卡，信用额度为 5 万元人民币。该信用卡申请成功后，一直正常使用，因信用卡透支未按期还款，银行多次向刘某催收，刘某告知银行信用卡实际由其朋友王某使用，但始终未还款。公安机关将犯罪嫌疑人刘某抓获归案，后将案件移送起诉。刘某被抓获后还清了信用卡欠款，取得了银行的谅解。检察机关经过审查起诉认为，刘某办理信用卡后出现透支且未按期归还，有信用卡诈骗犯罪之嫌疑，但是否为其本人透支事实不清，且认定具有非法占有目的之恶意证据不足，经退回公安机关补充侦查后，未能补充到充分认定其具有非法占有的恶意的证据，不符合起诉条件，依据《刑事诉讼法》第 175 条第 4 款，决定对刘某不起诉。

参考案例 13-6 中，认定刘某具有非法占有目的证据不足，难以认定其构成信用卡诈骗罪，检察机关因此对刘某作出不起诉决定，符合证据不足不起诉的规定。

（四）附条件不起诉

人民检察院在办理未成年人刑事案件时，坚持教育为主、惩罚为辅的原则，可以对部分未成年人刑事案件作出附条件不起诉的决定。《刑事诉讼法》第 282 条第 1 款规定："对于未成年人涉嫌刑法分则第四章、第五章、第六章规定的犯罪，可能判处 1 年有期徒刑以下刑罚，符合起诉条件，但有悔罪表现的，人民检察院可以作出附条件不起诉的决定。人民检察院在作出附条件不起诉的决定以前，应当听取公安机关、被害人的意见。"

三、不起诉的程序

（一）制作《不起诉决定书》

凡是不起诉的案件，人民检察院都应当制作《不起诉决定书》，这是人民检察院代表国家依法确认不追究犯罪嫌疑人刑事责任的决定性法律文书，具有法律效力。《不起诉决定书》的主要内容包括：被不起诉人的基本情况；案由和案件来源；案件事实；不起诉的根据和理由；有关告知事项等。

（二）《不起诉决定书》的宣读和送达

根据《刑事诉讼法》的规定，人民检察院应当公开宣布《不起诉决定书》。

《不起诉决定书》一经宣布,立即产生法律效力,并应分别送达下列机关和人员:被不起诉人、辩护人及被不起诉人的所在单位。如果被不起诉人在押的,应当立即释放。如果是公安机关移送起诉的案件,应当将《不起诉决定书》送达公安机关。对于有被害人的案件,应当将《不起诉决定书》送达被害人。

(三)作出其他附带处分或者移送主管机关处理

人民检察院决定不起诉的案件,可以根据案件的不同情况,对不起诉人予以训诫或者责令具结悔过、赔礼道歉、赔偿损失、给予行政处罚或者行政处分。对不起诉人需要给予行政处罚、行政处分或者需要没收其违法所得的,人民检察院应当提出检察意见,连同《不起诉决定书》一并移送有关主管机关处理。有关主管机关应当将处理结果及时通知人民检察院。

(四)解除扣押、冻结

人民检察院作出不起诉决定后,就终止了刑事诉讼,应当同时对侦查中查封、扣押、冻结的财物解除查封、扣押、冻结。

(五)对公安机关的意见进行复议、复核

根据《刑事诉讼法》第179条的规定,公安机关认为人民检察院作出的不起诉决定有错误,可以要求复议,如果意见不被接受,可以向上一级人民检察院提请复核。

(六)对被害人、被不起诉人的申诉进行复查

《刑事诉讼法》第180条规定,对于有被害人的案件,决定不起诉的,被害人如果不服人民检察院的不起诉决定,可以自收到决定书后7日以内向上一级人民检察院申诉,请求提起公诉。人民检察院应当将复查决定通知被害人,对人民检察院维持不起诉决定的,被害人可以向人民法院起诉。

《刑事诉讼法》第181条规定:"对于人民检察院依照本法第177条第2款作出的不起诉决定,被不起诉人如果不服,可以自收到决定书后7日以内向人民检察院申诉。人民检察院应当作出复查决定,通知被不起诉的人,同时抄送公安机关。"

第五节 提起自诉

一、自诉案件的概念

刑事诉讼中的自诉是相对于公诉而言的,指的是法律规定的享有自诉权的人直接向有管辖权的人民法院提起的刑事诉讼。在我国,自诉案件是指法律规定的可以由被害人或者其法定代理人、近亲属直接向人民法院起诉,要求追究

被告人刑事责任，人民法院能够直接受理的刑事案件。

二、自诉案件的范围

根据我国《刑事诉讼法》第210条及相关司法解释的规定，自诉案件的范围包括以下几类：

（一）告诉才处理的案件

告诉才处理的案件是指只有被害人或其法定代理人提出控告，人民法院才能受理的案件，即我国《刑法》中明确规定"告诉才处理"的刑事案件，如侮辱、诽谤罪（《刑法》第246条第1款），暴力干涉婚姻自由罪（《刑法》第257条第1款），虐待罪（《刑法》第260条第1款），侵占罪（《刑法》第270条）。

（二）被害人有证据证明的轻微刑事案件

此类案件具体包括：①故意伤害案（《刑法》第234条第1款）；②非法侵入住宅案（《刑法》第245条）；③侵犯通信自由案（《刑法》第252条）；④重婚案（《刑法》第258条）；⑤遗弃案（《刑法》第261条）；⑥生产、销售伪劣商品案（《刑法》分则第三章第一节，但是严重危害社会秩序和国家利益的除外）；⑦侵犯知识产权案（《刑法》分则第三章第七节，但是严重危害社会秩序和国家利益的除外）；⑧属于《刑法》分则第四章、第五章规定的，对被告人可能判处3年有期徒刑以下刑罚的案件。

（三）被害人有证据证明对被告人侵犯自己的人身权利、财产权利的行为应当追究刑事责任，而公安机关或者人民检察院不予追究被告人刑事责任的案件

此类案件在实践中也被称为"公诉转自诉的案件"。这里的公安机关、人民检察院不予追究被告人刑事责任是指公安机关、人民检察院已经作出不予追究的书面决定，如不起诉决定、不予立案决定等。规定这类自诉案件有利于解决司法实践中老百姓告状无门的问题，强化对公安机关、人民检察院不追究犯罪嫌疑人刑事责任的制约。

三、自诉案件提起的条件

（一）有适格的自诉人

在法律规定的自诉案件范围内，遭受犯罪行为直接侵害的被害人有权向人民法院提起自诉。被害人死亡、丧失行为能力或者因受强制、威吓等原因无法告诉，或者是限制行为能力人以及由于年老、患病、盲、聋、哑等原因不能亲自告诉的，被害人的法定代理人、近亲属有权向人民法院起诉。

（二）有明确的被告人和具体的诉讼请求

自诉案件的刑事诉讼程序由自诉人的起诉而引起，对于自诉案件，公安机关和人民检察院均不介入，因此没有公安机关的侦查和人民检察院的审查起诉。自诉人起诉时应明确提出控诉的对象，如果不能提出明确的被告人或者被告人

下落不明的，自诉案件不能成立。自诉人起诉时还应提出具体的诉讼请求，包括指明控诉的罪名和要求人民法院追究被告人刑事责任。如果提起附带民事诉讼，还应提出具体的赔偿请求。

（三）属于自诉案件的范围

自诉案件应当属于上文所述的案件范围。

（四）自诉人有证据证明

自诉人提起刑事自诉必须有能够证明被告人犯有被指控的犯罪事实的证据。在自诉案件中，自诉人应当承担证明责任，要提出能够证明被告人犯有被指控的犯罪事实的证据，被告人不承担证明自己无罪的责任。如果自诉人提供的证据不足以证明被告人有罪，人民法院就会作出证据不足的无罪判决。

（五）属于受诉人民法院管辖

自诉人应当根据《刑事诉讼法》关于级别管辖和地域管辖的规定，向有管辖权的人民法院提起自诉。

【参考案例13-7】

自诉人胡某以被告人徐某犯非法侵入住宅罪，并由此造成的经济损失为由，于2011年6月15日向A县人民法院提起自诉。A县人民法院受理后，依法组成合议庭对案件进行公开审理，查明案件事实如下：被告人徐某未经自诉人任何家庭成员同意，突然闯入自诉人家中，毁坏门窗并打击自诉人，造成自诉人财物损失及多处伤情，其家人也因此受到惊吓。法院在审理查明全部案件事实后，认定被告人徐某构成非法侵入住宅罪，判处有期徒刑6个月，缓刑1年，并赔偿自诉人胡某医疗费、护理费等合计九千余元。

参考案例13-7是一个非法侵入住宅的案件，属于被害人有证据证明的轻微刑事案件，属于自诉案件的范围。胡某作为本案的被害人，有权向人民法院直接提起诉讼。对于属于本案管辖的符合自诉条件的案件，人民法院应当立案审理，在查明事实的情况下，作出裁判。

四、提起自诉的程序

自诉人应当向人民法院提交刑事自诉状；提起附带民事诉讼的，还应当提交刑事附带民事诉状。自诉人书写自诉状确有困难的，可以口头告诉，由人民法院工作人员作出告诉笔录，向自诉人宣读，自诉人确认无误后，应当签名或者盖章。

刑事自诉状或者告诉笔录应当包括以下内容：①自诉人、被告人、代为告诉人的姓名、性别、年龄、民族、出生地、文化程度、职业、工作单位、住址；②被告人实施犯罪行为的时间、地点、手段、情节和危害后果等；③具体的诉讼请求；④致送人民法院的名称及具状时间；⑤证人的姓名、住址及其他证据的名称、来源等。如果被告人是 2 人以上的，自诉人在告诉时需按被告人的人数提供自诉状副本。

人民法院应当在收到自诉状或者口头告诉第 2 日起 15 日内作出是否立案的决定，并书面通知自诉人或者代为告诉人。

【本章小结】

起诉是引起刑事审判程序的行为，没有起诉就没有审判。因此，起诉制度是《刑事诉讼法》的一项重要制度。我国的刑事起诉可分为两种，公诉与自诉。刑事公诉是指由检察机关代表国家依法要求人民法院追究被告人刑事责任的制度。刑事自诉是指由自诉人以个人名义依法要求人民法院追究被告人刑事责任的制度。不起诉是指人民检察院对公安机关侦查终结移送起诉的案件和自己侦查终结的案件进行审查后，认为犯罪嫌疑人的行为不构成犯罪或者依法不应追究刑事责任，或者犯罪情节轻微，依照《刑法》规定不需要判处刑罚或者免除刑罚，以及对于补充侦查的案件，认为证据不足，不符合起诉条件，从而作出不将犯罪嫌疑人交付人民法院审判的一种处理决定。不起诉可以分为法定不起诉、酌定不起诉、证据不足不起诉和附条件不起诉四种。

【课后思考】

犯罪嫌疑人许某曾经先后 3 次盗窃正在使用的通信电线，致使该段通信线路中断 5 天，造成全国各地发往该地区的 59 封电报无法接收，给国家造成直接经济损失 5 万余元。检察机关在审查此案时，认为许某的行为已构成破坏公用电信设施罪，严重危害了社会公共安全，应依法起诉。之后听到有关部门反映说，被告在家是主要劳动力，如果判刑将会给其家庭带来严重困难。检察机关就以犯罪嫌疑人许某家庭困难为由，作出了不起诉的决定。

请回答：

（1）检察机关作出不起诉的决定是否正确？为什么？

（2）如果检察机关作出的不起诉决定是错误的，人民法院能否受理该案件并进行审判？

第三单元　审判程序

第十四章 审判概述

学习目标

明确审判的概念和任务，弄清审判组织的分类及合议庭的组成，掌握审判程序和审判原则，明确判决、裁定和决定的概念与三者在适用上的区别。

重点提示

审判；审判组织；合议庭；审判程序；审判原则；判决、裁定和决定

【知识框架】

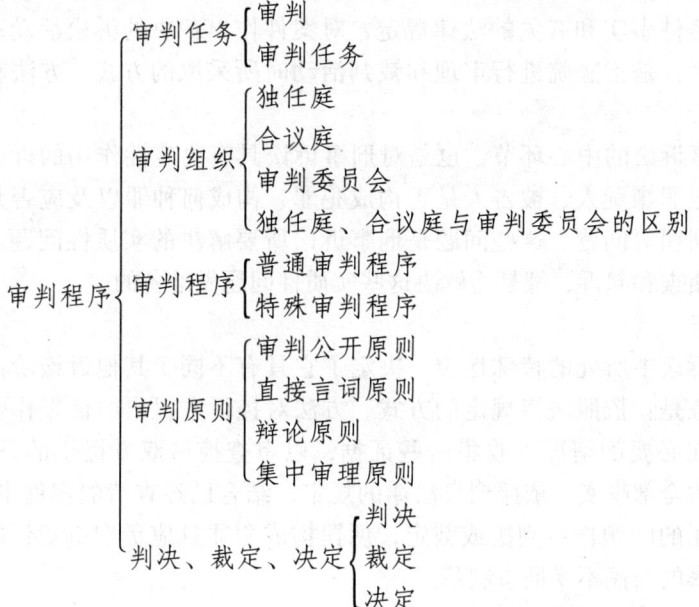

【本章引例】

某市某区人民法院审判王某故意伤害案，由审判员张某和人民陪审员李某、赵某组成合议庭，张某担任审判长。法庭上，控辩双方因为证据复杂，辩论异常激烈。庭审结束后合议庭进行了长时间评议，最后表决同意被告人王某构成故意伤害罪，因案情复杂，合议庭决定就案件的法律适用问题请示院长，提交

本院审判委员会研究。第二天，法院院长听取庭审情况汇报后，随即召开审判委员会。会上，张某汇报案件情况后，审判委员会进行了讨论，同意合议庭所定罪名成立，并作出对被告人王某判处10年有期徒刑的决定，然后，通知张某按照审判委员会的决定制作判决书。

请思考：
(1) 合议庭做法是否正确？
(2) 该法院审判委员会的做法是否正确？

第一节 审判任务

一、审判

审判，既可以称为一种诉讼活动，也可称为一个诉讼阶段。作为诉讼活动的审判，是指法院行使宪法和法律赋予的权力，依法对案件事实进行审理，并根据已经查清的案件事实和有关的法律规定，对案件作出裁决的诉讼活动；作为诉讼程序的审判，是指法院进行审理和裁判活动时所采取的方式、方法和步骤的总称。

审判既是刑事诉讼的中心环节，也是对刑事诉讼具有决定性作用的诉讼阶段。它最终决定犯罪嫌疑人、被告人是否构成犯罪、构成何种罪以及应否判处刑罚、判处何种刑罚等问题。这些问题是刑事诉讼所要解决的实质性问题。审判之前的立案、侦查和起诉，都是为解决这些实质性问题做准备的。

二、审判任务

审判在刑事诉讼中所处的特殊地位，决定了它具有不同于其他诉讼阶段的特定任务。其任务是：依照法律规定的方式、方法对控诉方提出的证据作全面审查、核对，并在必要的情况下收集一些证据，以审查控辩双方提供的证据，查清并确定案件的全部事实，依照刑事法律的规定，结合已经查清的案件事实，对被告人是否有罪的问题作出判决或裁定，惩罚构成犯罪且应负刑事责任的犯罪分子，保障无辜的公民不受刑事制裁。

【参考案例14-1】
2017年8月3日，A市B区人民法院依法组成合议庭，公开开庭审理同级人民检察院提起公诉的被告人姚某犯放火罪一案。B区人民检察院指派检察官岳某出庭支持公诉，被告人姚某及其辩护人曹某到庭参加诉讼。经过审理，B区人民法院认为，被告人姚某实施放火行为，危害公共安全，虽未造成严重后果，其行为已构成放火罪，依法应予惩处。公诉机关指控被告人姚某犯放火罪成立，法院予以支持。辩护人建议对被告人姚某减轻处罚的意见，法院也予以采纳。据此，根据被告人姚某犯罪的事实、性质、情节和对社会的危害程度，依照《刑法》的有关规定，法院最终判决被告人姚某犯放火罪，判处有期徒刑11个月。

请思考：本案中法院是如何完成审判任务的？

参考案例14-1中，A市B区人民法院依照法律规定的方式、方法对控诉方指控被告人的犯罪事实进行审理，查清并确定案件的全部事实，依照刑事法律的规定，结合已经查清的案件事实，听取了被告人的辩护意见，对被告人姚某是否有罪作出判决，惩罚了构成犯罪且应负刑事责任的犯罪分子，保障了被告人的诉讼权利，正确地完成了刑事审判的任务。

【课堂讨论14-1】

以学习小组为单位，自由讨论以前是否旁听过刑事审判？是否观看过法庭审判类电视节目、电影？是否参加过模拟法庭审判？请发言同学围绕审判程序是否合法、审判结果是否公正谈谈自己的感受。然后，每组选出代表发言，与全体同学进行分享。可以提出问题，做好记录，留待在以后的学习中进行分析解答。

第二节　审判组织

审判组织是法院内部设立的直接从事审判工作的机构。根据《刑事诉讼法》和《人民法院组织法》的规定，审判组织有独任庭、合议庭和审判委员会三种。

一、独任庭

独任庭是指基层人民法院适用简易程序、速裁程序审判第一审刑事案件时设立的由审判员（或助理审判员）一人组成的审判机构。独任庭审判案件称独任制审判。根据《刑事诉讼法》及相关司法解释的规定，独任庭有以下几个特点：

1. 独任庭只设立于基层人民法院。中级人民法院、高级人民法院和最高人民法院无论审判什么案件，都不设独任庭。

【参考案例14-2】

某市中级人民法院审理一起被告人不服一审基层法院判决的抢劫案件，审判员审查了一审案件事实、证据和被告人的上诉请求后，认为一审法院认定案件事实清楚，证据确实充分，审判程序合法，适用法律正确，决定自己一人独任审理，结果在向审判长汇报自己的想法时，被审判长及时制止，责成组成合议庭依法对案件进行审理。

请思考：本案中审判长的决定是否正确？

参考案例14-2中，审判长的决定是完全正确的。根据我国《刑事诉讼法》的规定，人民法院审判案件时，独任庭只设立于基层人民法院。本案由中级人民法院审理，不能以独任庭进行审理。

2. 独任庭只能由审判员或助理审判员组成。陪审员不是法院专职的审判人员，故不能由其组成独任庭。

3. 独任庭的适用范围包括以下三类案件：

（1）适用简易程序审理的一审自诉案件；

（2）适用简易程序、速裁程序审理的情节轻微的一审公诉案件；

（3）可能判处被告人3年有期徒刑以下刑罚，被告人认罪认罚且同意适用速裁程序审理的案件。

二、合议庭

合议庭是指人民法院内部设立的由审判员或审判员、陪审员数人组成的审判机构。合议庭对案件的审判称合议制审判。

合议庭是人民法院审判刑事案件的基本组织形式。由合议庭审判案件，可以防止单个审判人员主观片面和徇私枉法，有利于集思广益，保证审判的客观和公正。

（一）合议庭的组成

根据《刑事诉讼法》第183、249条的规定，合议庭的组成有如下特点：

1. 基层人民法院和中级人民法院审判第一审案件，其合议庭应当由审判员3人或者由审判员和人民陪审员共3人或者7人组成。

2. 高级人民法院审判第一审案件，其合议庭应当由审判员3人至7人或者由审判员和人民陪审员共3人或者7人组成。

3. 最高人民法院审判第一审案件，其合议庭应当由审判员3人至7人组成。

4. 人民法院审判上诉和抗诉案件，其合议庭应当由审判员3人或者5人组成。

5. 最高人民法院复核死刑案件，高级人民法院复核死刑缓期执行案件，其合议庭应当由审判员3人组成。

合议庭的人数应当是单数。

（二）合议庭的组织和活动

合议庭的审判长由院长或者庭长在符合审判长任职条件的法官中指定，院长或者庭长参加合议庭审判案件的，由院长或庭长担任审判长。合议庭组成人员确定后，除因回避或者其他特殊情况，不能继续参加案件审理的之外，不得在案件审判过程中更换。更换合议庭成员,应当报请院长或者庭长决定。合议庭成员的更换情况应当及时通知诉讼当事人。

根据前述《规定》,合议庭承担下列职责:

1. 根据当事人的申请或者案件的具体情况,可以作出财产保全、证据保全、先予执行等裁定;
2. 确定案件委托评估、委托鉴定等事项;
3. 依法开庭审理第一审、第二审和再审案件;
4. 评议案件;
5. 提请院长决定将案件提交审判委员会讨论决定;
6. 按照权限对案件及其有关程序性事项作出裁判或者提出裁判意见;
7. 制作裁判文书;
8. 执行审判委员会决定;
9. 办理有关审判的其他事项。

合议庭在评议案件时,所有合议庭成员都有平等的发言权和表决权。当合议庭成员意见有分歧时,应当按照多数人的意见作出决定,但是少数人的意见应当记入笔录,合议庭的所有组成人员均应在评议笔录上签名。每个合议庭在审判案件时,都应配备一名书记员担任法庭记录,但书记员不是合议庭的组成人员,其不能参加对案件的评议和表决。

【参考案例 14-3】

某市某区人民法院依法组成合议庭,对被告人闫某某故意伤害罪进行了审理。在合议庭评议案件发言时,人民陪审员宋某某对被告人的主观故意是否明确与审判员的看法有分歧,而与另外一名陪审员的观点相同,但又不能肯定自己的观点完全正确,所以在合议庭表决时就没有坚持自己的观点,同意了审判长的意见。

案件最后按照审判长和陪审员宋某某的多数意见作出有罪判决。半年之后,该院接到上级法院认定事实不清、发回重审的二审裁定。

参考案例 14-3 中,人民陪审员宋某某作为合议庭成员之一,与审判长和其他合议庭成员拥有平等、独立的发言权和表决权。每个合议庭成员经过庭审调查和法庭辩论,都应该在法庭审理的基础上,作出自己独立的判断,形成自己的表决意见,而不受他人观点的影响。如果有疑问,可以通过法庭当庭提问或者庭审后研究讨论明确自己的观点,且不可在疑问尚存、观点不明时,作出违背自己独立意志的表决,从而影响案件最终的公正处理。

合议庭评议案件应当在庭审结束后 5 个工作日内进行,并在作出评议结论或者审判委员会作出决定后的 5 个工作日内制作裁判文书。院长、庭长可以对合议庭的评议意见和制作的裁判文书进行审核，但是不得改变合议庭的评议结论。院长、庭长在审核合议庭的评议意见和裁判文书过程中，对评议结论有异议的，可以建议合议庭复议，同时应当对要求复议的问题及理由提出书面意见。合议庭复议后，庭长仍有异议的，可以将案件提请院长审核，院长可以提交审判委员会讨论决定。

三、审判委员会

根据《人民法院组织法》的规定，各级人民法院均设立审判委员会。审判委员会是人民法院内部设立的由院长、庭长和资深法官组成的对审判工作实行集体领导的组织机构。参加审判委员会的成员称为审判委员会委员。地方各级人民法院的审判委员会委员，由院长提请本级人民代表大会常务委员会任免；最高人民法院审判委员会委员，由最高人民法院院长提请全国人民代表大会常务委员会任免。

审判委员会的任务是总结审判经验，讨论重大或者疑难的案件和其他有关审判工作问题。《刑事诉讼法》第185条规定："……对于疑难、复杂、重大的案件，合议庭认为难以作出决定的，由合议庭提请院长决定提交审判委员会决定。审判委员会的决定，合议庭应当执行。"根据《高法解释》第178条第2款和第3款的规定，拟判处死刑的案件、人民检察院抗诉的案件，合议庭应当提请院长决定提交审判委员会讨论决定。对合议庭成员意见有重大分歧的案件、新类型案件、社会影响重大的案件以及其他疑难、复杂、重大的案件，合议庭认为难以作出决定的，可以提请院长决定提交审判委员会讨论决定。审判委员会的决定，合议庭、独任审判员应当执行；有不同意见的，可以建议院长提交审判委员会复议。独任庭审判的案件，开庭审理后，独任庭审判员认为有必要的，也可以提请院长决定提交审判委员会讨论决定。

审判委员会会议由院长主持，院长因故不能主持时，可以委托一名副院长主持。审判委员会讨论重大、疑难案件或其他审判工作问题时，实行民主集中制，院长和各位委员权利平等。意见有分歧时，少数服从多数。本级检察院检察长可以列席本级法院审判委员会会议，在会上有发表意见权，但无表决权。审判委员会讨论重大、疑难案件，应当在独任庭、合议庭审理的基础上进行。独任审判员或合议庭应当将审理、评议情况以及存在的疑难问题，如实、全面地向审判委员会介绍。审判委员会委员发表意见后，主持人应当归纳委员的意见，按多数人的意见拟出决议，付诸表决。审判委员会的决议应当按照全体委员1/2以上多数意见作出。

【参考案例14-4】

某区人民法院审判张某伤害案，有些证据需要在庭下核实，开庭当天合议庭简单评议后，决定先做庭下调查，然后再次开庭。第二天，法院院长了解庭审情况后，随即召开审判委员会，要求审判长刘某汇报案情。刘某汇报完案件情况后，审判委员会进行了讨论，并作出被告人张某有罪的决定，要刘某照此决定制作判决书。

请思考：该法院审判委员会的做法是否正确？

参考案例 14-4 中某区人民法院审判委员会的做法是错误的。按照《刑事诉讼法》及相关司法解释的规定，审判委员会讨论决定案件，有一个前提条件，即需要合议庭提请。如果合议庭没有提请，院长不得擅自决定由审判委员会讨论决定案件。在本案中，由于证据存在疑问，需要庭下调查核实有关证据，然后再次开庭，案件审理还没有结束，合议庭还没有进行评议，谈不上"难以作出决定"，合议庭更没有提请院长决定提交审判委员会讨论。因此，审判委员会讨论决定张某伤害案没有前提，不具备条件，违背了法律的规定。

那么，本章引例中合议庭的做法是否正确呢？该法院审判委员会的做法是否正确呢？《刑事诉讼法》第185条规定："……对于疑难、复杂、重大的案件，合议庭认为难以作出决定的，由合议庭提请院长决定提交审判委员会决定。审判委员会的决定，合议庭应当执行。"同时最高人民法院《关于改革和完善人民法院审判委员会制度的实施意见》第11条规定"人民法院审理下列案件时，合议庭可以提请院长决定提交审判委员会讨论"，其中第2项规定"法律规定不明确，存在法律适用疑难问题的案件"。因此，本章引例中合议庭在庭审结束评议之后，因为案情复杂，就案件的法律适用问题请示院长，提交本院审判委员会研究的做法，以及审判委员会进行了讨论后，作出对被告人王某判处10年有期徒刑的决定，并通知刘某依此决定制作判决书的做法是正确的。

四、独任庭、合议庭与审判委员会的区别

独任庭、合议庭和审判委员会虽然都是法院内部的审判组织，但三者之间有很大区别，主要体现在以下方面：

1. 独任庭、合议庭是针对具体案件的审判而临时设立的，案件审结后，独任庭、合议庭即行解散，另有案件时，另行组织；审判委员会是常设机构，并非为审判某一案件而设立。

2. 独任庭、合议庭直接开庭审判案件；审判委员会不参与具体案件的审理工作，只有在独任庭、合议庭审理案件后，由院长提交才对具体案件进行讨论和决定。

3. 独任庭、合议庭的任务只是审判具体案件，不能讨论决定法院的其他审判工作；审判委员会的任务除讨论决定重大、疑难案件外，还讨论决定法院内部其他有关审判工作的问题。

第三节　审判程序

审判程序是审理和裁判案件的方式、方法和步骤的总称。根据法院审判案件的审级及对象的不同,结合《刑事诉讼法》的规定,可将审判程序分为普通审判程序和特殊审判程序两大类。

一、普通审判程序

普通审判程序是指法院审判一般案件的程序,普通审判程序包括第一审程序和第二审程序。

第一审程序,也称一审程序,是指第一审人民法院审判案件所运用的程序。第一审程序包括第一审普通程序、简易程序和被告人认罪认罚的速裁程序。其中第一审普通程序和简易程序,二者既适用于公诉案件的审理,也适用于自诉案件的审理,而被告人认罪认罚的速裁程序只适用于一审公诉案件的审理。任何被提起控诉(公诉和自诉)的被告人,都要经过第一审程序的审判。《刑事诉讼法》关于第一审程序的规定,最具全面性、系统性和完整性,因此它成为其他审判程序的基础。

第二审程序,亦称上诉审程序,是指上一级人民法院根据当事人的上诉或公诉机关的抗诉,对下一级人民法院审结的判决、裁定尚未发生法律效力的案件进行重新审判所适用的程序。不论何种案件,只要当事人对一审尚未生效的判决、裁定提起上诉,公诉机关对一审尚未生效的判决、裁定提起抗诉,人民法院均要通过二审程序进行再次审判(最高人民法院审判的第一审案件除外)。

二、特殊审判程序

特殊审判程序是人民法院审判特殊案件适用的程序。目前,司法实践中适用的特殊审判程序包括以下几种:

(一)死刑复核程序

死刑复核程序是指高级人民法院、最高人民法院对于已经一审法院判处被告人死刑(包括死刑缓期执行),当事人没有上诉,人民检察院也没有提起抗诉的案件,或者二审法院判处被告人死刑(包括死刑缓期执行)的案件,进行审查核准的一种特殊审判程序。它只适用于被告人被判处死刑的案件,其目的是严格控制死刑范围,保证死刑裁决的正确性。死刑复核程序在审判方式、方法和步骤上均有别于其他程序。

（二）审判监督程序

审判监督程序是指人民法院、人民检察院对于已经发生法律效力的判决和裁定，发现在认定事实或者适用法律上确有错误，依法提起并由人民法院对该案重新审判的一种特殊审判程序。它仅适用于判决、裁定已经生效的案件，其目的是纠正生效的错误裁判。《刑事诉讼法》对这种程序的提起有严格限定。此外，在审判法院的级别等方面，也有别于其他审判程序。

（三）未成年人刑事案件诉讼程序

未成年人刑事案件诉讼程序是指司法机关办理未成年人犯罪案件应遵循的法定原则、次序和方式。它仅适用于已满14周岁未满18周岁的未成年人犯罪的案件，其目的在于针对特殊的犯罪主体，采用区别于成年人刑事审判程序的特殊方式，达到教育、感化、挽救未成年被告人的目的。

（四）当事人和解的公诉案件诉讼程序

当事人和解的公诉案件诉讼程序是指在特定的公诉案件中，犯罪嫌疑人、被告人自愿真诚悔罪，通过赔偿损失、赔礼道歉等方式获得被害人谅解，且双方自愿达成和解协议，公安、司法机关对和解协议确认后，据此对犯罪嫌疑人、被告人进行从宽处理的一种特别程序。

（五）缺席审判程序

缺席审判程序是指在刑事诉讼中，针对贪污贿赂案件以及需要及时进行审判由最高人民检察院核准的严重危害国家安全、恐怖活动犯罪案件，如果犯罪嫌疑人、被告人在境外，经过人民检察院提起公诉，人民法院认为符合缺席审判程序的，可以在犯罪嫌疑人、被告人未出席的情况下进行公开审理并作出判决的审判程序。

（六）犯罪嫌疑人、被告人逃匿、死亡案件违法所得的没收程序

犯罪嫌疑人、被告人逃匿、死亡案件违法所得的没收程序是指在贪污贿赂犯罪、恐怖活动犯罪等重大犯罪案件中，在犯罪嫌疑人、被告人逃匿或者死亡的情形下，由检察院提出申请，人民法院进行审理并且作出是否没收违法所得裁定的特别诉讼程序。

（七）依法不负刑事责任的精神病人的强制医疗程序

依法不负刑事责任的精神病人的强制医疗程序是指在危害公共安全或者严重危害公民人身安全的暴力犯罪案件中，如果犯罪嫌疑人、被告人为经法定程序鉴定为依法不负刑事责任的精神病人，如存在继续危害社会可能性的，经人民检察院申请，人民法院依法决定对其强制医疗的刑事诉讼特别程序。

此外，刑事诉讼特别程序还包括涉外刑事案件审判程序，即案件涉及外国人（包括无国籍人）或某些诉讼行为需要国外刑事执法机构协助进行的刑事审

判所特有的方式、方法和步骤；单位犯罪案件的审理程序，即人民法院审理涉及单位犯罪案件时适用的特殊审判程序；以及在法定刑以下判处刑罚和适用特殊情况假释的核准程序。

第四节 审判原则

一、审判公开原则

审判公开原则是指人民法院审理案件和宣告判决，都公开进行，允许公民到法庭旁听，允许新闻记者采访和报道，即把法庭审判的全部过程，除休庭评议案件外，都公之于众。我国《宪法》第130条规定："人民法院审理案件，除法律规定的特别情况外，一律公开进行。……"《刑事诉讼法》第11条规定："人民法院审判案件，除本法另有规定的以外，一律公开进行。"这是我国刑事诉讼中公开审判原则的法律依据。

就公开的内容而言，审判公开包括审理过程的公开和审判结果的公开，即审理公开和判决公开。审理过程公开就是要公开开庭，当庭调查事实和证据，当庭进行辩论；审判结果公开就是要公开宣告判决，包括公开判决的内容、判决的理由和依据。

就公开的对象而言，审判公开包括向当事人公开和向社会公开。向当事人公开要求法庭开庭审理，原则上不得进行书面审理，案件事实与证据的调查应当在当事人的参加下进行；向社会公开就是允许公民到场旁听审判过程，允许新闻记者向社会公开报道审判活动和审判结果。

需要注意的是，公开审理是基本原则，不公开审理是例外情况。比如我国《刑事诉讼法》第188条第1款规定："人民法院审判第一审案件应当公开进行。但是有关国家秘密或者个人隐私的案件，不公开审理；涉及商业秘密的案件，当事人申请不公开审理的，可以不公开审理。"可见，不公开审理主要是基于保护国家安全、个人隐私和商业秘密原因的考虑。但该条第2款同时规定："不公开审理的案件，应当当庭宣布不公开审理的理由。"另外，法律还规定，无论是公开审理还是不公开审理，最后的宣判，都要公开进行。

二、直接言词原则

直接言词原则是指法官亲自听取双方当事人、证人及其他诉讼参与人的当庭口头陈述和法庭辩论，从而形成案件事实真实性的内心确认，并据此对案件作出裁判。直接言词原则包含直接原则与言词原则两项原则。

（一）直接原则

直接原则是指法庭在开庭审判时，法官对证据的调查与认定，必须亲自直接进行，不得委托其他法院或法官进行；同时，承担控诉职能的诉讼主体（检察官、自诉人）和承担辩护职能的诉讼主体（被告人）必须亲自到庭出席审判，当控辩双方有一方不在场时，即应停止法庭审理，否则审判活动归于无效。直接原则要求参与案件审理的法官及控辩双方亲自到庭出席审判，参与审判过程，不但有利于查明案件事实，实现结果公正，也体现了诉讼主体对诉讼的参与性，有利于确保程序公正。

（二）言词原则

言词原则是指法庭审判活动原则上应当采用言词陈述的方式进行。一切诉讼中的程序，包括对刑事被告人的讯问、证据的调查、控辩双方的辩论以及判决的宣告等，都必须以言词陈述的方式进行。只有控辩双方在法庭上以言词陈述所提供的证据材料，才能作为法院判决的根据。

我国现行《刑事诉讼法》虽然没有明确规定直接言词原则，但从立法内容和精神来看，直接言词原则基本上得到了肯定。比如，《刑事诉讼法》第61条规定："证人证言必须在法庭上经过公诉人、被害人和被告人、辩护人双方质证并且查实以后，才能作为定案的根据。……"第192条第1款规定："公诉人、当事人或者辩护人、诉讼代理人对证人证言有异议，且该证人证言对案件定罪量刑有重大影响，人民法院认为证人有必要出庭作证的，证人应当出庭作证。"第3款规定："公诉人、当事人或者辩护人、诉讼代理人对鉴定意见有异议，人民法院认为鉴定人有必要出庭的，鉴定人应当出庭作证。经人民法院通知，鉴定人拒不出庭作证的，鉴定意见不得作为定案的根据。"

三、辩论原则

辩论原则是指在法庭审理过程中，控辩双方应有充分的机会以公开、口头的方式展开对抗性辩论，法官的裁判必须完全建立在控辩双方对抗性辩论的基础之上。从内容上看，辩论原则包含以下几项要求：

1. 控辩双方应有充分的机会就案件的事实和法律适用问题展开对抗性辩论，有关机关不得违反法律规定，对双方的辩论权利随意剥夺或者加以限制。

2. 辩论的内容既可以针对案件事实和法律适用等实体性问题进行，也可以针对案件处理的有关程序性问题进行。

3. 法官的最终判决必须完全建立在控辩双方对抗性辩论的基础之上。

辩论原则充分体现了控辩双方对刑事审判程序的参与性，彰显了被告方的诉讼主体地位，是一项重要的刑事审判原则。我国的刑事审判也体现了辩论原则。《刑事诉讼法》第198条规定："法庭审理过程中，对与定罪、量刑有关的事实、证据都应当进行调查、辩论。经审判长许可，公诉人、当事人和辩护人、诉讼代理人可以对证据和案件情况发表意见并且可以互相辩论。"

四、集中审理原则

集中审理原则,又称不中断审理原则,是指法院开庭审理案件,应当在不更换审判人员的条件下连续进行,不得中断审理的诉讼原则。

集中审理原则的主要内容包括:

1. 一个案件组成一个审判庭进行审理,每起案件自始至终应由同一法庭进行审判。在案件审理开始后尚未结束前不允许法庭再审理其他任何案件。

2. 法庭成员不得更换。对于因故不能继续参加审理的,应由始终在场的候补法官、候补陪审员替换。否则,应重新审判。

3. 集中证据调查与法庭辩论。

4. 庭审不中断并迅速作出裁判。

集中审理原则有利于保证法庭审理顺利、迅速、公正进行,实现刑事审判公正与效率的双重价值目标;有利于实现被告人的辩护权以及迅速审判权;有利于法官、陪审员通过集中、全面地接触证据对案件形成全面、准确的认识从而作出正确的裁判;有利于实现审判监督,防止司法不公。

【参考案例 14-5】

范某某贩卖运输毒品案死刑复核阶段的辩护人由某律师事务所律师曹某某担任。曹某某在审查某省高级人民法院审判卷宗的过程中发现,该案二审阶段两次庭审的合议庭组成人员不同,并且更换合议庭成员也未通知上诉人及辩护人,违反了集中审理原则,针对此重大程序性违法事项,曹某某及时向最高人民法院死刑复核承办法官提交了书面辩护意见,认为二审法院更换合议庭成员未通知上诉人及辩护人的做法违反了法定程序。最终,最高人民法院采纳了辩护律师的辩护意见,作出不予核准范某某死刑,撤销二审判决,发回某省高级人民法院重新审判的刑事裁定。

请思考:最高人民法院做出的刑事裁定是否正确?

参考案例 14-5 中,最高人民法院根据集中审理原则的要求,采纳了辩护律师关于二审法院更换合议庭成员未通知上诉人及辩护人违反法定程序的辩护意见,作出不予核准范某某死刑,撤销二审判决,发回某省高级人民法院重新审判的刑事裁定是正确的。集中审理原则要求案件审理和作出裁判的法官、陪审员必须参与案件的全部审理活动,听取控辩双方诸如举证、质证的法庭调查以及法庭辩论的全过程,法庭成员中途不得更换。否则,裁判法官难以对案件事实以及法律的运用形成全面的认识,进而形成内心确信,并以此为基础作出裁判。

第五节 判决、裁定和决定

一、判决

判决是人民法院在案件审理完毕后对案件实体问题所作出的处理决定。刑事判决是人民法院根据法庭审理所查明的事实和证据，依据有关法律规定对被告人是否构成犯罪、构成何种犯罪、应否判处刑罚以及判处何种刑罚所作的处理决定。人民法院所作的刑事判决，根据不同的标准可作不同的分类：一是根据是否确定被告人有罪，可将判决分为有罪判决和无罪判决。有罪判决又可分为处刑判决和免刑判决；二是根据审判程序的不同，可将判决分为一审判决、二审判决和再审判决；三是根据判决是否发生了法律效力，可将判决分为已生效判决和未生效判决。

从司法实践的情况看，人民法院对案件审理后，一般是一案一个判决，被告人犯有数罪，或者一案中有数个被告人的，也用一个判决一并处理。但在以下情况下，一案可以作两个或两个以上判决：①共同犯罪案件，有被告人在逃的，可对已抓获的被告人在审理后先行判决，对在逃的被告人抓获归案后，经审理另行判决。②有附带民事诉讼的刑事案件，为防止刑事审判过分迟延，可先对刑事部分审理后作出判决，而后对刑事附带民事诉讼部分审理后另行判决。

刑事判决的载体是《刑事判决书》。《刑事判决书》是法院对刑事案件审判后制作的诉讼文书，是执行机关执行刑事判决的根据。《刑事判决书》一般包括首部、事实、理由、判决和尾部五个部分。

判决既意味着实体上对案件作出的处理，也意味着程序上对审判阶段的终结。判决生效后，即具有稳定性、排他性和强制性的特点。

二、裁定

裁定是人民法院对案件审理后，针对诉讼程序问题或者某些实体问题所作的处理决定。裁定可用书面的形式作出，即裁定书，也可用口头的形式作出，口头裁定的，应当制作笔录。

根据《刑事诉讼法》的规定，裁定的适用范围包括以下两个方面：

1. 解决诉讼中的某些程序问题。如第二审法院对案件审理后，发现第一审法院的判决事实不清，证据不足，裁定撤销原判，发回重审。

2. 解决案件的部分实体问题。如被判处管制、拘役、有期徒刑或无期徒刑的罪犯，在执行期间确有悔改或立功表现，符合减刑、假释的条件，法院审核后，作出减刑或假释的裁定。

人民法院用书面形式作出裁定，要制作《裁定书》。《裁定书》的格式，与《判决书》基本相同，只是其内容一般较为简单。

对于人民法院按第一审程序所作的裁定，当事人不服的可以提出上诉，检察机关认为其有错误的，也可以提起抗诉。

三、决定

决定是人民法院用以解决某些诉讼程序问题所作的处理决定。如用以解决是否准予回避的问题，是否同意当事人提出的通知新的证人到庭作证的问题，是否同意当事人申请重新鉴定的问题等。

在司法实践中，决定一般是口头宣布，由书记员记入笔录。对于人民法院作出的决定，当事人不能提出上诉，检察机关也不能提起抗诉，除对驳回申请回避决定当事人可以申请复议一次外，其他决定一经宣布，立即发生法律效力。

【参考案例 14-6】

某市某区人民法院在开庭审理被告人姚某某抢劫一案时，被告人姚某某提出审判员冯某与本案被害人有亲属关系，可能影响本案的公正处理，请求其回避。审判长对有关情况进行了询问了解，当庭作出审判员冯某不予回避的决定。法庭继续开庭审理，合议庭最终作出了被告人姚某某构成抢劫罪，判处其有期徒刑 7 年的一审判决。上诉期内，被告人姚某某不服一审判决，以一审法院审理违反法律规定的诉讼程序为由向某市中级人民法院提起上诉。某市中级人民法院经审理认为一审法院违反法律规定的回避制度，依法裁定撤销原判、发回原审人民法院重新审判。

参考案例 14-6 中，同时出现了一个判决、一个裁定、一个决定。首先，审判长针对被告人姚某某申请回避这一程序性问题，对审判员冯某作出了不予回避的决定；其次，针对检察机关的指控，法庭经审理，从实体上对被告人姚某某作出了构成抢劫罪，判处其有期徒刑 7 年的一审判决；最后，二审法院针对被告人姚某某的上诉理由进行审理后，依法作出了撤销原判、发回原审人民法院重新审判的裁定。本案一审法院作出的决定和判决都违反了法律规定的诉讼程序，二审法院作出撤销原判、发回原审人民法院重新审判的裁定是正确的。

【本章小结】

刑事审判是人民法院依法对刑事案件进行审理并作出裁判的诉讼活动，包括审理和裁判两个过程。审判是刑事诉讼的中心环节，其任务是通过审判活动解决国家对被告人的刑事处罚的问题。审判必须通过审判组织来实现，审判组织是法院审判案件的组织形式。我国《刑事诉讼法》规定的审判组织有独任庭、合议庭和审判委员会三种，三者各有其职权范围。审判程序分为普通审判程序和特殊审判程序。审判原则包括审判公开原则、直接言词原则、辩论原则和集中审理原则。人民法院在对案件进行审理的过程中应当针对不同情况作出不同形式的裁决，包括判决、裁定和决定。

【课后思考】

2016年7月，某市人民检察院以被告人王某犯强奸罪、杀人罪向某市中级人民法院提起公诉，请求人民法院对被告人王某依法予以严惩。此案在案发后的侦查阶段，因被告人潜逃，其作案手段残忍、情节恶劣，曾在当地引起很大轰动和社会关注。某市中级人民法院受理此案后，经过认真审查，结合案件实际情况依法组成审判组织准备对被告人王某进行审判。

请回答：本案应由独任庭审判还是合议庭审判？如果由合议庭审判，人民陪审员可否参与本案的审判？

第十五章　第一审程序

学习目标

明确第一审程序的概念和任务，掌握对公诉案件审查和开庭审判前准备的基本程序要求，明确法庭审判程序的五个步骤，理解延期审理和中止审理的概念和区别，弄清简易程序和速裁程序的适用范围与特点，明确自诉案件的种类和受理条件。

重点提示

第一审程序；法庭审判程序；简易程序；速裁程序；自诉案件一审程序

【知识框架】

第一审程序
- 第一审程序概述
  - 第一审程序的概念
  - 第一审程序的任务和意义
- 对公诉案件的审查
  - 对公诉案件审查的概念和意义
  - 对公诉案件审查的内容和方法
  - 对公诉案件审查后的处理
- 开庭审判前的准备
  - 确定审判组织、组成合议庭
  - 送达起诉书副本
  - 通知开庭
  - 传唤当事人，通知其他诉讼参与人
  - 先期公告
  - 召开庭前会议
  - 拟订法庭审理提纲
- 法庭审判
  - 法庭审判程序
  - 法庭审判笔录
  - 延期审理
  - 中止审理
  - 法庭秩序
  - 第一审程序的期限
  - 单位犯罪案件的审判程序

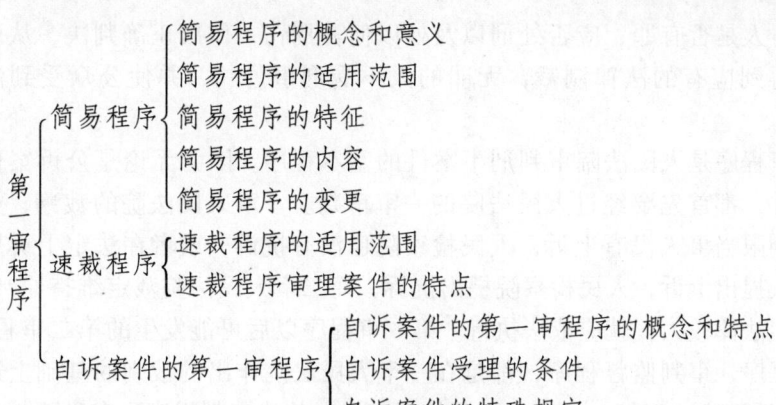

【本章引例】

某区人民法院受理某区人民检察院提起公诉的被告人甲某抢劫一案。在法庭调查核实证据时，被告人的辩护人提请传唤证人出庭，对此，审判长认为案件事实比较简单，抢劫事实已经查清，不予准许。接着，在被告人最后陈述阶段，被告人甲某又主动供述了其另外实施的一起盗窃案件。法院随后调查核实了这一犯罪事实。再次开庭时，被告人的辩护人提出此盗窃事实起诉书未指控，法院不应一并判决。合议庭对辩护人的建议未予以考虑，评议后当庭宣判，两罪并罚。宣判后，被告人不服，提出上诉。

请思考：法院在审理过程中存在哪些方面的错误？

第一节 第一审程序概述

一、第一审程序的概念

第一审程序是指人民法院对人民检察院提起公诉、自诉人提起自诉的案件进行审判时所适用的程序。第一审刑事案件是指人民法院按照第一审程序审判的公诉案件和自诉案件。这两种案件是依据不同控诉主体来划分的，由人民检察院向人民法院提起公诉的案件叫作公诉案件，由被害人或其法定代理人向人民法院起诉、由人民法院直接受理的案件叫作自诉案件。第一审程序又可以分为公诉案件的第一审程序、自诉案件的第一审程序、简易程序和速裁程序。审判第一审案件的人民法院被称为一审人民法院。

二、第一审程序的任务和意义

第一审程序的任务是人民法院通过开庭审理，在公诉人、当事人及其他诉讼参与人等的参加下，客观、全面地审查证据，查明案件事实，并根据刑法规定，对被告人是否有罪、应否处刑以及处以何种刑罚，作出正确判决，从而使犯罪分子得到应有的法律制裁，无罪的人不受刑事惩罚，并使公众受到法治教育。

第一审程序是人民法院审判刑事案件的基本程序。因为无论是公诉案件还是自诉案件，都首先要经过人民法院的一审审判。一审人民法院的裁判，如果过了法定期限当事人没有上诉，人民检察院也没有抗诉，或者在法定上诉期限内，当事人提出上诉，人民检察院提出抗诉，而二审人民法院裁定维持原判的，裁判即发生法律效力，就应依法执行。第一审程序以后可能发生的第二审程序、死刑复核程序、审判监督程序，都是在一审人民法院作出的裁判的基础上进行的。《刑事诉讼法》对第一审程序的具体规定，对其他审判程序具有重要的参考价值，凡在其他审判程序中立法未予明确的，均应参照第一审程序的规定执行。因此，第一审程序是人民法院审判刑事案件的基本程序，它在整个刑事诉讼中居于十分重要的地位。

第二节　对公诉案件的审查

一、对公诉案件审查的概念和意义

对公诉案件的审查是指人民法院对人民检察院提起公诉的案件进行庭前审查，决定是否开庭审判的活动。

《刑事诉讼法》第186条规定："人民法院对提起公诉的案件进行审查后，对于起诉书中有明确的指控犯罪事实的，应当决定开庭审判。"这一规定表明，人民法院对人民检察院提起公诉的案件，并非直接开庭审判，而是需要经过初步审查，然后才能决定是否开庭审判。因此，对公诉案件的审查，是公诉案件进入第一审程序的一个必经程序。审查公诉案件主要是查明人民检察院提起公诉的案件是否具备了开庭审判的条件，即起诉书是否符合《刑事诉讼法》第186条规定的要求，是否具备了开庭审理的程序性条件，能否将被告人交付法庭审判。因此，它还不是对案件进行实体审理，并不解决对被告人定罪量刑的问题。

二、对公诉案件审查的内容和方法

人民法院受理人民检察院提起的公诉案件，应当在收到起诉书后，立即指定审判人员审查以下内容：

1. 是否属于本院管辖。
2. 起诉书是否写明被告人的身份，是否受过或者正在接受刑事处罚，被采取强制措施的种类、羁押地点、犯罪的时间、地点、手段、后果以及其他可能影响定罪量刑的情节。

3. 是否移送证明指控犯罪事实的证据材料，包括采取技术侦查措施的批准决定和所收集的证据材料。

4. 是否查封、扣押、冻结被告人的违法所得或者其他涉案财物，并附证明相关财物依法应当追缴的证据材料。

5. 是否列明被害人的姓名、住址、联系方式；是否附有证人、鉴定人名单；是否申请法庭通知证人、鉴定人、有专门知识的人出庭，并列明有关人员的姓名、性别、年龄、职业、住址、联系方式；是否附有需要保护的被害人、证人、鉴定人名单。

6. 当事人已委托辩护人、诉讼代理人，或者已接受法律援助的，是否列明辩护人、诉讼代理人的姓名、住址、联系方式。

7. 是否提起附带民事诉讼；提起附带民事诉讼的，是否列明附带民事诉讼当事人的姓名、住址、联系方式，是否附有相关证据材料。

8. 侦查、审查起诉程序的各种法律手续和诉讼文书是否齐全。

9. 有无《刑事诉讼法》第16条第2项至第6项规定的不追究刑事责任的情形。

人民法院审查的方法是认真审阅起诉书，并围绕上述审查内容逐项予以审查，以判断是否具备了开庭审判的程序性条件。

三、对公诉案件审查后的处理

人民法院对公诉案件进行审查后，应当根据案件的具体情况作如下处理：

（一）决定开庭审理

案件经审查后，认为符合法律规定的开庭审判条件的，人民法院应当决定开庭审理。

（二）要求补充材料

案件经审查后，认为存在以下情况的，人民法院应当要求人民检察院在限期内补充材料：①起诉书对犯罪事实的指控不甚明确的；②对被告人被采取强制措施的种类，是否在案及羁押地点，查封、扣押、冻结其财物情况说明不够清楚的；③侦查、起诉程序的各种法律手续和诉讼文书尚不完备，可能影响开庭审理的；等等。

凡有上述情况之一的，应当要求人民检察院于3日内补充材料，经补充后符合开庭条件的，人民法院应当决定开庭审理。对于被告人真实身份不明（年龄不明，可能影响被告人刑事责任的除外），但符合《刑事诉讼法》第162条第2款规定的，人民法院应当依法受理。

【参考案例 15-1】

某区人民法院在对同级人民检察院移送审判的吴某贪污、受贿一案进行审查时，发现存在以下问题：一是被告人吴某所在的工作单位先后有过 3 次变化，而卷内能够确定被告人吴某一直身为国家工作人员身份的证明材料不全；二是立案后，在案件调查期间对被告人吴某采取监视居住强制措施的执行地点不够明确；三是卷内虽有对被告人涉案物品的扣押清单以及针对涉案财物的冻结手续，但手续不全、数字不清。针对以上问题，某区人民法院提出补充相关材料的要求，要求人民检察院于 3 日内补充相关材料手续，并表示逾期未予补充的，法院将不予受理该案。

请思考：法院提出的要求正确吗？

参考案例 15-1 中法院提出的要求是正确的。按照人民法院受理人民检察院提起公诉案件的审查内容和审查后处理方式的规定，人民法院认为存在对被告人采取强制措施的种类、是否在案及羁押地点、对涉案财物查封、扣押、冻结手续不全、说明不够清楚的，以及侦查、起诉程序的各种法律手续和诉讼文书尚不完备等情况，可能影响开庭审理的，应当要求人民检察院在 3 日内补充材料。本案中检察机关提起公诉的案件中存在被告人身份证明材料不全、对被告人执行监视居住强制措施的地点不明确、涉案财物扣押手续不全数字不清等三方面的问题，因此，人民法院审查后根据有关规定要求人民检察院于 3 日内补充相关材料手续是正确的。

（三）不予受理

案件经审查后，存在下列情况之一的，人民法院应当决定不予受理：①对于不属于本院管辖或者被告人不在案的案件，应当决定退回人民检察院；②对经检察机关补充后仍不符合开庭条件，或者逾期未予补充的，应当决定不予受理；③人民法院裁定准许人民检察院撤诉的案件，没有新的事实、证据，人民检察院重新起诉的，人民法院不予受理。

对于有《刑事诉讼法》第 16 条第 2 项至第 6 项规定的情形的，应当裁定终止审理或者退回人民检察院。

人民法院对于按照普通程序审理的公诉案件，应当在收到《起诉书》后 7 日以内审查完毕，决定是否受理。

第三节　开庭审判前的准备

为了保证法庭审判的顺利进行，开庭前必须做好必要的准备工作。根据

《刑事诉讼法》第 187 条的规定,人民法院对公诉案件决定开庭审判后,应当进行下列各项准备工作。

一、确定审判组织、组成合议庭

人民法院决定开庭审判以后,首先要依法确定是由独任庭审判案件,还是合议庭审判案件。如果由合议庭审判案件,要由庭长或院长依法确定合议庭的组成人员,组成合议庭。依照法律规定,第一审人民法院的合议庭可以全部由审判员组成,也可以由审判员和人民陪审员组成。人民法院的书记员不属于合议庭的组成人员。

二、送达起诉书副本

人民法院应当将人民检察院的起诉书副本至迟在开庭 10 日以前送达被告人及其辩护人。对于未委托辩护人的被告人,人民法院有义务告知他可以委托辩护人;对于符合《刑事诉讼法》第 35 条第 2 款、第 3 款规定的,应当通知法律援助机构指派承担法律援助义务的律师为他提供辩护;对于公诉人出庭公诉的案件,被告人因经济困难或者其他原因没有委托辩护人的,本人及其近亲属可以向法律援助机构提出申请。对符合条件的,法律援助机构应当指派律师为其辩护,以确保公正审判。

三、通知开庭

人民法院应当将开庭的时间、地点在开庭 3 日以前通知人民检察院,以便人民检察院按时派员出庭支持公诉。根据《刑事诉讼法》第 189 条的规定,人民法院审判公诉案件,人民检察院都应当派员出席法庭支持公诉。

四、传唤当事人,通知其他诉讼参与人

根据《刑事诉讼法》第 187 条第 3 款的规定,人民法院决定开庭审判后,应当传唤当事人,通知辩护人、诉讼代理人、证人、鉴定人和翻译人员,传票和通知书至迟在开庭 3 日以前送达。证人需要出庭作证的,应当通知其到庭;如果该证人当场表示拒绝出庭作证或者按照所提供的证人通讯地址未能通知到该证人的,应当及时告知申请通知该证人的公诉机关。通知有关人员出庭,也可以采取电话、短信、传真、电子邮件等能够确认对方收悉的方式。

五、先期公告

人民法院公开审判案件,应当将公开审判案件的案由、被告人姓名、开庭的时间和地点在开庭 3 日以前先期贴出公告,并保留到开庭审判的时候,以便群众到庭旁听,新闻记者进行采访。

六、召开庭前会议

在开庭以前,审判人员可以召集公诉人、当事人和辩护人、诉讼代理人举行庭前会议,对回避、出庭证人名单、非法证据排除等与审判相关的问题,了

解情况，听取意见。

七、拟订法庭审理提纲

人民法院开庭审判前，合议庭可以拟出法庭审理提纲，提纲一般包括下列内容：①合议庭成员在庭审中的具体分工；②起诉书指控的犯罪事实部分的重点和认定性质方面的要点；③讯问被告人时了解的案情要点；④控辩双方拟出庭作证的证人、鉴定人和勘验检查笔录制作人的名单；⑤控辩双方拟当庭宣读、出示的证人书面证言、物证和其他证据的目录；⑥庭审中可能出现的问题及应当采取的措施。以上各项准备活动均应写入笔录，由审判人员和书记员签名，附卷存查。庭审前的各项准备工作，对于保证审判的顺利进行和保障当事人及其他诉讼参与人的诉讼权利是十分必要的，必须严格执行，不得省略简化。

第四节　法庭审判

一、法庭审判程序

法庭审判是刑事诉讼中最重要的阶段。法庭审判是审判人员通过开庭的方式，在公诉人、当事人以及其他诉讼参与人的参加下，调查核实证据，弄清案件事实，全面听取各方对案件事实和定罪量刑的意见，依法确定被告人是否有罪，应否受到刑事惩罚的诉讼活动。

根据《刑事诉讼法》的规定，法庭审判程序可以分为开庭、法庭调查、法庭辩论、被告人最后陈述、评议和宣判五个步骤。

（一）开庭

宣布开庭是法庭审理的开始，是为顺利进行审判做好准备。根据《刑事诉讼法》第190条的规定，开庭阶段的活动程序是：

1. 开庭前，先查明公诉人、当事人、辩护人和其他诉讼参与人是否已经到庭。公开审判的案件，书记员应在开庭前向旁听人员宣布法庭规则，然后请公诉人、辩护人入庭，再请审判长和合议庭成员入庭；审判人员入庭时，请全体人员起立；审判人员、全体人员就座后，当庭向审判长报告开庭前的准备工作已经就绪。

2. 审判长宣布开庭后，应当宣布案由，并传唤被告人到庭，问明被告人姓名、年龄、民族、籍贯、出生地、文化程度、住址、职业，被告人受过何种法律处分及处分的种类、时间，是否被采取强制措施及种类、时间，是否收到起诉书副本以及收到的日期；如果有附带民事诉讼的，还应查明附带民事诉讼被告人收到民事诉状的日期。上述情况也可以由书记员在开庭前查明，开庭后向审判长报告。

3. 审判长宣布案件的来源、起诉的案由、附带民事诉讼原告人和被告人的姓名及是否公开审理。对于不公开审理的案件，应当当庭宣布不公开审理的理由。

4. 审判长宣布合议庭组成人员、书记员、公诉人、辩护人、鉴定人和翻译人员的名单，并告知当事人、法定代理人有权对合议庭组成人员、书记员、公诉人、鉴定人和翻译人员申请回避。如果当事人、法定代理人提出申请，审判长应当问明申请回避的理由，合议庭认为符合法定情形的，应当依照《刑事诉讼法》有关回避的规定处理；认为不符合法定情形的，应当当庭驳回，继续法庭审理；如果申请回避人当庭申请复议，合议庭应当宣布休庭，待作出复议决定后，决定是否继续法庭审理。同意或者驳回回避申请的决定及复议决定由审判长宣布，并说明理由，必要时，也可以由法院院长到庭宣布。

审判长还应当告知被告人依法享有辩护权，可以根据事实和法律进行无罪或罪轻的辩解；告知当事人、法定代理人经审判长许可，可以向证人、鉴定人发问，可以申请通知新的证人到庭，调取新的证据，重新鉴定或者勘验、检查；当事人、辩护人可以参加法庭辩论；被告人享有最后陈述的权利。

被告人认罪认罚的，审判长应当告知被告人享有的诉讼权利和认罪认罚可能导致的法律后果，审查认罪认罚的自愿性和《认罪认罚具结书》内容的真实性、合法性。

对共同犯罪案件，应当将各被告人同时传唤到庭，向其宣布上述事项，以避免重复，节省开庭时间。

【参考案例 15-2】

黄某诈骗案由某基层人民法院审理。在法庭开庭阶段，审判长宣布合议庭组成人员、书记员、公诉人、辩护人、鉴定人和翻译人员的名单，并告知当事人、法定代理人有权对合议庭组成人员、书记员、公诉人、鉴定人和翻译人员申请回避。黄某当庭提出合议庭一名审判人员与被害人有亲戚关系要求其回避，审判长在对该名审判员简单询问后，认为被告人申请回避的事实不存在，当庭予以驳回，被告人黄某坚持自己的意见，当庭申请复议。审判长认为被告人申请回避的理由不成立，不予理会，继续正常开庭。

请思考：审判长的做法是否正确？应该如何处理？

参考案例 15-2 中审判长的做法是错误的。按照《刑事诉讼法》的规定，法庭当庭驳回当事人请求回避的申请，当事人对该驳回的决定提出复议申请的，法庭应当宣布休庭，待作出复议决定后，再决定是否继续法庭审理。

(二) 法庭调查

法庭调查是指在公诉人、当事人和其他诉讼参与人的参加下，当庭对案件事实和证据进行调查核对。法庭调查是法庭审判的中心环节。法庭调查中,不仅要调查与定罪有关的事实、证据,还要对与量刑有关的事实、证据进行调查。案件事实能否确认,被告人是否承担刑事责任,关键在于法庭调查的结论如何。依照《刑事诉讼法》第191条的规定,法庭调查阶段包括下列诉讼活动:

1. 宣读《起诉书》。审判长宣布法庭调查开始后,先由公诉人宣读《起诉书》;有附带民事诉讼的,再由附带民事诉讼的原告人或者他的诉讼代理人宣读《附带民事诉状》。如果一案有2名以上被告人,宣读《起诉书》时可以同时在场,但宣读《起诉书》后,审问被告人一般应当分别进行,以免互相影响,不利于法庭调查。

2. 被告人、被害人就受指控的犯罪事实发表意见。公诉人在法庭上宣读《起诉书》后,在审判长的主持下,被告人、被害人可以就《起诉书》指控的犯罪事实分别进行陈述。被告人若承认《起诉书》指控的犯罪事实,应当让他把实施犯罪行为的经过、情节详细地陈述清楚;被告人若否认《起诉书》指控的罪行,应当允许他对控诉的事实和证据进行充分的辩解和提出反证。同时,被害人也可以根据《起诉书》对犯罪的指控陈述自己受害的过程及提出有关的诉讼请求。

3. 讯问被告人。主要包括:

(1) 公诉人讯问被告人。在审判长主持下,公诉人可以就《起诉书》中所指控的犯罪事实讯问被告人。一般应围绕下列问题进行讯问:

第一,指控的犯罪行为是否存在,是否为被告人所实施,被告人是否承认起诉书指控的罪行;

第二,犯罪集团或者一般共同犯罪的案件,在讯问中应问清楚同案被告人各自在共同犯罪中的作用和应负的法律责任;

第三,问清被告人有无责任能力,有无实施指控犯罪行为的故意或者过失,查明犯罪行为的动机和目的;

第四,查明有无从重或者从轻、减轻以及免除处罚的情节,并注意查明有无依法不应当追究刑事责任的情形;

第五,查明犯罪对象、作案工具的主要特征,赃款赃物的来源、数量以及去向;

第六,被告人全部或者部分否认《起诉书》指控的罪行的,要问清否认的根据和理由。

(2) 被害人、附带民事诉讼的原告人和辩护人、诉讼代理人,经审判长许可,可以向被告人发问。被害人及其诉讼代理人可以根据公诉人的讯问情况进行补充性发问,通过被害人的发问,可以当庭揭露被告人的虚假供述,进一步暴露被告人的犯罪行为。附带民事诉讼的原告人及其法定代理人或者诉讼代理人，可以就附带民事诉讼部分的事实向被告人发问，揭露和证实被告人的犯罪行为给自己造成物质上的或名誉上的损失，证明被告人应当承担的赔偿责任。被告人的辩护人及法定代理人可以在控诉一方就某一具体问题讯问完毕后向被告人发问，向法庭揭示有利于被告人的事实、情节和证据，以维护被告人的合法权益。上述人员多角度的发问，可以使案件事实和证据得以全面查清。

【参考案例 15-3】

某区人民法院在审理王某故意伤害案件的过程中，在公诉人对被告人就《起诉书》指控的犯罪事实进行讯问后，被害人及其诉讼代理人、附带民事诉讼的原告人分别请求法庭对被告人进行发问。审判长认为案件事实清楚，被害人和附带民事诉讼原告人的问题公诉人可以代表，都已问清了，不需要重复，没有准许其向被告人进行发问，而是直接让辩护人向被告人发问。

请思考：审判长的做法是否正确？

参考案例 15-3 中审判长的做法是错误的。根据《刑事诉讼法》第 191 条的规定，被害人、附带民事诉讼的原告人和辩护人、诉讼代理人，经审判长许可，可以向被告人发问。这里虽然规定需经审判长许可，才可以向被告人发问，但一般情况下，被害人、附带民事诉讼原告人的这一权利应该得到满足。尽管被害人及其诉讼代理人对被告人的讯问相对于公诉人的讯问是补充性发问，但通过被害人的发问，可以当庭揭露被告人的虚假供述，进一步揭露被告人的犯罪行为。尤其是附带民事诉讼原告人及其法定代理人或者诉讼代理人，就附带民事诉讼部分的事实向被告人发问，可以揭露和证实被告人的犯罪行为给自己造成物质上的或名誉上的损失，证明被告人应当承担的赔偿责任，是公诉人之前对被告人的讯问所不可替代的，更不应被剥夺。

（3）审判人员讯问被告人。根据《刑事诉讼法》的规定，审判人员可以讯问被告人。在法庭调查中，不仅要求审判人员认真、仔细地听取控辩双方的提问和回答，而且要对尚存疑问、没有搞清楚的问题及时地讯问被告人。一般而言，审判人员的讯问应注重庭审中出现的一些关键性问题，如公诉人遗漏了重要犯罪事实、情节或对主要犯罪事实情节有疑问；被告人前后供述不一致，企图避重就轻或进行无理狡辩；被害人和辩护人等的发问与被告人的回答相互矛盾；等等。通过审判人员的讯问，可以消除疑点，解决矛盾，全面查清案情。

讯问被告人须在审判长的主持下进行。为保证控辩双方讯问、发问的有序进行，保证不对被告人诱供、逼供，审判长应注意把握庭审活动的方向与进度，对于控辩双方讯问、发问被告人、被害人和附带民事诉讼原告人、被告人的内容与本案无关或者讯问、发问的方式不当的，应当制止。对于控辩双方认为对方讯问或者发问被告人的内容与本案无关或者讯问、发问的方式不当并提出异议的，审判长应当判明情况予以支持或者驳回。

4. 向被害人发问。在法庭调查中，控辩双方经审判长准许，均可以向被害人、附带民事诉讼原告人发问；审判人员认为有必要时，也可以向被害人及附带民事诉讼原告人发问，以求进一步弄清案件事实。

5. 核查证据。在审判人员讯问被告人后，应当当庭核查各种证据，因为只有经过法庭调查核实的证据，才能作为人民法院认定事实的根据。核查证据，应当严格遵循《刑事诉讼法》第192条至第198条的规定和有关司法解释。其具体程序是：

（1）由控方向法庭举证。此即对指控的每一项犯罪事实，公诉人可以提请审判长传唤证人、鉴定人和勘验检查笔录制作人出庭作证，或者出示证据，宣读未出庭的被害人、证人、鉴定人和勘验检查笔录制作人的书面陈述、证言、鉴定意见及勘验检查笔录；被害人及其诉讼代理人和附带民事诉讼原告人及其诉讼代理人经审判长准许，也可以分别提请传唤尚未出庭作证的证人、鉴定人和勘验检查笔录制作人出庭作证，或者出示公诉人尚未出示的证据，宣读尚未宣读的书面证人证言、鉴定意见及勘验检查笔录。

（2）由被告人、辩护人、法定代理人就控诉方提出的证据当庭进行质证、辨认和辩论。

（3）由辩护方向法庭举证。此即被告人、辩护人、法定代理人在起诉一方提供证据后，分别提请传唤证人、鉴定人出庭作证，或者出示证据，宣读未到庭的证人的书面证言和鉴定人的鉴定意见。

（4）由控辩双方依次当庭进行质证、辨认和辩论。

上述程序可以理解为：每指控一项犯罪事实都要出示相应的证据，并由控辩双方进行质证、辨认和辩论。"谁主张，谁举证"，依次举证、质证、辩论，既增强了起诉方的举证责任，强化了控辩双方的对抗性，也有利于法庭全面调查证据，辨明是非，澄清案件事实。

在法庭调查阶段，控辩双方有权提请法庭调查核实证据。由于每种证据的特点、证明力都有所不同，在核查证据时应注意区别对待：

（1）询问证人和核查证言笔录。证人证言必须经过法庭调查核对。没有在法庭上调查核实的证人证言，不能作为定案的根据。根据《刑事诉讼法》第192条第1款的规定，公诉人、当事人或者辩护人、诉讼代理人对证人证言有异议，且该证人证言对案件定罪量刑有重大影响，人民法院认为证人有必要出庭作证的，证人应当出庭作证。人民警察就其执行职务时目击的犯罪情况作为证人出庭作证，适用上述规定。根据《刑事诉讼法》第193条的规定，经人民法院通知,证人没有正当理由不出庭作证的,人民法院可以强制其到庭,但是被告人的配偶、父母、子女除外。证人没有正当理由拒绝出庭或者出庭后拒绝作证的,予以训诫,情节严重的,经院长批准,处以10日以下的拘留。被处罚人对拘留决定不服的,可以向上一级人民法院申请复议。复议期间不停止执行。证人到庭后,审判人员应当先核实证人的身份、证人与当事人以及本案的关系,告知证人应当如实地提供证言和有意作伪证或者隐匿罪证要负的法律责任,并要求证人作证前宣誓或保证实事求是地作证,然后再让他提供证言;数人出庭作证的,应当个别询问。几个证人的证言之间如有矛盾,询问人应当进一步查问清楚。证人作证后,应当让其退庭。

公诉人、当事人和辩护人、诉讼代理人经审判长许可,可以对证人发问。向证人发问,应当先由提请传唤的一方发问;另一方在对方发问完毕后,经审判长准许,也可以发问。按照《刑事诉讼法》的规定,对未到庭的证人的证言笔录或亲笔证词,应当当庭宣读,并且依次听取公诉人、当事人和辩护人及诉讼代理人的意见。上述人员可以对其提出异议。对于证言内容涉及国家秘密和个人隐私的,应选其可以公开的部分宣读。

【参考案例15-4】

某市中级人民法院准备开庭审理一起受贿案件,被告人孙某为某国有公司总经理。庭前会议阶段,某市检察机关提出本案涉及的两名证人都不愿出庭作证,一人为该国有公司财务人员郝某,系被告人孙某的同事;另一人为被告人孙某的妻子王某。经审查,合议庭认为公诉机关和被告人孙某对证人郝某、王某的证言都有意见分歧,二人的证言对案件的定罪量刑均有重大影响,都有出庭作证的必要,遂向二人分别送达了出庭通知。但送达时证人郝某、王某均当场表示拒绝出庭作证。鉴于此,开庭当天早上上班时,法院指派工作人员和法警到证人郝某所在单位,按照规定程序强制传唤其到法院,等待开庭。而对于被告人孙某的妻子王某,法院则没有强制其到庭作证。

请思考:法院的做法是否正确?

参考案例15-4中法院的做法是正确的。经审查,本案涉及的两名证人,其证言对案件的定罪量刑均有重大影响,都有出庭作证的必要,根据《刑事诉讼法》第192条第1款的规定,二人均应当出庭作证。但证人郝某无正当理由拒绝作证,而证人王某身为被告人孙某的妻子,享有拒绝出庭作证的特权。《刑事诉讼法》第193条第1款规定:"经人民法院通知,证人没有正当理由不出庭作证的,人民法院可以强制其到庭,但是被告人的配偶、父母、子女除外。"因此,人民法院可以强制证人郝某出庭作证,而对证人王某却不能强制。

(2)核查鉴定意见。根据《刑事诉讼法》第192条第3款的规定,公诉人、当事人或者辩护人、诉讼代理人对鉴定意见有异议，人民法院认为鉴定人有必要出庭的，鉴定人应当出庭作证。经人民法院通知，鉴定人拒不出庭的，鉴定意见不得作为定案根据。控辩双方应围绕鉴定人所作的鉴定意见，向鉴定人提出问题。鉴定人对公诉人、当事人和辩护人等提出的有关鉴定的问题，应予回答，并须阐明鉴定意见的科学依据。审判长认为发问的内容与本案无关的时候，应当制止。对未到庭的鉴定人的鉴定意见，应当当庭宣读，并且听取上述人员的意见。法庭认为必要时，可以询问鉴定人，并可以决定重新进行鉴定。

（3）出示物证。出示物证通常是在法庭审问完每项犯罪事实后进行。根据《刑事诉讼法》第195条的规定，公诉人、辩护人应当向法庭出示物证，让当事人辨认。出示物证时，应当说明物证的主要特征、内容、获取情况，当事人可以对出示的物证进行辨认并发表意见。对于一些不便拿到法庭上出示的物证，应当当庭出示原物的复制品或照片。

（4）审查勘验笔录和书证。根据《刑事诉讼法》第195条的规定，勘验笔录和能够证明案件事实的文书，都应当当庭宣读。审判人员应当听取公诉人、当事人、诉讼代理人、辩护人的意见。其提出异议的，应当予以认真核查，以判明真伪。

（5）视听资料、电子数据的播放、鉴定。视听资料、电子数据作为刑事诉讼证据在法庭上使用时，必须进行鉴别。举证方可以说明其制作过程及与案件之间的联系，并当庭予以播放、演示；对方可以对视听资料、电子数据所表现的音响、图像、数据、信息提出质疑，控辩双方可以进行质证、辩论。

当庭出示的证据以及宣读的书面证人证言、鉴定意见、勘验检查笔录等，在出示、宣读后，应当立即交付法庭。

6. 申请调取新证据。根据《刑事诉讼法》第197条第1款的规定，法庭审理过程中，当事人和辩护人、诉讼代理人有权申请通知新的证人到庭，调取新的物证，申请重新鉴定或者勘验。当事人和辩护人等申请通知新的证人到庭，调取新的证据，申请重新鉴定或者勘验的，应当提供证人的姓名、证据的存放地点，说明所要证明的案件事实，要求重新鉴定或者勘验的理由。法庭根据具体情况，应当作出是否同意的决定。同意当事人申请的，应当宣布延期审理；不同意的，应当告知理由并继续开庭。

7. 申请有专门知识的人出庭。根据《刑事诉讼法》第197条第2款的规定，公诉人、当事人和辩护人、诉讼代理人可以申请法庭通知有专门知识的人出庭，就鉴定人作出的鉴定意见提出意见。法庭对于上述申请，应当作出是否同意的决定。第2款规定的有专门知识的人出庭，适用鉴定人的有关规定。

【参考案例 15-5】

某区人民法院在审理某区人民检察院指控的被告人刘某贪污、巨额财产来源不明一案时,针对公诉人在法庭调查过程中出示的由某市某司法会计鉴定机构鉴定人提交法庭,证明被告人刘某巨额财产来源不明具体数额的鉴定意见,被告人的辩护律师向法庭提出延期审理的申请,要求等待辩方聘请有司法会计鉴定资格的专家出庭,就控方鉴定人作出的鉴定意见提出意见,以利于查明案件事实,使案件得到公平公正的处理。

请思考:被告人的辩护律师的申请是否合理?法庭是否应该同意?

参考案例 15-5 中辩方律师的申请合理,法庭应该同意。鉴定人和有专门知识的人虽然不属于事实证人,但都属于广义的证人之列,前者就案件涉及的专门性问题利用其专业知识提出鉴定意见,我们称之为专家证人;后者利用其专业知识对前者的鉴定意见提出质疑,我们称之为有专门知识的人。二者在法庭上互为对手,针对同一证据举证质证进行辩论,目的都是查明案件事实,使案件得到公平公正的处理。根据《刑事诉讼法》第 197 条第 1 款、第 2 款的规定,人民法院既然允许控方就其指控的被告人刘某贪污、巨额财产来源不明犯罪向法庭提交鉴定意见,也应该批准辩方申请,同意其聘请相关具有专门知识的专家的请求,就控方鉴定人作出的鉴定意见提出意见。

8. 法庭调查核实证据。根据《刑事诉讼法》第 196 条的规定,在法庭调查过程中,合议庭对于证据有疑问的,可以宣布休庭,对证据进行调查核实。人民法院调查核实证据时,可以进行勘验、检查、查封、扣押、鉴定和查询、冻结。合议庭对于当庭调查的各种证据是否予以采纳,应有较为明确的表示。根据《刑事诉讼法》的规定,证据只有经过查证属实,才能作为定案的根据。凡是作为认定案件事实根据的证据,包括能够证实被告人有罪或者无罪、犯罪情节轻重的各种证据,都须当庭审查核对,至于法庭审查案内各种证据的步骤、顺序和方式,审判人员可以根据案件的不同情况灵活掌握。

法庭经过调查,如果认为案情已经查清,证据已经核实,公诉人、当事人和辩护人也没有再提出需要补充调查的事实和证据,即由审判长宣布法庭调查结束,开始法庭辩论。

(三)法庭辩论

法庭辩论是在法庭调查的基础上,控诉方与辩护方就被告人的行为是否构成犯罪、犯罪的性质、罪责轻重、证据是否确实充分以及如何适用刑罚等问题进行互相争论和反驳的一种诉讼活动。法庭审理过程中,对与定罪、量刑有关的事实、证据都应当进行调查、辩论。法庭辩论是刑事审判程序的一个重要环节。在法庭辩论中,公诉人和被害人属于控诉一方,被告人和辩护人属于辩护一方，各方在发言中都力争全面揭示案情真相，充分阐述理由和根据。

法庭辩论的次序是：先由公诉人发言，然后由被害人及其诉讼代理人发言，再由被告人陈述和自行辩护，辩护人进行辩护，并且控辩双方可以反复互相辩论。对附带民事诉讼部分的辩论应在对刑事部分的辩论结束以后进行，具体辩论顺序是：先由附带民事诉讼的原告人和他的诉讼代理人发言，然后由被告人和他的诉讼代理人答辩。

【拓展阅读 15-1】

法庭辩论的目的是全面查清案件事实，正确运用法律，协助审判人员对案件作出公正的判决。因此，辩论双方都应当坚持"以事实为根据，以法律为准绳"的原则，摆事实，讲道理，依法论罪，以理服人。对自己一方的合理意见要坚持，对对方的合法意见要尊重，不能强词夺理，更不应简单粗暴，进行人身攻击。审判长对于控辩双方与案件无关的、内容重复的或者互相指责的发言应当制止。

在法庭辩论中，合议庭对双方的辩论发言都应认真听取。审判长应当善于抓住双方辩论的焦点，把辩论引向深入。如果发现新的事实、情节和证据需要进一步核实查清，审判长应当宣告暂停辩论，恢复法庭调查，待查清后再继续辩论。如果恢复法庭调查尚不能查清时，审判长应宣告延期审理。

在法庭辩论中，被告人当庭拒绝辩护人为他辩护，要求另行委托辩护人的，应当同意。被告人要求人民法院通知法律援助机构另行指派律师，合议庭同意的，应当宣布延期审理。重新开庭后，被告人再次当庭拒绝重新委托的辩护人或者人民法院通知法律援助机构另行指派律师为其辩护的，合议庭应当分别情形作出处理：①被告人是成年人的，可以准许，但被告人不得再次另行委托辩护人或者要求法律援助机构另行指派律师，可由其自行辩护。②被告人是盲、聋、哑人或者未成年人，没有正当理由的，一般不予准许。对于辩护人依照有关规定当庭拒绝继续为被告人进行辩护的，合议庭应当准许。如果被告人要求另行委托辩护人，合议庭应当宣布延期审理，由被告人另行委托辩护人或者由人民法院通知法律援助机构另行指派律师。

经过辩论后，审判长认为控辩双方的发言中已经没有新的问题和意见提出，没有继续辩论必要时，即应终止双方发言，宣布辩论终结。

【参考案例 15－6】

王某系被告人张某（某县政府干部）受贿一案的辩护人。在某县人民法院审理被告人张某受贿一案的过程中，王某对控方证人李某进行询问时情绪激动，先是斥责其瞎了眼了胡言论语，又大声辱骂其是条疯狗乱咬一通，因而受到审判长的多次制止和警告。被告人张某鉴于辩护人王某在法庭辩论阶段不能从法律和事实方面为自己进行有效辩护，而是偏离问题焦点，反复强调一些与案件无关的事实，更不满意之前辩护人不太冷静和理性的表现，当庭向审判长提出拒绝辩护人王某继续为其辩护，要求另行委托辩护人。合议庭当庭同意了被告人张某的请求，宣布案件延期审理。

请思考：本案中审判长和合议庭的做法是否正确？

参考案例 15－6 中审判长和合议庭的做法是正确的。其一，在法庭审理过程中，辩论双方都应当坚持"以事实为根据，以法律为准绳"的原则，摆事实，讲道理，依法论罪，以理服人，控辩双方应当互相尊重，不能强词夺理，更不能进行人身攻击。《刑事诉讼法》第 199 条第 1 款规定："在法庭审判过程中，如果诉讼参与人或者旁听人员违反法庭秩序，审判长应当警告制止。……"审判长对于控辩双方与案件无关的、内容重复的或者互相指责的发言也应当制止。其二，《刑事诉讼法》第 45 条规定："在审判过程中，被告人可以拒绝辩护人继续为他辩护，也可以另行委托辩护人辩护。"可见，在庭审中被告人有权拒绝辩护人为其辩护，也可以另行委托辩护人。因此，审判长和合议庭的做法是正确的。

（四）被告人最后陈述

在审判长宣布辩论终结后，被告人有最后陈述的权利。这是被告人的一项重要的诉讼权利。审判长应当告知被告人享有此项权利。被告人最后陈述就是在法庭即将进行评议判决之前，给被告人一个最后发言的机会，让他充分陈述自己对案件的意见，或者向法庭表明他对自己所犯罪行的认识和态度。

审判长应当让被告人充分陈述。被告人最后陈述只要不超出本案范围，就不应限制其发言的时间，或随意打断其发言，应允许其把话讲完。但是如果陈述的内容重复或与本案无关，或涉及国家秘密、个人隐私，以及出现借陈述发表反动言论等情况的，审判长应当制止。

被告人在最后陈述中如果提出新的犯罪事实或新的证据，在一般情况下，应当恢复法庭调查。如果案情复杂，恢复法庭调查仍不能查清事实，还可以宣告延期审理。

（五）评议和宣判

在被告人最后陈述后，审判长即可宣布休庭，合议庭进行评议，作出裁判。

1. 合议庭评议。合议庭评议的任务就是根据法庭审理查明的事实、证据，依照刑事法律的规定，确定被告人有罪或者无罪，构成何种犯罪，应否处以刑罚，判处何种刑罚，采取何种刑罚执行方法，有无从重或者从轻、减轻以及免除刑罚的情节，附带民事诉讼如何解决，赃款、赃物如何处理等，并作出处理决定。

根据有关司法解释的规定，合议庭评议案件应当在庭审结束后5个工作日内进行。评议时，审判人员必须充分重视法庭调查的情况和辩论时双方提出的意见和理由，认真研究，应本着"以事实为根据，以法律为准绳"的原则，作出明确的决定。

评议案件一律秘密进行，合议庭成员对评议结果的表决，以口头表决的形式进行。进行评议时，合议庭组成人员有同等的权利。合议庭进行评议的时候，如果意见有分歧，应当按多数人的意见作出决定，但是少数人的意见应当记入笔录。评议笔录由合议庭的组成人员签名。

2. 作出裁判。合议庭经评议后，根据已经查明的事实、证据和有关的法律规定，分别作出以下判决：

（1）案件事实清楚，证据确实、充分，依据法律认定被告人有罪的，应当作出有罪判决。

（2）案件事实清楚，证据确实、充分，依据法律认定被告人无罪的，应当作出无罪判决。

（3）案件事实部分清楚，证据确实、充分的，应当对该部分犯罪依法作出有罪或者无罪的判决；事实不清、证据不足的部分，依法不予认定。

（4）案件事实不清，证据不足，不能认定被告人有罪的，应当以证据不足，指控的犯罪不能成立判决宣告被告人无罪。

（5）被告人因不满16周岁，不予刑事处罚的；被告人是精神病人，在不能辨认或者不能控制自己行为时造成危害后果，不予刑事处罚的，应当判决宣告不负刑事责任。

（6）犯罪已过追诉时效期限且不是必须追诉，或者经特赦令免除刑罚的，应当裁定终止审理。

（7）被告人死亡的，应当裁定终止审理；根据已查明的案件事实和认定的证据材料，能够确认被告人无罪的，应当判决宣告被告人无罪。

（8）对于认罪认罚案件，人民法院依法作出判决时，一般应当采纳人民检察院指控的罪名和量刑建议，但有下列情形的除外：一是被告人的行为不构成犯罪或者不应当追究其刑事责任的；二是被告人违背意愿认罪认罚的；三是被告人否认指控的犯罪事实的；四是起诉指控的罪名与审理认定的罪名不一致的；

五是其他可能影响公正审判的情形。

人民法院经审理认为量刑建议明显不当,或者被告人、辩护人对量刑建议提出异议的,人民检察院可以调整量刑建议。人民检察院不调整量刑建议或者调整量刑建议后仍然明显不当的,人民法院应当依法作出判决。

3. 宣告判决。宣判是将判决的内容向当事人和群众宣告,使他们知道人民法院对案件作出的处理决定。即不管案件是否公开审理,都应当将判决公之于众。当庭宣告判决的,应当在 5 日以内将判决书送达当事人、辩护人、诉讼代理人和提起公诉的人民检察院。定期宣告判决的,判决书应当在宣告后立即向上述人员和机关送达。地方各级人民法院和专门人民法院在宣告第一审判决时,应当告知当事人;当事人如果不服,有权提出上诉。

综合上述法庭审判五个阶段的程序要求,对本章引例进行分析,可以看到法院在审理案件的程序中存在以下几个方面的错误:①没有允许被告人的辩护人提请传唤证人出庭,剥夺了被告方传唤证人出庭作证的诉讼权利;②对于被告人又主动供述另外实施的一起盗窃案件,法庭应该退回公诉机关予以审查核实,补充起诉,而不应主动调查核实,更不能未经起诉书指控再次开庭时,与之前抢劫事实一并审理判决,两罪并罚,违反了审判权消极、被动、中立的属性;③合议庭在宣判前应听取辩护人的意见,采纳与否及其理由应予以公开,维护被告方的辩护权。

【拓展阅读 15-2】

【实训项目 15-1】

一、实训目的

提高学生对法庭审判程序和步骤要求的理解和运用能力。

二、实训素材

2014 年 8 月 1 日 22 时 40 分,被告人黄某驾驶一辆浅绿色捷达出租车,在 A 市某宾馆附近搭载姜某和另一青年男子。两人上车后要求黄某驾车到南湖市场,当车行至南湖市场某建材超市旁时,坐在副驾驶员位置的姜某要求黄某将车停靠在旺德府超市后面的铁门边,当车尚未停稳时,姜某持一把长约 20 厘米的水果刀与同伙对黄某实施抢劫,从其身上搜走现金 200 元和一台 TCL2188 手机。两人拔下车钥匙下车后,姜某将车钥匙丢在汽车左前轮旁的地上,与同伙朝车尾方向逃跑。黄某拾回钥匙上车将车左前门反锁并发动汽车，准备追赶姜某与其同伙，因两人已不知去向，黄某便沿着其停车处左侧房子绕了一圈寻找两人。当车行至某市场三角坪时，黄某发现姜某与同伙正搭乘一辆从事营运的摩托车欲离开，便驾车朝摩托车前轮撞去，摩托车倒地后姜某与同伙下车往市场布艺城方向逃跑。黄某又继续驾车追赶，姜某拿出刀边跑边持刀回头朝黄某挥舞。当车追至与两人并排时，姜某的同伙朝另一方向逃跑，姜某则跑到超市西北方向转角处由矮铁柱围成的空坪内，黄某追至距离姜某2米处围栏外停车与其相持，大约10秒钟后，姜某又向距围栏几米处的布艺城西头楼梯台阶方向跑，黄某迅速驾车从后撞击姜某将其撞倒在楼梯台阶处，姜某倒地死亡。随后，黄某拨打"110"报警，并向公安机关讲述了案发经过。

三、实训任务

模拟开庭审理黄某故意伤害案。

四、角色分配

审判方：A市中级人民法院，合议庭成员有：审判长1人，审判员1人，人民陪审员1人，书记员1人。

公诉方：A市人民检察院，出庭支持公诉人员：检察员1人，代理检察员1人。

附带民事诉讼原告方：姜某某，男，1963年3月26日出生于湖南省C县，汉族，农民，住C县某村。系本案被害人姜的父亲。

被告方：被告人黄某，男，1972年10月8日出生于湖南省B县，汉族，初中文化，住B县某村。因涉嫌故意伤害罪于2014年8月1日被抓获，8月2日被刑事拘留，9月9日被逮捕。现羁押于A市看守所。

出庭证人：案件目击者唐某、龙某、杨某。

辩护人：辩护律师1~2人。

诉讼代理人：附带民事诉讼代理律师1~2人。

法警：2人。

五、实训要求

1. 分组，按审判组、控诉组、辩护组、证人组等分配角色。

2. 根据实训素材分角色准备各自所需材料，准备参加庭审。要求：每个同学要主动承担相应的工作；每组要填写工作日志，一一写明何时、何地、参加人、工作任务、工作成果。

3. 开庭审理。各组按各自承担的角色，将出庭资料、参加庭审的方案准备齐全，在合议庭的指导下按庭审程序参与庭审，履行自己的职责。

4. 案件审理完结后，各组要整理装订好卷宗并提交卷宗。

六、考核标准

二、法庭审判笔录

法庭审判笔录是记载法庭全部活动的诉讼文件，对于分析案情、核查审判活动的进行情况具有重要意义，特别是对于上诉审和审判监督程序有更大作用。

法庭审判笔录要记明法庭审理的时间、地点，法庭组成人员和书记员的姓名，公诉人、当事人和其他诉讼参与人到庭的情况，被告人的姓名等身份情况和案由，公开审理或者不公开审理的理由等内容。法庭审判笔录还应当按照法庭审理活动的顺序，记载如下内容：审判长告知的诉讼权利和义务；当事人申请行使某项权利及法庭对申请的决定；审判人员主持法庭审理的情况；被告人和被害人的陈述；公诉人的讯问，被害人、附带民事诉讼原告人和辩护人、诉讼代理人的发问，审判人员的讯问以及当事人的陈述；证人的陈述；鉴定人的意见；公诉人、辩护人辩论发言的主要内容；被告人的最后陈述等。内容应力求详尽、准确、完整。

法庭审判笔录应当准确、如实地反映审判活动的全貌。法庭审判笔录在庭审后应当交由当事人、法定代理人、辩护人、诉讼代理人阅读或者向其宣读。上述人员认为记载有遗漏或者有差错，可以请求补充或者改正。确认无误后，应当签名或者盖章。法庭审判笔录中的证人证言部分，亦应当庭宣读或者交给证人阅读，证人在承认没有错误后，应当签名或盖章。

法庭审判的全部活动，由书记员写成笔录，经审判长审阅后，由审判长和书记员签名。

三、延期审理

延期审理是指案件因故不能按原定开庭时间审理，或者在法庭审理过程中，遇有足以影响审判继续进行的情况，合议庭决定推延审理，待影响审理进行的原因消失后，再行开庭审理。

根据《刑事诉讼法》第204条的规定，延期审理有以下三种情形：一是需要通知新的证人到庭，调取新的物证，重新鉴定或者勘验的；二是检察人员发现提起公诉的案件需要补充侦查，提出建议的；三是由于申请回避而不能进行审判的。人民检察院要求延期审理补充侦查的案件，应当在1个月以内补充侦查完毕。

【参考案例 15-7】

某区人民法院在审理某区人民检察院提起公诉的被告人王某故意伤害一案中，被告人的辩护律师向法庭提出申请，需要对被告人重新进行司法精神病鉴定，同时，检察机关提出对案发现场需要重新勘验和补充侦查的建议。合议庭经过研究，决定案件延期审理，同意控辩双方的请求和建议，待重新鉴定、勘验和补充侦查完毕，再行开庭审理。

请思考：合议庭的决定是否正确？

参考案例 15-7 中合议庭的决定是正确的。本案中被告人的辩护律师向法庭提出对被告人王某重新进行司法精神病鉴定以及公诉机关提出对案发现场需要重新勘验和对案件进行补充侦查的建议符合《刑事诉讼法》第 204 条规定的延期审理的情形，所以合议庭决定延期审理是正确的。

四、中止审理

中止审理是指人民法院在受理案件后，作出判决前，出现了一些使审判在一定时期内无法继续进行的情况，决定暂时停止案件审理，待有关情形消失以后，再进行恢复审判的活动。

根据《刑事诉讼法》第 206 条的规定，在审判过程中，有下列情形之一，致使案件在较长时间内无法继续审理的，可以中止审理：

1. 被告人患有严重疾病，无法出庭的；
2. 被告人脱逃的；
3. 自诉人患有严重疾病，无法出庭，未委托诉讼代理人出庭的；
4. 由于不能抗拒的原因。

中止审理的原因消失后，应当恢复审理。中止审理的期间不计入审理期限。

【参考案例 15-8】

被告人胡某，男，59 岁，长期患有高血压、心脏病，一直服药治疗，因涉嫌生产、销售伪劣产品罪被公安机关立案后分别被公安机关、人民检察院和人民法院取保候审。2018 年 7 月，在人民法院对其进行开庭审理的过程中，其因情绪激动心脏病发作，法庭紧急将其送往医院治疗，致使案件审理无法继续进行。后得知被告人胡某至少需要住院一个多月进行休养治疗，法院经研究决定中止审理，待情况允许，再恢复审理。

请思考：法院的决定是否正确？

参考案例 15-8 中法院的决定是正确的。高血压、心脏病对于将近 60 岁的被告人来说既是慢性病，又是严重疾病，因此立案后一直被采取取保候审的强制措施。根据《刑事诉讼法》第 206 条第 1 项的规定，在审判过程中，被告人患有严重疾病，无法出庭，致使案件在较长时间内无法继续审理的，案件可以中止审理。因此，法院的决定是正确的。

五、法庭秩序

法庭秩序是指《人民法院法庭规则》所规定的诉讼参与人和旁听人员应当遵守的秩序和纪律。

法庭审判是行使国家审判权的严肃的法律行为，也是刑事诉讼的重要环节。因此，《刑事诉讼法》规定了违反法庭秩序的司法处罚的种类和程序，并规定对严重违反法庭秩序、构成犯罪的，应依法追究刑事责任。

法院可根据行为情节和危害结果的不同，分别作出警告制止、责令强行带出法庭、罚款和拘留四种司法处罚，其中罚款最多不能超过 1000 元，拘留不能超过 15 日。罚款、拘留必须经过人民法院院长的批准。罚款、拘留应当制作决定书，被罚款、拘留的人对决定不服的，可以向上一级人民法院申请复议。但复议期间不停止对决定的执行。对于被拘留的人，如在拘留期间承认并改正错误的，人民法院还可决定提前解除拘留。解除拘留权属于人民法院。对于严重扰乱法庭秩序、构成犯罪的，依法应追究其刑事责任。

六、第一审程序的期限

第一审程序的期限是指人民法院审判第一审公诉案件，从受理到宣判的最长时间限制。《刑事诉讼法》第 208 条对第一审程序的审理期限作了详细规定。其主要内容有：

1. 人民法院审理公诉案件，应当在受理后 2 个月以内宣判，至迟不得超过 3 个月。

2. 对于可能判处死刑的案件或者附带民事诉讼的案件，以及遇有《刑事诉讼法》第 158 条规定的情形之一的，经省、自治区、直辖市高级人民法院批准或者决定，可以再延长 3 个月。

3. 因特殊情况还需要延长的，报请最高人民法院批准。

4. 如遇人民法院改变管辖的案件，从改变后的人民法院收到案件之日起计算审理期限。

5. 人民检察院建议退回补充侦查的案件，补充侦查完毕移送人民法院后，人民法院重新计算审理期限。

七、单位犯罪案件的审判程序

由于单位犯罪案件有其特殊性，因而不宜完全适用一般的审判程序。对此，《高法解释》已作了一些特殊规定，主要内容如下：

1. 法院受理单位犯罪案件，除依照有关规定进行审查外，还应当审查起诉书中是否列明被告单位的名称、住所地、联系方式，法定代表人、主要负责人以及代表被告单位出庭的诉讼代表人的姓名、职务、联系方式。未按规定列明的，应当通知人民检察院在3日内补送。

2. 代表被告单位出庭的诉讼代表人，应当是单位的法定代表人或者主要负责人；法定代表人或者主要负责人被指控为单位犯罪直接负责的主管人员或者因客观原因无法出庭的，应当由单位委托其他负责人或者职工作为被告单位的诉讼代表人出庭。人民法院决定开庭审理单位犯罪案件，应当通知被告单位的诉讼代表人出庭。接到出庭通知的被告单位的诉讼代表人应当出庭；拒不出庭的，人民法院在必要的时候可以将之拘传到庭。

3. 人民法院审理单位犯罪案件，被告单位的诉讼代表人享有《刑事诉讼法》规定的有关被告人的诉讼权利。开庭时，诉讼代表人席位于审判台前左侧。被告单位需要委托辩护人的，参照有关规定办理。

4. 被告单位的违法所得及产生的收益，尚未依法追缴或者扣押、冻结的，人民法院应当根据案件具体情况，决定追缴或者扣押、冻结。为了保证判决的执行，人民法院可根据案件具体情况，先行扣押、冻结被告单位的财产或者由被告单位提供担保。

5. 人民法院审理单位犯罪案件，被告单位被注销或者宣告破产，但对单位犯罪直接负责的主管人员和其他直接责任人员应当负刑事责任的，人民法院应当继续审理。

第五节 简易程序

一、简易程序的概念和意义

简易程序是指基层人民法院审理某些事实清楚、证据充分的被告人认罪刑事案件所适用的比普通程序相对简化的第一审程序。

简易程序的设置符合我国审判实践的客观需要，也顺应了世界多数国家刑事诉讼制度改革发展的潮流。其重要意义体现在三个方面：①能够适应我国审判实践的客观需要，有利于实现惩罚犯罪、保护人民、维护公共安全和社会安定；②能够促进刑事审判制度改革的深化，提升刑事审判程序的科学化、合理化；③有利于合理利用审判资源，降低审判成本，提高审判效率。

二、简易程序的适用范围

根据《刑事诉讼法》第214条的规定，基层人民法院管辖的案件，符合下列条件的，可以适用简易程序审判：

1. 案件事实清楚、证据充分的；
2. 被告人承认自己所犯罪行，对指控的犯罪事实没有异议的；

3. 被告人对适用简易程序没有异议的。

只有同时具备上述三个条件的基层人民法院管辖的案件，才能适用简易程序。

根据《刑事诉讼法》第215条的规定，有下列情形之一的，不适用简易程序：

1. 被告人是盲、聋、哑人，或者是尚未完全丧失辨认或者控制自己行为能力的精神病人的；
2. 有重大社会影响的；
3. 共同犯罪案件中部分被告人不认罪或者对适用简易程序有异议的；
4. 其他不宜适用简易程序审理的。

【参考案例15-9】

被告人A、B、C均为某一职业技术学院的女生，因长期、多次对同一寝室的同学D实施侮辱、打骂，致使D出现严重精神疾病和身体伤害，不得不休学并住院治疗，最终A、B、C三人被公安机关以涉嫌故意伤害罪、侮辱罪立案侦查，并被检察机关起诉至某区人民法院。庭审前，虽然被告人C及其辩护人对检察机关针对其在实施共同犯罪中的作用和证据有异议，认为C不构成犯罪，但某区人民法院认为该案事实清楚，证据确实充分，为快速结案，仍决定适用简易程序审理本案。

请思考：某区人民法院的决定是否正确？

参考案例15-9中某区人民法院决定适用简易程序审理本案是错误的。一是因为一段时间以来，校园欺凌案件频发且为社会广泛关注，属于有重大社会影响的案件；二是案件中被告人C及其辩护人对检察机关针对C在实施共同犯罪中的作用和证据有异议，并不认为C构成犯罪，根据《刑事诉讼法》第215条第2项、第3项的规定，如果案件有重大社会影响、共同犯罪案件中部分被告人不认罪的，不适用简易程序，因此，某区人民法院适用简易程序审理本案的决定是错误的。

三、简易程序的特征

与普通程序比较，简易程序具有以下特征：①简易程序只适用于第一审程序；②简易程序只能由基层人民法院适用；③适用简易程序审理的案件，必须是案件事实清楚、证据充分，被告人承认自己所犯罪行，对指控的犯罪事实和适用简易程序没有异议的刑事案件；④适用简易程序审理的案件，不受《刑事诉讼法》关于送达期限、讯问被告人、询问证人和鉴定人、出示证据、法庭辩论程序规定的限制，大大简化了审理程序。

四、简易程序的内容

（一）审判组织

适用简易程序审理案件，对可能判处3年有期徒刑以下刑罚的，可以组成合议庭进行审判,也可以由审判员一人独任审判;对可能判处的有期徒刑超过3年的,应当组成合议庭进行审判。

（二）对简易程序适用案件的审查

适用简易程序审理案件,审判人员应当询问被告人对指控的犯罪事实的意见,告知被告人适用简易程序审理的法律规定,确认被告人是否同意适用简易程序审理。

（三）适用简易程序审理案件的庭审程序

适用简易程序审理案件,经审判人员许可,被告人及其辩护人可以同公诉人、自诉人及其诉讼代理人互相辩论。适用简易程序审理案件,不受《刑事诉讼法》"第一审程序"中第一节关于送达期限,讯问被告人、询问证人、鉴定人,出示证据,法庭辩论程序规定的限制,但在判决宣告前应当听取被告人的最后陈述意见。

（四）人民检察院出庭支持公诉

适用简易程序审理公诉案件,人民检察院应当派员出席法庭。

（五）简易程序审理期限

适用简易程序审理案件,人民法院应当在受理后20日以内审结;对可能判处的有期徒刑超过3年的,可以延长至一个半月。

【拓展阅读15-3】

五、简易程序的变更

简易程序的变更是指人民法院对按简易程序审理的案件,在审理过程中发现不适用简易程序的,应将案件变更为普通程序审理。这里的"不适用简易程序的",主要是指被告人的行为可能不构成犯罪的;被告人可能不负刑事责任的;被告人当庭对起诉指控的犯罪予以否认的;案件事实不清和证据不足的这四种情况。除这四种情况外,如果发现案件本来就不该适用简易程序审理,或者其他不宜适用简易程序审理的,也应转为普通程序。

转为普通程序重新审理的公诉案件,人民法院应当在3日内将全案卷宗和证据材料退回人民检察院。

第六节 速裁程序

一、速裁程序的适用范围

根据《刑事诉讼法》第222条的规定,基层人民法院管辖的可能判处3年有期徒刑以下刑罚的案件,案件事实清楚,证据确实、充分,被告人认罪认罚并同意适用速裁程序的,可以适用速裁程序,由审判员一人独任审判。

人民检察院在提起公诉的时候,可以建议人民法院适用速裁程序。

有下列情形之一的,不适用速裁程序:

1. 被告人是盲、聋、哑人,或者是尚未完全丧失辨认或者控制自己行为能力的精神病人的;
2. 被告人是未成年人的;
3. 案件有重大社会影响的;
4. 共同犯罪案件中部分被告人对指控的犯罪事实、罪名、量刑建议或者适用速裁程序有异议的;
5. 被告人与被害人或者其法定代理人没有就附带民事诉讼赔偿等事项达成调解或者和解协议的;
6. 其他不宜适用速裁程序审理的。

【参考案例15-10】

2018年6月7日,某区人民法院适用速裁程序集中审理了一批认罪认罚案件。从早上9点30分第一名被告人被带进法庭开始庭审,到10点20分,独任法官对最后一名被告人宣判完毕,审结10起案子一共用时约50分钟。这10名被告人均因危险驾驶罪当庭分别被判处2~5个月不等的拘役,均处缓刑,并处以罚金。法庭上,被告人均表示认识到了自己的错误,对指控的犯罪事实没有异议,并同意检察机关提出的法律适用意见和量刑意见,认罪服判。这10件适用速裁程序的案件审查起诉期限仅4天,审判期限仅5天,大大缩短了案件办理期限。

请思考:某区人民法院审理这批刑事案件适用速裁程序是否正确?适用速裁程序有何意义?

参考案例15-10中某区人民法院对这10起危险驾驶罪的10名被告人适用速裁程序集中审理的做法是正确的。这10起案件集中由基层人民法院独任审判,案件事实清楚,证据确实、充分,10名被告人在法庭上对检察机关的指控犯罪事实没有异议,同意检察机关提出的法律适用意见和量刑意见,对人民法院当庭的定罪处罚认罪服判,符合速裁程序的适用条件和要求。速裁程序的适用不仅可以有效提升案件质量效果,规范量刑幅度,增强权利保障,还能进一步合理配置司法资源,促进司法公正,该程序的增设是对我国刑事审判制度的科学探索和改革完善。

二、速裁程序审理案件的特点

速裁程序具有如下主要特点:

1. 适用速裁程序审理案件,不受《刑事诉讼法》规定的第一审普通程序公诉案件送达期限的限制,不进行法庭调查、法庭辩论,但在判决宣告前应当听取被告人的最后陈述意见。

2. 适用速裁程序审理案件,应当当庭宣判。

3. 适用速裁程序审理案件,人民法院应当在受理后 10 日以内审结;对可能判处的有期徒刑超过 1 年的,可以延长至 15 日。

4. 人民法院在审理过程中,发现有被告人违背意愿认罪认罚、被告人否认指控的犯罪事实或者其他不宜适用速裁程序审理的情形的,人民法院应当决定不再适用该程序,转由公诉案件第一审普通程序重新审理。

【拓展阅读 15-4】

第七节　自诉案件的第一审程序

一、自诉案件的第一审程序的概念和特点

本书第十三章第五节已经对自诉案件的概念和范围进行了介绍,在此不赘述。自诉案件的第一审程序是指人民法院在自诉人、被告人及其他诉讼参与人的参加下,依法审理自诉案件的方式、方法和步骤。自诉案件的第一审程序有以下特点:

1. 参加诉讼的国家机关一般来说只有法院,公安机关、检察机关不予介入。

2. 诉讼阶段的步骤较少,没有侦查和提起公诉阶段。

3. 当事人对于诉讼程序的开始和终止,具有一定的决定作用。没有自诉人提起自诉,自诉案件的诉讼程序就不会开始;自诉人撤诉或自诉人与被告人达

成了和解协议,案件的审理就可以终止。

二、自诉案件受理的条件

自诉人起诉,应当提出起诉的事实根据,向人民法院提供必要的证据。起诉应当以书面形式进行,向法院递交符合规范的起诉状,并按被告人的人数提出副本。如果书写起诉状确有困难,可以口头起诉,由人民法院接待人员写成笔录,经宣读无误后,由自诉人签名或盖章。

根据《高法解释》的相关规定,人民法院受理自诉案件必须符合下列条件:

1. 属于《刑事诉讼法》第 210 条规定的自诉案件,符合《高法解释》第 1 条的规定;

2. 属于该法院管辖的;

3. 刑事案件的被害人告诉的;

4. 有明确的被告人、具体的诉讼请求和能证明被告人犯罪事实的证据,受理公诉转自诉的案件,还应当有公安机关作出的撤销案件的书面决定或人民检察院作出的书面的不起诉决定。

人民法院应根据上述立案条件,对自诉案件分别情况作出如下处理:

1. 对于自诉案件,经审查有下列情形之一的,应当说服自诉人撤回自诉,或者裁定驳回起诉:①犯罪已超过追诉时效的;②被告人已经死亡的;③被告人下落不明的;④不属于自诉案件范围的;⑤缺乏罪证,自诉人提不出补充证据的;⑥除因证据不足而撤诉的以外,自诉人撤诉后,就同一事实又告诉的;⑦经法院调解结案后,自诉人反悔,就同一事实再行告诉的;⑧民事案件结案后,自诉人就同一事实再提出刑事自诉的。

【参考案例 15-11】

被告人曹某某为抢出租车生意,将摩的司机被害人董某左眼打伤后便弃之而去。后被害人董某被人送入医院治疗,共花去医疗费 1 万余元。被害人董某住院期间,被告人曹某某一直未曾露面。出院后,董某左眼视力严重下降,后经法医鉴定为轻微伤。当地公安机关和检察机关认为被告人曹某某的行为不构成犯罪,不作公诉案件处理,并建议被害人董某通过刑事自诉或民事赔偿途径解决。被害人董某无可奈何之下,便向案发地某区人民法院对被告人曹某某提起刑事自诉。该区法院虽然受理了被害人董某的自诉案,但是要求被害人董某寻找被告人曹某某的下落,并且保证能让被告人曹某某按时出庭,否则,法院将以被告人曹某某下落不明为由,裁定驳回被害人董某的自诉请求。

请思考:本案中法院的做法正确吗?

参考案例 15-11 属于人民法院受理自诉案件的第三种类型,即被害人有证据证明对被告人侵犯自己人身、财产权利的行为应当依法追究刑事责任,而公安机关或者人民检察院不予追究刑事责任的案件。但人民法院受理后，如果被告人一直下落不明的，应当说服自诉人撤回自诉，或者裁定驳回起诉。因此，本案中法院的做法是正确的。

2. 对于事实清楚，有足够证据的自诉案件，应当开庭审判。

3. 必须由人民检察院提起公诉的案件，应当移送人民检察院；如果被告人实施了两个以上的犯罪行为，既有公诉案件，又有自诉案件的，人民法院在审理公诉案件时，可以对自诉案件一并审理。

4. 对于已经立案，由于缺乏罪证自诉人撤回自诉或者被驳回起诉后又提出了新的足以证明被告人有罪的证据的，人民法院应当受理。

5. 自诉人明知有其他共同侵害人，但只对部分侵害人提出起诉的，人民法院应当受理，并视为自诉人对其他侵害人放弃起诉权利。

6. 对于自诉人要求撤诉的，经审查后，认为自诉人系被强迫、威吓等原因，不是出于自愿的，人民法院应当不予准许；如果是确属自愿的，可以准许。

人民法院裁定驳回自诉，整个诉讼即告结束。这关系到自诉人的起诉权问题，并涉及案件的实体问题，因此，如果自诉人对这一裁定不服，有权提出上诉。

人民法院应当在收到自诉状或者口头起诉第2日起15日以内作出是否立案的决定，并书面通知自诉人。对不符合立案条件的，应当书面说明不予受理的理由。

三、自诉案件的特殊规定

自诉案件与公诉案件相比，有一定的特殊性。《刑事诉讼法》和相关司法解释还对自诉案件的审判作了一些特别的规定。这些特别规定包括以下几个方面：

1. 自诉案件可以进行调解。人民法院审理自诉案件，可以在查明事实、分清是非的基础上，根据自愿、合法的原则进行调解。调解达成协议的，应当制作《刑事调解书》，由审判人员和书记员署名，并加盖人民法院印章。调解书经双方当事人签收后，即具有法律效力。调解没有达成协议，或者调解书签收前当事人反悔的，应当及时作出判决。

人民法院审判自诉案件可以调解，但调解不是审判的必经程序。而且，《刑事诉讼法》第210条第3项规定的公诉转自诉的案件不适用调解。如果自诉人要求撤诉，经过人民法院审查，确属自愿的，可以准许。

2. 自诉人在判决宣告以前，可以同被告人自行和解，撤回起诉。和解是指自诉人同被告人自行协商，取得一致意见后，不再需要法院对双方的纠纷加以解决。

3. 自诉案件中的被告人或者他们的法定代理人在诉讼过程中，可以对自诉人提起反诉。反诉是指被告人作为被害人控告自诉人犯有与本案有关联的罪行，要求人民法院进行审判,追究自诉人刑事责任的诉讼活动。成立反诉,应具备下列条件:①反诉只能由自诉案件中的被告人或其法定代理人提出;②反诉的对象必须是自诉案件中的自诉人;③反诉提起的时间只能是在法院对自诉案件判决宣告前;④反诉所控告的犯罪行为必须是与自诉案件有关的犯罪行为;⑤反诉案件必须是属于法院直接受理的告诉才处理或者被害人有证据证明的轻微刑事案件。

4. 自诉案件的审理期限。人民法院审理自诉案件的期限,被告人被羁押的适用《刑事诉讼法》第208条第1、2款的规定;未被羁押的,应当在受理6个月以内宣判。

【本章小结】

第一审程序是人民法院对人民检察院提起公诉、自诉人提起自诉的案件进行审判时所适用的程序。第一审程序主要包括对公诉案件或自诉案件进行审查、对决定开庭的案件进行庭前准备、开庭审理、作出裁判等内容。第一审程序是审判的基本的和必经的程序,刑事诉讼各项基本原则都集中体现在第一审程序中。公诉案件的第一审普通程序分为庭前审查、庭前准备、开庭审理和作出判决四个步骤。自诉案件第一审程序与公诉案件第一审程序相比,在提起主体、提起诉讼的条件、提起诉讼的方式及审理程序上均有所区别。简易程序是基层法院审理某些事实清楚、情节简单的被告人认罪的刑事案件时所适用的比普通程序相对简化的审判程序;而速裁程序是基层人民法院独任审理事实清楚,证据确实、充分,被告人认罪认罚案件时适用的比简易程序更简洁,审理期限更短,且须当庭宣判的审判程序。

【课后思考】

某区人民检察院以抢夺罪对范某提起公诉,某区人民法院受理此案。在审理阶段,法院只允许被告人的律师王某某查阅、复印本案的诉讼文书和技术性鉴定材料,不允许其摘抄案件材料。王某某得知证人伍某对案情有所了解,遂申请法院通知伍某出庭作证。法院以王某某无权申请为由予以拒绝。法院经审理认为,检察院指控被告人范某犯抢夺罪的证据不足,但范某有重大犯罪嫌疑,于是判决被告人范某构成盗窃罪,从轻判处有期徒刑1年。

请回答:本案中的法院有哪些违反《刑事诉讼法》的行为?请说明理由。

第十六章　第二审程序

学习目标

理解两审终审制的概念及例外，掌握第二审程序的提起方式，明确全面审查原则和上诉不加刑原则，弄清第二审案件审理的方式、程序和处理结果。

重点提示

第二审程序；两审终审制；上诉；抗诉；全面审查；上诉不加刑

【知识框架】

第二审程序
- 第二审程序概述
  - 两审终审制
  - 第二审程序的概念、特点和意义
- 第二审程序的提起
  - 上诉
  - 抗诉
  - 被害人及其法定代理人的请求抗诉
- 第二审程序的审判
  - 第二审案件的审查
  - 第二审程序的特有原则
  - 第二审案件审理的方式和程序
  - 对第二审案件的处理
  - 第二审程序的审理期限

【本章引例】

2013年7月23日20时50分许，在某市公交车站科技路站附近，韩某因停车问题与一名女子发生争执。争执过程中，韩某殴打该女子，又将婴儿车内不满3岁的女童摔在地上，导致女童严重受伤，后抢救无效不幸死亡。7月29日，犯罪嫌疑人韩某因涉嫌故意杀人罪被某市人民检察院依法批准逮捕。9月25日，一审法院以故意杀人罪判处被告人韩某死刑，剥夺政治权利终身。被告人韩某不服一审判决，提出上诉。2013年11月29日，韩某故意杀人一案在某省高级人民法院二审宣判。二审法院认为韩某故意杀人一案事实清楚，证据确实、充分，适用法律正确，量刑适当，裁定驳回上诉，维持原判。

请思考：二审法院做出的裁定正确吗？

第一节　第二审程序概述

一、两审终审制

（一）两审终审制的概念

我国《刑事诉讼法》第 10 条规定："人民法院审判案件，实行两审终审制。"两审终审制是指一个案件经过两级人民法院的审理即告终结的制度。经第二审人民法院审理所作出的判决或裁定是终审的判决、裁定，一经作出，便立即发生法律效力，必须无条件予以执行，有上诉权或抗诉权的人或机关不得再提出上诉或者抗诉。

【参考案例 16-1】

被告人钱某，男，21 岁。2018 年月 6 月 24 日，钱某以吃零食、看动画片为名，将同村一名 12 岁留守女童骗至家中奸淫。第一审人民法院认定钱某构成强奸罪，判处其有期徒刑 7 年。钱某不服提出上诉，第二审人民法院审理后认为，一审判决认定事实清楚，适用法律正确，量刑适当，裁定驳回上诉，维持原判。被告人钱某见第二审裁定维持了原判，仍感不服，遂请求继续上诉至高级人民法院讨个说法。

请思考：钱某的做法是否正确？

参考案例 16-1 中，被告人钱某请求继续上诉显然不符合两审终审制的规定。钱某一案已经过两级人民法院的审判，第二审法院作出的裁定是终审裁定，且裁定立即生效，钱某须承担相应的刑罚处罚。

（二）两审终审制的例外

最高人民法院是我国的最高审判机关，它所作出的判决、裁定，都是立即发生法律效力的判决和裁定，不得再对其提起上诉。因此，最高人民法院审理的第一审案件为一审终审。这是两审终审制唯一的例外情况。

【拓展阅读 16-1】

（三）两审终审制的特殊情形

两审终审制有以下两种特殊情形：

1. 第二审程序并非所有案件的必经程序。刑事案件是否进入第二审程序，取决于法定期限内有上诉权或抗诉权的人或机关是否提起上诉或者抗诉。如果上诉和抗诉均未提起，则地方各级人民法院的一审裁判发生法律效力，案件就不会进入第二审程序。

2. 死刑案件还需经过死刑复核程序。对于死刑案件而言，即使经过了第二审程序的审理，也不能立即生效和交付执行。由于死刑案件的特殊性，为了保证办案质量，在两审之外还需经过死刑复核这一必经程序，死刑判决才能生效。

二、第二审程序的概念、特点和意义

（一）第二审程序的概念

第二审程序又称上诉审程序，是指一审法院的上一级法院根据上诉权人的上诉或人民检察院的抗诉，对一审法院未生效的判决或裁定进行重新审理的方式、方法。

（二）第二审程序的特点

1. 第二审程序是上诉审程序。第二审程序是第二审人民法院根据上诉权人的上诉或者人民检察院的抗诉而引起的审判程序。不论是上诉还是抗诉，都必须在法律规定的期限内提出。如果超出了法定的期限，即使提起上诉或者抗诉，也不能引起第二审程序。

2. 第二审程序是对案件重新进行审判的程序。第二审法院应当对第一审判决、裁定认定的事实是否清楚，证据是否确实充分，定罪是否准确，量刑是否适当以及是否有违反诉讼程序的情形进行全面的审查。第二审法院的审理不受上诉或者抗诉范围的限制。

3. 第二审程序是终审程序。由于我国采取的是两审终审制的制度，所以第二审程序就是终审的程序。除死刑判决外，凡是第二审人民法院作出的判决或裁定，一经宣告即发生法律效力，即使当事人不服，也不能再提起上诉。若对二审判决、裁定不服，只能按照法律规定向有权提起审判监督程序的机关提出申诉。

（三）第二审程序的意义

第二审程序有利于维护正确的判决、裁定，保护当事人的合法权益；有利于纠正错误的判决、裁定，从而准确地打击犯罪；有利于上级人民法院对下级人民法院的审判工作进行监督和指导，从而充分发挥第二审程序的作用，确保办案质量。

【拓展阅读 16-2】

第二节 第二审程序的提起

第二审程序的提起共有两种方式,分别是上诉和抗诉。上诉由享有上诉权的人提起,抗诉则由人民检察院提起。

一、上诉

(一)上诉的概念

上诉是指有权提起上诉的人员不服第一审未生效的判决、裁定,依照法定程序和期限,要求上一级人民法院重新审判案件的诉讼行为。

(二)上诉的主体

上诉的主体,即有权提起上诉的人员。根据《刑事诉讼法》第227条的规定,有权提起上诉的人员有:自诉人及其法定代理人;被告人及其法定代理人;经被告人同意的辩护人、近亲属;附带民事诉讼的当事人及其法定代理人。

(三)上诉的期限与方式

1. 上诉的期限。《刑事诉讼法》第230条规定:"不服判决的上诉和抗诉的期限为10日,不服裁定的上诉和抗诉的期限为5日,从接到判决书、裁定书的第2日起算。"有权提起上诉的人员在提出上诉时必须严格遵守这一期限的规定,若超出法定期限,则丧失上诉权。

2. 上诉的方式。上诉可以采用书面或口头的形式提出。口头上诉的,人民法院应当制作笔录。上诉可以通过原审人民法院提出,也可以直接向第二审人民法院提出。

有权提起上诉的人员通过原审人民法院提出上诉的,原审人民法院应当在3日内将上诉状连同案卷、证据一同移送上一级人民法院,同时将上诉状副本送交同级人民检察院和对方当事人;若直接向第二审人民法院提出上诉,则第二审人民法院应当在3日内将上诉状交原审人民法院送交同级人民检察院和对方当事人。

(四)上诉的理由

对于上诉的理由,《刑事诉讼法》中并无明确要求。也就是说,只要是有上诉权的人员在法定期限内提出上诉的,不论是何理由,上诉都具有法律效力,人民法院都应当受理,并引起第二审程序。

【参考案例16-2】

2018年3月5日,A区法院对杨某故意伤害一案作出一审判决。杨某不服,于第2日口头向A区法院提出上诉,但A区法院认为,杨某口头上诉不符合法律规定，要求杨某提交书面上诉状，于是杨某次日又将书面上诉状提交A区法院，A区法院告诉杨某，上诉应当向上一级法院提出，本院无权受理。且杨某的上诉状中，对于上诉的具体理由含糊其辞，不符合《刑事诉讼法》关于上诉的规定，最终没有受理杨某的上诉。

请思考：A区法院的做法正确吗？如果不正确，存在哪些问题？

很显然，A区法院的做法是不正确的。首先，上诉可以采用书面或口头任一形式，口头形式的上诉同样符合法律规定，A区法院不能强行要求杨某提交书面上诉状；其次，上诉既可以向原审法院提出，也可以向第二审法院提出，而不是只能向第二审法院提出，A区法院不得以此为理由拒绝受理；最后，我国《刑事诉讼法》对于上诉的理由并未作出明确规定，因此A区法院不得以杨某上诉理由含糊为由不接受上诉。

二、抗诉

（一）抗诉的概念

抗诉是指人民检察院发现或者认为人民法院的判决、裁定确有错误时，提请审判机关依法重新审理并予以纠正的行为。

抗诉包括两种：一是上诉审程序的抗诉，即对第一审未生效裁判的抗诉；二是再审程序的抗诉，即对生效裁判的抗诉。《刑事诉讼法》第228条规定："地方各级人民检察院认为本级人民法院第一审的判决、裁定确有错误的时候，应当向上一级人民法院提出抗诉。"本条所指的"抗诉"属于上述第一种抗诉。

（二）抗诉的主体

有权提出抗诉的机关是地方各级人民检察院，这也是人民检察院法律监督职责的体现。有权对第一审未生效判决、裁定提出抗诉的机关，是一审人民法院的同级人民检察院。无论是对被告人有利还是不利的判决、裁定，人民检察院都可以提起抗诉。

【参考案例16-3】

对冯某强奸一案，一审法院判处无期徒刑，检察院认为冯某具有减轻处罚的情节，一审判决量刑过重。

请思考：此时检察院可以提起抗诉吗？如果检察院认为量刑过轻，可以提起抗诉吗？

参考案例16-3中的两种情形下，只要符合抗诉的理由，检察院都是可以提起抗诉的。

（三）抗诉的期限与方式

1. 抗诉的期限。抗诉的期限与上诉的期限相同。《刑事诉讼法》第230条规定："不服判决的上诉和抗诉的期限为10日，不服裁定的上诉和抗诉的期限为5

日，从接到判决书、裁定书的第 2 日起算。"

2. 抗诉的方式。抗诉只能由地方各级人民检察院以抗诉书的形式提出，不能采用口头形式。抗诉应当向原审人民法院提出，不能直接向第二审人民法院提出抗诉。抗诉书应当抄送上一级人民检察院。同时，原审人民法院应当将抗诉书连同案卷、证据一并移送上一级人民法院，并将抗诉书副本送交当事人。

上级人民检察院在接到下级人民检察院抄送的抗诉书后，如果认为第一审的判决、裁定没有错误，或者下级人民检察院的抗诉理由不充分、缺乏法律依据，可以向同级人民法院撤回抗诉，并通知下级人民检察院。下级人民检察院对上级人民检察院撤回抗诉的决定，必须执行。

【参考案例 16-4】
F 市 B 区人民法院依法开庭审理了张某涉嫌诈骗一案。在抗诉期限内，B 区人民检察院向 F 市中级人民法院提出抗诉。

请思考：B 区人民检察院的做法是否正确？

参考案例 16-4 中 B 区人民检察院的做法是错误的。因为抗诉不能直接向第二审人民法院提出，而应向原审人民法院提出。

（四）抗诉的理由

人民检察院对第一审未生效的判决提出抗诉，必须有明确的理由，即只有当同级人民法院第一审的判决、裁定确有错误时才可以提出。这一规定体现出法律对于检察机关法律监督工作的严肃性、权威性的要求。

抗诉的理由主要包括以下几种：

1. 认定事实不清、证据不足。认定事实不清、证据不足，是指第一审的判决、裁定对案件事实作出了错误认定，重罪轻判、轻罪重判，或者案件中的主要犯罪事实没有确实充分的证据证明。

2. 适用法律错误。适用法律错误，是指判决、裁定所依据的法律明显不当，应当适用的法律未适用，反而适用了不应当适用的法律，导致定罪发生错误，以致量刑畸重或畸轻。

【参考案例 16-5】
陈某曾多次实施盗窃。2012 年 2 月 18 日，陈某携带螺丝刀来到 A 省 F 市 C 区的一间出租屋，撬门进入房间盗走人民币 100 元，后在客厅遇到被害人南某，陈某拿起铁锤威胁不让其喊叫，并逃离现场。C 区法院以抢劫罪、盗窃罪分别判处陈某有期徒刑 3 年 9 个月、1 年 9 个月，数罪并罚决定执行有期徒刑 5 年。一审判决作出后，C 区检察院提出抗诉，认为本案中被害人身处室内无法求救，身心受到的惊吓和伤害比一般抢劫更为严重，因此要求对陈某以"入户抢劫"的情形定罪处罚。F 市中级人民法院在二审中采纳抗诉意见，依法改判陈某犯抢劫罪，处有期徒刑10年，与盗窃罪数罪并罚决定执行有期徒刑11年。

请思考：C区人民检察院的抗诉理由应当得到支持吗？为什么？

参考案例16-5中，C区人民检察院的抗诉理由应当得到支持。人民检察院提出抗诉的理由必须是人民法院第一审的判决、裁定确有错误。在本案中，C区人民法院对被告人陈某的行为性质认定有误，误将抢劫罪的加重情节"入户抢劫"判定为一般性质的抢劫，属于适用法律错误，因此C区人民检察院的抗诉理由成立，应当得到二审法院的支持。

3. 违反诉讼程序。违反诉讼程序是指人民法院在审理案件的过程中严重违反刑事诉讼程序的规定，有限制或剥夺当事人及其他诉讼参与人的诉讼权利等情形。

三、被害人及其法定代理人的请求抗诉

《刑事诉讼法》第229条规定："被害人及其法定代理人不服地方各级人民法院第一审的判决的，自收到判决书后5日以内，有权请求人民检察院提出抗诉。……"也就是说，被害人及其法定代理人虽然不享有上诉权，但如果其对第一审判决不服，可以向人民检察院提出抗诉请求。但是，这种请求抗诉权并不必然引起第二审程序。是否抗诉，还需由人民检察院决定。人民检察院自收到被害人及其法定代理人的请求后5日以内，应当作出是否抗诉的决定并且答复请求人。

【参考案例16-6】

被告人王某的哥们儿赵某与邻居钱某发生纠纷，王某听说后，在钱某下班路上将其拦截并打成重伤。钱某被打后，共花费医疗费11 890元。人民法院受理此案后，以故意伤害罪判处被告人王某有期徒刑4年，赔偿经济损失1万元。判决作出后，钱某以一审判决量刑过轻，被告人赔偿太少为由提出上诉。

请思考：钱某的上诉能否成立？

参考案例16-6中，钱某既是公诉案件的被害人，又是附带民事诉讼的原告人。作为公诉案件的被害人，钱某不是提出上诉的主体，不享有上诉权，因此，其"一审判决量刑过轻"的上诉理由不能成立；而作为附带民事诉讼的原告人，钱某则是提出上诉的主体，享有提出上诉的权利，因此，其"被告人赔偿太少"的上诉理由是成立的。此外，如果钱某对一审判决中的刑事部分不服，他可以向人民检察院请求提出抗诉。

第三节 第二审程序的审判

一、第二审案件的审查

在第二审程序中，第二审法院要对上诉、抗诉的案件进行审查，这是第二

审程序的重要环节。对上诉、抗诉案件的审查具体包括两个方面,即程序性审查和实体性审查。

程序性审查的目的是查明一审法院移送的材料是否齐备,是否达到进行第二审审判所需的程序条件。需要审查的材料具体包括:移送上诉、抗诉的信函;上诉书或抗诉书;第一审判决书或裁定书的份数;全部案卷材料和证据,包括一审的案件审结报告和其他应当移送的材料。对于材料齐备的应当收案,如果材料欠缺,则应通知及时补足。

实体性审查的目的是查明案件是否需要开庭审理。根据《刑事诉讼法》第234条的规定,第二审人民法院对于下列案件,应当组成合议庭,开庭审理:①被告人、自诉人及其法定代理人对第一审认定的事实、证据提出异议,可能影响定罪量刑的上诉案件;②被告人被判处死刑的上诉案件;③人民检察院抗诉的案件;④其他应当开庭审理的案件。第二审人民法院决定不开庭审理的,应当讯问被告人,听取其他当事人、辩护人、诉讼代理人的意见。

二、第二审程序的特有原则

(一) 全面审查原则

《刑事诉讼法》第233条规定:"第二审人民法院应当就第一审判决认定的事实和适用法律进行全面审查,不受上诉或者抗诉范围的限制。共同犯罪的案件只有部分被告人上诉的,应当对全案进行审查,一并处理。"这是我国《刑事诉讼法》规定的第二审程序的全面审查原则。

全面审查要审查以下内容:①第一审判决认定的事实是否清楚,证据是否确实充分;②第一审判决适用法律是否正确、量刑是否适当;③在侦查、审查起诉、第一审程序中,有无违反法律规定的诉讼程序的情形;④上诉、抗诉是否提出了新的事实和证据;⑤被告人的供述和辩解情况;⑥辩护人的辩护意见及采纳情况;⑦附带民事部分的判决、裁定是否合法、适当;⑧第一审人民法院合议庭、审判委员会讨论的意见。

【参考案例16-7】

D区人民法院对被告人江某等人多次共同盗窃一案作出一审判决。江某对犯罪事实供认不讳,仅以量刑过重为由提出上诉,其他被告人未提出上诉,人民检察院也未抗诉。二审法院全面审查了江某多次盗窃的犯罪事实,并重点对江某的量刑轻重进行了审查。

请思考:二审法院的做法是否符合法律规定?为什么?

参考案例16-7中,二审法院的做法违反了第二审程序全面审查的原则。根据《刑事诉讼法》第233条的规定,二审法院对上诉案件的审查不受上诉范围的限制。二审法院应当就江某等人多次共同盗窃的全案进行全面审查,而不应只审查上诉人江某的情况。

（二）上诉不加刑原则

1. 上诉不加刑原则的概念。《刑事诉讼法》第237条第1款规定："第二审人民法院审理被告人或者他的法定代理人、辩护人、近亲属上诉的案件，不得加重被告人的刑罚。第二审人民法院发回原审人民法院重新审判的案件，除有新的犯罪事实，人民检察院补充起诉的以外，原审人民法院也不得加重被告人的刑罚。"这是我国《刑事诉讼法》规定的第二审程序的上诉不加刑原则。

上诉不加刑原则仅适用于只有被告人一方提出上诉的案件。如果是人民检察院提出抗诉或者自诉人提出上诉的案件，或者在被告人一方提出上诉的同时，人民检察院和自诉人也提出抗诉、上诉的，则不受上诉不加刑原则的限制。

2. 上诉不加刑原则的具体适用。第二审人民法院审理被告人或者其法定代理人、辩护人、近亲属提出上诉的案件，还应当注意以下问题：

（1）同案审理的案件，只有部分被告人上诉的，二审法院既不得加重上诉人的刑罚，也不得加重其他同案被告人的刑罚；

（2）原判事实清楚，证据确实、充分，只是认定的罪名不当的，二审法院可以改变罪名，但不得加重刑罚；

（3）原判对被告人实行数罪并罚的，二审法院不得加重实际执行的刑期，也不得加重数罪中某一个罪或某几个罪的刑罚；

（4）原判对被告人宣告缓刑的，二审法院不得撤销缓刑或者延长缓刑考验期；

（5）原判没有宣告禁止令的，二审法院不得增加宣告；原判宣告禁止令的，二审法院不得增加内容、延长期限；

（6）原判对被告人判处死刑缓期执行没有限制减刑的，二审法院不得对被告人限制减刑；

（7）原判事实清楚，证据确实、充分，但判处的刑罚畸轻、应当适用附加刑而没有适用的，二审法院不得直接加重刑罚、适用附加刑，也不得以事实不清、证据不足为由发回第一审人民法院重新审判。必须依法改判的，应当在第二审判决、裁定生效后，依照审判监督程序重新审判。

【参考案例16-8】

某区人民法院一审以抢夺罪判处高某有期徒刑3年。一审宣判后，高某向市中级人民法院提出上诉，区人民检察院未提出抗诉。市中级人民法院经审理认为，原判认定事实清楚，证据确实、充分，但罪名认定不当，量刑过轻，高某的行为构成抢劫罪，应判处有期徒刑6年。

请思考：市中级人民法院应当作出何种处理？

参考案例16-8中涉及的情形恰好属于前述"上诉不加刑原则的具体适用"问题中的第7种情形。本案中，市中级人民法院经过审理认为原判事实清楚，证据确实、充分，但罪名认定不当，量刑过轻，根据《高法解释》第325条第1款第2项的规定，市中级人民法院应当在不加重原判刑罚的前提下将罪名改为抢劫罪。

三、第二审案件审理的方式和程序

根据《刑事诉讼法》第234条的规定，第二审案件审理的方式有两种，即开庭审理和不开庭审理，这两种审理方式又有着不同的程序。

（一）开庭审理

1. 开庭审理的概念。开庭审理又称直接审理，是指在合议庭的主持下，由检察人员和诉讼参与人参加，通过法庭调查和辩论、评议、宣判等步骤审理案件的审理方式。开庭审理的地点，可以在第二审人民法院所在地进行，也可以在案件发生地或者原审人民法院所在地进行。开庭审理的第二审案件由于有当事人和其他诉讼参与人的参加，能够当庭调查事实，核实证据，进行辩论，便于彻底查清案件的真实情况，保护当事人的合法权益。

根据《刑事诉讼法》第234条第1款的规定，第二审程序中，应当组成合议庭开庭审理的案件包括：①被告人、自诉人及其法定代理人对第一审认定的事实、证据提出异议，可能影响定罪量刑的上诉案件；②被告人被判处死刑的上诉案件；③人民检察院抗诉的案件；④其他应当开庭审理的案件。

2. 开庭审理的程序。《刑事诉讼法》第235条规定："人民检察院提出抗诉的案件或者第二审人民法院开庭审理的公诉案件，同级人民检察院都应当派员出席法庭。第二审人民法院应当在决定开庭审理后及时通知人民检察院查阅案卷。人民检察院应当在1个月以内查阅完毕。人民检察院查阅案件的时间不计入审理期限。"因此，在决定开庭审理后，第二审人民法院应当及时通知人民检察院查阅案卷，做好出庭准备。同时，第二审人民法院在开庭前还应提审在押被告人，传唤其他当事人，通知当事人的辩护人、法定代理人、证人、鉴定人等到庭。在第二审程序中，被告人除自行辩护外，还可以委托辩护人辩护。

第二审人民法院开庭审理上诉或者抗诉案件，除参照第一审程序的规定外，还应当依照下列规定进行：

（1）法庭调查阶段，审判长或者审判员宣读第一审判决书、裁定书后，上诉案件由上诉人或辩护人先宣读上诉状或陈述上诉理由，抗诉案件由检察人员先宣读抗诉书；如果是既有上诉又有抗诉的案件，先由检察人员宣读抗诉书，再由上诉人陈述上诉理由；法庭调查的重点要针对上诉或抗诉的理由，全面查清事实，核实证据。

（2）法庭辩论阶段，上诉案件，应当先由上诉人、辩护人发言，再由检察人员发言；抗诉案件，应当先由检察人员发言，再由被告人、辩护人发言；既有上诉又有抗诉的案件，应当先由检察人员发言，再由上诉人、辩护人发言，并进行辩论。

（3）上诉人或被告人有权进行最后陈述，然后由合议庭评议，作出裁判。

（4）共同犯罪案件，没有提出上诉的和没有对其判决提出抗诉的第一审被告人，应当参加法庭调查，并可以参加法庭辩论。

（二）不开庭审理

1. 不开庭审理的概念。不开庭审理是指第二审人民法院的合议庭对上诉案件通过调查讯问的方式审理而不开庭审理的审理方式。第二审人民法院可以采用不开庭审理的方式进行审判的案件，应当是"犯罪事实清楚"的案件，即在犯罪事实和证据方面，一审法院的认定没有错误，或者控辩双方基本没有分歧，当事人的上诉理由主要集中在适用法律、裁量刑罚或诉讼程序上。

2. 不开庭审理的程序。《刑事诉讼法》第234条第2款规定："第二审人民法院决定不开庭审理的，应当讯问被告人，听取其他当事人、辩护人、诉讼代理人的意见。"由此可见，对于不开庭审理的案件，合议庭要审阅案卷材料，制作阅卷笔录，讯问被告人，听取其他当事人、辩护人、诉讼代理人的意见，但是没有法庭调查、法庭辩论等活动，合议庭在上述工作的基础上进行评议，并作出裁判。

四、对第二审案件的处理

根据《刑事诉讼法》第236条、第238条的规定，第二审人民法院对不服第一审判决的上诉、抗诉案件，经过审理后，应当按照下列情形分别处理：

（一）维持原判

原判决认定事实和适用法律正确、量刑适当的，应当裁定驳回上诉或者抗诉，维持原判。在本章引例中，被告人韩某故意杀人一案事实清楚，证据确实、充分，适用法律正确，量刑适当，因此二审法院应当裁定驳回上诉，维持原判。

（二）依法改判

原判决认定事实没有错误，但适用法律有错误，或量刑不当的，应当依法改判。

（三）改判或发回重审

原判决事实不清楚或者证据不足的，可以在查清事实后改判，也可以裁定撤销原判，发回原审人民法院重新审判。原审人民法院对于发回重审的案件作出判决后，被告人提出上诉或者人民检察院提出抗诉的，第二审人民法院应当依法作出判决或者裁定，不得再发回原审人民法院重新审判。

（四）裁定撤销原判，发回重审

第二审人民法院发现第一审人民法院的审理有违反法律规定的诉讼程序的以下情形之一的，应当裁定撤销原判，发回原审人民法院重新审判：①违反本法有关公开审判的规定的；②违反回避制度的；③剥夺或限制当事人的法定诉讼权利，可能影响公正审判的；④审判组织的组成不合法的；⑤其他违反法律规定的诉讼程序，可能影响公正审判的。

【参考案例16-9】

某县人民法院对崔某故意毁坏财物一案进行了不公开审判。一审判决作出后，被告人崔某不服提出上诉。二审中，市中级人民法院认为一审事实清楚、证据确实、充分，适用法律正确，量刑适当，但被告人崔某已满18周岁，且案件未涉及国家秘密及个人隐私，该案中并没有应当不公开审判的情形。因此，市中级人民法院裁定撤销原判，发回县人民法院重新审判。

请思考：二审法院的做法是否符合法律规定？为什么？

根据前述"第二审案件的处理"中的第4种情形可知，当第一审人民法院的审理违反了《刑事诉讼法》关于公开审判的规定时，第二审人民法院应当裁定撤销原判，发回原审人民法院重新审判。因此，参考案例16-9中，市中级人民法院的做法是符合法律规定的。

五、第二审程序的审理期限

第二审程序的审理期限是指第二审人民法院从受理上诉、抗诉案件到做出终审判决的时间期限。根据《刑事诉讼法》第243条的规定，第二审人民法院受理上诉、抗诉案件，应当在2个月以内审结。对于可能判处死刑的案件或者附带民事诉讼的案件，以及有下列情形之一的，经省、自治区、直辖市高级人民法院批准或者决定，可以延长2个月：交通十分不便的边远地区的重大复杂案件；重大的犯罪集团案件；流窜作案的重大复杂案件；犯罪涉及面广，取证困难的重大复杂案件。因特殊情况还需要延长的，报请最高人民法院批准。最高人民法院受理上诉、抗诉案件的审理期限，由最高人民法院决定。

【本章小结】

刑事诉讼中的第二审程序是指第二审人民法院根据上诉人的上诉或者人民检察院的抗诉，对第一审人民法院未生效的判决或裁定进行审理的程序。在我国，刑事案件最多经过两级人民法院的审判即告终结，即两审终审。在第二审程序中，第二审人民法院要依据上诉不加刑的原则，在法定期限内对案件进行全面的审理。经过审理后，根据不同案件的情况，二审法院将作出维持原判、依法改判、撤销原判发回重审等不同的处理。刑事诉讼第二审程序的规定，有利于精准制裁犯罪，切实维护当事人的合法权益，保障司法权威。

【课后思考】

赵某、钱某、孙某共同盗窃一案，经 D 县公安机关立案、侦查终结后，由 D 县人民检察院向县人民法院提起公诉。一审人民法院经过审理，以盗窃罪判处赵某有期徒刑 5 年，钱某有期徒刑 3 年，孙某有期徒刑 2 年，缓刑 2 年。一审宣判后，赵某向市中级人民法院提出上诉，钱某、孙某表示不上诉。随后，一审人民法院在判决书送达三被告后的第二天，将钱某、孙某交付执行，赵某交由市中级人民法院进行二审。市中级人民法院经审理认为，一审法院认定事实正确，但量刑畸轻，遂裁定撤销原判，将案件发回一审法院重审。

请回答：本案中的哪些做法违反了《刑事诉讼法》的规定？为什么？

第十七章 死刑复核程序

学习目标

明确死刑复核程序的概念和特点，理解设立死刑复核程序的意义，掌握死刑立即执行案件和死刑缓期执行案件的复核程序。

重点提示

死刑复核程序；死刑立即执行案件的复核；死刑缓期执行案件的复核

【知识框架】

死刑复核程序 {
　死刑复核程序概述 { 死刑复核程序的概念 / 死刑复核程序的特点 / 死刑复核程序的意义 }
　死刑复核程序的具体规定 { 死刑立即执行案件的复核程序 / 死刑缓期执行案件的复核程序 }
}

【本章引例】

被告人王某出生在越南，30多岁时返回中国，系归国华侨，退休后在中越边境的 A 省 B 市居住。2012 年年初，王某购进 4 公斤毒品海洛因，准备出售给毒贩陈某。在双方约定的 A 省某交易地点，被警方一举抓获，毒品海洛因被当场缴获。二人被认定为走私毒品罪、贩卖毒品罪大案的主犯，2013 年 5 月 28 日，被一审法院判处死刑。上诉后，2014 年 6 月，A 省高级人民法院维持原判，依法上报最高人民法院核准。

最高人民法院在死刑复核时依法组成 3 人的合议庭进行审理。合议庭全体成员认真审阅了全部案卷材料，听取了辩护律师的意见。辩护律师提出，王某的身份证和户口本，均显示他出生于 1940 年 3 月 3 日，他被抓时已年满 72 周岁，获得死刑判决时年满 74 周岁，至最高人民法院死刑复核阶段，王某已年满 75 周岁。根据我国《刑法》第 49 条的规定，审判的时候已满 75 周岁的人，不适用死刑，但以特别残忍手段致人死亡的除外。最终，最高人民法院在判决书中认定，王某在走私共同犯罪中系罪责最为严重的主犯，应依法惩处。第一审判决、第二审裁定认定的事实清楚、证据确实、充分，定罪准确，审判程序合法。鉴于王某审判时已年满 75 周岁，依法对其不适用死刑，改判为无期徒刑。

请思考：最高人民法院进行死刑复核可能有哪几种结果呢？

第一节 死刑复核程序概述

一、死刑复核程序的概念

死刑复核程序是指高级人民法院、最高人民法院对于已经一审法院判处被告人死刑（包括死刑缓期执行），当事人没有上诉，人民检察院也没有提起抗诉的案件，或者二审法院判处被告人死刑（包括死刑缓期执行）的案件，进行审查核准的一种程序。

二、死刑复核程序的特点

（一）审查核准的对象具有特定性

死刑复核程序不适用于除死刑案件外的其他案件，只适用于死刑案件，即被判处死刑立即执行的案件和被判处死刑缓期执行的案件才需经过死刑复核程序的审查核准。

（二）死刑复核程序由作出死刑判决、裁定的法院主动报请

死刑复核程序的启动具有自动性，无需被告人上诉、申诉或者人民检察院抗诉来启动。除最高人民法院外，凡是作出死刑判决、裁定的人民法院，都必须依法主动报请复核。

（三）死刑复核权具有专属性

复核死刑的法院只能是最高人民法院或者高级人民法院。最高人民法院复核死刑立即执行的案件，高级人民法院复核死刑缓期二年执行的案件。中级人民法院和基层人民法院没有死刑复核权。

（四）死刑复核程序是死刑案件的终审程序

通过对第十六章"两审终审制的特殊情形"的学习，我们已经知道，一般刑事案件实行两审终审制。但死刑复核程序是两审终审制的一种特殊情形，即判处死刑的案件，无论是死刑立即执行的案件，还是死刑缓期二年执行的案件，即使经过两级人民法院的审判也不能直接生效，还必须经过死刑复核程序的审查核准。

三、死刑复核程序的意义

死刑是剥夺犯罪分子生命的刑罚，是我国刑罚方法中最严厉的一种。在死刑的适用上，不仅要从实体法的角度严格限制死刑的适用范围，也要从程序上保证适用死刑的正确性。因此，我国《刑事诉讼法》对被依法判处被告人死刑的案件在普通程序以外规定了特别的死刑复核程序。

死刑复核程序作为《刑事诉讼法》中规定的特别审判程序，是我国坚持少

杀、慎杀原则的体现，对于正确适用死刑，保证死刑案件质量，切实维护公民的合法权益，保障社会稳定、和谐具有十分重要的意义。

第二节 死刑复核程序的具体规定

一、死刑立即执行案件的复核程序

（一）死刑立即执行案件的核准权

我国《刑事诉讼法》第246条规定："死刑由最高人民法院核准。"《人民法院组织法》第17条规定："死刑除依法由最高人民法院判决的以外，应当报请最高人民法院核准。"也就是说，在我国依法判处死刑立即执行的案件，只有最高人民法院才有核准权。

【参考案例17-1】

2013年4月1日，被告人林某因琐事与被害人黄某不和，采用投毒方法故意杀害黄某并致其死亡。2014年2月18日上午，上海市第二中级人民法院一审判决被告人林某犯故意杀人罪，判处死刑，剥夺政治权利终身。2014年2月25日，林某的律师正式受林某委托向法院提起上诉。2015年1月8日上午，上海市高级人民法院宣布林某投毒案二审维持原判，对林某的死刑判决依法报请最高人民法院核准。2015年12月11日，林某被依法执行死刑。

参考案例17-1中，二审法院上海市高级人民法院作出的终审判决中，对被告人判处的是死刑，因此该判决并不能立即生效，必须经过死刑复核这道特殊程序的核准方能予以执行。死刑立即执行的核准只能由最高人民法院进行，故该判决需报请最高人民法院核准后方可依法执行。

（二）报请核准的规定

报请最高人民法院核准死刑案件，应当按照下列情形分别处理：

1. 中级人民法院判处死刑的第一审案件，被告人未上诉、人民检察院未抗诉的，在上诉、抗诉期满后10日内报请高级人民法院复核。高级人民法院同意判处死刑的，应当在作出裁定后10日内报请最高人民法院核准；不同意的，应当依照第二审程序提审或者发回重新审判。

2. 中级人民法院判处死刑的第一审案件，被告人上诉或者人民检察院抗诉，高级人民法院裁定维持的，应当在作出裁定后10日内报请最高人民法院核准。

3. 高级人民法院判处死刑的第一审案件，被告人未上诉、人民检察院未抗诉的，应当在上诉、抗诉期满后10日内报请最高人民法院核准。

（三）死刑立即执行案件复核审查的内容

最高人民法院复核死刑案件，应当全面审查以下内容：

1. 被告人的年龄，被告人有无刑事责任能力，是否系怀孕的妇女；
2. 原判认定的事实是否清楚，证据是否确实、充分；
3. 犯罪情节、后果及危害程度；
4. 原判适用法律是否正确，是否必须判处死刑，是否必须立即执行；
5. 有无法定、酌定从重、从轻或者减轻处罚情节；
6. 诉讼程序是否合法；
7. 应当审查的其他情况。

最高人民法院复核死刑案件，应当讯问被告人。复核时，应当由审判员3人组成合议庭进行。复核期间，辩护律师提出要求的，应当听取辩护律师的意见。

（四）复核后的处理

《刑事诉讼法》第250条规定："最高人民法院复核死刑案件，应当作出核准或者不核准死刑的裁定。对于不核准死刑的，最高人民法院可以发回重新审判或者予以改判。"因此，最高人民法院复核死刑案件后可能有三种结果：

1. 核准。

（1）原判认定事实和适用法律正确、量刑适当、诉讼程序合法的，应当裁定核准；

（2）原判认定的某一具体事实或者引用的法律条款等存在瑕疵，但判处被告人死刑并无不当的，可以在纠正后作出核准的判决、裁定。

2. 不予核准，发回重审。

（1）原判事实不清、证据不足的，应当裁定不予核准，并撤销原判，发回重新审判；

（2）复核期间出现新的影响定罪量刑的事实、证据的，应当裁定不予核准，并撤销原判，发回重新审判；

（3）原判认定事实正确，但依法不应当判处死刑的，应当裁定不予核准，并撤销原判，发回重新审判；

（4）原审违反法定诉讼程序，可能影响公正审判的，应当裁定不予核准，并撤销原判，发回重新审判。

3. 不予核准，依法改判。对于一人犯数罪、共同犯罪的案件，应当作如下处理：

（1）对一人有两罪以上被判处死刑的数罪并罚案件，最高人民法院复核后，认为其中部分犯罪的死刑判决、裁定事实不清、证据不足的，应当对全案裁定不予核准，并撤销原判，发回重新审判；认为其中部分犯罪的死刑判决、裁定认定事实正确，但依法不应当判处死刑的，可以改判，并对其他应当判处死刑的犯罪作出核准死刑的判决。

（2）对有 2 名以上被告人被判处死刑的案件，最高人民法院复核后，认为其中部分被告人的死刑判决、裁定事实不清、证据不足的，应当对全案裁定不予核准，并撤销原判，发回重新审判；认为其中部分被告人的死刑判决、裁定认定事实正确，但依法不应当判处死刑的，可以改判，并对其他应当判处死刑的被告人作出核准死刑的判决。

本章引例中，王某、陈某贩毒一案涉及的就是这种情况，此案有 2 名被告人被判处死刑需要复核，最高人民法院直接改判王某无期徒刑的同时核准另一被告人陈某死刑。本案的事实认定没有问题，只是按照刑法规定审判的时候已满 75 周岁的人不适用死刑，因此最高人民法院直接作出了改判。

二、死刑缓期执行案件的复核程序

（一）死刑缓期执行案件的核准权

我国《刑事诉讼法》第 248 条规定："中级人民法院判处死刑缓期二年执行的案件，由高级人民法院核准。"也就是说，高级人民法院有对死刑缓期执行案件的核准权。

（二）报请核准的规定

中级人民法院报请高级人民法院核准死刑缓期执行案件，应当按照下列情形处理：

1. 中级人民法院判处死刑缓期执行的第一审案件，被告人未上诉、检察院未抗诉的，应当在上诉、抗诉期满后 10 日内报请高级人民法院核准；

2. 中级人民法院判处死刑缓期执行的第一审案件，被告人上诉或检察院提出抗诉的，高级人民法院应当按照第二审程序予以处理。

（三）死刑缓期执行案件复核审查的内容

高级人民法院复核死刑缓期执行案件，应当审查的内容与最高人民法院复核死刑案件审查的内容一致。

高级人民法院复核死刑缓期执行案件，应当讯问被告人，且不得加重被告人的刑罚。复核时，应当由审判员 3 人组成合议庭进行。复核期间，辩护律师提出要求的，应当听取辩护律师的意见。

（四）复核后的处理

高级人民法院复核死刑缓期执行案件，可能有三种结果：

1. 核准。

（1）原判认定事实和适用法律正确、量刑适当、诉讼程序合法的，应当裁定核准；

（2）原判认定的某一具体事实或者引用的法律条款等存在瑕疵，但判处被告人死刑缓期执行并无不当的，可以在纠正后作出核准的判决、裁定。

2. 不予核准。

（1）原判事实不清、证据不足的，可以裁定不予核准，并撤销原判，发回重新审判，或者依法改判；

（2）复核期间出现新的影响定罪量刑的事实、证据的，可以裁定不予核准，并撤销原判，发回重新审判，或者审理后依法改判；

（3）原审违反法定诉讼程序，可能影响公正审判的，应当裁定不予核准，并撤销原判，发回重新审判。

3. 直接改判。原判认定事实正确，但适用法律有错误，或者量刑过重的，应当直接改判。

【拓展阅读 17-1】

【本章小结】

死刑复核程序是我国刑事诉讼中的一项特殊程序，是指人民法院对判处被告人死刑的案件（包括判处死刑立即执行的案件和死刑缓期执行的案件）进行审查核准的一种特殊审判程序。死刑复核程序的具体规定包括核准权的归属、报请核准的规定、复核审查的内容及复核后的处理几个方面。通过死刑复核，能够确保死刑案件在事实认定、法律适用和程序上的正确性，同时，能够核准正确的死刑判决、裁定，纠正错误的判决、裁定，在把死刑作为打击犯罪、保护人民的手段的同时，坚持少杀、慎杀的原则，严格控制死刑的适用，保护公民的合法权益。

【课后思考】

H 市中级人民法院 2018 年 5 月 4 日就潘某故意杀人案作出一审判决，判处潘某死刑缓期二年执行，潘某表示服从法院的判决，未在上诉期内提起上诉。检察院也未提出抗诉。

请回答：H 市中级人民法院的判决是否立即生效？

第十八章 审判监督程序

> **学习目标**
>
> 明确审判监督程序的概念和特征，理解设立审判监督程序的意义，掌握审判监督程序的材料来源、提起主体和理由，掌握申诉的含义和程序规定，了解依照审判监督程序重新审判的程序要求。
>
> **重点提示**
>
> 审判监督程序；再审程序；申诉；重新审判

【知识框架】

【本章引例】

1994年9月23日下午，在石家庄市电化厂宿舍区，聂某斌因被石家庄市公安局郊区分局民警怀疑为强奸杀人案犯罪嫌疑人而被抓。1994年10月1日，聂某斌被刑事拘留；10月9日，其因涉嫌故意杀人、强奸妇女被逮捕。1994年12月6日，石家庄市人民检察院以聂某斌犯故意杀人罪、强奸妇女罪，向石家庄市中级人民法院提起公诉。石家庄市中级人民法院依法不公开开庭审理了此案，并于1995年3月15日作出"（1995）石刑初字第53号刑事附带民事判决书"。石家庄市中级人民法院认定："聂某斌于1994年8月5日17时许，骑自行车尾随下班的石家庄市液压件厂女工康某某,至石郊孔寨村的石粉路中段,聂故意用自行车将骑车前行的康某某别倒,拖至路东玉米地内,用拳猛击康的头、面部,致康昏迷后,将康强奸。而后用随身携带的花上衣猛勒康的颈部,致康窒息死亡。"判决聂某斌"犯故意杀人罪,判处死刑,剥夺政治权利终身;犯强奸妇女罪,判处死刑,剥夺政治权利终身;决定执行死刑,剥夺政治权利终身。判决聂某斌赔偿附带民事诉讼原告人康某某丧葬费及其他费用2000元。"宣判后,聂某斌不服,以是初犯、认罪态度好、量刑太重为由提出上诉。1995年4月25日,河北省高级人民法院作出终审判决,认定聂某斌犯故意杀人罪,判处死刑,犯强奸妇女罪,判处有期徒刑15年,决定执行死刑。同年4月27日,聂某斌被执行死刑。

2005年1月17日,曾犯下多起强奸杀人案的王某金在河南落网,随即主动供述自己是石家庄西郊玉米地强奸杀人案的真凶。2014年12月12日,最高人民法院决定将河北省高级人民法院终审的聂某斌故意杀人、强奸妇女一案,指令山东省高级人民法院异地复查。山东省高级人民法院经复查认为,原审认定聂某斌犯故意杀人罪、强奸妇女罪的证据不确实、不充分,建议最高人民法院启动审判监督程序重新审判,并报请最高人民法院审查。最高人民法院经审查,同意山东省高级人民法院的意见,决定依法提审聂某斌故意杀人、强奸妇女案,按照审判监督程序重新审判,并于2016年6月8日在山东省高级人民法院向聂某斌的母亲送达了再审决定书。2016年12月2日,最高人民法院第二巡回法庭对原审被告人聂某斌故意杀人、强奸妇女再审案公开宣判,宣告撤销原审判决,改判聂某斌无罪。2017年3月30日,聂某斌家属获268万余元国家赔偿,聂母表示不申诉。

请思考:具备何种理由可以提起审判监督程序?

第一节 审判监督程序概述

一、审判监督程序的概念

在刑事诉讼中,审判监督程序又称再审程序,是指人民法院、人民检察院对于已经发生法律效力的判决和裁定,发现在认定事实或者适用法律上确有错误,依法提起并由人民法院对该案重新审判的一种特殊审判程序。

审判监督程序是整个刑事诉讼的重要组成部分,但它并不是每个案件的必经程序。从本质上说,审判监督程序是一种补救性程序,只有对于已经发生法律效力而且确有错误的判决和裁定才能适用。因此,它又被称为纠错程序,是一种特殊程序。

本章引例中,最高人民法院对聂某斌案启动审判监督程序,就是因为发现原判决确有错误,欲通过审判监督程序实现纠错的目的。

二、审判监督程序的特征

审判监督程序是一种特殊程序,主要有如下程序特征:

(一)审理对象的特定性

审判监督程序的审理对象是已经发生法律效力的判决和裁定。

(二)提起主体的特定性

《刑事诉讼法》将提起审判监督程序的权力赋予了特定的机关和人员,即只能由最高人民法院、上级人民法院、原审人民法院审判委员会以及最高人民检察院、上级人民检察院提起。

(三)提起理由的特定性

提起审判监督程序必须是发现已经生效的判决和裁定在认定事实和适用法律上确有错误。

(四)提起期限不受限制

审判监督程序的提起一般没有法定期限限制,只要发现生效的判决和裁定确有错误,根据实事求是、有错必纠的精神,随时发现,随时纠正,任何时候都可以提起。本章引例中聂某斌案的审判监督程序的提起距离终审判决已经过去了21年。

(五)审理法院不受审级限制

有权依照审判监督程序审理案件的法院,既可以是原审的第一审法院或第二审法院,也可以是提审的任何上级法院。本章引例中的聂某斌案就是由最高人民法院提审。

(六)实行再审不加刑原则

《刑事诉讼法》没有明确规定按照审判监督程序重新审理案件是否可以加重被告人刑罚处罚的后果。但《高法解释》第386条规定:"除人民检察院抗诉的以外,再审一般不得加重原审被告人的刑罚。……"

(七)再审的判决、裁定效力取决于再审的阶段

按照审判监督程序审判的案件将根据原来是第一审案件或第二审案件,分别依照第一审程序和第二审程序进行。

【拓展阅读18-1】

三、审判监督程序的意义

审判监督程序具有十分重要的意义,主要体现在以下两个方面:

（一）有利于实现裁判的稳定性和有错必究的辩证统一

我国审判监督程序一方面设置了对确有错误的生效判决、裁定再次审判的程序,使案件得以正确处理,从而实现有错必纠,保障《刑事诉讼法》第2条所规定的"惩罚犯罪分子,保障无罪的人不受刑事追究"的刑事诉讼法任务的实现;另一方面又通过严格限定启动程序的主体和条件,从而确保审判监督程序不至于冲击生效裁判稳定性的根基。

（二）有利于加强对刑事审判的监督

一方面,当事人及其法定代理人、近亲属有权提起申诉,与案件无利害关系的机关、团体、企事业单位可以就生效的裁判提出意见和建议,使刑事审判工作置于社会监督之下;另一方面,审判监督程序也是上级人民法院对下级人民法院,以及人民检察院对人民法院进行审判监督的重要途径。通过最高人民法院对地方各级人民法院,上级人民法院对下级人民法院以及人民检察院对人民法院审判工作的监督,有利于及时纠正审判中存在的错误。

第二节 审判监督程序的提起

一、提起审判监督程序的材料来源

提起审判监督程序的材料来源,是指对发生法律效力的判决、裁定发现有错误而提出有关证据及其资料等的渠道、途径。根据《刑事诉讼法》和有关法律、法规和司法解释的规定,结合司法实践,提起审判监督程序的材料来源主要有:当事人及其法定代理人、近亲属的申诉;公安司法机关通过办案或复查案件对错案的发现;各级人民代表大会代表提出的纠正错案的议案;机关、团体、企事业单位、新闻媒介、人民群众等对生效判决、裁定提出的质疑、意见和情况反映等。其中,最为重要的材料来源为当事人及其法定代理人、近亲属的申诉。

【参考案例18-1】

张某、张某平系叔侄关系,因涉及2003年发生在杭州的一起强奸致死案,分别被浙江省高级人民法院判处死刑缓期二年执行和有期徒刑15年。在监狱中,张某平发现了自己案件的若干疑点,经过他本人及家属持续不断地申诉,2012年2月27日,浙江省高级人民法院对该案立案复查。2013年3月26日,浙江省高级人民法院依法对张某、张某平强奸再审案公开宣判,认为有新的证据证明，本案不能排除系他人作案的可能，撤销原审判决，宣告张某、张某平无罪。

参考案例18-1中，张某平本人及家属的申诉成为启动本案审判监督程序的重要来源。本章引例中，聂某斌父母多年持续不断地申诉使得聂某斌案迎来了启动审判监督程序的机会。可见，申诉是启动审判监督程序的重要来源。

（一）申诉的概念

审判监督程序中的申诉，是当事人及其法定代理人、近亲属认为人民法院已经发生法律效力的判决、裁定确有错误，要求人民法院或者人民检察院进行审查处理的一种请求。

当事人及其法定代理人、近亲属与案件的结局有直接的利害关系，为维护其合法权益，法律赋予了他们对已经发生法律效力的判决、裁定提出申诉的权利。《刑事诉讼法》第252条规定："当事人及其法定代理人、近亲属，对已经发生法律效力的判决、裁定，可以向人民法院或者人民检察院提出申诉，但是不能停止判决、裁定的执行。"

（二）申诉的提出及审查处理

1. 申诉权人。根据《刑事诉讼法》第253条的规定，有权提起申诉的人为当事人及其法定代理人、近亲属。这构成了申诉权人的范围。

【拓展阅读18-2】

2. 申诉期限。《刑事诉讼法》没有规定申诉的期限，但根据最高人民法院《关于规范人民法院再审立案的若干意见（试行）》第10条的规定，对于刑事案件的申诉，一般应在刑罚执行完毕后2年内提出。超过2年提出申诉的，对于可能对原审被告人宣告无罪，或者在刑罚执行完毕2年内提出申诉未被受理，或者属于疑难、复杂、重大案件的，人民法院应当受理。

3. 申诉的受理与审查的机关。根据《刑事诉讼法》第252条的规定，申诉既可以向人民法院提出，也可以向人民检察院提出。《高法解释》第373条规定，申诉由终审人民法院审查处理。直接向上级人民法院申诉的，如果没有经作出法律效力的判决、裁定的人民法院审查处理，上一级人民法院可以告知申诉人向终审人民法院提出申诉，或者直接交终审人民法院审查处理，并告知申诉人；案件疑难、复杂、重大的，也可以直接审查处理。《高检规则》第593条规定,当事人及其法定代理人、近亲属认为人民法院已经发生法律效力的判决、裁定确有错误,向人民检察院申诉的,由作出生效判决、裁定的人民法院的同级人民检察院办理。

4. 申诉受理与审查的期限。人民检察院复查刑事申诉案件,应在立案后3个月内办结。案情复杂的,最长不得超过6个月。人民法院受理申诉后,应当在3个月内作出决定,至迟不得超过6个月。

5. 对申诉的处理。根据《刑事诉讼法》第253条的规定,申诉符合下列情形之一的,人民法院应当重新审判:

(1) 有新的证据证明原判决、裁定认定的事实确有错误,可能影响定罪量刑的;

(2) 据以定罪量刑的证据不确实、不充分、依法应当予以排除,或者证明案件事实的主要证据之间存在矛盾的;

(3) 原判决、裁定适用法律确有错误的;

(4) 违反法律规定的诉讼程序,可能影响公正审判的;

(5) 审判人员在审理该案件的时候,有贪污受贿、徇私舞弊、枉法裁判行为的。

【拓展阅读18-3】

二、提起审判监督程序的主体

根据《刑事诉讼法》第254条的规定,有权提起审判监督程序的主体有:

(一) 各级人民法院院长和审判委员会

各级人民法院院长发现本院已生效的判决、裁定在认定事实和适用法律上确有错误的,必须提交审判委员会处理。

(二) 最高人民法院和上级人民法院

最高人民法院对各级人民法院已生效的判决、裁定,上级人民法院对下级人民法院已生效的判决、裁定,如果发现确有错误,有权提审或指令下级人民法院再审。

(三) 最高人民检察院和上级人民检察院

最高人民检察院对各级人民法院、上级人民检察院对下级人民法院已生效的判决、裁定,如果发现确有错误,有权按照审判监督程序提出抗诉。

【参考案例18-2】

马某于2006年从清华大学毕业后进入某基金公司工作，先从研究员做起，后任基金经理。2014年3月24日，A省B市中级人民法院在一审中认定马某在担任基金经理期间，利用其掌控的未公开信息，操作自己控制的多个股票账户，使用临时购买的不记名电话卡下单，非法获利人民币近2000万元，构成利用未公开信息交易罪，判处其有期徒刑3年，缓刑5年，并处罚金人民币1800余万元。判决后，B市人民检察院以量刑过轻为由向A省高级人民法院提出抗诉，认为马某的行为应当认定为"犯罪情节特别严重"，一审判决适用法律错误，量刑明显不当，应当依法改判。A省人民检察院向A省高级人民法院发出《支持刑事抗诉意见书》，但A省高级人民法院于2014年10月20日作出了"驳回抗诉、维持一审判决"的终审裁定。对于A省高级人民法院的二审裁定，A省人民检察院认为终审裁定理解法律规定错误，导致认定情节错误，适用缓刑不当，于2014年11月27日提请最高人民检察院抗诉，要求启动审判监督程序。2014年12月8日，最高人民检察院按照审判监督程序向最高人民法院提出抗诉。2015年12月11日，最高人民法院作出再审终审判决：原审被告人马某犯利用未公开信息交易罪，判处其有期徒刑3年，并处罚金人民币1900余万元。

参考案例18-2中，最高人民检察院发现A省高级人民法院已生效的判决、裁定确有错误，按照审判监督程序提出抗诉，属于上述提起审判监督程序主体的第三种类型。

三、提起审判监督程序的理由

审判监督程序的材料来源并不必然引起审判监督程序，是否提起审判监督程序，取决于是否有法定的理由。为了维护生效判决、裁定的严肃性及稳定性，《刑事诉讼法》第253条对提起审判监督程序的理由，作了严格的限制性规定。只有在发现已经生效的判决、裁定在认定事实上或者适用法律上确有错误时才可以提起审判监督程序。具体而言，提起审判监督程序的理由有以下几种：

（一）原判决、裁定在认定事实上确有错误

这主要是指原判决、裁定认定的主要事实或重大情节不清楚或者失实。主要有以下两种情况：①有新的证据证明原判决、裁定认定的事实确有错误；②据以定罪量刑的证据不确实、不充分或者证明案件事实的主要证据之间存在矛盾。

本章引例中，聂某斌被执行死刑多年后真凶出现；参考案例18-1中，有新的证据证明张某、张某平案中不能排除系他人作案的可能性。对这两个案件提起审判监督程序的理由均是原判决、裁定在认定事实上确有错误。

（二）原判决、裁定在适用法律上确有错误

这主要是指没有正确地适用刑事实体法和执行刑事政策，导致定罪不准，量刑显失公正。主要表现为：①有罪判无罪，无罪判有罪，混淆罪与非罪的界限；②重罪轻判，轻罪重判，量刑不当；③认定罪名不正确，一罪判数罪，数罪判一罪，影响定罪量刑或者造成严重的社会影响；④免予刑事处罚或者适用缓刑错误；⑤对具有法定从重、从轻、减轻处罚情节的，没有依法从重、从轻、减轻处罚，使量刑显失公正。

参考案例18-2中，B市中级人民法院和A省高级人民法院两级法院对马某的量刑不当即属于原判决在适用法律上确有错误。

（三）严重违反法律规定的诉讼程序，影响了对案件的正确裁判

法律规定的诉讼程序是正确裁判案件的保证，如果违反，则无法保证裁判的正确性。严重违反法律规定的诉讼程序的情形包括：①审判组织的组成不合法；②非法剥夺了被告人的辩护权；③违反《刑事诉讼法》关于公开审判的规定；④违反回避制度；等等。

四、提起审判监督程序的方式

根据《刑事诉讼法》的规定，提起审判监督程序的方式有：决定或指令再审、提审和抗诉。

（一）决定或指令再审

决定再审是指各级人民法院院长对本院已经发生法律效力的判决和裁定，如果发现在认定事实或者适用法律上确有错误，经提交审判委员会讨论决定再审从而提起审判监督程序的一种方式。这是各级人民法院对本院发生法律效力的判决和裁定提起审判监督程序所采取的方式。

指令再审是指最高人民法院对各级人民法院已经发生法律效力的判决、裁定，上级人民法院对下级人民法院已经发生法律效力的判决、裁定，如果发现确有错误，可以指令下级人民法院再审从而提起审判监督程序的一种方式。它是最高人民法院对地方各级人民法院、上级人民法院对下级人民法院实行审判监督的一种方式。

（二）提审

提审是指最高人民法院对各级人民法院发生法律效力的判决、裁定，上级人民法院对下级人民法院发生法律效力的判决和裁定，如果发现确有错误，需要重新审理，而直接组成合议庭，调取原审案卷和材料，并进行审判从而提起审判监督程序的一种方式。它是最高人民法院对地方各级人民法院、上级人民法院对下级人民法院已经发生法律效力的判决、裁定，向该院提起审判监督程

序的方式。

【参考案例 18-3】

刘某原为辽宁省沈阳市嘉阳集团的董事长,被检察机关指控犯有组织、领导、参加黑社会性质组织,故意伤害,抢劫,非法经营,偷税,敲诈勒索,非法持有、私藏枪支弹药,妨害公务,故意毁坏财物,盗窃,寻衅滋事,包庇、纵容黑社会性质组织及行贿等罪。2002 年 4 月 17 日,铁岭市中级人民法院依照指定管辖,一审判处刘某等人死刑。2003 年 8 月 15 日,辽宁省高级人民法院以"鉴于本案的具体情况"为由,终审改判刘某死刑,缓期二年执行。终审判决结果引起舆论大哗。2013 年 12 月 18 日,最高人民法院在辽宁锦州对刘某案进行提审,后作出判决:以故意伤害罪判处刘某死刑,剥夺政治权利终身;与其所犯其他各罪并罚,决定执行死刑,剥夺政治权利终身。

参考案例 18-4 体现的提起审判监督的方式即是提审。最高人民法院提审案件较为罕见,刘某案是中华人民共和国成立以来最高人民法院第一次对一起普通刑事案件进行提审。本章引例中,聂某斌案也是由最高人民法院依法提审,直接组成合议庭进行审理。

(三) 抗诉

抗诉是最高人民检察院对各级人民法院、上级人民检察院对下级人民法院已发生法律效力的判决和裁定,发现确有错误,提请同级人民法院重新审理的一种审判监督方式。这种抗诉又被称作再审抗诉,它是人民检察院提起审判监督程序的方式。

对于人民检察院抗诉的案件,接受抗诉的人民法院应当组成合议庭重新审理,对于原判决事实不清或证据不足的,亦可以指令下级人民法院再审。

【拓展阅读 18-4】

第三节 依照审判监督程序对案件的重新审判

一、重新审判的法院

按照法律规定,各级人民法院都可以依照审判监督程序对案件重新审判。

即依照审判监督程序重新审判的法院,既可以是原来的第一审法院,也可以是第二审法院;既可以是提审的上级人民法院,也可以是被指令再审的人民法院。根据《刑事诉讼法》第255条的规定,上级人民法院指令下级人民法院再审的,应当指令原审人民法院之外的下级人民法院审理;由原审人民法院审理更为适宜的,也可以指令原审人民法院审理。

二、重新审判的方式

根据《刑事诉讼法》及相关司法解释的规定,结合司法实践经验,我国法院依照审判监督程序对案件重新审判的方式主要有以下三种:

(一) 开庭审理

根据《最高人民法院关于刑事再审案件开庭审理程序的具体规定(试行)》(以下简称《具体规定》)第5条的规定,人民法院审理下列再审案件应当依法开庭审理:①依照第一审程序审理的;②依照第二审程序需要对事实或者证据进行审理的;③人民检察院按照审判监督程序提出抗诉的;④可能对原审被告人(原审上诉人)加重刑罚的;⑤有其他应当开庭审理情形的。

(二) 书面审理

根据《具体规定》第6条的规定,下列再审案件可以不开庭审理:①原判决、裁定认定事实清楚,证据确实、充分,但适用法律错误,量刑畸重的;②1979年《刑事诉讼法》施行以前裁判的;③原审被告人(原审上诉人)、原审自诉人已经死亡或者丧失刑事责任能力的;④原审被告人(原审上诉人)在交通十分不便的边远地区监狱服刑,提押到庭确有困难的;但人民检察院提出抗诉的,人民法院应征得人民检察院的同意;⑤人民法院按照审判监督程序决定再审,按该规定第9条第5项"将开庭的时间、地点在开庭7日以前通知人民检察院"的规定,经2次通知,人民检察院不派员出庭的。

本章引例中,因原审被告人聂某斌死亡,符合上述第③种情形,可以不开庭审理。

(三) 书面审理和调查讯问相结合的方式

采用这种方式审理案件,应注意以下方面的程序要求:①应当对原审案卷材料、申诉材料进行全面审查;②应当讯问被裁判人,听取他们提出的申辩意见,同时将讯问被裁判人与调查新事实、收集新证据,审查原判决、裁定,讯问有关诉讼参与人等方法有机结合起来;③应听取人民检察院对原判决、裁定的看法以及如何纠正错误裁判的意见,必要时,应当通知检察院派员旁听合议庭对案件的评议;④在审理过程中,应认真听取辩护人的意见。

三、重新审判的程序

根据《刑事诉讼法》第256条的规定,再审案件的程序一般根据原审结案件的审级确定。如果原来是第一审案件，应当依照第一审程序进行审判，所作的判决、裁定，可以上诉、抗诉；如果原来是第二审案件，或者是上级人民法院提审的案件，应当依照第二审程序进行审判，所作的判决、裁定，是终审的判决、裁定。

人民法院按照审判监督程序重新审判的案件，由原审人民法院审理的，应当另行组成合议庭进行。

人民法院开庭审理再审案件，同级人民检察院应当派员出席法庭。

人民法院按照审判监督程序重新审判的案件，应当对原判决、裁定认定的事实、证据和适用法律进行全面审查。

四、重新审判后的处理

根据《高法解释》第389条的规定，再审案件经过重新审理后，应当按照下列情形分别处理：

1. 原判决、裁定认定事实和适用法律正确、量刑适当的，应当裁定驳回申诉或者抗诉，维持原判决、裁定。

2. 原判决、裁定定罪准确、量刑适当，但在认定事实、适用法律方面有瑕疵的，应当裁定纠正并维持原判决、裁定。

3. 原判决、裁定认定事实没有错误，但适用法律错误，或者量刑不当的，应当撤销原判决，裁定，依法改判。

4. 按照第二审程序审理的案件，原判决、裁定认定事实不清或者证据不足的，可以在查清事实后改判，也可以裁定撤销原判，发回原审人民法院重新审判。原判决、裁定事实不清或者证据不足，经审理事实已经查清的，应当根据查清的事实依法裁判；事实仍无法查清，证据不足，不能认定被告人有罪的，应当撤销原判决、裁定，判决宣告被告人无罪。

本章引例中，聂某斌案重新审判的结果属于第4种情形。聂某斌案再审的立足点，在于认为原审判决"证据不确实、不充分"，最高人民法院在聂某斌案再审判决书中从9个方面认定原审证据不足，因此改判无罪。

五、重新审判的期限

人民法院按照审判监督程序重新审判的案件，应当在作出提审、再审决定之日起3个月以内审结，需要延长期限的，不得超过6个月。

本章引例中，最高人民法院于2016年6月6日决定对聂某斌案按照审判监督程序重新审判，聂某斌案应当自再审决定作出之日起3～6个月内审结，最迟应于2016年12月6日审结案件。最高人民法院在2016年12月2日做出裁判，符合再审期限的规定。

【本章小结】

审判监督程序是指人民法院、人民检察院对已经发生法律效力的判决和裁定,发现在认定事实或适用法律上确有错误,依法提起并对案件进行重新审判的程序。申诉是提起审判监督程序最重要的材料来源,审判监督程序的材料来源并不必然引起审判监督程序,是否提起审判监督程序,取决于是否有法定的理由。提起审判监督程序的方式包括决定或指令再审、提审和抗诉。依照审判监督程序对案件重新审判的规定包括重新审判的法院、重新审判的方式、重新审判的程序、重新审判后的处理以及重新审判的期限。审判监督程序对于实现裁判的稳定性和有错必究的辩证统一,加强对刑事审判的监督具有重要意义。

【课后思考】

李某因涉嫌杀妻被起诉,某县人民法院一审判处其有期徒刑13年,李某未上诉。人民检察院抗诉后,某市中级人民法院终审判处李某有期徒刑15年。李某之父以李某没有杀妻为由向某市中级人民法院提出申诉,某市中级人民法院一年多未予以答复。无奈,李父又向某省人民检察院提出申诉。此时,杀害李某妻子的真凶已经被公安机关抓获。某省人民检察院认为原判确有错误,遂按审判监督程序向某市中级人民法院提起抗诉。

请回答:本案中审判监督程序的运行有何错误?

第四单元　执行程序

第十九章 执行程序概述

【学习目标】
　　掌握执行的概念和特点，明确执行的主体、依据和内容，弄清执行程序的分类和各种执行程序的执行机关。

【重点提示】
　　执行的概念；执行的特点；执行的主体；执行机关；执行程序

【知识框架】

执行程序概述 ⎰ 执行 ⎰ 执行的概念、特点和意义
　　　　　　　⎱　　　　执行的主体
　　　　　　　　　　　　执行的客体
　　　　　　　　　　　⎱执行的内容
　　　　　　　⎱ 执行程序 ⎰ 执行程序的概念和分类
　　　　　　　　　　　　　⎱ 各种执行程序的执行机关

【本章引例】
　　A 省 B 市中级人民法院审理的被告人卢某某、蔡某某犯故意杀人罪、抢劫罪一案，于 2011 年 7 月 11 日做出刑事判决，认定被告人卢某某犯故意杀人罪、抢劫罪，判处死刑，剥夺政治权利终身，并处罚金人民币 1 万元；被告人蔡某某犯故意杀人罪、抢劫罪，判处有期徒刑 10 年，并处罚金人民币 500 元。宣判后，卢某某、蔡某某提出上诉。A 省高级人民法院经开庭审理后，裁定驳回上诉，维持原判，并依法报请最高人民法院核准。判决发生法律效力后，在接到最高人民法院院长签发的执行死刑的命令后，卢某某被执行死刑；蔡某某被看守所交付福建省某监狱服刑。
　　请思考：本案中的哪些活动属于"执行"？

第一节 执 行

一、执行的概念、特点和意义

（一）执行的概念

刑事诉讼中的执行是指法定执行机关为实现人民法院已经发生法律效力的判决、裁定所确定的内容而依法进行的活动。执行是我国刑事诉讼活动中的最后一个阶段和环节。

【参考案例 19-1】

被告人张某某，2008年10月至2014年3月在担任某市口岸办公室副主任期间，利用职务之便贪污敛财达600余万元。2015年9月13日，某市中级人民法院以贪污罪、受贿罪判处张某某有期徒刑15年。判决宣告后，张某某没有上诉，检察机关也没有抗诉。法定上诉、抗诉期满后，人民法院将判决书、起诉书副本、执行通知书、罪犯结案登记表送达看守所，由公安机关将张某某交付某省女子监狱服刑。张某某在服刑期间，某省女子监狱向某市中级人民法院提出减刑意见，称张某某入狱后确有悔改表现，建议对其减刑。某市中级人民法院依法裁定对张某某减刑9个月，并将减刑裁定书送达某省女子监狱、某市人民检察院以及罪犯张某某。

参考案例19-1中，在法定上诉、抗诉期满后，相关国家机关依次进行了下列活动：①某市中级人民法院将判决书、起诉书副本、执行通知书、罪犯结案登记表送达看守所；②公安机关将张某某交付某省女子监狱服刑；③某省女子监狱向某市中级人民法院提出减刑建议；④某市中级人民法院依法裁定对张某某减刑9个月，并将减刑裁定书送达某省女子监狱、某市人民检察院以及罪犯张某某。案例中某市中级人民法院的判决在发生法律效力后，人民法院、公安机关、监狱进行的上述活动就是"执行"。

（二）执行的特点

刑事诉讼中的执行具有如下特点：

1. 合法性。执行是一种刑事司法活动，执行的依据是人民法院已经发生法律效力的判决、裁定，必须严格依照法律的有关规定进行。

2. 及时性。人民法院的判决、裁定一经发生法律效力应当立即交付执行，不得以任何借口拖延执行。

3. 强制性。人民法院已经发生法律效力的判决、裁定，对一切机关和个人都有约束力，必须无条件执行，对于不执行的人，应当运用强制手段迫使其执行。

（三）执行的意义

执行可使犯罪分子受到应有的惩罚，同时相关执行机关通过对罪犯实行惩罚和教育改造，可以将罪犯改造成为守法公民；执行能够有效地保护公民的合法权益；执行有利于加强对群众的社会主义法制教育。

【参考案例19-2】

杨某某在某市长期从事个体装修，长期聘请农民工朱某某、薛某某、牛某某、袁某某、韩某某、历某某等人为其打工。因杨某某拖欠劳动报酬20余万元，上述6人分别将其诉至某市人民法院并胜诉。后来，法院向杨某某送达了执行通知书及报告财产令，但杨某某未按执行通知书履行生效法律文书确定的义务，未报告本人财产状况。法院遂对杨某某以涉嫌拒不执行判决、裁定罪移送公安机关侦查，并由检察机关提起公诉。某市人民法院经开庭审理认定，被告人杨某某有执行能力却拒不执行人民法院生效裁判，构成拒不执行判决、裁定罪，于2016年11月15日判决杨某某犯拒不执行判决、裁定罪，判处有期徒刑1年。判决发生法律效力后，杨某某被送往某监狱服刑。

参考案例19-2中，杨某某有执行能力而拒不执行生效的民事判决，依法受到刑事处罚；朱某某、薛某某、牛某某、袁某某、韩某某、历某某等人为社会弱势群体，对杨某某的惩处有利于促使其履行法律责任，依法维护农民工的合法权益；本案的执行对于强化社会诚信意识、弘扬社会主义法治精神，促进平安中国、法治中国建设，都具有重要意义。

二、执行的主体

按照执行职能的不同，我国《刑事诉讼法》将执行的主体分为交付执行机关、执行机关、执行的指挥机关和执行的监督机关。

1. 交付执行机关，是指按照法律规定的程序，将生效的判决或裁定交付给相应的执行机关付诸实施的机关。交付执行机关只能是人民法院。

2. 执行机关，是将生效的判决和裁定所确定的内容付诸实施的机关，包括人民法院、公安机关、监狱、社区矫正机构等。

3. 执行的指挥机关，仅指在执行死刑时的指挥机关，人民法院是执行死刑的指挥机关。

4. 执行的监督机关专指人民检察院。我国《刑事诉讼法》第276条规定："人民检察院对执行机关执行刑罚的活动是否合法实行监督。如果发现有违法的情况，应当通知执行机关纠正。"

参考案例19-1中涉及的执行主体有：人民法院、公安机关、监狱、人民检察院。案例中的交付执行机关是人民法院；执行机关是监狱，如果剩余刑期在 3 个月以下的,执行机关为公安机关;执行的监督机关是人民检察院。

三、执行的客体

执行的客体主要是人民法院做出的生效的判决和裁定。我国《刑事诉讼法》第 259 条规定:"判决和裁定在发生法律效力后执行。下列判决和裁定是发生法律效力的判决和裁定:①已过法定期限没有上诉、抗诉的判决和裁定;②终审的判决和裁定;③最高人民法院核准的死刑的判决和高级人民法院核准的死刑缓期二年执行的判决。"

参考案例 19-1 中,判决宣告后,张某某没有上诉,检察机关也没有抗诉,经过法定期限,判决发生法律效力,执行的客体就是已经发生法律效力的某市中级人民法院的判决。

《刑事诉讼法》第 269 条规定:"对被判处管制、宣告缓刑、假释或者暂予监外执行的罪犯,依法实行社区矫正,由社区矫正机构负责执行。"可见,除了生效的判决和裁定以外,暂予监外执行的决定也是重要的执行客体。

四、执行的内容

执行的内容包括两个方面:一是交付执行,即按照法律规定的程序,将生效的判决或裁定交付相应的执行机关付诸实施的活动;二是变更执行,即在生效的判决、裁定执行过程中,由于出现法定情况,人民法院将原判决、裁定依法予以变更的活动。

参考案例 19-1 中,判决宣告后,张某某没有上诉,检察机关也没有抗诉。法定上诉、抗诉期满后,人民法院将判决书、起诉书副本、执行通知书、罪犯结案登记表送达看守所,由公安机关将张某某交付某省女子监狱服刑,这属于交付执行的内容。案例中张某某在服刑期间确有悔改表现,某省女子监狱向某市中级人民法院提出减刑意见,最终法院裁定对张某某减刑 9 个月。这属于判决执行过程中因出现法定情况而变更执行。

第二节 执行程序

一、执行程序的概念和分类

执行程序是指法定执行机关在执行活动中应遵循的步骤、方式和方法。具体可以概括为以下类型:

1. 死刑立即执行裁判的执行程序;
2. 死刑缓期二年执行、无期徒刑、有期徒刑和拘役裁判的执行程序;
3. 管制、缓刑、剥夺政治权利裁判的执行程序;

4. 财产刑和附带民事诉讼裁判的执行程序；
5. 宣告无罪、免除刑罚裁判的执行程序。
此外，还包括暂予监外执行、减刑和假释的执行程序。

二、各种执行程序的执行机关

根据我国《刑事诉讼法》的规定，各种执行程序的执行机关包括人民法院、监狱、未成年犯管教所、公安机关和社区矫正机构。

1. 死刑立即执行裁判的执行程序，罚金、没收财产裁判的执行程序，附带民事诉讼裁判的执行程序和宣告无罪、免除刑罚裁判的执行程序，其执行机关为人民法院。

2. 死刑缓期二年执行、无期徒刑、有期徒刑和拘役裁判的执行程序，其执行机关为监狱、未成年犯管教所、公安机关。其中，对被判处死刑缓期二年执行、无期徒刑、有期徒刑的罪犯，由公安机关依法将该罪犯送交监狱执行刑罚。对被判处有期徒刑的罪犯，在被交付执行刑罚前，剩余刑期在3个月以下的，由看守所代为执行。对被判处拘役的罪犯，由公安机关执行。对未成年犯应当在未成年犯管教所执行刑罚。

3. 管制、缓刑、剥夺政治权利裁判的执行程序和假释、暂予监外执行的执行程序，其执行机关是社区矫正机构和公安机关。其中，对被判处管制、宣告缓刑、假释或者暂予监外执行的罪犯，依法实行社区矫正，由社区矫正机构负责执行。对被判处剥夺政治权利的罪犯，由公安机关执行。

【实训项目19-1】

一、实训目的

提高学生对各种执行程序的执行机关的分析和判断能力。

二、实训素材

2015年5月至7月，某市某区人民法院、某市中级人民法院分别审理了多起刑事案件，判决结果如下：被告人陆某某犯故意杀人罪，判处死刑，剥夺政治权利终身；被告人苗某某犯故意杀人罪，判处死刑，缓期二年执行，剥夺政治权利终身；被告人孙某某犯故意杀人罪，判处无期徒刑，剥夺政治权利终身；被告人朱某某犯绑架罪，判处有期徒刑15年，剥夺政治权利5年，并处没收财产人民币10万元；被告人王某某犯盗窃罪，判处有期徒刑10个月，并处罚金人民币4000元，责令赔偿被害人经济损失费人民币6000元；被告人方某某犯强迫交易罪，判处有期徒刑2年缓刑3年，并处罚金人民币1万元；被告人杜某某犯寻衅滋事罪，判处拘役2个月；被告人马某某，犯寻衅滋事罪，判处拘役2个月缓刑2个月；被告人肖某某犯寻衅滋事罪，判处管制3个月；被告人董某某犯寻衅滋事罪，免于刑事处罚；被告人高某某无罪。宣判后，被告人陆某某、苗某某、孙某某、朱某某、杜某某不服，提出上诉。二审法院均裁定：驳回上诉，维持原判。在陆某某故意杀人案、苗某某故意杀人案经死刑复核程序后，全部判决、裁定都已经先后交付执行。

三、实训任务

判断实训素材中涉及的判决、裁定分别由哪些执行机关执行？

四、实训方式

以小组为单位让学生进行讨论，每位同学都要发表意见，每组须在规定时间内提交讨论结果，由1名同学代表小组进行实训汇报。各组发言完毕，由教师进行总结评价。

五、考核标准

【拓展阅读 19-1】

【本章小结】

执行是我国刑事诉讼活动中的最后一个阶段和环节。人民法院的判决和裁定在发生法律效力后交付执行。执行程序的类型包括：死刑立即执行裁判的执行程序，死刑缓期二年执行、无期徒刑、有期徒刑和拘役裁判的执行程序，管制、缓刑、剥夺政治权利裁判的执行程序，财产刑和附带民事诉讼裁判的执行程序，宣告无罪、免除刑罚裁判的执行程序；此外，还包括暂予监外执行、减刑和假释的执行程序。各种执行程序的执行机关包括：人民法院、监狱、未成年犯管教所、公安机关和社区矫正机构。

【课后思考】

被告人章某某在担任某市经济技术开发区办公室主任期间，利用职务便利，为他人谋取利益并收受他人贿赂。其中2002年至2005年间，章某某收受行贿人谢某分7次所送价值人民币共计一百余万元的财物；另于2004年五六月至2005年1月间，收受行贿人楼某二百余万元。一审法院以受贿罪判处被告人章某某无期徒刑，剥夺政治权利终身，并处没收个人全部财产。章某某上诉后，二审法院鉴于被告人归案后认罪态度总体尚可，在二审期间能认罪悔罪，并能补退部分赃款等具体情节，对其酌情从轻处罚，改判其有期徒刑15年。

请回答：本案涉及哪一执行程序，其执行机关是什么？

第二十章 各种判决、裁定的执行程序

学习目标

掌握死刑立即执行裁判的执行程序,弄清死刑缓期二年执行、无期徒刑、有期徒刑和拘役裁判的执行程序,了解管制、缓刑、剥夺政治权利裁判的执行程序,了解财产刑和附带民事裁判的执行程序,了解无罪和免除刑罚裁判的执行程序。

重点提示

死刑立即执行裁判的执行程序;死刑缓期二年执行、无期徒刑、有期徒刑和拘役裁判的执行程序;管制、缓刑、剥夺政治权利裁判的执行程序。

【知识框架】

各种判决、裁定的执行程序
- 死刑立即执行裁判的执行程序
  - 执行死刑命令的签发
  - 执行死刑的主体
  - 执行死刑的具体程序
- 死刑缓期二年执行、无期徒刑、有期徒刑和拘役裁判的执行程序
  - 交付执行的程序
  - 执行的具体要求
- 管制、缓刑、剥夺政治权利裁判的执行程序
  - 交付执行的程序
  - 执行的具体要求
- 其他裁判的执行程序
  - 财产刑和附带民事裁判的执行程序
  - 无罪和免除刑罚裁判的执行程序

【本章引例】

某日晚8时许,王某闯进仇人李某的家里,将李某杀死。作案后,王某到公安机关投案。本案由某地中级人民法院公开审理。法院考虑到被告人系未成年人,且有自首情节,以故意杀人罪判处王某无期徒刑,剥夺政治权利终身。法定上诉、抗诉期满后,看守所将王某送往某未成年犯管教所执行刑罚。

请思考:本案中的交付执行机关和执行机关是什么?

第一节 死刑立即执行裁判的执行程序

死刑是依法剥夺犯罪分子生命的最严厉的一种刑罚,所以我国《刑事诉讼法》对死刑立即执行裁判的执行程序作了严谨缜密的规定。

一、执行死刑命令的签发

我国《刑事诉讼法》第261条第1款规定:"最高人民法院判处和核准的死刑立即执行的判决,应当由最高人民法院院长签发执行死刑的命令。"下级人民法院接到最高人民法院执行死刑的命令后,应当在7日以内交付执行。

【参考案例20-1】

A省B市中级人民法院以故意杀人罪、贪污罪、挪用公款罪数罪并罚判处何某某死刑,剥夺政治权利终身,并处罚金人民币50万元。宣判后,何某某不服判决,提出上诉。A省高级人民法院二审裁定驳回上诉,维持原判。最高人民法院核准后,向A省B市中级人民法院下达了执行死刑命令。B市中级人民法院在接到最高人民法院执行死刑的命令后,于7日以内即2018年1月19日上午,将罪犯何某某押赴刑场,执行死刑。

请思考:对何某某的死刑执行是否符合法律规定?

参考案例20-1中,执行死刑的命令由最高人民法院院长签发,作为下级人民法院的济南市中级人民法院在接到最高人民法院执行死刑的命令后,在7日以内执行完毕。因此,对罪犯何某某死刑的执行严格遵守了我国《刑事诉讼法》的相关规定。

二、执行死刑的主体

（一）执行机关

第一审人民法院或罪犯服刑地的中级人民法院是死刑立即执行的执行机关和指挥机关。在罪犯被判处死刑立即执行时,最高人民法院的执行死刑命令,由高级人民法院交付第一审人民法院执行。在罪犯被判处死刑缓期二年执行时,如果在死刑缓期执行期间故意犯罪,最高人民法院核准执行死刑的,由罪犯服刑地的中级人民法院执行。

（二）执行的监督机关

与第一审人民法院同级的人民检察院是死刑立即执行的监督机关。我国《刑事诉讼法》第263条第1款规定:"人民法院在交付执行死刑前,应当通知同级人民检察院派员临场监督。"

三、执行死刑的具体程序

(一) 告知罪犯有权会见其近亲属

第一审人民法院在执行死刑前,应当告知罪犯有权会见其近亲属。罪犯申请会见并提供具体联系方式的,人民法院应当通知其近亲属。罪犯近亲属申请会见的,人民法院应当准许,并及时安排会见。

(二) 通知同级人民检察院

第一审人民法院在执行死刑3日前,应当通知同级人民检察院派员临场监督。

(三) 执行死刑的方式

死刑采用枪决或者注射等方法执行,采用枪决、注射以外的其他方法执行死刑的,应当事先层报最高人民法院批准。死刑可以在刑场或者指定的羁押场所内执行。执行死刑应当公布,不应示众。

(四) 验明正身和讯问

指挥执行的审判人员,对罪犯应当验明正身,讯问有无遗言、信札,然后交付执行人员执行死刑。

(五) 执行死刑后的处理

执行死刑后,应当由法医验明罪犯确实死亡,在场书记员制作笔录。负责执行的人民法院应当在执行死刑后15日内将执行情况,包括罪犯被执行死刑前后的照片,上报最高人民法院。执行死刑后,负责执行的人民法院应当办理以下事项:

1. 对罪犯的遗书、遗言笔录,应当及时审查;涉及财产继承、债务清偿、家事嘱托等内容的,将遗书、遗言笔录交给家属,同时复制附卷备查;涉及案件线索等问题的,抄送有关机关。

2. 通知罪犯家属在限期内领取罪犯骨灰;没有火化条件或者因民族、宗教等原因不宜火化的,通知领取尸体;过期不领取的,由人民法院通知有关单位处理,并要求有关单位出具处理情况的说明;对罪犯骨灰或者尸体的处理情况,应当记录在案。

3. 对外国籍罪犯执行死刑后,通知外国驻华使、领馆的程序和时限,根据有关规定办理。

【参考案例20-2】

2002年8月30日,A市中级人民法院一审以受贿罪、贪污罪判处李某死刑,剥夺政治权利终身。2003年11月13日,李某被法警押进在看守所内临时设立的宣判室。"姓名?""李某。""年龄?"……A市中级人民法院的法官验明正身后,庄严宣布:"经最高人民法院复核、批准,今天将对你执行死刑。你还有什么话要说?""我……"过了一会儿,李某才缓过神来。法官拿着最高人民法院下达的《执行死刑书》,让李某签字。随后,在A市人民检察院检察官的监督下,法警把李某架上注射死刑执行车,麻利地用约束带把他的四肢和头部固定在行刑床上。护士们将针头扎入李某的静脉以后撤出,观察室的行刑人员按动注射器通电按钮,约2分钟后,法医当场鉴定无误后,宣布李某死刑执行完毕,尸体运往殡仪馆。

请思考:本案中对李某执行死刑的过程是否符合法律规定?

参考案例20-2中,A市中级人民法院对罪犯李某死刑的执行,通知了A市人民检察院派员临场监督,经过验明正身和讯问有无遗言、信札后,采用注射的方法执行了死刑;在执行死刑后,由法医当场鉴定罪犯确实死亡,并且妥善处理了执行死刑后的相关事宜,整个程序合法、有序。由此可见,死刑执行是一项程序复杂且严谨的工作。

第二节 死刑缓期二年执行、无期徒刑、有期徒刑和拘役裁判的执行程序

一、交付执行的程序

(一) 交付执行机关

死刑缓期二年执行、无期徒刑、有期徒刑和拘役裁判的交付执行机关是第一审人民法院。

(二) 交付执行的要求

1. 送达。交付执行时罪犯在押的,第一审人民法院应当在判决、裁定生效后10日内,将判决书、裁定书、起诉书副本、自诉状复印件、执行通知书、结案登记表送达看守所,由公安机关将罪犯交付执行。执行通知书回执经看守所盖章后,人民法院应当附卷备查。

2. 收押。罪犯未在押,且需要收押执行刑罚的,人民法院应当根据生效的判决书、裁定书将罪犯送交看守所羁押,由公安机关将罪犯交付执行。

3. 期限。公安机关应当自收到执行通知书、判决书之日起1个月内将罪犯送交监狱或其他执行机关执行刑罚;对于被判处拘役的罪犯,公安机关在收到交付执行的人民法院送达的执行通知书等法律文书后,应马上交付执行。同案审理的案件中,部分被告人被判处死刑,对未被判处死刑的同案被告人需要羁押执行刑罚的,应当在其判决、裁定生效后10日内交付执行。但是,该同案被告人参与实施有关死刑之罪的,应当在最高人民法院复核讯问被判处死刑的被

告人后交付执行。

4. 收监。罪犯被交付执行刑罚时,交付执行的人民法院应当将人民检察院的起诉书副本、人民法院的判决书、执行通知书、结案登记表同时送达监狱。监狱没有收到上述文件的,不得收监;上述文件不齐全或者记载有误的,作出生效判决的人民法院应当及时补充齐全或者作出更正;对其中可能导致错误收监的,不予收监。

二、执行的具体要求

（一）执行机关

1. 监狱。对被判处死刑缓期二年执行、无期徒刑、有期徒刑的罪犯,由公安机关依法将该罪犯送交监狱执行刑罚。

2. 公安机关。对被判处有期徒刑的罪犯,在被交付执行刑罚前,剩余刑期在 3 个月以下的,由看守所代为执行;对被判处拘役的罪犯,由公安机关执行。

3. 未成年犯管教所。对未成年犯应当在未成年犯管教所执行刑罚;未成年犯年满 18 周岁时,剩余刑期不超过 2 年的,仍可以留在未成年犯管教所执行剩余刑期。

（二）监管改造

监狱等执行机关对罪犯依法监管、分管分押,实行惩罚和改造相结合、教育和劳动相结合的原则,将罪犯改造成为守法公民。根据改造罪犯的需要,组织罪犯从事生产劳动,对罪犯进行思想教育、文化教育、技术教育。对未成年犯执行刑罚应当以教育改造为主,未成年犯的劳动,应当符合未成年人的特点,以学习文化和生产技能为主。监狱应当配合国家、社会、学校等教育机构,为未成年犯接受义务教育提供必要的条件。被判处拘役的罪犯,在执行期间每月可以回家 1 天至 2 天;参加劳动的,可以酌量发给报酬。

（三）刑满释放

罪犯服刑期满,执行机关应当按期释放并发给释放证明书。公安机关凭释放证明书办理户籍登记。对刑满释放人员,当地人民政府帮助其安置生活。刑满释放人员依法享有与其他公民平等的权利。

本章引例中,罪犯王某被判处无期徒刑,交付执行机关是第一审人民法院,由于王某未成年,执行机关是未成年犯管教所。交付执行的人民法院在判决生效后 10 日以内将执行通知书、判决书、裁定书送达公安机关。公安机关应自收到上述文件之日起 1 个月内将罪犯送监狱执行刑罚。将罪犯交付执行时,交付执行的人民法院还应当将人民检察院的起诉书副本、人民法院的判决书、执行通知书、结案登记表同时送达未成年犯管教所。

第三节 管制、缓刑、剥夺政治权利裁判的执行程序

一、交付执行的程序

（一）执行机关

根据我国《刑事诉讼法》第269条、第270条的规定，对被判处管制、宣告缓刑、假释或者暂予监外执行的罪犯，依法实行社区矫正，由社区矫正机构负责执行；对被判处剥夺政治权利的罪犯，由公安机关执行。因此，管制、缓刑裁判的执行机关是社区矫正机构，剥夺政治权利裁判的执行机关是公安机关。最高人民法院、最高人民检察院、公安部、司法部2012年制定下发的《社区矫正实施办法》第32条明确规定："对于被判处剥夺政治权利在社会上服刑的罪犯，司法行政机关配合公安机关，监督其遵守刑法第54条的规定，并及时掌握有关信息。被剥夺政治权利的罪犯可以自愿参加司法行政机关组织的心理辅导、职业培训和就业指导活动。"

（二）交付执行的要求

1. 管制、缓刑裁判的交付执行。①核实居住地。对被判处管制、宣告缓刑的罪犯，人民法院应当核实其居住地。②告知期限和后果。宣判时，人民法院应当书面告知罪犯到居住地县级司法行政机关报到的期限和不按期报到的后果。③送达和抄送法律文书。判决、裁定生效后10日内，人民法院应当将判决书、裁定书、执行通知书等法律文书送达罪犯居住地的县级司法行政机关，同时抄送罪犯居住地的县级人民检察院。

2. 剥夺政治权利裁判的交付执行。对单处剥夺政治权利的罪犯，人民法院应当在判决、裁定生效后10日内，将判决书、裁定书、执行通知书等法律文书送达罪犯居住地的县级公安机关，并抄送罪犯居住地的县级人民检察院。

二、执行的具体要求

（一）管制、缓刑裁判的执行

1. 宣告制度。司法所接收社区矫正人员后，应当及时向社区矫正人员宣告判决书、裁定书、决定书、执行通知书等有关法律文书的主要内容；社区矫正期限；社区矫正人员应当遵守的规定、被禁止的事项以及违反规定的法律后果；社区矫正人员依法享有的权利和被限制行使的权利；矫正小组人员组成及职责等有关事项。

2. 考察监督。对被判处管制、宣告缓刑的罪犯，依法实行社区矫正。被判处管制的罪犯，在执行期间，在劳动中应当同工同酬，并且应当遵守下列规定：

①遵守法律、行政法规，服从监督；②未经执行机关批准，不得行使言论、出版、集会、结社、游行、示威自由的权利；③按照执行机关规定报告自己的活动情况；④遵守执行机关关于会客的规定；⑤离开所居住的市、县或者迁居，应当报经执行机关批准。被宣告缓刑的罪犯，应当遵守下列规定：①遵守法律、行政法规，服从监督；②按照考察机关的规定报告自己的活动情况；③遵守考察机关关于会客的规定；④离开所居住的市、县或者迁居，应当报经考察机关批准。

3. 后果及处理。被判处管制的罪犯，管制期满，执行机关应即向本人和其所在单位或者居住地的群众宣布解除管制。被宣告缓刑的罪犯，执行机关应按照下列情形分别处理：①如果没有《刑法》第77条规定的情形，缓刑考验期满，原判的刑罚就不再执行，并公开予以宣告。②在缓刑考验期限内犯新罪或者被发现在判决宣告前还有其他罪没有判决，应当撤销缓刑，由审判新罪的人民法院撤销原判决、裁定宣告的缓刑，并书面通知原审人民法院和执行机关。③在缓刑考验期限内，有下列情形之一的，原作出缓刑判决、裁定的人民法院应当在收到执行机关的撤销缓刑建议书后1个月内，作出撤销缓刑、假释的裁定：其一，违反禁止令，情节严重的；其二，无正当理由不按规定时间报到或者接受社区矫正期间脱离监管，超过1个月的；其三，因违反监督管理规定受到治安管理处罚，仍不改正的；其四，受到执行机关3次警告仍不改正的；其五，违反有关法律、行政法规和监督管理规定，情节严重的其他情形。人民法院撤销缓刑的裁定，一经作出，立即生效。人民法院应当将撤销缓刑裁定书送交罪犯居住地的县级司法行政机关，由其根据有关规定将罪犯交付执行。撤销缓刑裁定书应当同时抄送罪犯居住地的同级人民检察院和公安机关。

【参考案例20-3】

许某被A县人民法院以非法拘禁罪被判处拘役3个月，缓刑6个月，因缓刑接受社区矫正，矫正期自2014年8月29日至2015年2月28日。在此期间，许某因吸食毒品，被A县公安局行政拘留5日。司法所得知许某被行政拘留后，立即向县司法局电话汇报，并派2名工作人员进行调查核实，于2014年9月27日向县司法局提出撤销缓刑收监执行的意见。县司法局收到司法所的意见后，经审查证据材料，于2014年9月28日，向县人民法院提出撤销缓刑建议书。县人民法院于2014年9月28日裁定对许某撤销缓刑，收监执行原判拘役3个月。县司法局工作人员向许某送达了收监裁定书，县公安局负责将许某送交A县看守所。

参考案例20-3中，罪犯许某在缓刑考验期限内，因吸食毒品被行政拘留5日，其行为违反了有关法律、行政法规和监督管理的规定且情节严重。据此，A

县司法局依法向县人民法院提出撤销缓刑的建议。A县人民法院依法作出撤销缓刑、执行原判刑罚的裁定后,许某被交付收监执行。该案不仅有效维护了刑罚执行的严肃性和权威性,对全体服刑人员也发挥了较好的警示教育作用。

(二)剥夺政治权利裁判的执行

1. 剥夺范围。剥夺政治权利是剥夺下列权利:①选举权和被选举权;②言论、出版、集会、结社、游行、示威自由的权利;③担任国家机关职务的权利;④担任国有公司、企业、事业单位和人民团体领导职务的权利。

2. 监督管理。被剥夺政治权利的罪犯,在执行期间,应当遵守法律、行政法规和国务院公安部门有关监督管理的规定,服从监督;不得行使被剥夺的各项权利。

3. 后果及处理。执行期满,应当由执行机关书面通知本人及其所在单位、居住地基层组织。

【参考案例20-4】

陈某原是一所大学某学院的领导,因犯故意杀人罪被判处死刑缓期二年执行,剥夺政治权利终身。陈某在服刑期间,因表现良好并有立功,被减为无期徒刑,后又被减为有期徒刑20年,剥夺政治权利10年。服刑期间,陈某撰写了一本有关数学方面的书稿,欲联系出版社出版。但出版社在了解陈某的情况后,拒绝为其出版。

请思考:出版社的做法正确吗?

参考案例20-4中,陈某在被依法剥夺政治权利期间不享有出版权利,不能出版任何著作,因此,出版社的做法是正确的。

第四节 其他裁判的执行程序

一、财产刑和附带民事裁判的执行程序

(一)执行机关

根据我国《刑事诉讼法》相关司法解释的规定,财产刑(含罚金、没收财产)和附带民事裁判由第一审人民法院负责裁判执行的机构执行。被执行人或者被执行财产在外地的,可以委托当地人民法院执行;受托法院在执行财产刑后,应当及时将执行的财产上缴国库。没收财产的判决,在必要的时候,可以会同公安机关执行。

(二)执行的要求

1. 罚金的执行。①缴纳方式。罚金在判决规定的期限内一次或者分期缴纳。

期满无故不缴纳或者未足额缴纳的，人民法院应当强制缴纳。经强制缴纳仍不能全部缴纳的，在任何时候，包括主刑执行完毕后，发现被执行人有可供执行的财产的，应当追缴。②申请减免。如果由于遭遇不能抗拒的灾祸等原因缴纳确实有困难的，经人民法院裁定，可以延期缴纳、酌情减少或者免除。人民法院应当在收到申请后1个月内作出裁定。符合法定减免条件的，应当准许；不符合条件的，驳回申请。③折抵原则。行政机关对被告人就同一事实已经处以罚款的，人民法院判处罚金时应当折抵，扣除行政处罚已执行的部分。

2. 没收财产的执行。没收财产的判决生效后，应当立即执行。

3. 附带民事裁判的执行。根据2014年11月16日起施行的《最高人民法院关于刑事裁判涉财产部分执行的若干规定》第1条第2款的规定，刑事附带民事裁判的执行，适用民事执行的有关规定。

4. 执行异议。执行财产刑和附带民事裁判过程中，案外人对被执行财产提出权属异议的，人民法院应当参照民事诉讼有关执行异议的规定进行审查并作出处理。

5. 执行顺序。被判处财产刑，同时又承担附带民事赔偿责任的被执行人，应当先履行民事赔偿责任。判处财产刑之前被执行人所负正当债务，需要以被执行的财产偿还的，经债权人请求，应当偿还。被执行人在执行中同时承担刑事责任、民事责任，其财产不足以支付的，按照下列顺序执行：①人身损害赔偿中的医疗费用；②退赔被害人的损失；③其他民事债务；④罚金；⑤没收财产。债权人对执行标的依法享有优先受偿权，其主张优先受偿的，人民法院应当在前款第①项规定的医疗费用受偿后，予以支持。

6. 中止执行。执行财产刑过程中，具有下列情形之一的，人民法院应当裁定中止执行：①执行标的物系人民法院或者仲裁机构正在审理案件的争议标的物，需等待该案件审理完毕确定权属的；②案外人对执行标的物提出异议的；③应当中止执行的其他情形。中止执行的原因消除后，应当恢复执行。

【参考案例20-5】

B县人民法院在执行被执行人曾某某罚金刑一案中，查封了登记在被执行人曾某某名下的房产。案外人彭某某遂以该房产为其与被执行人曾某某在夫妻关系存续期间取得的合法财产为由，向B县人民法院提出执行异议。案外人彭某某称，其与被执行人曾某某离婚后，尚未对上述房产进行分割，其对该房产享有一半的产权，请求B县人民法院裁定中止对该房产的执行。B县人民法院认为查封上述房产并无不当，驳回了案外人彭某某提出的执行异议。案外人彭某某不服B县人民法院驳回执行异议的裁定，向A市中级人民法院申请复议。A市中级人民法院经审查后认为，案外人彭某某已就本案执行标的物向C市人民法院起诉确权，因该案正在审理中，应对本案中止执行。

请思考：A市中级人民法院决定对此案中止执行是否正确？

参考案例20-5中，被执行人曾某某名下的房产系人民法院正在审理案件的争议标的物。根据案外人彭某某提出的执行异议，人民法院经审查，依法中止了本案的执行，维护了彭某某的合法权益。因此，A市中级人民法院作出的决定是正确的。

7. 终结执行。执行财产刑过程中，具有下列情形之一的，人民法院应当裁定终结执行：①据以执行的判决、裁定被撤销的；②被执行人死亡或者被执行死刑，且无财产可供执行的；③被判处罚金的单位终止，且无财产可供执行的；④依照《刑法》第53条规定免除罚金的；⑤应当终结执行的其他情形。裁定终结执行后，发现被执行人的财产有被隐匿、转移等情形的，应当追缴。

8. 执行回转。财产刑全部或者部分被撤销的，已经执行的财产应当全部或者部分返还被执行人；无法返还的，应当依法赔偿。

财产刑和附带民事裁判的执行，《刑事诉讼法》及相关司法解释没有规定的，参照适用民事执行的有关规定。

二、无罪和免除刑罚裁判的执行程序

（一）执行机关

无罪和免除刑罚裁判的执行机关是人民法院。

（二）执行的要求

我国《刑事诉讼法》第260条规定："第一审人民法院判决被告人无罪、免除刑事处罚的，如果被告人在押，在宣判后应当立即释放。"人民法院应当立即将释放通知书送交公安机关执行。对于免除刑罚的被告人，人民法院可以根据案件的不同情况，予以训诫或者责令具结悔过、赔礼道歉、赔偿损失，或者由主管部门予以行政处罚或者行政处分。

【参考案例20-6】

吕某驾车在饭馆门前倒车时，与行人张某某发生刮碰。发生事故后，吕某与张某某、李某某二人厮打，后三人均入院接受治疗。交警认定，吕某在倒车时未查明车后情况，未确保安全，负此事故的全部责任，张某某无责任。经鉴定，吕某血液中酒精含量174mg/100ml，属于醉酒。案发后，被告人吕某的家属与被害人达成调解协议，并已赔偿其经济损失55 000元。被害人对被告人吕某表示谅解。法院认定吕某构成危险驾驶罪，免予刑事处罚。

请思考：对于吕某免于刑事处罚应如何执行？

参考案例20-6中，吕某的行为构成危险驾驶罪，但是鉴于其犯罪情节轻微不需要判处刑罚，在获得被害人的谅解后，被人民法院免予刑事处罚。人民法院应当立即将释放通知书送交公安机关执行，并可以根据案件的不同情况，予以训诫或者责令具结悔过、赔礼道歉、赔偿损失，或者由主管部门予以行政处罚或者行政处分。

【本章小结】

每种判决、裁定都有具体的执行程序要求。死刑立即执行裁判的执行程序，死刑缓期二年执行、无期徒刑、有期徒刑和拘役裁判的执行程序，管制、缓刑、剥夺政治权利裁判的执行程序，财产刑和附带民事裁判的执行程序以及无罪和免除刑罚裁判的执行程序在交付执行的机关及执行的具体要求方面均有不同，充分体现了执行是一项程序复杂且严谨的活动。

【课后思考】

雷某某伙同孙某某进行拦路抢劫1次，雷某某还曾单独入户抢劫3次。鉴于孙某某是初犯，法院判处其有期徒刑1年，缓刑2年，并处罚金人民币5000元，罚金须在判决发生效力后15天内一次交清；雷某某被法院判处无期徒刑，剥夺政治权利终身，并处没收个人全部财产。在判决生效后第7天，孙某某家不慎失火，家庭财产被烧光，两个儿子均被烧伤住院，无力交纳罚金，孙某某向法院请求免除罚金。雷某某的同事张某某向法院请求从没收财产中偿还雷某某欠自己的借款3万元。

请回答：

（1）雷某某、孙某某的财产刑应由哪个机关执行？

（2）对孙某某、张某某的请求应如何处理？

第二十一章 执行的变更与其他处理

> **学习目标**
> 掌握死刑执行的变更程序，明确暂予监外执行的概念、适用条件和适用程序，了解减刑、假释案件的管辖及审理，了解对新罪漏罪、发现错判和对申诉的处理，了解人民检察院对执行的监督。
>
> **重点提示**
> 死刑执行的变更；暂予监外执行；减刑假释程序；对执行的监督

【知识框架】

```
                    ┌ 死刑执行的变更 ┬ 死刑立即执行的变更
                    │                └ 死刑缓期二年执行的变更
                    │
                    │                ┌ 暂予监外执行的概念
执  │ 暂予监外执行 ┼ 暂予监外执行的适用条件
行  │                └ 暂予监外执行的适用程序
的  │
变  │                              ┌ 减刑、假释案件的管辖
更  ┤ 减刑、假释程序与其他情况的处理 ┼ 减刑、假释案件的审理
与  │                              └ 其他情况的处理
其  │
他  │                              ┌ 对执行死刑的监督
处  │                              │ 对暂予监外执行的监督
理  └ 人民检察院对执行的监督       ┤ 对减刑、假释的监督
                                   └ 对执行刑罚的监督
```

【本章引例】

陕西"枪下留人"案是2002年《华商报》曾经报道过的一个经典案例。导演田波将该案拍成电影，影片取名《人命关天》，而张艺谋担任该片的监制。影片以纪实的风格讲述了一位普通律师接到一宗二审死刑辩护案，该案件扑朔迷离。郑律师经过认真的调查取证，发现案件存在重大疑点。当他信心满满地把二审辩护词呈送省高院后，得到的结果却是维持原判，并要求立即执行死刑。距离枪决死囚已不到15个小时，郑律师孤注一掷，决定前往千里之外的最高人民法院争取"枪下留人"。在最紧要关头，最高人民法院刑一庭庭长看了郑律师

的材料和辩护词,当机立断立即申请了"暂缓执行令",终于在行刑前4分钟,停止了执行。在现实中,"枪下留人"一案褪去了电影中的传奇色彩:"枪下留人"后,人民法院对此案进行了复查。最终,陕西省高级人民法院作出了维持死刑判决的裁定。罪犯董某在最高人民法院"枪下留人"令下达130天后倒地伏法。

请思考:本案中最高人民法院和陕西省高级人民法院的做法符合死刑执行变更的法律规定吗?

第一节 死刑执行的变更

一、死刑立即执行的变更

(一) 停止执行死刑的情形

停止执行死刑的情形有以下六种:①罪犯可能有其他犯罪的;②共同犯罪的其他犯罪嫌疑人到案,可能影响罪犯量刑的;③共同犯罪的其他罪犯被暂停或者停止执行死刑,可能影响罪犯量刑的;④罪犯揭发重大犯罪事实或者有其他重大立功表现,可能需要改判的;⑤罪犯怀孕的;⑥判决、裁定可能有影响定罪量刑的其他错误的。

(二) 停止执行死刑的启动

1. 下级人民法院请求停止执行死刑。第一审人民法院在接到执行死刑命令后、执行前,发现有停止执行死刑的六种情形之一的,应当暂停执行,并立即将请求停止执行死刑的报告和相关材料层报最高人民法院。对于下级人民法院停止执行死刑的请求,最高人民法院经审查,认为可能影响罪犯定罪量刑的,应当裁定停止执行死刑;认为不影响的,应当决定继续执行死刑。

2. 最高人民法院主动停止执行死刑。最高人民法院在执行死刑命令签发后、执行前,发现有停止执行死刑的六种情形之一的,应当立即裁定停止执行死刑。

(三) 停止执行死刑案件的处理

下级人民法院接到最高人民法院停止执行死刑的裁定后,应当会同有关部门调查核实停止执行死刑的事由,并及时将调查结果和意见层报最高人民法院审核。对下级人民法院报送的停止执行死刑的调查结果和意见,由最高人民法院原作出核准死刑判决、裁定的合议庭负责审查,必要时,另行组成合议庭进行审查。

最高人民法院对停止执行死刑的案件,应当按照下列情形分别处理:①确认罪犯怀孕的,应当改判;②确认罪犯有其他犯罪,依法应当追诉的,应当裁定不予核准死刑,撤销原判,发回重新审判;③确认原判决、裁定有错误或者罪犯有重大立功表现,需要改判的,应当裁定不予核准死刑,撤销原判,发回重新审判;④确认原判决、裁定没有错误,罪犯没有重大立功表现,或者重大立功表现不影响原判决、裁定执行的,应当裁定继续执行死刑,并由院长重新签发执行死刑的命令。

本章引例中,"枪下留人"后,最高人民法院指示陕西省高级人民法院根据相关的法律程序对案件重新进行了调查核实,确认原判决、裁定没有错误,陕西省高级人民法院作出维持原判、执行死刑的裁定,罪犯董某最终倒地伏法。本案中,最高人民法院和陕西省高级人民法院的做法符合死刑执行变更的法律规定。

二、死刑缓期二年执行的变更

(一)死刑缓期执行期间故意犯罪的处理

被判处死刑缓期执行的罪犯,在死刑缓期执行期间故意犯罪的,应当由罪犯服刑地的中级人民法院依法审判,所作的判决可以上诉、抗诉。认定构成故意犯罪、情节恶劣的判决、裁定发生法律效力后,由高级人民法院报请最高人民法院核准执行死刑;最高人民法院核准执行死刑的,由罪犯服刑地的中级人民法院执行。对于故意犯罪未执行死刑的,死刑缓期执行的期间重新计算,并报最高人民法院备案。

(二)死刑缓期执行期间未故意犯罪的处理

被判处死刑缓期执行的罪犯,在死刑缓期执行期间,如果没有故意犯罪,2年期满以后,减为无期徒刑;如果确有重大立功表现,2年期满以后,减为25年有期徒刑;限制减刑的死刑缓期执行的犯罪分子,缓期执行期满后依法减为无期徒刑的,减刑以后实际执行的刑期不能少于25年,缓期执行期满后依法减为25年有期徒刑的,减刑以后实际执行的刑期不能少于20年。上述减刑由罪犯服刑地的高级人民法院根据同级监狱管理机关审核同意的减刑建议书裁定。死刑缓期执行期满后,尚未裁定减刑前又犯罪的,应当依法减刑后对其所犯新罪另行审判。

第二节 暂予监外执行

一、暂予监外执行的概念

暂予监外执行是指被判处无期徒刑、有期徒刑或者拘役的罪犯,具有法定的特殊情形,不宜在监狱或拘役所等场所执行刑罚时,暂时不予关押的一种变通执行方法。暂予监外执行分为两种情况:一种是交付执行前,由人民法院决定的暂予监外执行；另一种是交付执行后，由省级以上监狱管理机关或设区的市一级以上公安机关批准的暂予监外执行。

二、暂予监外执行的适用条件

（一）对象条件

根据我国《刑事诉讼法》第 265 条的规定，暂予监外执行的对象一般为被判处有期徒刑或者拘役的罪犯；如果被判处无期徒刑的罪犯为怀孕或者正在哺乳自己婴儿的妇女，也可以暂予监外执行。

（二）实质条件

1. 有严重疾病需要保外就医的。保外就医是暂予监外执行的一种主要方式，对罪犯确有严重疾病，必须保外就医的，由省级人民政府指定的医院诊断并开具证明文件。

2. 怀孕或者正在哺乳自己婴儿的妇女。对被判处无期徒刑的罪犯，有此情形的，可以暂予监外执行。

3. 生活不能自理，适用暂予监外执行不致危害社会的。属于生活不能自理，但适用暂予监外执行可能有社会危险性的罪犯，不得暂予监外执行。

4. 对需要保外就医或者属于生活不能自理，但适用暂予监外执行可能有社会危险性，或者自伤自残，或者不配合治疗的罪犯，不得暂予监外执行。

【参考案例 21 - 1】

2016 年 11 月 3 日，罪犯陈某被 A 市 B 区人民法院以危险驾驶罪判处拘役 3 个月，并处罚金人民币 5000 元。交付执行前，人民法院根据法医司法鉴定所出具的鉴定意见，认定罪犯陈某患有急性肺栓塞，符合《保外就医严重疾病范围》的规定，不宜收监执行，故依照《刑事诉讼法》的相关规定，决定将罪犯陈某暂予监外执行 2 个月 22 天。

请思考：B 区人民法院的决定正确吗？

参考案例 21 - 1 中，陈某系被拘役的罪犯，且有严重疾病需要保外就医，经过人民法院审查符合暂予监外执行的适用条件，遂对其作出了暂予监外执行的决定。因此，B 区人民法院的决定是正确的。

三、暂予监外执行的适用程序

（一）决定或者批准机关

对罪犯适用暂予监外执行，分别由下列机关决定或者批准：①在交付执行前，由人民法院决定；②交付执行后，在监狱服刑的，由监狱审查同意后提请省级以上监狱管理机关批准；③交付执行后，在看守所服刑的，由看守所审查同意后提请设区的市一级以上公安机关批准。对有关职务犯罪罪犯适用暂予监外执行，还应当依照有关规定逐案报请备案审查。

(二) 作出决定

对于交付执行前的罪犯,人民法院应当在执行刑罚的有关法律文书依法送达前,作出是否暂予监外执行的决定:①人民法院决定暂予监外执行的,应当制作暂予监外执行决定书,写明罪犯基本情况、判决确定的罪名和刑罚、决定暂予监外执行的原因、依据等,在判决生效后7日以内将暂予监外执行决定书送达看守所或者执行取保候审、监视居住的公安机关和罪犯居住地社区矫正机构,并抄送同级人民检察院。②人民法院决定不予暂予监外执行的,应当在执行刑罚的有关法律文书依法送达前,通知看守所或者执行取保候审、监视居住的公安机关,并告知同级人民检察院。监狱、看守所应当依法接收罪犯,执行刑罚。③人民法院在作出暂予监外执行决定前,应当征求人民检察院的意见。

罪犯在监狱或看守所服刑的,批准机关应当自收到监狱、看守所提请暂予监外执行材料之日起15个工作日以内作出决定:①批准暂予监外执行的,应当在5个工作日以内将暂予监外执行决定书送达监狱、看守所,同时抄送同级人民检察院、原判人民法院和罪犯居住地社区矫正机构。暂予监外执行决定书应当上网公开。②不予批准暂予监外执行的,应当在5个工作日以内将不予批准暂予监外执行决定书送达监狱、看守所。

(三) 监督管理

暂予监外执行的罪犯,依法实行社区矫正,由其居住地的社区矫正机构负责执行。对暂予监外执行的罪犯,有下列情形之一的,应当及时收监:①发现不符合暂予监外执行条件的;②严重违反有关暂予监外执行监督管理规定的;③暂予监外执行的情形消失后,罪犯刑期未满的。

(四) 刑期问题

监外执行的时间应计入刑期。但是,不符合暂予监外执行条件的罪犯通过贿赂等非法手段被暂予监外执行的,在监外执行的期间不计入执行刑期;罪犯在暂予监外执行期间脱逃的,脱逃的期间不计入执行刑期。

罪犯暂予监外执行后,刑期即将届满的,社区矫正机构应当在罪犯刑期届满前1个月以内,书面通知罪犯原服刑或者接收其档案的监狱、看守所按期办理刑满释放手续。人民法院决定暂予监外执行罪犯刑期届满的,社区矫正机构应当及时解除社区矫正,向其发放解除社区矫正证明书,并将有关情况通报原判人民法院。罪犯在暂予监外执行期间死亡的,执行机关应当及时通知监狱或者看守所。

第三节 减刑、假释程序与其他情况的处理

减刑是指被判处管制、拘役、有期徒刑、无期徒刑的罪犯，在执行期间，如果认真遵守监规，接受教育改造，确有悔改表现的，或者有立功表现的，由人民法院依法适当减轻其原判刑罚的制度；假释是指被判处有期徒刑、无期徒刑的罪犯经过一定期限的服刑改造，如果认真遵守监规，接受教育改造，确有悔改表现，没有再犯罪的危险的，附条件地将其释放的一种制度。减刑、假释是激励罪犯改造的刑罚制度，其适用程序基本相同。

一、减刑、假释案件的管辖

对减刑、假释案件，根据原判刑罚的不同，有权管辖的人民法院分别是：

1. 对被判处死刑缓期执行的罪犯的减刑，由罪犯服刑地的高级人民法院根据同级监狱管理机关审核同意的减刑建议书作出裁定；

2. 对被判处无期徒刑的罪犯的减刑、假释，由罪犯服刑地的高级人民法院在收到同级监狱管理机关审核同意的减刑、假释建议书后作出裁定；

3. 对被判处有期徒刑和被减为有期徒刑的罪犯的减刑、假释，由罪犯服刑地的中级人民法院在收到执行机关提出的减刑、假释建议书后作出裁定；

4. 对被判处拘役的罪犯的减刑，由罪犯服刑地中级人民法院在收到同级执行机关审核同意的减刑、假释建议书后作出裁定。

5. 社区矫正人员符合法定减刑条件的，由居住地县级司法行政机关提出减刑建议书并附相关证明材料，经地（市）级司法行政机关审核同意后提请社区矫正人员居住地的中级人民法院裁定。

二、减刑、假释案件的审理

（一）立案审查

人民法院受理减刑、假释案件，应当审查执行机关移送的下列材料：①减刑或者假释建议书；②终审法院裁判文书、执行通知书、历次减刑裁定书的复印件；③罪犯确有悔改或者立功、重大立功表现的具体事实的书面证明材料；④罪犯评审鉴定表、奖惩审批表等；⑤其他根据案件审理需要应予移送的材料。报请假释的，应当附有社区矫正机构或者基层组织关于罪犯假释后对所居住社区影响的调查评估报告。人民检察院对报请减刑、假释案件提出检察意见的，执行机关应当一并移送受理减刑、假释案件的人民法院。经审查，材料齐备的，应当立案；材料不齐的，应当通知执行机关在3日内补送，逾期未补送的，不予立案。

（二）立案公示

人民法院审理减刑、假释案件，应当在立案后 5 日内将执行机关报请减刑、假释的建议书等材料依法向社会公示。公示内容应当包括罪犯的个人情况、原判认定的罪名和刑期、罪犯历次减刑情况、执行机关的建议及依据。公示应当写明公示期限和提出意见的方式。公示期限为 5 日。

（三）审理方式

人民法院审理减刑、假释案件，应当依法由审判员或者由审判员和人民陪审员组成合议庭进行，可以采取开庭审理或者书面审理的方式。人民法院书面审理减刑案件，可以提讯被报请减刑的罪犯；书面审理假释案件，应当提讯被报请假释的罪犯。

下列减刑、假释案件，应当开庭审理：①因罪犯有重大立功表现报请减刑的；②报请减刑的起始时间、间隔时间或者减刑幅度不符合司法解释一般规定的；③公示期间收到不同意见的；④人民检察院有异议的；⑤被报请减刑、假释罪犯系职务犯罪罪犯，组织（领导、参加、包庇、纵容）黑社会性质组织犯罪罪犯，破坏金融管理秩序和金融诈骗犯罪罪犯及其他在社会上有重大影响或社会关注度高的；⑥人民法院认为其他应当开庭审理的。

（四）庭审程序

人民法院开庭审理减刑、假释案件，应当通知人民检察院、执行机关及被报请减刑、假释罪犯参加庭审。人民法院根据需要，可以通知证明罪犯确有悔改表现或者立功、重大立功表现的证人，公示期间提出不同意见的人，以及鉴定人、翻译人员等其他人员参加庭审。

减刑、假释案件的开庭审理由审判长主持，应当按照以下程序进行：①审判长宣布开庭，核实被报请减刑、假释罪犯的基本情况；②审判长宣布合议庭组成人员、检察人员、执行机关代表及其他庭审参加人；③执行机关代表宣读减刑、假释建议书，并说明主要理由；④检察人员发表检察意见；⑤法庭对被报请减刑、假释罪犯确有悔改表现或立功表现、重大立功表现的事实以及其他影响减刑、假释的情况进行调查核实；⑥被报请减刑、假释罪犯作最后陈述；⑦审判长对庭审情况进行总结并宣布休庭评议。

（五）作出裁判

人民法院审理减刑、假释案件，应当按照下列情形分别处理：①被报请减刑、假释罪犯符合法律规定的减刑、假释条件的，作出予以减刑、假释的裁定；②被报请减刑的罪犯符合法律规定的减刑条件，但执行机关报请的减刑幅度不适当的，对减刑幅度作出相应调整后作出予以减刑的裁定；③被报请减刑、假释罪犯不符合法律规定的减刑、假释条件的，作出不予减刑、假释的裁定。在人民法院作出减刑、假释裁定前，执行机关书面申请撤回减刑、假释建议的，是否准许，由人民法院决定。

（六）宣判和送达

人民法院开庭审理减刑、假释案件，能够当庭宣判的应当当庭宣判；不能当庭宣判的，可以择期宣判。人民法院作出减刑、假释裁定后，应当在7日内送达报请减刑、假释的执行机关、同级人民检察院以及罪犯本人。作出假释裁定的，还应当送达社区矫正机构或者基层组织。减刑、假释裁定书应当通过互联网依法向社会公布。

（七）审理期限

人民法院在收到减刑、假释建议书后1个月内作出裁定。对被判处无期徒刑、有期徒刑和被减为有期徒刑的罪犯的减刑、假释，案情复杂或者情况特殊的，可以延长1个月。

三、其他情况的处理

（一）缓刑、假释裁判的撤销

罪犯在缓刑、假释考验期限内犯新罪或者被发现在判决宣告前还有其他罪没有判决，应当撤销缓刑、假释的，由审判新罪的人民法院撤销原判决、裁定宣告的缓刑、假释，并书面通知原审人民法院和执行机关。

罪犯在缓刑、假释考验期限内，有下列情形之一的，原作出缓刑、假释判决、裁定的人民法院应当在收到执行机关的撤销缓刑、假释建议书后1个月内，作出撤销缓刑、假释的裁定：①违反禁止令，情节严重的；②无正当理由不按规定时间报到或者接受社区矫正期间脱离监管，超过1个月的；③因违反监督管理规定受到治安管理处罚，仍不改正的；④受到执行机关3次警告仍不改正的；⑤违反有关法律、行政法规和监督管理规定，情节严重的其他情形。人民法院撤销缓刑、假释的裁定，一经作出，立即生效。人民法院应当将撤销缓刑、假释裁定书送交罪犯居住地的县级司法行政机关，由其根据有关规定将罪犯交付执行。撤销缓刑、假释裁定书应当同时抄送罪犯居住地的同级人民检察院和公安机关。

（二）对新罪、漏罪的处理

新罪是指罪犯在服刑期间又犯罪；漏罪是指在刑罚执行过程中发现的罪犯在判决宣告以前所犯的尚未判决的罪行。对于新罪、漏罪，由负责执行的监狱、公安机关等有权机关进行侦查。侦查终结后，写出起诉意见书，连同案卷材料、证据一并移送人民检察院。

（三）发现错判和对申诉的处理

监狱和其他执行机关在刑罚执行中，如果认为判决有错误或者罪犯提出申诉，应当转请人民检察院或者原判人民法院处理。

第四节 人民检察院对执行的监督

一、对执行死刑的监督

人民法院在交付执行死刑前，应当通知同级人民检察院派员临场监督。人民检察院收到同级人民法院执行死刑临场监督通知后，应当查明同级人民法院是否收到最高人民法院核准死刑的裁定或者作出的死刑判决、裁定和执行死刑的命令。临场监督执行死刑的检察人员应当依法监督执行死刑的场所、方法和执行死刑的活动是否合法。在执行死刑前，发现有下列情形之一的，应当建议人民法院立即停止执行：①被执行人并非应当执行死刑的罪犯的；②罪犯犯罪时不满18周岁，或者审判的时候已满75周岁，依法不应当适用死刑的；③判决可能有错误的；④在执行前罪犯有检举揭发他人重大犯罪行为等重大立功表现，可能需要改判的；⑤罪犯正在怀孕的。

在执行死刑过程中，人民检察院临场监督人员根据需要可以进行拍照、录像；执行死刑后，人民检察院临场监督人员应当检查罪犯是否确已死亡，并填写死刑执行临场监督笔录，签名后入卷归档。人民检察院发现人民法院在执行死刑活动中有侵犯被执行死刑罪犯的人身权、财产权或者其近亲属、继承人合法权利等违法情形的，应当依法向人民法院提出纠正意见。

二、对暂予监外执行的监督

监狱、看守所提出暂予监外执行的书面意见的，应当将书面意见的副本抄送人民检察院。人民检察院可以向决定或者批准机关提出书面意见。

决定或者批准暂予监外执行的机关应当将暂予监外执行决定抄送人民检察院。人民检察院认为暂予监外执行不当的，应当自接到通知之日起1个月以内将书面意见送交决定或者批准暂予监外执行的机关，决定或者批准暂予监外执行的机关接到人民检察院的书面意见后，应当立即对该决定进行重新核查。

三、对减刑、假释的监督

执行机关向人民法院提出减刑、假释建议书时，应将建议书副本抄送人民检察院，人民检察院可以向人民法院提出书面意见。

人民法院开庭审理减刑、假释案件，人民检察院应当指派检察人员出席法庭，发表意见。

人民检察院认为人民法院减刑、假释的裁定不当，应当在收到裁定书副本后20日以内，向人民法院提出书面纠正意见。人民法院应当在收到纠正意见后

1个月以内重新组成合议庭进行审理,作出最终裁定。

四、对刑罚执行活动的监督

人民检察院对执行机关执行刑罚的活动是否合法实行监督。如果发现有违法的情况,应当通知执行机关纠正。

【本章小结】

执行的变更是人民法院、监狱等执行机关对生效裁判在交付执行或执行过程中,因为出现法定情形而依照法定程序对刑罚种类或执行方法进行的改变。死刑执行的变更、暂予监外执行、减刑、假释等活动,是执行变更的重要内容。人民检察院对人民法院已经发生法律效力的判决、裁定的执行是否合法实行监督,主要包括:对执行死刑的监督,对暂予监外执行的监督,对减刑、假释的监督,对刑罚执行活动的监督。

【课后思考】

罪犯刘某某因故意伤害罪被人民法院判处有期徒刑7年,于2013年8月30日被送往监狱服刑改造。2016年3月14日减刑1年,减刑后刑期至2019年2月6日止。服刑期间,该犯认真遵守《监规纪律》《罪犯守则》,认罪悔罪,服从管理,能够积极参加"三课"学习,遵守课堂纪律,认真完成作业,取得了良好的学习成绩。在劳动改造岗位上能够端正劳动态度,服从分配,认真完成劳动任务,改造表现良好。

请回答:罪犯刘某某服刑的监狱应如何办理刘某某假释一案?

第五单元　特别程序

第二十二章　未成年人刑事案件诉讼程序

> **学习目标**
>
> 了解未成年人刑事案件诉讼程序设置的必要性，理解未成年人刑事案件诉讼程序的方针和原则，掌握未成年人刑事案件诉讼程序的特别规定。
>
> **重点提示**
>
> 未成年人刑事案件诉讼程序；教育为主、惩罚为辅；分案处理；不公开审理；隐私特别保护；附条件不起诉；犯罪记录封存

【知识框架】

未成年人刑事案件诉讼程序
- 未成年人刑事案件诉讼程序概述
  - 未成年人刑事案件诉讼程序设立的必要性
  - 未成年人刑事案件诉讼程序的方针
  - 未成年人刑事案件诉讼程序的法律依据
- 未成年人刑事案件诉讼程序的原则
  - 教育为主、惩罚为辅原则
  - 分案处理原则
  - 不公开审理原则
  - 隐私特别保护原则
  - 全面调查原则
  - 和缓原则
- 未成年人刑事案件诉讼程序的特别规定
  - 案件由专业机构和人员承办
  - 严格限制强制措施的适用
  - 附条件不起诉制度
  - 犯罪记录封存制度
  - 未成年犯罪人享有的特别诉讼权利

【本章引例】

2013年2月，多家媒体刊出一篇报道：某著名歌唱家之子李某某涉嫌参与轮奸而被刑事拘留。作为一位代表"正能量"的军人和歌唱家的儿子，两代人强烈反差致舆论哗然。开庭前，被告律师为扭转舆论，通过博客、微博、媒体访谈等方式，公开披露了大量案件细节，包括：涉案人员（含未成年人）和受害人的身份、酒吧老板与受害人的关系、受害人的医疗档案等。被告律师暗示：

受害人可能是一名妓女，酒吧老板把她介绍给顾客卖淫，并利用她敲诈顾客——真正的受害人恰恰是被告。此外，本案5名被告中有4人是未成年人，案情涉及个人隐私，属于依法不公开审理的案件，可是，被告人李某某的辩护律师却要求公开审理。此案判决后，北京市律师协会对李案7名律师进行违纪调查，对3名律师进行了公开谴责，对3名律师进行训诫或通报批评，对1名律师发出规范执业建议书。[1]

请思考：本案中李某某的辩护律师在办案过程中违反了哪些未成年人刑事案件诉讼程序的原则？

第一节 未成年人刑事案件诉讼程序概述

一、未成年人刑事案件诉讼程序设立的必要性

（一）未成年人刑事案件诉讼程序概述

未成年人刑事案件诉讼程序是刑事诉讼特别程序的一种，是指司法机关办理未成年人犯罪案件，应遵循的法定原则、次序和方式。

在我国，未成年人犯罪是指已满14周岁不满18周岁的未成年人实施的犯罪行为。未成年犯罪人虽然实施了危害社会、触犯刑律、应受刑罚惩罚的行为，然而由于犯罪人尚未成年，其生理上正值青春期发育期，心理上尚不完全成熟，辨别是非能力较弱，易受外界环境的不良影响。因此，在对待未成年人犯罪的问题上，必然不能与成年人刑事案件完全相同。在世界各国刑事实体法中，几乎无一例外地对未成年人犯罪作了区别于成年人犯罪的规定。

我国《刑法》第17条第3款规定："已满14周岁不满18周岁的人犯罪，应当从轻或者减轻处罚。"也就是说，不满18周岁是一个法定从宽处罚的情节。至于是从轻还是减轻以及从轻的幅度，则根据具体案件确定。《刑法》第49条第1款规定："犯罪的时候不满18周岁的人和审判的时候怀孕的妇女，不适用死刑……"未成年人不论犯何罪均不应判处死刑，不允许有任何例外。

（二）未成年人刑事案件诉讼程序设立的必要性

设立未成年人刑事案件诉讼程序，有以下理由：

1. 对于未成年人适用特殊的刑事诉讼程序，是教育保护未成年人的有效方法。对于走上犯罪道路的未成年人来说，处罚只是手段，教育保护未成年人才是目的。因此，设立更符合未成年人生理、心理特点的刑事案件特别程序，对

---

[1] "北京市律师协会处分李某某案的6名代理律师"，载《中国青年报》2014年1月21日，第6版。

涉罪未成年人提供着眼于其未来发展的处理、分流和矫正机制，避免简单惩罚等干预方式不当对其人格形成带来负面影响，更能保障未成年人的合法权益，也能在刑事诉讼的各个阶段贯彻教育、感化、挽救的工作方针。

2. 未成年人刑事案件诉讼程序为进入刑事诉讼程序的未成年人提供特定的保护和协助机制。《刑事诉讼法》及相关司法解释不仅赋予未成年犯罪嫌疑人、被告人更多的诉讼权利，而且还有更多保障权利落实的具体措施，如办案人员的资格限制、强制辩护、社会调查、严格限制逮捕措施、法定代理人或者有关人员到场、分案处理、附条件不起诉、不公开审理、犯罪记录封存等。

3. 未成年人刑事案件诉讼程序的设立有利于我国刑事诉讼的发展和完善。我国《刑事诉讼法》专章规定了"未成年人刑事案件诉讼程序"，罗列了许多不同于成年人刑事案件诉讼程序的特别规定。这些规定相较于普通程序而言，更符合国际人权保障公约的要求。因此，未成年人刑事案件诉讼程序的设立，可以为我国刑事诉讼程序的进一步完善提供有益经验。

二、未成年人刑事案件诉讼程序的方针

我国一直重视对未成年人的保护。《未成年人保护法》第 54 条第 1 款规定："对违法犯罪的未成年人，实行教育、感化、挽救的方针，坚持教育为主、惩罚为辅的原则。"《预防未成年人犯罪法》第 44 条第 1 款也明确规定："对犯罪的未成年人追究刑事责任，实行教育、感化、挽救方针，坚持教育为主、惩罚为辅的原则。"2012 年修订的《刑事诉讼法》在吸收最高人民法院近年来关于审理未成年案件的司法解释的基础上，在刑事立法中正式确立了"教育、感化、挽救"的方针。

所谓"教育"，是指给予未成年人法制教育和道德教育，使其正确认识自己行为的性质，帮助其树立正确的世界观和人生观；所谓"感化"，是指用法制和道德伦理去感染未成年人，使其认识到其罪行对社会带来的危害，痛改前非；所谓"挽救"，则是要求司法工作人员要有高度的责任感，有针对性地挽救失足的未成年人，使其踏入正途。

【参考案例 22 - 1】

被告人赵某某系某职校学生，酷爱网络技术，并加入有关 QQ 群向他人拜师学习，期间结识施某某、岳某某。2011 年 4 月至 5 月，被告人赵某某会同施某某，利用黑客技术攻破某购物网站，从中窃取了共计 6000 余条信用卡信息。后二人将信用卡信息提供给岳某某，并由施某某、岳某某出售给方某某等人。事后赵某某获利共计人民币 2 万余元。案外人持上述信用卡信息伪造的信用卡消费时被抓获。2011 年 9 月 28 日，被告人赵某某被公安人员抓获。A 市 B 区人民法院依法认定被告人赵某某犯窃取、非法提供信用卡信息罪，判处有期徒刑 2

年，缓刑2年，并处罚金人民币2万元；违法所得予以追缴。

判决生效后，B区法院少年庭的法官继续做好判后帮教工作，与多个部门密切合作进行异地帮教，帮助被告人实现了从一名少年黑客转变为一名网络卫士的成功转型，体现了对未成年人开展判后帮教工作的积极社会意义。

三、未成年人刑事案件诉讼程序的法律依据

涉及未成年人刑事案件诉讼程序的法律规定很多，除了《刑事诉讼法》、《高法解释》外，还有《未成年人保护法》《预防未成年人犯罪法》，以及最高人民检察院《人民检察院办理未成年人刑事案件的规定》，公安部《公安机关办理未成年人违法犯罪案件的规定》等。其中，最重要的依据是《刑事诉讼法》及《高法解释》。

未成年人刑事案件诉讼程序是2012年《刑事诉讼法》修改时新创立的特别程序。《刑事诉讼法》第五编特别程序中以专章的方式进行了规定，共有11条。为确保修改后的《刑事诉讼法》的正确实施，《高法解释》以专章的形式对未成年人刑事案件诉讼程序的法律适用问题进行了全面解释，共37条。《刑事诉讼法》及其解释，从一般规定、开庭准备、审判、执行等四个方面进行了规定，为未成年人刑事案件诉讼程序的顺利进行提供了制度依据。

另外，《联合国少年司法最低限度标准准则》（即《北京规则》）、《联合国预防少年犯罪准则》（即《利雅得准则》）、《儿童权利公约》等国际公约确立的基本原则和标准，在我国都通过相应的条款来体现，也是设置未成年人刑事诉讼程序的法律依据。

第二节　未成年人刑事案件诉讼程序的原则

未成年人刑事案件诉讼程序是刑事诉讼中的特别程序，当然，作为刑事诉讼程序的一部分，未成年人刑事案件的办理必然要遵守刑事诉讼的一般原则，在此基础上，还要遵守更适合未成年人特点、体现对未成年人特殊保护的特有原则。这些特有原则包括：教育为主、惩罚为辅原则，分案处理原则，不公开审理原则，隐私特别保护原则，全面调查原则，和缓原则。

一、教育为主、惩罚为辅原则

《刑事诉讼法》第277条第1款规定："对犯罪的未成年人实行教育、感化、挽救的方针，坚持教育为主、惩罚为辅的原则。""教育为主、惩罚为辅"是指对未成年犯罪人要坚持矫正和教育为主，尽可能地将犯罪的未成年人以非刑罚的方式处置，必要的时候才可用相应的手段处罚。教育为主、惩罚为

辅是未成年人刑事诉讼中重要的指导性原则，其他诉讼原则都是在此基础上展开的。

二、分案处理原则

分案处理原则是指公安机关、人民检察院和人民法院在刑事诉讼过程中应当将未成年人案件与成年人案件分开处理。由于未成年人身心发育尚不成熟，承受能力有限，和成年犯一起关押可能导致其学会作案技巧、受到更严重的污染，因此确立了分案处理这一原则。我国《刑事诉讼法》第280条第2款规定："对被拘留、逮捕和执行刑罚的未成年人与成年人应当分别关押、分别管理、分别教育。"

具体来说，分案处理要求做到三点：①刑事诉讼中涉及拘留、逮捕未成年犯罪嫌疑人时，应当与成年人分开看管；②处理未成年人与成年人共同犯罪或者牵连的案件时，尽量适用不同的诉讼程序，在不妨碍审理的前提下，坚持分案处理；③在交付执行阶段，未成年犯不得与成年犯处同一监所。

三、不公开审理原则

我国《刑事诉讼法》第285条规定："审判的时候被告人不满18周岁的案件，不公开审理。但是，经未成年被告人及其法定代理人同意，未成年被告人所在学校和未成年人保护组织可以派代表到场。"未成年人犯罪案件一律不公开审理，这是未成年案件刑事诉讼程序的一个重要的原则，体现了对于未成年人的特殊保护。

然而，在本章引例中，未成年被告人李某某的辩护律师公然提出了公开审理的荒谬请求，无视未成年被告人的权益，且公然挑战法律的禁止性规定，违背了律师的职业操守，最终受到了北京市律师协会的处罚。

四、隐私特别保护原则

隐私特别保护原则强调未成年人案件中司法机关和社会各界应当对未成年犯罪人的隐私给予特殊的保护，避免未成年人犯罪"标签化"，以便其顺利回归社会。《高法解释》第469条规定："审理未成年人刑事案件，不得向外界披露该未成年人的姓名、住所、照片以及可能推断出该未成年人身份的其他资料。查阅、摘抄、复制的未成年人刑事案件的案卷材料，不得公开和传播。被害人是未成年人的刑事案件，适用前两款的规定。"此外，《预防未成年人犯罪法》和《未成年人保护法》都有类似的规定。

本章引例中，未成年被告人的辩护律师在案件的审理过程中，不仅申请公开审理，还披露同案其他未成年被告人的信息，以及被害人的信息，甚至医疗档案，其行为严重违反了隐私特别保护原则。

【参考案例 22-2】

2011年9月，因情感问题，16岁的陶某某向周某泼油纵火致其全身30%的面积烧伤。2012年5月，法院以故意伤害罪判处被告人陶某某有期徒刑1年。受害人周某及其家人在网上发帖《"官二代"横行霸道，恋爱不成毁容少女》。帖子中说，某市审计局高干和某市规划局高干的儿子陶某某，因"求爱不成"烧伤周某。

请思考：受害人及其家人发帖披露未成年犯罪人的资料是否合法？

根据《刑事诉讼法》的规定，审理未成年人犯罪案件和被害人为未成年人的案件，任何人不得向外界披露相关资料，因此，参考案例22-2中受害人及其家人的行为是违法的。另外，《未成年人保护法》第58条规定："对未成年人犯罪案件，新闻报道、影视节目、公开出版物、网络等不得披露该未成年人的姓名、住所、照片、图像以及可能推断出该未成年人的资料。"此外，网络平台审查不严，有违法之嫌。

五、全面调查原则

全面调查原则是指司法机关在办理未成年人案件时，既要查明案件事实和支持诉讼的证据，还应对未成年犯罪嫌疑人、被告人个人情况（包括生长环境）进行全面调查，如就导致未成年人犯罪的主客观因素及其形成、发展、演变过程，并对未成年人特殊人格的形成产生重要影响的人和事进行全面调查。《刑事诉讼法》第279条规定："公安机关、人民检察院、人民法院办理未成年人刑事案件，根据情况可以对未成年犯罪嫌疑人、被告人的成长经历、犯罪原因、监护教育等情况进行调查。"该条关于"社会调查"制度的确立就是全面调查原则的制度依据。贯彻全面调查原则的目的是找出诱发未成年人犯罪的根源，予以根除，使未成年人得到彻底矫治，这也是"教育、感化、挽救"方针的具体体现。

【参考案例 22-3】

被告人赵某某与被害人李某某系高中同班同学。2011年11月14日，二人因琐事产生矛盾。同年11月16日，赵某某持水果刀在教室内将李某某腹部捅伤，造成李某某脾破裂、肝破裂、胃破裂。经鉴定，李某某的损伤构成重伤。案发后，赵某某亲属积极赔偿李某某经济损失，取得了李某某及其亲属谅解。在审理过程中，法院对被告人赵某某进行了社会调查，了解到赵某某平时在学校表现较好，其实施犯罪系一时冲动所为。在庭审过程中，赵某某也认识到了自己行为的社会危害性，当庭表示悔罪。人民法院认定被告人赵某某犯故意伤害罪，判处有期徒刑3年，缓刑3年。

参考案例22-3中，法院就是通过对犯罪嫌疑人、被告人进行全面调查，结合案件情况，找到诱发未成年人犯罪的根源，从而作出更适合本案的判决。

六、和缓原则

和缓原则要求对未成年人犯罪的案件，司法机关要结合未成年犯罪嫌疑人、被告人的身心特点，尽量用和缓的方式，不采用激烈、严厉的诉讼方式。如原则上对未成年人不得使用械具，对于确有行凶、逃跑、自杀、自残等现实危险而必须使用的，必须掌握必要的限度。再如尽量不用或者少用强制措施，在传唤、讯问时，可以选择其较为熟悉的场所，应当尽可能通知其法定代理人到场，使用和蔼的语言、缓和的语气等。

第三节 未成年人刑事案件诉讼程序的特别规定

一、案件由专业机构和人员承办

根据《高法解释》第462条的规定，未成年人案件审判庭和未成年人刑事案件合议庭统称少年法庭。中级人民法院和基层人民法院可以设立独立建制的未成年人案件审判庭。尚不具备条件的，应当在刑事审判庭内设立未成年人刑事案件合议庭，或者由专人负责审理未成年人刑事案件。高级人民法院应当在刑事审判庭内设立未成年人刑事案件合议庭，具备条件的，可以设立独立建制的未成年人案件审判庭。

《刑事诉讼法》第277条第2款规定："人民法院、人民检察院和公安机关办理未成年人刑事案件，应当保障未成年人行使其诉讼权利，保障未成年人得到法律帮助，并由熟悉未成年人身心特点的审判人员、检察人员、侦查人员承办。"《高法解释》进一步规定，应当保持有关未成年人案件审判人员工作的相对稳定性。另外，未成年人刑事案件的人民陪审员，一般由熟悉未成年人身心特点，热心教育、感化、挽救失足未成年人工作，并经过必要培训的共青团、妇联、工会、学校、未成年人保护组织等单位的工作人员或者有关单位的退休人员担任。

二、严格限制强制措施的适用

《刑事诉讼法》第280条第1款规定："对未成年犯罪嫌疑人、被告人应当严格限制适用逮捕措施。人民检察院审查批准逮捕和人民法院决定逮捕，应当讯问未成年犯罪嫌疑人、被告人，听取辩护律师的意见。"最高人民检察院《人民检察院办理未成年人刑事案件的规定》第13条规定，人民检察院审查批准逮捕未成年犯罪嫌疑人，应当根据未成年犯罪嫌疑人涉嫌犯罪的事实、主观恶性、有无监护与社会帮教条件等，综合衡量其社会危险性，严格限制适用逮捕措施，可捕可不捕的不捕。

三、附条件不起诉制度

根据《刑事诉讼法》第282条的规定，对于未成年人涉嫌《刑法》分则第四章、第五章、第六章规定的犯罪，可能判处1年有期徒刑以下刑罚，符合起诉条件，但有悔罪表现的，人民检察院可以作出附条件不起诉的决定。附条件不起诉包括以下内容：

（一）附条件不起诉的适用条件

根据《刑事诉讼法》的规定，未成年人刑事案件适用附条件不起诉应当具备以下条件：①所犯之罪为《刑法》分则第四章、第五章、第六章规定的犯罪，且可能判处1年有期徒刑以下刑罚；②符合起诉条件，即犯罪事实清楚，证据确实充分，应当追究刑事责任；③未成年人犯罪嫌疑人确有悔罪表现。

请思考：本章引例中假设李某某有认罪、悔罪表现，且获得被害人谅解，人民检察院能否对其适用附条件不起诉？

按照《刑事诉讼法》的规定，附条件不起诉制度适用于轻罪，也就是《刑法》分则第四、五、六章且法定刑在1年有期徒刑以下刑罚的方可适用，如果李某某涉嫌强奸罪名属实，即便他不满18周岁，但该案属于恶性案件，属重罪，所以不适用未成年人附条件不起诉的规定。

（二）附条件不起诉的程序

人民检察院在作出附条件不起诉的决定以前，应当听取公安机关、被害人的意见。对附条件不起诉的决定，公安机关要求复议、提请复核或者被害人申诉的，适用《刑事诉讼法》第179条、第180条关于普通案件不起诉决定的相关程序规定。需要注意的是，如果未成年犯罪嫌疑人及其法定代理人对人民检察院决定附条件不起诉有异议的，人民检察院应当作出起诉的决定。

（三）附条件不起诉的考验期及其管理

在附条件不起诉的考验期内，由人民检察院对被附条件不起诉的未成年犯罪嫌疑人进行监督考察。未成年犯罪嫌疑人的监护人，应当对未成年犯罪嫌疑人加强管教，配合人民检察院做好监督考察工作。附条件不起诉的考验期为6个月以上1年以下，从人民检察院作出附条件不起诉的决定之日起计算。

被附条件不起诉的未成年犯罪嫌疑人，应当遵守下列规定：①遵守法律法规，服从监督；②按照考察机关的规定报告自己的活动情况；③离开所居住的市、县或者迁居，应当报经考察机关批准；④按照考察机关的要求接受矫治和教育。

（四）附条件不起诉决定的撤销

根据《刑事诉讼法》第284条的规定，被附条件不起诉的未成年犯罪嫌疑人，在考验期内有下列情形之一的，人民检察院应当撤销附条件不起诉的决定，提起公诉：①实施新的犯罪或者发现决定附条件不起诉以前还有其他犯罪需要追诉的；②违反治安管理规定或者考察机关有关附条件不起诉的监督管理规定，情节严重的。被附条件不起诉的未成年犯罪嫌疑人,在考验期内没有上述情形,考验期满的,人民检察院应当作出不起诉的决定。

【参考案例 22-4】

2013 年,高中生杨某与张某在校园内因打篮球发生争执,后张某邀人殴打了杨某。杨某为报复,遂邀约了董某、李某共同等候追击下晚自习回家的张某等人,双方多人在一岔路口处互殴,董某、李某将张某打成轻伤。检察机关审查认为,董某、李某在案发时系未成年在校生,且系初犯,主观恶性较小,归案后如实供述自己的罪行,认罪、悔罪态度较好,遵循对涉罪未成年人教育、感化、挽救的方针,该院对二人作出附条件不起诉的决定,考察期为 6 个月。但董某却不知悔改,在考察期间再犯聚众斗殴罪,致人轻伤。依据法律规定,检察机关对董某撤销了附条件不起诉决定,并将董某前后两次聚众斗殴犯罪案件起诉到法院,等待董某的是法律的严惩。而附条件不起诉的另一当事人李某因遵守规定,6 个月考察期满后,检察机关依法对其宣布了不起诉决定。

请思考:检察机关的做法正确吗?

参考案例 22-4 中,董某在附条件不起诉的考验期内实施了新的犯罪,检察机关依法撤销了附条件不起诉决定,对其提起公诉;而李某遵守规定,考验期满,检察机关依法对其宣布不起诉决定,检察机关的做法是正确的。

四、犯罪记录封存制度

为挽救未成年犯罪人,其犯罪记录原则上应当被封存。根据《刑事诉讼法》第 286 条的规定,犯罪的时候不满 18 周岁,被判处 5 年有期徒刑以下刑罚的,应当对相关犯罪记录予以封存。犯罪记录被封存的,不得向任何单位和个人提供,但司法机关为办案需要或者有关单位根据国家规定进行查询的除外。依法进行查询的单位,应当对被封存的犯罪记录的情况予以保密。

【拓展阅读 22-1】

五、未成年犯罪人享有的特别诉讼权利

作为法律特别保护的对象,未成年犯罪嫌疑人、被告人除了享有与成年犯罪嫌疑人、被告人相同的诉讼权利外,还享有法律赋予的特别的诉讼权利,具体包括:

（一）获得法律援助的权利

未成年人生理、心理尚不成熟，因此很难为自己作有效的辩护。根据《刑事诉讼法》第278条的规定，未成年犯罪嫌疑人、被告人没有委托辩护人的，人民法院、人民检察院、公安机关应当通知法律援助机构指派律师为其提供辩护。当然，任何权利都不得被滥用，《高法解释》第481条规定，未成年被告人或者其法定代理人当庭拒绝辩护人辩护的，另行指派律师重新开庭后，未成年被告人或者其法定代理人再次当庭拒绝辩护人辩护的，不予准许。

（二）讯问和审判时合适成年人在场权

由于未成年人的特点，讯问和审判时其法定代理人或者其他合适成年人在场，有助于保障未成年人的合法权利，也有助于讯问和审判活动的正常开展。根据《刑事诉讼法》第281条的规定，对于未成年人刑事案件，在讯问和审判的时候，应当通知未成年犯罪嫌疑人、被告人的法定代理人到场。无法通知、法定代理人不能到场或者法定代理人是共犯的，也可以通知未成年犯罪嫌疑人、被告人的其他成年亲属，所在学校、单位、居住地基层组织或者未成年人保护组织的代表到场，并将有关情况记录在案。到场的法定代理人可以代为行使未成年犯罪嫌疑人、被告人的诉讼权利。到场的法定代理人或者其他人员认为办案人员在讯问、审判中侵犯未成年人合法权益的，可以提出意见。讯问笔录、法庭笔录应当交给到场的法定代理人或者其他人员阅读或者向他宣读。审判未成年人刑事案件，未成年被告人最后陈述后，其法定代理人可以进行补充陈述。

【本章小结】

未成年人刑事案件诉讼程序是2012年修改《刑事诉讼法》时新创立的特别程序。作为特别程序，未成年人刑事案件诉讼程序除了遵循刑事诉讼的一般原则之外，还有其特有原则，如教育为主、惩罚为辅原则，分案处理原则，不公开审理原则，隐私特别保护原则，全面调查原则，和缓原则；除了遵守刑事诉讼的一般规定外，未成年人刑事案件诉讼程序还有一些特别规定，如案件由专业机构和人员承办、严格限制强制措施的适用、附条件不起诉制度、犯罪记录封存制度、未成年犯罪人享有特别的诉讼权利等。

【课后思考】

2015年7月15日凌晨，被告人苏某、陈某（都是未成年人）与王某等人，在某连锁酒店内，因琐事逼迫被害人朱某道歉，并采取反锁房门的方式限制被害人朱某的人身自由，直至同日17时许，才让被害人朱某离开酒店。案发后，被告人陈某向派出所投案自首，被告人苏某如实供述了犯罪事实。两被告人归案后积极赔偿被害人损失，并取得了被害人的谅解。

请回答：该案可否适用附条件不起诉制度？

第二十三章　当事人和解的公诉案件诉讼程序

学习目标

明确当事人和解的公诉案件诉讼程序的概念和特征，理解程序设立的意义，掌握当事人和解的公诉案件诉讼程序的适用条件和程序规则。

重点提示

当事人和解程序；当事人和解程序的适用条件；和解协议

【知识框架】

当事人和解的公诉案件诉讼程序
- 当事人和解程序概述
  - 当事人和解程序的概念和特征
  - 当事人和解程序的意义
- 当事人和解程序的适用条件及程序规则
  - 当事人和解程序的适用条件
  - 当事人和解程序的程序规则

【本章引例】

2007年12月29日晚23时许，夏某某来到前妻住处看望女儿。由于话不投机，和前妻发生了争吵。前妻回到娘家，弟弟王某见姐姐哭泣当即赶到姐姐家和前姐夫发生争执扭打。双方在扭打中，夏某某顺手摸起床边的一把水果刀朝王某腰部捅了一刀（经鉴定，为重伤）。夏某某很快因为涉嫌故意伤害被公安机关抓获。案件移送检察院审查起诉后，王某对夏某某的怒气还未消，执意要求司法机关严惩夏某某，而关在号房里的夏某某则对自己的行为后悔不已。同时，夏某某告诉承办检察官，自己在案发过程中也被王某打了。经过医院检查，发现夏某某眉骨外伤性骨折，伤情鉴定为轻伤。依照法律规定，双方应各自承担一定的责任。

见双方持这样的态度，承办案件的检察官多次对双方进行劝解，最终感化双方。在两人的态度发生转变后，检察官随后给夏某某办理了取保候审手续，夏某某十分感动，出监后不久即与王某达成了和解协议，以最快的速度把赔偿款筹齐交给了王某，并且表示对王某造成自己轻伤一事不予追究。检察机关随后建议公安机关按照刑事和解的相关规定，对王某轻伤害一案撤销案件，对此王某十分感动，表示愿意谅解夏某某。检察机关对夏某某伤害一案提起公诉后，建议法院对夏某某从轻处罚。法院审理后，判处夏某某有期徒刑3年，缓刑3

年。至此,一起剑拔弩张的刑事案件在检察官的调处下得以妥善解决。

请思考:本案符合当事人和解程序的适用条件吗?

第一节 当事人和解程序概述

一、当事人和解程序的概念及其特征

当事人和解的公诉案件诉讼程序(以下简称当事人和解程序),是指在特定的公诉案件中,犯罪嫌疑人、被告人自愿真诚悔罪,通过赔偿损失、赔礼道歉等方式获得被害人谅解,且双方自愿达成和解协议,公安司法机关对和解协议确认后,据此对犯罪嫌疑人、被告人进行从宽处理的一种刑事诉讼特别程序。《刑事诉讼法》第288条至第290条分别对当事人和解的适用范围、程序、法律后果作出了原则性规定。

当事人和解程序具有以下特征:

(一)当事人和解程序是一种刑事诉讼特殊程序

作为公诉案件的一种特殊程序,当事人和解程序由以下四个环节构成:①当事人协商,自愿达成和解协议;②公安司法机关对和解协议进行审查;③公安司法机关依法确认当事人达成的和解协议,并主持制作《和解协议书》;④有关机关依据《和解协议书》,对刑事案件进行处理或者提出处理意见。

(二)当事人和解不是直接对刑事责任的和解和处分

当事人和解不是直接对刑事责任的和解和处分,而是当事人对民事赔偿问题达成的协议。当然,基于犯罪嫌疑人、被告人真诚悔罪、赔礼道歉、主动赔偿,被害人或者其法定代理人、近亲属原谅犯罪嫌疑人、被告人,由此会对刑事责任的处理产生影响。

(三)当事人和解程序有其适用条件和适用范围

当事人和解程序并非适用于所有公诉案件,《刑事诉讼法》明确规定了当事人和解程序的适用条件和适用范围。属于特定范围的公诉案件,必须满足一定的条件,如犯罪嫌疑人、被告人真诚悔过并获得被害人谅解,当事人之间达成和解等,才可以适用和解程序。

(四)经过有权机关确认的和解协议,才能作为从宽处理的依据

经过公安司法机关确认的当事人和解协议,才能作为公安司法机关对犯罪嫌疑人、被告人从轻、减轻处罚或者免除刑事责任的依据。对于达成和解协议的案件,公安机关可以向人民检察院提出从宽处理的建议。人民检察院可以向人民法院提出从宽处罚的建议;对于犯罪情节轻微,不需要判处刑罚的,可以

作出不起诉的决定。人民法院可以依法对被告人从宽处罚。

二、当事人和解程序的意义

当事人和解程序有以下意义：

（一）有助于贯彻宽严相济的刑事政策

宽严相济刑事政策是我国的基本刑事政策。根据《最高人民检察院关于在检察工作中贯彻宽严相济刑事司法政策的若干意见》的规定，对加害方和受害方已经和解，或者加害方真诚悔罪、积极赔偿并得到受害方谅解的轻微犯罪案件，要本着"冤家宜解不宜结"的原则，化解社会矛盾的思想，尽量作出不起诉决定。而当事人和解案件在被害人与犯罪嫌疑人、被告人之间和解的基础上对犯罪作出相对宽缓的处理，有助于实现"严中有宽、宽以济严"。

（二）有利于提高当事人各方对纠纷解决的满意度

在一般刑事案件中，加害方往往对经济赔偿百般推脱，而被害方往往面临打赢了官司但是得不到赔偿的窘境。而刑事和解程序中，加害方为了得到司法机关的轻缓处理，往往会千方百计地求得被害方的原谅，不仅会积极主动地赔偿被害方的经济损失、尽量满足被害方提出的经济赔偿要求，还会通过赔礼道歉、忏悔罪过等方式寻求被害方的宽恕和原谅。对犯罪人来说，刑事和解程序给他们自我救赎和悔罪自新提供了机会和契机。犯罪嫌疑人、被告人赢得被害人的谅解更容易卸下精神负担，得到从宽处理，有利于其改过自新，尽快回归社会。

【参考案例23-1】

犯罪嫌疑人李某在某市某安装公司工作，因工资支付、结算问题与公司发生纠纷。后砸坏办公室内空调、传真机、桌、椅等财物，损坏物品价值达1.3万余元。某区人民检察院经审查认为，本案事实清楚、证据确实充分，但犯罪嫌疑人为家中的经济支柱，且由于厂方拖欠工资而导致过激行为，若依普通刑事程序审理，不仅不能化解双方劳资纠纷，甚至可能激发新的冲突，遂努力促成双方达成和解。

参考案例23-1属于常见的劳资纠纷问题。这起恶性事件发生的起因是"厂方拖欠工资而导致过激行为"，如果按普通刑事程序审理，该企业虽然可能得到一些补偿，但却会因此引起企业在职员工以及社会公众对其的否定性评价，从而直接影响企业商誉和市场美誉度，而"刑事和解"可以使双方都满意，是"双赢"的结果。

（三）有助于实现诉讼效益

对于当事人和解案件，公安、司法机关对和解协议的自愿性、合法性进行审查后，可以由检察机关决定不起诉。由于当事人和解程序妥善解决了加害人和被害人之间的矛盾，避免了当事人因申诉、申请抗诉所产生的额外支出，不仅有利于及时、充分化解矛盾,同时能够节约大量的司法资源,更有利于实现诉讼效益。

(四)有助于社会秩序和谐安定

当事人和解程序不仅有利于补偿被害人的物质损害和心理创伤,增加被害人的满意度,而且能使犯罪嫌疑人、被告人获得从轻处理,及时回归社会,进而恢复因犯罪受到损害的社会关系,促进社会的和谐稳定。

【参考案例23-2】

犯罪嫌疑人葛某以其父亲住院为由向其舅舅易某借钱,在借钱未果的情况下,趁被害人易某家中无人,窃走被害人易某二楼西房间衣柜内现金人民币2万元。承办该案的检察官在审查起诉期间发现,犯罪嫌疑人葛某与被害人是亲戚关系,且犯罪嫌疑人葛某在案发后主动投案并全额退赃,犯罪嫌疑人葛某的犯罪动机是为了筹措父亲的医药费,其无任何前科劣迹,系初犯、偶犯。检察官随即启动当事人和解程序,在和解现场犯罪嫌疑人葛某向被害人易某赔礼道歉,被害人易某念及亲情,且考虑到犯罪嫌疑人葛某盗窃其财物确属事出有因,并已全额退赃,当场表示对犯罪嫌疑人葛某予以谅解并出具了谅解书,双方达成和解协议,双方的亲情关系得以延续。

参考案例23-2体现了适用当事人和解程序的意义。本案犯罪嫌疑人与被害人系亲属关系,犯罪嫌疑人盗窃是为了给父亲筹钱看病,事发后全额退赃,并取得了被害人的谅解,双方达成和解协议。当事人和解程序的适用使得当事人对纠纷解决的满意度提升,有助于实现诉讼效益,促进社会的和谐稳定。

第二节 当事人和解程序的适用条件及程序规则

一、当事人和解程序的适用条件

依照《刑事诉讼法》第288条的规定,当事人和解程序的适用条件主要有以下几项:

(一)犯罪嫌疑人、被告人认罪并真诚悔过,获得被害人谅解

犯罪嫌疑人、被告人自愿真诚悔罪,是当事人和解的前提条件。认罪是指犯罪嫌疑人、被告人承认犯罪,并如实交代犯罪事实;悔罪是指犯罪分子犯罪后、法院裁判前认罪并真诚悔悟。需要注意的是,当事人和解程序的适用切忌仅仅关注金钱赔偿,不能简化操作为只要犯罪嫌疑人、被告人向被害人赔偿了损失,就视为"真诚悔罪"。《刑事诉讼法》还要求获得被害人谅解,也就是被害人及其法定代理人或者近亲属明确表示对犯罪嫌疑人、被告人予以谅解,要

求或者同意对犯罪嫌疑人、被告人依法从宽处理。

（二）案件事实清楚，证据确实、充分

案件的主要事实，即关于犯罪嫌疑人、被告人有罪或者无罪、罪轻或者罪重以及是否应受刑罚处罚的事实和情节必须清楚、无疑点。另外，证明犯罪事实、情节的证据必须是经查证属实核对无误的，并且证据之间相互印证已经形成"证据链"，足以排除其他的可能性。

（三）双方自愿达成和解协议

自愿性是当事人和解的前提条件，指的是被害人和犯罪嫌疑人、被告人双方都必须是自愿的。如果存在犯罪嫌疑人、被告人或者其亲友、辩护人以暴力、胁迫、欺骗等方式迫使被害人同意和解，或者和解后威胁、报复被害人等情形的，都与自愿原则相违背。如果存在这些情形，和解协议无效，同时还应当追究相关人员的法律责任。

（四）属于《刑事诉讼法》规定的当事人和解程序的案件范围

我国《刑事诉讼法》第288条采取明确列举和反面排除的方式规定了当事人和解程序的适用范围：

1. 因民间纠纷引起，涉嫌《刑法》分则第四章、第五章规定的犯罪案件，可能被判处3年有期徒刑以下刑罚的。这类案件应当满足三个条件：①因为民间纠纷引起。所谓民间纠纷，是指公民之间有关人身、财产权益和其他日常生活中发生的纠纷。②系"涉嫌《刑法》分则第四章、第五章规定的犯罪案件"，也就是"侵犯公民人身权利、民主权利罪"和"侵犯财产罪"两类犯罪。③"可能判处3年有期徒刑以下刑罚"。也就是说，只有民间纠纷引起的，属于《刑法》分则第四章、第五章规定的罪名，并且所犯之罪为轻罪的案件才能适用当事人和解程序。

请思考：参考案例23-1是否属于当事人和解程序的适用范围？

参考案例23-1属于《刑事诉讼法》第288条规定的因民间纠纷引起，涉嫌《刑法》分则第五章规定的"故意毁坏公私财物罪"，可能被判处3年有期徒刑以下刑罚的案件，可以适用当事人和解程序。

2. 除渎职犯罪以外的可能判处7年有期徒刑以下刑罚的过失犯罪案件。这类案件也必须同时符合以下三个条件：①属于"过失犯罪"。所谓过失犯罪，意味着行为人犯罪的主观方面为过失，包括疏忽大意的过失和过于自信的过失。②"可能判处7年有期徒刑以下刑罚"。事实上，多数过失犯罪都以"7年有期徒刑"为最高刑罚。③渎职犯罪除外。渎职犯罪违背公务职责的公正性、廉洁性和勤勉性，妨碍国家机关正常的职能活动，不属于当事人和解程序的适用范围。

【拓展阅读 23-1】

3. 犯罪嫌疑人、被告人在 5 年内曾经故意犯罪的案件不得适用当事人和解程序。这是在前面正面列举的基础上，对适用当事人和解程序的反面排除。也就是说，即便属于前面两种类型的案件，但是该犯罪嫌疑人、被告人在 5 年内曾经故意犯罪，不论是否被追究刑事责任，都禁止适用当事人和解程序。这是因为这类犯罪嫌疑人、被告人的社会危害性和人身危险性、主观恶性较大，故不得适用当事人和解程序。

本章引例中，前姐夫和小舅子发生争执后，前姐夫轻伤，小舅子被捅成重伤，这是一起典型的民间纠纷引起的案件，属于《刑法》分则第四章侵犯公民人身权利的"故意伤害罪"，而且双方互相都有责任，且不属于预谋犯罪，应当属于轻罪，可以适用当事人和解程序。

二、当事人和解程序的程序规则

当事人和解程序主要包括以下几项程序内容：

（一）和解的提出

和解既可以由当事人主动提出，也可以由有关机关建议后，当事人提出。刑事案件发生后，当事人之间可以自行接触，进行和解；公安机关和人民检察院受理案件后，发现案件符合当事人和解程序的适用条件，并属于当事人和解程序的适用范围后，只要认为有和解可能，也可以建议或者促进当事人和解。

（二）达成和解协议

犯罪嫌疑人、被告人自愿真诚悔罪，通过向被害人赔偿损失、赔礼道歉等方式获得被害人谅解，被害人自愿和解的，双方可以达成和解协议。另外，如果被害人死亡的，其法定代理人、近亲属可以与犯罪嫌疑人和解。被害人系限制行为能力人的，其法定代理人可以代为和解。犯罪嫌疑人在押的，经犯罪嫌疑人同意，其法定代理人、近亲属可以代为和解。

（三）和解协议的审查

1. 审查主体。和解协议的审查主体是公安机关、人民检察院和人民法院。公安机关、人民检察院和人民法院有职责对当事人的和解进行审查，以确定其是否有效。由于刑事诉讼是分阶段展开的，因此，双方当事人自行和解的，在侦查阶段，由公安机关负责审查；在审查起诉阶段，由人民检察院负责审查；

在审判阶段，则由人民法院负责审查。当事人和解虽然首先由双方自行和解，但是和解协议必须经过公安、司法机关的确认才能生效。

2. 审查程序。公安、司法机关在审查时必须听取当事人和其他有关人员的意见，这是强制性规定。这里的当事人指的是犯罪嫌疑人、被告人和被害人。其他有关人员可以是除当事人之外的诉讼参与人，也可以是非诉讼参与人。也就是说，只要是参与当事人和解的相关人员，公安、司法机关在审查时都要听取其意见，但主要应听取参与和解活动的双方当事人的法定代理人、近亲属（配偶、父母、子女、同胞兄弟姐妹）及其辩护人、诉讼代理人的意见。

3. 审查内容。公安、司法机关审查的内容是"和解的自愿性、合法性"。自愿性和合法性是当事人和解的核心要求，违反自愿性和合法性的当事人和解协议不能发生法律效力。"自愿性"是指当事人和解是否反映了当事人的真实意愿，而不是对方当事人或者第三人胁迫所致。"合法性"是指和解协议无论是实体还是程序必须要符合法律的规定。实体合法性主要是指和解不得违反《刑法》及相关实体法律的规定；程序合法性主要强调不符合和解程序适用条件的案件不得适用和解程序。

（四）公安、司法机关主持制定《和解协议书》

公安、司法机关审查后，认为和解符合自愿性和合法性的，应当主持制作《和解协议书》。《和解协议书》是公安机关、人民检察院和人民法院主持制作的记载当事人和解内容的诉讼文书。《和解协议书》是具有法律效力的诉讼文书，对当事人具有法律拘束力，根据相关司法解释，《和解协议书》应当包括以下内容：①案件的基本事实和主要证据；②犯罪嫌疑人、被告人承认自己所犯罪行，对指控的犯罪事实没有异议、真诚悔罪；③犯罪嫌疑人、被告人通过向被害人赔礼道歉、赔偿损失等方式获得被害人谅解；涉及赔偿损失的，应当写明赔偿的数额、方式等；提起附带民事诉讼的，由附带民事诉讼原告人撤回附带民事诉讼；④被害人自愿和解，请求或者同意对犯罪嫌疑人、被告人依法从宽处罚。和解协议书应当由双方当事人和办案主持人签名。

另外，根据《高法解释》第502条的规定，当事人和解协议约定的赔偿损失内容，被告人应当在协议签署后即时履行。如果当事人双方虽然愿意和解，但是被告人不能即时履行全部赔偿义务的，人民法院不宜制作《和解协议书》，应当制作《民事诉讼调解书》。法院可以依法对被告人酌情从轻处罚，但是不得依据《刑事诉讼法》第290条的规定对其从轻、减轻或者免除处罚。《刑事诉讼法》作出这样的规定主要是为了避免在达成和解协议获得从轻、减轻或者免除处罚后犯罪嫌疑人、被告人不履行和解协议内容的情形的发生。

【参考案例 23-3】

女子钱某 2011 年驾车致 3 名路人重伤。因与受害人家属签订和解协议，法院制作了和解协议书，对此案适用了当事人和解程序，钱某因此免除了牢狱之灾。然而被释放后，其和家人就人间蒸发，185 万赔偿近半未支付。

请思考：此案中，适用当事人和解程序是否正当？

参考案例 23-3 中的当事人和解程序适用不正当。依照《高法解释》的规定，当事人和解协议签订后，钱某必须先履行《和解协议书》中的内容，即时履行 185 万元赔偿款的赔偿义务，法院才可以制作《和解协议书》，并以此作为对钱某从轻、减轻和免除处罚的依据。

（五）当事人和解的效力

对于达成和解协议的案件，公安机关可以向人民检察院提出从宽处理的建议。人民检察院可以向人民法院提出从宽处罚的建议；对于犯罪情节轻微，不需要判处刑罚的，可以作出不起诉的决定。人民法院可以依法对被告人从轻、减轻、免除处罚。

【课堂讨论 23-1】

请思考并讨论：有人说当事人和解就是"花钱买刑"，你认为二者有必然关系吗？

【本章小结】

当事人和解的公诉案件诉讼程序简称当事人和解程序，是指在特定的公诉案件中，犯罪嫌疑人、被告人自愿真诚悔罪，通过赔偿损失、赔礼道歉等方式获得被害人谅解，且双方自愿达成和解协议，公安司法机关对和解协议确认后，据此对犯罪嫌疑人、被告人进行从宽处理的一种刑事诉讼特别程序。当事人和解程序的适用需要具备四个条件：一是犯罪嫌疑人、被告人认罪并真诚悔过，获得被害人谅解；二是案件事实清楚，证据确实、充分；三是双方自愿达成和解协议；四是属于《刑事诉讼法》规定的当事人和解程序的案件范围。当事人和解程序包括和解的提出、达成和解协议、和解协议的审查、公安司法机关主持制定《和解协议书》、当事人和解的效力几个方面的内容。

【课后思考】

2018 年 3 月，舒某在开车回家途中不慎将行人刘某撞伤，并最终导致刘某因伤势过重而死亡。案发后，某市公安局依法对肇事人舒某进行了刑事拘留。

请回答：此案能否适用当事人和解程序？

第二十四章 其他特别程序

> **学习目标**
> 掌握缺席审判程序的概念、适用条件和审理要求,了解没收违法所得程序及强制医疗的概念、适用条件和审理要求。
>
> **重点提示**
> 缺席审判程序;没收违法所得程序;强制医疗程序

【知识框架】

其他特别程序
- 缺席审判程序
  - 缺席审判程序概述
  - 缺席审判程序的适用条件
  - 缺席审判程序案件的审理
- 犯罪嫌疑人、被告人逃匿、死亡案违法所得没收程序
  - 没收违法所得程序概述
  - 没收违法所得程序的适用条件
  - 没收违法所得程序案件的审理
- 依法不负刑事责任的精神病人的强制医疗程序
  - 强制医疗程序的概念及其特征
  - 强制医疗程序的适用条件
  - 强制医疗程序的启动
  - 强制医疗程序案件的审理
  - 强制医疗的定期诊断评估与解除
  - 强制医疗程序的监督

【本章引例】

2001年至2013年,任某利用担任某省矿业(集团)有限责任公司董事长、某省环保能源开发股份有限公司董事长、某省人民政府副省长等职务上的便利,为相关请托人谋取利益非法收受财物,以及向下属单位有关人员和具有行政管理关系的被管理单位索要财物、要求报销个人费用,共计人民币200余万元;非法侵吞公共财物,共计人民币40余万元;任某及其亲属对其名下财产人民币1200余万元、部分外币、物品不能说明来源。其中,任某实施受贿犯罪所得人民币30万元、来源不明财产1200余万元及部分外币、物品等违法所得已扣押、冻结在案;任某其余违法所得均已被其用于消费支出,未扣押、冻结在案。

2014年9月30日,任某因病死亡。某市人民检察院向市中级人民法院提出了没收违法所得的申请,法院受理后,依法组成合议庭,最终裁定没收任某违法所得人民币1295万元、港币42万元、美元104万元,以及物品135件,上缴国库。

请思考:本案属于没收违法所得程序的适用范围吗?

第一节 缺席审判程序

一、缺席审判程序概述

(一)缺席审判程序的设立背景和意义

在过去的司法实践中,一些案件的犯罪嫌疑人、被告人长期潜逃国外,这种情形在贪污腐败案件中表现得尤为突出。贪官们之所以能在境外长期逍遥法外,除了躲藏隐蔽以外,更主要的原因在于我国和其他国家在司法协助方面存在诸多障碍。我国加入《联合国反腐败公约》后,在"或引渡或起诉"的传统原则之外,又设立了"或引渡或执行刑罚"的条款。但前提条件是,对外逃贪官已经判决有罪,而犯罪嫌疑人、被告人潜逃,无法进行审判,更遑论有罪判决了,所以在引渡的过程中遇到很多困难。

而事实上,被告人缺席,审判失去了刑罚的对象,但不等于没有定罪的必要。多数国家都规定了一定条件下的刑事缺席审判制度,国际公约也不排除在严格保障被告人权利的前提下进行缺席审判。2018年修改《刑事诉讼法》时在第五编"特别程序"增加了"缺席审判程序"。这一规定有利于解决实践中贪污贿赂等案件中犯罪嫌疑人、被告人外逃带来的审判困境。国内有关部门依托对外逃贪官的审判结果与其他国家司法机关、国际刑警组织进行合作,对于打击贪污贿赂犯罪、危害国家安全犯罪和恐怖活动犯罪有着重要意义。同时,缺席审判程序也是对国际经验的借鉴,有利于我国与国际刑警组织、其他国家的司法机关进行更好的合作和更顺畅的衔接。

【拓展阅读24-1】

（二）缺席审判程序的概念与特征

缺席审判程序是刑事诉讼的一种特别程序，是指在刑事诉讼中，针对贪污贿赂案件以及需要及时进行审判由最高人民检察院核准的严重危害国家安全、恐怖活动犯罪案件，如果犯罪嫌疑人、被告人在境外，经过人民检察院提起公诉，人民法院认为符合缺席审判程序的，可以在犯罪嫌疑人、被告人未出席的情况下进行公开审理并作出判决的审判程序。

该程序有以下特征：

1. 程序适用范围特定。由于犯罪嫌疑人、被告人在境外，不参加审判程序，在这种情况下进行的缺席审判容易造成对犯罪嫌疑人、被告人参与权特别是辩护权的克减，因此，法律严格限制了该种特别程序的适用范围。

2. 程序适用目的是"定罪量刑"。我国的违法所得没收程序仅仅针对"财物"，而缺席审判程序针对的是犯罪嫌疑人、被告人的定罪量刑。让有罪者承受应付的代价是刑事诉讼程序的终极目标，缺席审判程序的设立有利于更为彻底地实现这一目标。

3. 该程序由人民法院决定适用。根据《刑事诉讼法》第291条的规定，犯罪嫌疑人、被告人在境外的特定案件，人民法院进行审查后，对于起诉书中有明确的指控犯罪事实，符合缺席审判程序适用条件的，应当决定公开审判。可见，缺席审判程序适用的决定权在人民法院。

二、缺席审判程序的适用条件

（一）该程序适用于特定的案件范围

根据《刑事诉讼法》第291条第1款的规定，适用缺席审判程序的案件仅包括两类：第一类是贪污贿赂犯罪案件，这是为了应对严峻的反腐形势以及各国联手反贪的需要；第二类是需要及时进行审判，经最高人民检察院核准的严重危害国家安全犯罪、恐怖活动犯罪案件。需要注意的是，并不是所有的危害国家安全犯罪、恐怖活动犯罪案件都可以适用缺席审判程序，只有有及时审判的必要，且经过最高人民检察院核准的严重危害国家安全犯罪、恐怖活动犯罪案件，才能适用缺席审判程序。

（二）犯罪嫌疑人、被告人在境外

在贪污贿赂案件、危害国家安全犯罪案件和恐怖活动犯罪案件的犯罪嫌疑人、被告人长期潜逃在外，或者长期居住在境外不主动到案、又无法通过其他途径使其到案的情况下，就可以通过缺席审判程序进行审理，并进行判决。

（三）有明确的指控犯罪事实

"有明确的指控犯罪事实"包含三层含义：①必须有证据证明发生了贪污贿赂或者严重危害国家安全犯罪或者恐怖活动犯罪的犯罪事实；②为了防止错误

追究，应当有明确的证据证明该犯罪事实是犯罪嫌疑人、被告人实施的；③证明犯罪嫌疑人实施该犯罪行为的证据已经查证属实的。

三、缺席审判程序案件的审理

（一）管辖法院和审判组织形式

《刑事诉讼法》第291条第2款规定，适用缺席审判程序的案件，由犯罪地、被告人离境前居住地或者最高人民法院指定的中级人民法院合议庭进行审理。可见，缺席审判程序案件的审理法院是中级人民法院，可以是犯罪地，也可以是被告人离境前居住地的中级人民法院，也可以是最高人民法院指定的中级人民法院。另外，有管辖权的人民法院应当组成合议庭进行审理。

（二）犯罪嫌疑人、被告人的诉讼权利

缺席审判程序最大限度地保障了被告人的诉讼权利，具体体现在以下几个方面：

1. 被告知的权利。《刑事诉讼法》第292条规定："人民法院应当通过有关国际条约规定的或者外交途径提出的司法协助方式，或者被告人所在地法律允许的其他方式，将传票和人民检察院的起诉书副本送达被告人。传票和起诉书副本送达后，被告人未按要求到案的，人民法院应当开庭审理，依法作出判决，并对违法所得及其他涉案财产作出处理。"

2. 辩护权。《刑事诉讼法》第293规定："人民法院缺席审判案件，被告人有权委托辩护人，被告人的近亲属可以代为委托辩护人。被告人及其近亲属没有委托辩护人的，人民法院应当通知法律援助机构指派律师为其提供辩护。"

3. 上诉权。《刑事诉讼法》第294规定："人民法院应当将判决书送达被告人及其近亲属、辩护人。被告人或者其近亲属不服判决的，有权向上一级人民法院上诉。辩护人经被告人或者其近亲属同意，可以提出上诉。人民检察院认为人民法院的判决确有错误的，应当向上一级人民法院提出抗诉。"

4. 异议权。《刑事诉讼法》第295条规定："……罪犯在判决、裁定发生法律效力后到案的，人民法院应当将罪犯交付执行刑罚。交付执行刑罚前，人民法院应当告知罪犯有权对判决、裁定提出异议。罪犯对判决、裁定提出异议的，人民法院应当重新审理。依照生效判决、裁定对罪犯的财产进行的处理确有错误的，应当予以返还、赔偿。"

第二节　犯罪嫌疑人、被告人逃匿、死亡案件违法所得没收程序

犯罪嫌疑疑人、被告人逃匿、死亡案件违法所得没收程序简称没收违法所

得程序，适用该程序的案件简称没收违法所得程序案件。下文均采取简化的表述。

一、没收违法所得程序概述

（一）没收违法所得程序的设立背景

司法实践中，一些案件的犯罪嫌疑人、被告人长期潜逃或者死亡，如果按照普通案件所适用的诉讼原则和程序就无法进行审判，也无法及时挽回国家、集体或者被害人的经济损失。这种情形在贪污腐败案件中表现得尤为突出。如果不建立有效的财产追回机制，不仅无法对贪腐行为进行制裁，也无法挽回相应的损失。在恐怖活动等其他严重犯罪案件中，也存在类似的问题。如果不能及时没收与犯罪有关的财物，就难以切断其经济来源，无法有效防止犯罪行为继续发生。

为了严厉打击贪污贿赂犯罪、恐怖活动犯罪等严重犯罪活动，及时追缴犯罪活动违法所得及其他涉案财物，并与我国已经加入的反腐败国际公约及相关决议的要求相衔接，2012年修改《刑事诉讼法》时在特别程序中增加了"犯罪嫌疑人、被告人逃匿、死亡案件违法所得的没收程序"。

（二）没收违法所得程序的概念与特征

没收违法所得程序是指在贪污贿赂犯罪、恐怖活动犯罪等重大犯罪案件中，在犯罪嫌疑人、被告人逃匿或者死亡的情形下，由人民检察院提出申请，人民法院进行审理并且作出是否没收违法所得裁定的特别诉讼程序。

该程序有以下特征：

1. 适用范围特定。由于犯罪嫌疑人、被告人逃匿或死亡，在这种情况下展开的没收违法所得程序容易造成对犯罪嫌疑人、被告人参与权特别是辩护权的克减，因此，法律对这类案件的适用范围进行了限定，即只能针对贪污贿赂、恐怖活动等重大犯罪案件。

2. 适用对象仅限财物。没收违法所得程序仅仅针对"财物"，不能针对犯罪嫌疑人、被告人的定罪量刑。这点和刑事诉讼的缺席审判程序不同，缺席审判的目的是为了定罪量刑。

3. 该程序由人民检察院申请启动。《刑事诉讼法》第298条规定，人民检察院可以向人民法院提出没收违法所得的申请。公安机关认为有符合没收违法所得程序适用规定情形的，应当写出没收违法所得意见书，移送人民检察院。

4. 是否适用该程序由中级人民法院裁定。《刑事诉讼法》第299条第1款规定："没收违法所得的申请，由犯罪地或者犯罪嫌疑人、被告人居住地的中级人民法院组成合议庭进行审理。"

二、没收违法所得程序的适用条件

（一）程序适用于特定的案件范围

根据《刑事诉讼法》第 298 条和《最高人民法院、最高人民检察院关于适用犯罪嫌疑人、被告人逃匿、死亡案件违法所得没收程序若干问题的规定》第 1 条的规定，没收违法所得程序仅适用于贪污贿赂犯罪和恐怖活动等重大犯罪案件。具体包括五类犯罪案件：

1. 占有型、挪用型犯罪，具体包括贪污、挪用公款、巨额财产来源不明、隐瞒境外存款、私分国有资产、私分罚没财物等犯罪。

2. 贿赂类犯罪，具体包括受贿、单位受贿、利用影响力受贿、行贿、对有影响力的人行贿、对单位行贿、介绍贿赂、单位行贿等犯罪。

【参考案例 24-1】

姚某为某精神康复医院院长，因涉嫌受贿罪被逮捕，后姚某死亡。检察院向法院提出了没收姚某违法所得的申请。法院受理后，依法组成合议庭，不开庭进行了审理。法院认为，姚某身为国家工作人员，利用职务之便实施受贿、贪污犯罪，违法所得共计 50 万元，事实清楚，证据充分。法院裁定没收姚某违法所得，上缴国库。一审宣判后，在法定期限内，姚某的近亲属未提出上诉，检察院亦未抗诉，裁定发生法律效力。

请思考：法院作出的裁定是否正确？

参考案例 24-1 中，被告人姚某受贿、贪污的事实有充分证据证明，其违法所得已经被检察机关扣押，且姚某已经死亡，检察院依法提出了没收违法所得的申请，法院依法作出了没收被告人违法所得、上缴国库的裁定，符合《刑法》《刑事诉讼法》以及相关司法解释的规定。

本章引例中，任某实施的受贿罪和巨额财产来源不明罪，属于上述第一类和第二类犯罪行为，因此，该案属于没收违法所得程序的适用范围。

3. 恐怖活动犯罪，具体包括组织、领导、参加恐怖组织，帮助恐怖活动，准备实施恐怖活动，宣扬恐怖主义、极端主义、煽动实施恐怖活动，利用极端主义破坏法律实施，强制穿戴宣扬恐怖主义、极端主义服饰、标志，非法持有宣扬恐怖主义、极端主义物品犯罪案件。

4. 洗钱罪及其上游犯罪，具体包括危害国家安全、走私、洗钱、金融诈骗、黑社会性质组织、毒品犯罪案件。

5. 新型特殊诈骗犯罪，即电信诈骗、网络诈骗案件。

（二）被追诉人不能到案

根据《刑事诉讼法》第 298 条的规定，被追诉人不能到案包括两种情形：第一种情形是因为主观原因不能到案，即"犯罪嫌疑人、被告人潜逃"。在此情形下,还必须符合时间条件,即在"通缉1年后不能到案"。这也意味着一般情况下,相关机关应当采取有关措施保证犯罪嫌疑人、被告人到案,只有在长时间通缉后(1年)仍然不能将其缉拿归案,才能适用没收违法所得程序。另一种情形是因为客观原因不能到案,即"犯罪嫌疑人、被告人死亡"。此种情形下,由于被追诉人死亡,没有必要也不可能追究其刑事责任,而仅针对涉案财物适用没收违法所得程序。本章引例中,适用没收违法所得程序的原因便是客观原因,因为任某死亡无法到案。

（三）有追缴财产的必要

没收违法所得程序是一种对物诉讼,是一种财产诉讼,若案件本身并不存在依照《刑法》规定应当追缴的违法所得及其他涉案财产的,则无需启动该程序。违法所得及其他涉案财产是指犯罪嫌疑人实施犯罪行为所取得的财物及其孳息,以及被告人非法持有的违禁品、供犯罪所用的本人财物。如果犯罪嫌疑人、被告人逃匿、死亡,但是案件并不涉及财物,就不需要启动没收违法所得程序。

三、没收违法所得程序案件的审理

（一）管辖法院和审判组织形式

《刑事诉讼法》第299条规定,没收违法所得的申请必须由中级人民法院审理。这个中级人民法院既可以是犯罪地的中级人民法院,也可以是犯罪嫌疑人、被告人居住地的中级人民法院。另外,审判案件必须采取合议庭的组织形式,不可采用独任制。

（二）审理程序

1. 审查、立案。对于人民检察院提出的没收违法所得的申请,人民法院应当进行审查。审查内容包括是否由本院管辖,是否满足提起没收违法所得程序的条件,有无证据材料以及是否列明财产相关情况等。对于符合提起条件,而且人民检察院提供与犯罪事实、违法所得相关的证据材料,列明财产的种类、数量、所在地及查封、扣押、冻结情况,并属于本院管辖的案件,人民法院应当受理。

2. 审理前的准备。为保障审理程序顺利进行,审理前应做好以下准备工作:

（1）确定合议庭组成人员。

（2）公告。根据《刑事诉讼法》第299条第2款的规定,人民法院受理没收违法所得的申请后,应当发出公告。公告期间为6个月。

（3）利害关系人申请参加诉讼。根据《刑事诉讼法》第299条第2款的规定,犯罪嫌疑人、被告人的近亲属和其他利害关系人有权参加诉讼,也可以委托诉讼代理人参加诉讼。

（4）采取保全措施。为了防止违法所得出现非法转移或者灭失、损毁等情况，人民法院在必要时可以查封、扣押、冻结申请没收的财产。

3. 审理。根据《刑事诉讼法》第299条第3款的规定，人民法院在公告期满后对没收违法所得的申请进行审理。在审理方式上，没收违法所得程序一般采用不开庭审理的方式，利害关系人参加诉讼的，人民法院应当开庭审理。

4. 审理后的处理。根据《刑事诉讼法》第300条、第301条的规定，人民法院依据没收违法所得程序对人民检察院的申请审理后，应当按照下列情形分别处理：

（1）人民法院经审理，对经查证属于违法所得及其他涉案财产，除依法返还被害人的以外，应当裁定予以没收；对不属于应当追缴的财产的，应当裁定驳回申请，解除查封、扣押、冻结措施。

（2）在审理过程中，在逃的犯罪嫌疑人、被告人自动投案或者被抓获的，人民法院应当终止审理。

5. 救济。根据《刑事诉讼法》第300条、第301条的规定，对于人民法院作出的裁定，犯罪嫌疑人、被告人的近亲属和其他利害关系人或者人民检察院可以提出上诉、抗诉。没收犯罪嫌疑人、被告人财产确有错误的，应当予以返还、赔偿。

第三节 依法不负刑事责任的精神病人的强制医疗程序

一、强制医疗程序的概念及其特征

依法不负刑事责任的精神病人的强制医疗程序（以下简称强制医疗程序），是指在危害公共安全或者严重危害公民人身安全的暴力犯罪案件中，如果犯罪嫌疑人、被告人为经法定程序鉴定为依法不负刑事责任的精神病人，如存在继续危害社会可能性的，经人民检察院申请，人民法院依法决定对其强制医疗的刑事诉讼特别程序。

该程序具有以下特征：

1. 该程序采取"诉讼"的形式，由法院作出决定。该程序要求首先由人民检察院向人民法院提出申请，再由人民法院审查后决定，目的不是确认行为人刑事责任是否成立，而是审查并决定是否对已经依法认定为不需要承担刑事责任的精神病人实施强制医疗。作为《刑事诉讼法》规定的特殊程序，强制医疗程序与普通刑事诉讼程序有着重大区别。强制医疗虽然不涉及刑事责任认定和刑罚处罚，但是一旦决定对公民实施强制医疗，即意味着该公民基本人身自由将被长时间限制与剥夺,因此,必须审慎处理,所以强制医疗必须由人民法院作出决定。

2. 该程序是规范强制医疗的特别程序。该程序的实施既有助于防止精神病人继续实施危害社会的行为,也能通过司法审查切实保障精神病人的诉讼权利,防止"被精神病"现象。《刑事诉讼法》不仅对依法不负刑事责任的精神病人的强制医疗程序规定了严格的适用条件,还规定了规范的程序,这些规定可以最大限度地防止有关机关滥用公权力,防范将普通违法者直接当作精神病人进行强制医疗的情况发生,对于保障人权、防止权力滥用、维护社会秩序有着重要的意义。

【课堂讨论24-1】

请思考并讨论:强制医疗需要在保障人权和维护社会安全之间寻求平衡,你认为二者是否矛盾?《刑事诉讼法》中哪些规定能保障二者之间的平衡?

二、强制医疗程序的适用条件

根据《刑事诉讼法》第302条的规定,实施暴力行为,危害公共安全或者严重危害公民人身安全,经法定程序鉴定依法不负刑事责任的精神病人,有继续危害社会可能的,可以予以强制医疗。这里包含三层意思:

1. 犯罪嫌疑人、被告人必须是经过法定程序鉴定为不具有刑事责任能力的精神病人。实施暴力行为的人无刑事责任能力,是强制医疗的先决条件,否则将按照刑事诉讼的普通程序来追究刑事责任。实施暴力行为的精神病人是否具备刑事责任能力,必须经过法定程序鉴定。

2. 犯罪嫌疑人、被告人实施的是暴力行为,并且危害公共安全或者严重危害公民人身安全。强制医疗需要在保障人权和维护社会安全之间寻求平衡,因此,只有实施了危害公共安全或者严重危害人身安全的暴力行为的精神病人,才可被强制医疗。

3. 犯罪嫌疑人、被告人有继续危害社会的可能性。剥夺无刑事责任能力的精神病人的人身自由并对其进行强制医疗,是为了防止其继续危害社会,体现的是社会预防的思路。

【参考案例24-2】

2017年1月17日,邵某携带机油和打火机到某区房屋后,将通信管井内光缆等设施烧毁，后又到某菜市场附近将垃圾箱点燃并烧毁附近一处柴堆。2017年1月18日，邵某被公安民警现场查获。经某区人民检察院认定，其行为造成2000多用户通信中断1小时以上，经济损失10万余元。后经司法鉴定所鉴定，邵某患有精神分裂症，无刑事责任能力。检察机关在案件审查起诉过程中，经审查认为邵某虽不负刑事责任，但符合强制医疗条件。邵某父母因年纪渐增，且都患有疾病需要治疗，没有能力去照顾邵某，而邵某的主治医师也表示，其病情虽有所好转，但还没有得到有效控制，达到正常情况。检察机关在收集相关证据的基础上，向法院提出强制医疗申请。最终，法院依法决定对邵某实行强制医疗。

请思考：法院作出对邵某实行强制医疗的决定正确吗？

参考案例24-2中，邵某经过司法鉴定所鉴定为不具有刑事责任能力的精神病人，实施的是危害公共安全的暴力犯罪，且有继续危害社会的可能性，符合强制医疗的适用条件，因此，法院对其作出实行强制医疗的决定是正确的。

三、强制医疗程序的启动

（一）启动主体

根据《刑事诉讼法》第303条第1款、第2款的规定，公安机关发现精神病人符合强制医疗条件的，应当写出强制医疗意见书，移送人民检察院。对于公安机关移送的或者在审查起诉过程中发现的精神病人符合强制医疗条件的，人民检察院应当向人民法院提出强制医疗的申请。人民法院在审理案件过程中发现被告人符合强制医疗条件的，可以作出强制医疗的决定。从以上规定可以看出，强制医疗程序的启动主体包括人民检察院和人民法院。公安机关没有强制医疗程序的启动权，只能向人民检察院递交强制医疗意见书，再由人民检察院向人民法院提出申请。

【**参考案例24-3**】

马某，47岁，某县农民。2012年3月19日，马某因不满父母反对其离婚，持铁锹砍击母亲郑某头部致其死亡。次日，马某在家中被公安机关抓获。到案后，马某对杀死其母一事供认不讳，并扬言还要加害其他亲属。因马某曾有精神病史，2012年8月21日，公安机关依法定程序对马某进行相关鉴定，确认马某作案时患有精神分裂症，无刑事责任能力。检察机关认为，马某实施了非法剥夺他人生命的行为，经法定程序鉴定为依法不负刑事责任的精神病人，但鉴于其人身危险性极大，存在继续危害他人人身安全的可能，遂依据《刑事诉讼法》的规定，申请对马某进行强制医疗。

参考案例24-3中，检察机关作为强制医疗程序的启动主体，向人民法院申请对马某实行强制医疗，正确行使了强制医疗程序启动权。

（二）临时性的保护性约束措施

根据《刑事诉讼法》第303条第3款的规定，对实施暴力行为的精神病人，在人民法院决定强制医疗前，公安机关可以采取临时的保护性约束措施。保护性约束措施既是对精神病人本人的保护约束，也是对社会上不特定多数人的保护。保护性约束措施包括将精神病人送到指定的单位、场所加以监护，也包括使用约束带、警绳、手铐等约束性警械，使有暴力侵害危险的精神病人无法实施自残、伤害他人的行为。

四、强制医疗程序案件的审理

（一）审判机关及组织形式

《刑事诉讼法》第303条规定，对精神病人强制医疗的，由人民法院决定。《刑事诉讼法》第304条第1款规定："人民法院受理强制医疗的申请后，应当组成合议庭进行审理。"

（二）审理程序

1. 受理。对于人民检察院提出的对精神病人强制医疗的申请，人民法院应当进行审查，经审查后，对属于本院管辖且符合法定条件的强制医疗的申请，人民法院应当受理。

2. 审理前的准备。人民法院审理精神病人强制医疗案件前，应当确定合议庭组成人员。此外，根据《刑事诉讼法》的规定，人民法院审理强制医疗案件，应当通知被申请人或者被告人的法定代理人到场。被申请人或者被告人没有委托诉讼代理人的，人民法院应当通知法律援助机构指派律师为其提供法律帮助。

3. 审理期限及处理形式。根据《刑事诉讼法》第305条的规定，人民法院经审理，对于被申请人或者被告人符合强制医疗条件的，应当在1个月以内作出强制医疗的决定。可见，强制医疗案件审理期限为1个月，而且不是以判决或裁定的形式，是以决定的形式作出的。

4. 不服强制医疗决定的处理。被决定强制医疗的人、被害人及其法定代理人、近亲属对强制医疗决定不服的，可以向上一级人民法院申请复议。

五、强制医疗的定期诊断评估与解除

《刑事诉讼法》第306条规定："强制医疗机构应当定期对被强制医疗的人进行诊断评估。对于已不具有人身危险性，不需要继续强制医疗的，应当及时提出解除意见，报决定强制医疗的人民法院批准。被强制医疗的人及其近亲属有权申请解除强制医疗。"以上规定包含三项内容：

1. 解除强制医疗的提出。强制医疗的解除意见应当由强制医疗机构提出，另外被强制医疗人本人及其近亲属也有解除申请权。

2. 解除强制医疗的批准机关是人民法院。具体来说，是由决定强制医疗的人民法院来批准。

3. 解除强制医疗的条件是被强制医疗的人已经不具备人身危险性，不需要继续强制医疗。

六、强制医疗程序的监督

《刑事诉讼法》第307条规定："人民检察院对强制医疗的决定和执行实行监督。"可见，人民检察院的监督不仅包括审判监督，还包括执行监督。其监督的目的是为了保障强制医疗依法进行，如发现违法行为，可以提出纠正意见。

【拓展阅读24-2】

【本章小结】

除了未成年人刑事案件诉讼程序、当事人和解的公诉案件诉讼程序之外，《刑事诉讼法》还规定了三项特别程序：一是缺席审判程序；二是犯罪嫌疑人、被告人逃匿、死亡违法所得的没收程序；三是依法不负刑事责任的精神病人的强制医疗程序。这三项特别程序各有其概念、特征、适用条件与审理程序，需要认真把握。

【课后思考】

2015年11月至2016年8月，被告人陈某、郑某、黄某、熊某等人合伙通过网络购买学生信息和公民购房信息，以多个城市的租赁房屋作为诈骗场所，冒充教育局、财政局、房产局的工作人员，以发放贫困学生助学金、购房补贴为名，以高考学生为主要诈骗对象，拨打诈骗电话，骗取他人钱款。拨打诈骗电话累计2.3万余次，骗取他人钱款共计人民币56万余元，并造成被害人徐某死亡。2016年9月27日，该诈骗案的头号犯罪嫌疑人陈某投案自首。

请回答：该案可否适用犯罪嫌疑人、被告人逃匿、死亡违法所得的没收程序？

参考文献

1. 陈光中主编：《刑事诉讼法》，北京大学出版社，高等教育出版社 2016 年版。
2. 陈卫东主编：《刑事诉讼法》，中国人民大学出版社 2015 年版。
3. 王新清、甄贞、高通编著：《刑事诉讼法》，中国人民大学出版社 2019 年版。
4. 樊崇义主编：《刑事诉讼法学》，法律出版社 2016 年版。
5. 甄贞主编：《刑事诉讼法学研究综述》，法律出版社 2002 年版。
6. 龙宗智、杨建广主编：《刑事诉讼法》，高等教育出版社 2007 年版。
7. 宋英辉主编：《刑事诉讼法》，清华大学出版社 2012 年版。
8. 詹建红主编：《刑事诉讼法》，清华大学出版社 2012 年版。
9. 叶青主编：《刑事诉讼法案例与图表》，法律出版社 2015 年版。
10. 丁为群主编：《刑事诉讼原理与实务》，暨南大学出版社 2013 年版。
11. 施秀艳主编：《刑事法律基础与实务》，法律出版社 2017 年版。
12. 曲伶俐主编：《刑事法律原理与实务》，中国政法大学出版社 2015 年版。
13. 刘万奇主编：《刑事诉讼法学》，中国人民公安大学出版社 2015 年版。
14. 吴畅编著：《刑事诉讼原理与实务》，湖南人民出版社 2010 年版。
15. 叶青主编：《案例刑事诉讼法学》，中国法制出版社 2013 年版。
16. 刘玫、洪道德编著：《刑事诉讼法案例研习》，中国政法大学出版社 2013 年版。
17. 钟华主编：《刑事诉讼法实训教程》，中国人民公安大学出版社 2012 年版。
18. 屈耀伦主编：《刑事案例分析实践教程》，厦门大学出版社 2011 年版。
19. 胡世恩主编：《刑事诉讼实务实训教程》，清华大学出版社 2017 年版。
20. 黄豹编著：《刑事诉讼实训指南》，法律出版社 2014 年版。
21. 江必新主编：《最高人民法院刑事诉讼法司法解释理解与适用（上、下）》，人民法院出版社 2015 年版。
22. 最高人民法院研究室编：《新刑事诉讼法司法解释理解与适用》，法律出版社 2013 年版。
23. 曲伶俐主编：《刑事案例研究》，法律出版社 2012 年版。
24. 杨万明主编：《新刑事诉讼法司法适用解答》，人民法院出版社 2018 年版。
25. 许晓冰主编：《刑事诉讼法要义指引：中华人民共和国刑事诉讼法规范逻辑整理》，中国检察出版社 2017 年版。

26. 樊崇义主编:《诉讼原理论》,中国人民公安大学出版社 2003 年版。
27. 卞建林、敬大力主编:《刑事诉讼法的实施、问题与对策》,中国人民公安大学出版社 2014 年版。
28. 陈瑞华:《刑事诉讼中的问题与主义》,中国人民大学出版社 2013 年版。
29. 陈光中主编:《证据法学》,法律出版社 2015 年版。
30. 何家弘、刘品新:《证据法学》,法律出版社 2019 年版。
31. [德] 克劳思·罗科信:《刑事诉讼法》,吴丽琪译,法律出版社 2003 年版。
32. [法] 贝尔约·布洛克:《法国刑事诉讼法》,罗结珍译,中国政法大学出版社 2009 年版。
33. [日] 田口守一:《刑事诉讼法学》,张凌、于秀峰译,法律出版社 2016 年版。
34. 中华人民共和国最高人民法院刑事审判一、二、三、四、五庭:《刑事审判参考》,法律出版社 2009 年版。
35. 徐燕平主编:《刑事疑难案例研究》,上海交通大学出版社 2010 年版。
36. 刘星:《古律寻义——中国法律文化漫笔》,中国法制出版社 2015 年版。
37. 李奋飞等:《正义的救赎——影响中国法治进程的十大刑案》,人民出版社 2016 年版。